Christa Wolf

Die Dimension des Autors

Band II

Christa Wolf

Die Dimension des Autors

Essays und Aufsätze
Reden und Gespräche
1959–1985

Band II

Aufbau-Verlag

Auswahl: Angela Drescher

Wolf, Christa:
Die Dimension des Autors: Essays u. Aufsätze, Reden u. Gespräche 1959–1985 / [Ausw.: Angela Drescher]. – 2. Aufl.
Berlin; Weimar: Aufbau-Verl., 1989. – Bd. 1–2. – 470, 491 S.
[Sammlung].
NE: Drescher, Angela [Hrsg.]

2. Auflage 1989

Einbandgestaltung Martin Hoffmann
Typographie Christa Wendt
Karl-Marx-Werk, Graphischer Großbetrieb, Pößneck V15/30
Printed in the German Democratic Republic
Lizenznummer 301.120/77/89
Bestellnummer 613 505 8
I/II 02980

ISBN 3-351-00315-3

Essays und Reden
I

Lesen und Schreiben

Beobachtung

Das Bedürfnis, auf eine neue Art zu schreiben, folgt, wenn auch mit Abstand, einer neuen Art, in der Welt zu sein. In Zeitabständen, die sich zu verkürzen scheinen, hört, sieht, riecht, schmeckt „man" anders als noch vor kurzem. Ein Wechsel der Weltempfindung ist vor sich gegangen, der sogar die unantastbare Erinnerung antastet; wieder einmal sehen wir „die Welt" – aber was heißt das: die Welt? – in einer anderen Beleuchtung; auch Lebensgefühle scheinen heutzutage weniger dauerhaft als in früheren Zeiten: die Unruhe ist beträchtlich.

Das Bedürfnis, sie zu artikulieren, ist mächtig, auf die Dauer mächtiger als die Versuchung, sie nicht zur Kenntnis zu nehmen. Längst Bekanntes in erprobter Manier sagen – dies sollte plötzlich nicht mehr verdienstvoll sein? Die guten alten Mittel – können sie wirklich von gestern auf heute unbrauchbar, die Ergebnisse, die sie zutage fördern, über Nacht falsch oder unnütz geworden sein? Das fatale Schauspiel, daß mit großer Gebärde ins Leere gegriffen wird, kann man vor sich selbst eine ganze Weile lang umdeuten; eigenes Versagen verschleiernd, kann man mit tränenerstickter oder kunstvoll unbeteiligter Stimme das Ende einer Kunstgattung konstatieren: der Gattung Prosa.

Man kann, zweitens, „ehrlich" die Konsequenzen aus dem eigenen Unvermögen ziehend, in Schweigen verfallen; zugeben, daß es einem die Sprache verschlagen hat (das „Es" wäre so unbestimmt wie möglich zu halten: jede Definition hieße ja wieder: schreiben). Diese Haltung würde, wie jede Nicht-Haltung, kaum zur Kenntnis genommen werden und vermutlich schnell zur Pose erstarren. Wer zu verzichten angefangen hat, ist auf Ungerechtigkeit festgelegt. Er muß dauernd neue Rechtfertigung für seinen Verzicht aus seiner Umwelt ziehen. Dahin ist die Ehrlichkeit.

Bleibt, drittens, der Versuch, sich durch Produktivität zu stellen. Übrigens: Wem denn? Und: Warum?

Zufällig hat mich die Unruhe, die sich verdichtet, ehe sie artikulierbar wird, in eine Gegend begleitet, die zu sehen ich weder gedacht noch gewünscht hätte; man kann nicht wünschen, wovon man nichts weiß. Aber was ich aus Unkenntnis nicht wünschen konnte, möchte ich jetzt nicht mehr missen: die Stadt Gorki an der Wolga, dieses Hotel „Rossija", dieses hellgrün gestrichene Zimmer mit seinem staubigen Schreibtisch und den beiden Fenstern, die, genau wie der Balkon, auf dem ich stehe, den Blick auf die Wolgaebene haben. Ich frage mich, warum dieser Blick heute, am zweiten Tag, nicht mehr ganz derselbe ist, der er gestern gleich nach der Ankunft war. Unmöglich, ihn zu beschreiben. Nur soviel: weder das Wetter hat sich geändert – unvermindert flimmert die Hitze über dem Fluß und der mächtigen Ebene dahinter – noch die Farben. Kein Zug im Gesicht der Landschaft ist neu, und auch meine Augen würde selbst der penibelste Augenarzt unverändert finden.

Hat sich also eine Chimäre zwischen sie und den Fluß da unten geschoben? Doch wohl nicht: die Zeit war es, nichts als ein bißchen Zeit: ein Nachmittag, eine Nacht und ein Morgen. Die junge Dolmetscherin, die uns, erfolglos mit ihrem Mikrophon kämpfend, vom Omnibus aus die Stadt zeigt; die Ikonenecke im Kaschirin-Haus, vor der Gorkis Großmutter stundenlang auf den Knien lag; die Truhe, von der aus der Junge Alexej Peschkow sie beobachtete, voller Angst, die große Uhr könne auf ihn herunterfallen; die Liebespärchen, die wie auf einem Laufband den Parkweg hochgeschoben werden, an dessen Rand wir unter freiem abendlichem Himmel sitzen, um den Darbietungen einer atemberaubend geschnürten Sängerin in einem goldglitzernden Kleid zuzuhören; der Blick des Journalisten, der einst Besatzungsoffizier in Mecklenburg war, als er den Namen einer Frau ausspricht, nach der wir suchen sollen: Berta Kopp; die Frau, die mit geschürztem Rock und nackten Beinen an der Pumpe vor ihrem Haus Wäsche spült: nichts von alledem ist spurlos vergangen. Auch das Kirchlein mit den goldenen Zwiebeltürmen nicht, dem wir durch ein Straßengewirr zustreben, ohne es je zu finden, und nicht einmal die Unzahl grauer Hunde, die aus hölzernen Torwegen herausschießen und alle von ein und demselben Stammelternpaar herzukommen scheinen. Als habe jemand sein „Nichts soll verloren sein" über sie gesprochen, haben sie alle in mir ihren Eindruck zurückgelassen (wie passend das Wort „Eindruck" ist!). So daß ich nun, an demselben Platz, vor derselben Landschaft stehend – die frühere Jahrhunderte „grandios" genannt hätten –, alles anders *sehe*.

Ein Satz, den wir oft gebrauchen, ohne ihm „auf den Grund" zu gehen. Dahin zu gelangen, müßte man den Mut haben, die Augen zu schließen, sich loszulassen: Da sind sie also immer noch, die Wolgaufer, fahren langsam und beharrlich vorbei, da schüttert die Schiffsmaschine leise unter den Füßen, ich bin auf dem Dampfer, noch nicht angekommen in der fremden Stadt, weiß aber schon, wie es sein wird: ankommen, dieser Blick von einem Hotelbalkon, die Liebespaare . . ., weiß, wie es gewesen sein wird: abgefahren, vieles vergessen, nur diesen Augenblick gewiß nicht, an dem ich mich, zurück- und vorausfühlend, meiner späteren Erinnerung versichere, einen leichten Schwindel in Kauf nehme, den man kennt: Schwerelosigkeit, die freie Bewegung in Raum und Zeit – und, mich abstoßend, weitersinke in das, was wir behelfsmäßig „Vergangenheit" nennen. So gelange ich denn zu ähnlichen Augenblicken, entdecke ein Erlebnismuster, finde vielleicht seinen Ursprung, vergleiche es mit anderen mir bekannten Mustern und kann womöglich etwas über mich erfahren, was ich noch nicht weiß.

Bin auf dem Grund des Satzes.

Unbewußt verwende ich Vergleiche aus dem Berufsleben eines Tauchers, das deutet auf Probleme der Tiefe – wie dieser Begriff auch durch Unschärfe und Mißbrauch gelitten haben mag, so daß er von manchen Romantheoretikern nicht nur verachtet, sondern gehaßt wird. Und tatsächlich ist „Tiefe“ keine Eigenschaft, die an den Dingen haftet. Ihr Erlebnis ist an das menschliche Bewußtsein gebunden. Mit fällt die Libby's-Milch-Büchse ein, die mich als Kind verwirrte: eine lächelnde Krankenschwester auf ihrer Banderole, die dem Betrachter auf ihrer flachen Hand eine Libby's-Milch-Büchse entgegenstreckt, die wieder diese verflixte Krankenschwester auf der Banderole hatte – nun schon sehr klein – und die penetrante Büchse auf ihrer flachen Hand . . . So fort bis ins Unendliche, nicht mehr Sichtbare, wo aber – darin eben bestand ja die perfide Suggestion – immer weiter allerwinzigste Krankenschwestern dem Verbraucher Kondensmilchbüchsen entgegenstreckten. Diese Vorstellung machte mich kribblig, weil die ganze Anstrengung der Vorstellungskraft zu nichts führt, weil der Trichter, in den zu kriechen man seine Phantasie gezwungen hat, am Ende doch im Leeren mündet.

Dies schreibe ich am staubigen Schreibtisch des Hotels „Rossija“: im Bewußtsein der *Gegenwart* – beispielsweise dieses Flusses da unten und aller wirklichen und erträumten Erlebnisse, die sich mir mit ihm verbinden – schreibe ich über einen *früheren* Vorgang, während dessen Ablauf ich mich – eine Kette von Assoziationen entlangtastend – nicht nur an noch frühere Ereignisse, sondern auch an vergangene Gedanken und *Erinnerungen* erinnerte und mir zu allem übrigen noch die Möglichkeit aufstieg, das alles könnte später einmal, in der *Zukunft* (die in diesem Moment Gegenwart ist), auf irgendeine Weise bedeutsam werden. Zum Beispiel, indem ich es beschreibe.

Das ist keine überspannte Erfindung, sondern eine belegbare, jedermann zugängliche Beobachtung, nicht besonders selten, nicht besonders kompliziert. Es ist eine Alltagssituation der modernen Psyche, eine Relativierung und vorübergehende Aufhebung der objektiven Zeit, eine durchschnittliche Erfahrung: daß der Augenblick fast unendlich dehnbar ist, daß er eine enorme Menge und Vielschichtigkeit an Erlebnismöglichkeiten in sich trägt, während fünf Minuten doch schlichte fünf Minuten geblieben sind.

Unser Gehirn ist genügend differenziert, die lineare Ausdehnung der Zeit – nennen wir sie die Oberfläche – durch Erinnerung und Vorausschau fast unendlich zu vertiefen. Wenn die Gesellschaft diese massenhaft auftretende Fähigkeit nicht genügend zu nutzen weiß, langweilen wir uns. Und das wäre nicht nur langweilig, sondern besorgniserregend.

Tiefe: Wenn sie keine Eigenschaft der materiellen Welt ist, so muß sie eine Erfahrung sein, eine Fähigkeit, die im gesellschaftlichen Zusammenleben der Menschen über lange Zeiträume erworben wurde und sich nicht nur gehalten, sondern entwickelt hat, weil sie brauchbar war. Sie ist also an uns gebunden, Subjekte, die in objektiven Verhältnissen leben. Sie ist das Resultat von unbefriedigten Bedürfnissen, daraus entstehenden Spannungen, Widersprüchen und unerhörten Anstrengungen des Menschen, über sich selbst hinauszuwachsen oder, vielleicht: sich zu erreichen. Das mag Sinn und Aufgabe der Tiefe unseres Bewußtseins sein; dann dürfen wir sie nicht preisgeben zugunsten von Oberflächlichkeit.

Die fünf Minuten sind vorbei. Sie in einem Stück Prosa wirklich zu beschreiben, fehlt mir auf der Reise die Zeit. Nur eine Beobachtung kann festgehalten werden, eine Teilantwort auf die Frage, was einen Menschen zwingen kann, literarisch produktiv zu sein: anscheinend erwartet der Schreibende, daß seiner Hand, schreibend, eine Kurve gelingt, die intensiver, leuchtender, dem wahren, wirklichen Leben näher ist als die mancherlei Abweichungen ausgesetzte Lebenskurve.

Und es scheint, da die Mühe des Schreibens auch in schwersten Zeiten nie ganz aufgegeben wurde, daß das nackte, bloße Leben nicht ohne weiteres mit sich selber fertig wird: unbeschrieben, unüberliefert, ungedeutet und unreflektiert.

Lamento

Mag das gegolten haben – aber gilt es auch heute? Denn an Beschreibung, Überlieferung, Deutung und Reflexion fehlt es der Wirklichkeit unserer Tage nicht, jenseits der Literatur und ohne sie. Hinter den Zweifeln der Prosaschreiber an den Zukunftsaussichten ihrer Gattung steckt nichts anderes als eine Selbstverdächtigung: die des Anachronismus. Die Prosa sieht sich bedrängt, und sie täuscht sich nicht: sie ist es in zunehmendem Maße, und zwar um so stärker, je entschiedener sie sowohl die esoterische Außenseiterposition als auch die banale Zeitvertreiberrolle ablehnt und darauf besteht, etwas zu sagen zu haben.

Den ersten Schlag führten wahrscheinlich die Zeitungen: sie trennten die Information von der Prosa ab. Die Mittel der modernen Nachrichtentechnik schufen die Superinformation, deren Wesen das Tempo ist. Mag der wechselhafte Verlauf des Troianischen Krieges in entlegenen Gegenden der damals bekannten Welt noch nach Jahren als Neuigkeit durchgegangen sein – heutzutage wäre ein ähnliches verlustreiches Massaker schon nach Stunden im letzten Dorf durch die Nachricht von neueren Untaten verdrängt. Diese Entlastung von ihren Pflichten als Nachrichtenträger hat die etwas schwerfällige, langsame Prosa gut überstanden. Auch die Trennung von der Historie, der Geschichtsschreibung, die ein Sonderstudium und ein Sonderamt wurde, hat sie, um die Gilde der Chronisten ärmer, überlebt. So, ein wenig gerupft, aber auch schlanker, biegsamer und eleganter geworden, tritt sie in ihre bürgerliche Phase, findet im ersten Überschwang neue Möglichkeiten, dem neu entdeckten Subjekt wichtige Dienste zu leisten, und lernt dann, von Katzenjammer übermannt, allmählich nach der Berechtigung der eigenen Existenz zu fragen.

Denn nun, Zug um Zug, rücken Technik und Wissenschaft vor: Funk, Film, Fernsehen übernehmen es, das einerseits wissensdurstige, andererseits sich langweilende Publikum zu belehren, zu unterhalten und zu zerstreuen. Bewegte Bilder auf Leinwand und Mattscheibe – was immer sie sonst auch leisten – schonen unsere Abstraktions- und Vorstellungskraft, die durch die winzigen abstrakten Symbole auf den Buchseiten herausgefordert wird. Die ursprüngliche menschliche Neugier an Geschichten, die unsereins passieren können – ein Homer verdankte ihr seinen Zulauf –, wird sauber und perfekt, sogar überreichlich befriedigt: soviel Neugier kann kein Mensch dauernd in sich erzeugen, wie geschulte Techniker Tag für Tag stillen. Es ist der Gefahr zu begegnen, daß der Reisende, für Stunden abgeschnitten von den Massenmedien, am Bahnhofskiosk nur nach dem Krimi greift, an den er gewöhnt ist.

Aber das wollen wir hier nicht Prosa nennen.

Auch die Wissenschaften gewinnen gegen sie an Boden. Der Kitzel, den ihre Versprechungen auslösen, ist schwer durch weniger Handgreifliches, weniger Sensationelles zu ersetzen. Die Fülle unerhörtester Geschenke, die uns bis zur Jahrtausendwende angekündigt ist, macht die Zahl 2000 zu einer magischen Zahl. Ungern stelle ich mir vor, wir alle könnten am Silvesterabend des Jahres 1999 in eine ähnliche Lage geraten wie ich einmal zu Weihnachten als Kind: Wirklich und wahrhaftig stand das Akkordeon als Hauptgeschenk unterm Tannenbaum, aber leider war die Überraschung durch eine geschwätzige Verwandte schon lange verdorben, Vorfreude und schlechtes Gewissen hatten die Freude aufgezehrt, und im gleichen Augenblick wußte ich auch, daß nicht Liebe zur Musik mir den Wunsch nach diesem Instrument eingegeben hatte und daß ich niemals lernen würde, frei darauf zu spielen. Allerdings war ich es nun mir und den anderen schuldig, Überraschung zu heucheln, ja, meine unechte Begeisterung sogar noch zu übertreiben.

Ein unpassender Vergleich. Sind wir nicht erwachsene Menschen, fähig, über die Geschenke zu entscheiden, die wir uns selber machen wollen, und den Zeitpunkt abzuwarten, da wir in der Lage sind, „darauf zu spielen"?

Das eben ist die Frage. Wer, außer einer kleinen Gruppe von Physikern, hat zu ihrer Zeit die Kernspaltung „wünschen" können? Sehnen wir uns nach dem Tag, an dem Biologen die Eigenschaften unserer Nachkommen durch Manipulationen an der Struktur der Gene beeinflussen werden? Warten wir wirklich ungeduldig auf das vollkommene Modell unseres Gehirns, von dem die Kybernetiker träumen? Auf die zusätzlichen fünfzig Lebensjahre, die die Mediziner uns zugedacht haben? Auf die Drogen, die Glück und Unglück künstlich erzeugen können? Und auf die Zeit, in der man Menschen über längere Zeiträume einfrieren wird?

Wer ehrlich ist, wird selbst auf diese tendenziös zusammengestellte Liste der Wohltaten, die uns erwarten, keineswegs ein klares „Nein" in sich als Antwort finden. Widerwillig beobachtet man in sich Faszination durch das Wunderbare und Verständnis dafür, daß, was erfindbar ist, unbedingt erfunden, was machbar, gemacht werden wird; man sieht sich belehrt über die Unausrottbarkeit technischer Neugier und über die Nutzlosigkeit eines Lamentos, das von Tag zu Tag anachronistischer erscheint: alles und alle, die nicht bereit sind, die Menschheit in eine so beschaffene Zukunft zu begleiten, wird sie hinter sich lassen.

Also stürzen wir uns auf populärwissenschaftliche Darstellungen aus dem Bereich der Wissenschaften, lesen Utopien, Dokumentationen, Reportagen aus Laboratorien und Operationssälen, interessieren uns für psychiatrische Krankengeschichten, soziologische Untersuchungen, historische Monographien, ökonomische Prognosen. Und wer, wenn nicht unsere Generation, hätte erfahren, daß philosophische Broschüren aufwühlen können wie kein anderer Lesestoff. Selbst die Analyse der Gesellschaft, früher Domäne des Romanautors, wird jetzt planmäßig von ganzen Wissenschaftlerstäben besorgt, und anders wäre sie wohl auch nicht mehr zu leisten. (Es sei denn, die herrschende Schicht einer Gesellschaft hätte ein Interesse daran, die Gesellschaftswissenschaften in einem unentwickelten Zustand zu halten – in diesem Fall hätte der Prosaschreiber ihr Amt mit zu übernehmen, wäre aber dabei in der Lage eines Menschen, dem die präzisen Methoden und die Materialfülle des Experten nicht zur Verfügung stehen.)

Das Letzte zu sagen: Die Wirklichkeit dieses Jahrhunderts selbst wendet sich gegen die Prosaschreiber. Sie ist phantastischer als jedes Phantasieprodukt. Ihre Grausamkeit und ihre Wunderbarkeit sind durch Erfindung nicht zu übertreffen. Wer also „die Wahrheit" lesen will, das heißt: wie es wirklich gewesen ist, der greift zu Tatsachenberichten, Biographien, Dokumentensammlungen, Tagebüchern, Memoiren.

Der Kuchen „Wirklichkeit", von dem der Prosaschreiber sich früher in aller Seelenruhe Stück für Stück abschnitt, ist aufgeteilt. Zu behaupten, die, denen er zugefallen ist, hätten ihn nicht verdient, wäre nichts als nutzloses Ressentiment. Die sich die Stücke gegenseitig aus der Hand reißen und sich um die Krümel zu streiten beginnen, sind gut organisierte Teams scharfsinniger und scharfsichtiger Forscher, die ihre Nützlichkeit leicht beweisen können.

Die Prosa dagegen ... Was soll sie denn diesen nüchternen, stracks vorwärtsschreitenden Leuten erzählen?

Der Prosaautor, der „raunende Beschwörer des Imperfekts", daran gewöhnt, Kampf, Sieg oder Niederlage der unantastbaren Persönlichkeit für den wichtigsten Gegenstand der Welt zu halten, was sagt er seinen Zeitgenossen, die dabei sind, den stromlinienförmigen Menschen zu konstruieren, fähig, sich allen Anforderungen der Zivilisation anzupassen? Denen der Gedanke nicht fremd ist, daß nicht einmal die Identität des Individuums in der Zukunft gesichert sein wird, und die den Gattungstod der Menschheit in Erwägung ziehen – nicht für eine unvorstellbar ferne Zukunft durch das Erkalten des Planeten, sondern für eine Zeit, die wir erleben werden; nicht durch Naturgewalten, sondern durch uns.

Daran gemessen, wäre der historische Untergang der historisch entstandenen Gattung Prosa ein Kinderspiel. Warum sollte man diese Möglichkeit nicht ins Auge fassen? Unbestreitbar ist, daß sie, vielleicht vorübergehend, in eine etwas bedrängte Lage geraten ist. Nachsichtig beobachten wir ihre Mimikrys: wie sie als Krimi, als Reißer um ihr Leben kämpft. Das heißt, sie hat vom Gift der Selbstaufgabe gekostet. Das heißt, sie hat nur dann Aussicht, am Leben zu bleiben, wenn sie etwas kann, was alle jene Mächte nicht können, die ihr zu Leibe rücken. Ganz und gar gerettet wäre sie, wenn wir dahinterkämen, daß es für uns wichtig, vielleicht lebenswichtig ist, dahin zu gelangen, wohin sie uns führt.

Die Frage ist, ob wir ihr Mut machen, zu wollen, was sie kann.

Damit endet natürlich das Lamento.

Tabula rasa

Hüten wir uns vor Verstiegenheiten. „Prosa" – das ist doch nichts anderes als eine Idee, eine Vorstellung, eine Abstraktion. Ihre Verkörperung wird auf dem Markt in Form einer Ware gehandelt: als Buch. Dieser Vorgang, der ziemlich reibungslos funktioniert, wird nicht genügend bestaunt – wir haben uns daran gewöhnt, daß man uns Erfindungen, deren praktische Verwendbarkeit höchst zweifelhaft, wenn nicht ausgeschlossen ist, zum

Kauf anbietet. Manche Menschen haben die Stirn, ihre eigene Existenz auf diese höchst unseriöse Manipulation zu gründen: nicht nur Verleger, Drucker, Buchhändler und Propagandisten, sondern sogar Autoren sind so frei.

Leisten wir uns ein Gedankenexperiment. Eine Kraft, nicht näher zu bezeichnen, lösche durch Zauberschlag jede Spur aus, die sich durch Lesen von Prosabüchern in meinen Kopf eingegraben hat.

Was würde mir fehlen?

Die Antwort ist nicht nur mörderisch; sie ist auch unmöglich. Wenn einer sie geben könnte, wüßte man Genaueres über die Wirkungen von Literatur.

Beginne ich in mir abzutöten: das makellose, unschuldig leidende Schneewittchen und die böse Stiefmutter, die am Ende in den glühenden Pantoffeln tanzt, so vernichte ich ein Ur-Muster, die lebenswichtige Grundüberzeugung vom unvermeidlichen Sieg des Guten über das Böse. Ich kenne auch keine Sagen, habe mir nie gewünscht, an der Seite des hürnenen Siegfried dem Drachen gegenüberzutreten; niemals bin ich vor einem Rauschen im finsteren Wald erschrocken: Rübezahl! Die Tierfabeln habe ich nie gelesen, ich verstehe nicht, was das heißen soll: „listig wie ein Fuchs“, „mutig wie ein Löwe“. Eulenspiegel kenne ich nicht, habe nicht gelacht über die Listen der Schwachen, mit denen sie die Mächtigen besiegen. Die Sieben Schwaben, die Schildbürger, Don Quijote, Gulliver, die Schöne Magelone – hinweg mit ihnen. Weg mit dem ohnmächtig donnernden Zeus und der Weltesche Yggdrasil, weg mit Adam und Eva und dem Paradies. Nie ist eine Stadt mit Namen Troia um einer Frau willen bestürmt und eingenommen worden. Nie hat ein Doktor Faustus mit dem Teufel um seine Seele gerungen.

Arm, ausgeplündert, entblößt und ungefeit trete ich in mein zehntes Jahr. Brennende Tränen sind ungeweint geblieben; der Hexe im Märchenbuch wurden nicht die Augen ausgekratzt; die jubelnde Erleichterung über die

Rettung eines Helden habe ich nicht kennengelernt; nie bin ich zu den phantastischen Träumen angeregt worden, die ich mir im Dunkeln erzähle. Ich weiß nicht, daß Völker verschieden sind und doch einander ähnlich. Meine Moral ist nicht entwickelt, ich leide an geistiger Auszehrung, meine Phantasie ist verkümmert. Vergleichen, urteilen fällt mir schwer. Schön und häßlich, gut und böse sind schwankende, unsichere Begriffe.

Es steht schlecht um mich.

Wie soll ich ahnen, daß die Welt, in der ich lebe, dicht, bunt, üppig, von den merkwürdigsten Figuren bevölkert ist? Daß sie voller Abenteuer steckt, die ausgerechnet auf mich gewartet haben?

Kurz: der Gang zu den Müttern hat nicht stattgefunden, aus den Quellen ist nicht getrunken worden, das Maß für Menschen und Dinge wurde nicht gesetzt. Die verpaßten Erschütterungen sind nicht nachholbar. Eine Welt, die nicht zur rechten Zeit verzaubert und dunkel war, wird, wenn das Wissen wächst, nicht klar, sondern dürr. Fad und unfruchtbar sind die Wunder, die man seziert, ehe man an sie glauben durfte.

Unersetzbar vor allem die Erfahrung, daß die Fülle des Lebens nicht ausgeschöpft ist durch die wenigen Handlungen, die wir zufällig tun dürfen.

Unsagbar verödet ist eine menschliche Existenz, die sich selbst, vergleichend, nicht als Gleichnis nehmen, sich keinen Ort finden kann in dem beispiellosen Zug der Menschheit aus dem Dickicht in die ersehnte Ordnung – nennen wir sie, mit einem altväterlichen Wort, „Gesittung".

So, ungebildet im tiefsten Sinn des Wortes, stehe ich vor einer heiklen Etappe. Das Experiment, vor dem wir mit gutem Grund in Gedanken zurückschreckten, ist ja in Wirklichkeit an meiner Generation verübt worden. Lückenloser kann die Absperrung von aller Literatur der Zeit nicht erdacht werden, als sie uns zugefügt wurde, bis zu unserem sechzehnten Jahr. Sehr möglich, daß die auffällig verzögerte Reife meiner Generation nicht zuletzt diesen Grund hat. Denn was wir zu lesen bekamen, was wir massenhaft verschlangen – eine „Prosaliteratur" übrigens, die ich fast vollständig vergessen habe, die sich wie von selbst in mir ausgelöscht hat, wenn das auch nichts sagt über ihre unterirdischen Wirkungen –, das alles war nicht nur vordergründig auf Chauvinismus und Kriegsbegeisterung und ein von Grund auf verkehrtes Geschichtsbild angelegt (monströse Historien waren es zumeist, die ich aus der Schulbibliothek entlieh): Hintergründig hemmte es, sicherlich erfolgreich, das Erwachsenwerden, das Reifen des kritischen Verstandes und verständiger, nicht von übelsten Vorurteilen und Ressentiments verkrüppelter Gefühle.

Was war – die Vergangenheit –, in einen blutigen Nebel gehüllt; was ist – die Gegenwart –, durch eine Brille mit ungeheuerlichem Verzerrungseffekt gesehen: in solchen Zeiten gibt es nicht den nüchternen Blick des Erzählers. Da war niemand, dem wir hätten zuhören können. Die schreckliche Verlassenheit dieser Jugend ist noch nicht geschildert. Verlassen inmitten der vielen kleinen Räusche, welche die staatlich angestellten Magier maßgerecht produzierten – als höchsten unter ihnen den Todesrausch: Nichts ist der einzelne; unsterblich ein Mythos, den die Bücher unserer Jugend „Volk" nannten.

Oft frage ich mich, was eigentlich das Schlimmste verhindert hat, da moralische Instinkte nicht angeboren sind und man uns um jeden Kontakt mit der Moral einer hochentwickelten Kultur gebracht hatte. Wieso also wurde nicht jede menschliche Regung in uns ausgerottet? Woher eigentlich dieses Zurückzucken bei einigen wenigen, scharf in die Erinnerung eingeritzten Gelegenheiten, die ich heute für entscheidend halte? Woher – da doch auch die Umgebung stumm blieb – drei-, viermal diese beunruhigende Warnung von innen her, der man nicht tiefer nachgehen wollte und die sich in zwei Worte fassen ließ: Das nicht!

Einmal auch, als ich ein Buch las: Christine Torstensen. Dieses Mädchen, nordisch-wertvoller Rasse, eine Fanatikerin des Dreißigjährigen Krieges, küßt und umarmt die Leichen der Pestkranken im eigenen Lager und schleicht sich zum Feind, bietet sich ihm an, um mit ihrem Körper, ihren Lippen die Pest zu übertragen. Eine Heldin, so sollte man sein. Ich las das und dachte: Das nicht.

Vielleicht war da doch ein Grund gelegt mit den Geschichten und Märchen der Kindheit, um die ich mich ja, versuchshalber, soeben gebracht habe. Auch jene Bücher, diese ganzen Bindings und Jelusichs und Johsts und Grimms seien nun ausgelöscht, wie sie es verdienen, und doch nicht ohne Zögern: wer an diesem Gift nicht umgekommen ist, bleibt immun, auch gegen seine feinsten Verdünnungen.

Viel schwerer, Storm und Fontane ihnen nachzuopfern; und wie ungern erst trenne ich mich von einem stockfleckigen Pappband, der, ein ewiges Rätsel, auf der Kommode meiner Großmutter lag, die nie Bücher las. Er hieß „Im Westen nichts Neues", und, wie alles Interessante, „war es nichts" für mich. Ich las es auf dem Sofa der Großeltern und fühle noch die abgewetzte Polsterlehne in meiner verschwitzten Hand. Ich las, daß an einem Bauchschuß im Krieg auch ein Deutscher elend krepiert. Vielleicht war dieser Tote der erste, gegen dessen Schicksal ich mich unwillkürlich auflehnte. – Hinweg auch mit ihm, schweren Herzens.

Von nun an, sehe ich, kann ich die Opfer nicht mehr mit Namen nennen; kein Grüner Heinrich, kein Werther und kein Wilhelm Meister haben meinen Weg gekreuzt, Julien Sorel sei mir unbekannt geblieben wie Madame Bovary und Anna Karenina: Nein; so kann ich nicht fortfahren. Einmal müßte sie geschrieben werden, die sonderbare, sprunghafte Lesegeschichte meiner Generation; vielleicht gäbe sie einen Anhaltspunkt für Unausgeglichenheiten und Unsicherheiten, die nicht leicht zu erklären sind.

Aber für mich hat es ja den ganzen „Nachholebedarf"

nicht gegeben. Ich, als Nicht-Leser, habe nicht betäubt vor den Listen von Namen und Titeln gestanden, die mir fremd waren. Ich habe mich nicht in die schlecht ausgestatteten Pappbände der Nachkriegsjahre hineingefressen. Was habe ich also in den Tausenden von Stunden gemacht, die nun nachträglich frei geworden sind, da es für mich keine Bücher gab? Nicht die Erschütterungen und Einsichten, die in jener Zeit gleichbedeutend mit „Lesen“ waren (vielleicht ist uns von daher unser Ernst im Umgang mit Büchern geblieben); nicht jene Bahnhofsbank, auf der ich, widerwillig, eines jener furchtbaren Bücher gelesen hatte und endlich begriff: Es mußte *wahr* sein, was da beschrieben war.

Hinweg, in einem großen Stapel, mit der ganzen frühen sowjetischen Literatur, einmaliges Signal für Möglichkeiten, an deren Faszination ich für immer gebunden wäre – hätte ich sie gelesen. Weg nun auch mit Bücherleichen, dem Ballast mancher Jahre, jenen meist dickleibigen Konzessionen an Unehrlichkeit und schlechten Geschmack. Ihnen nach den mächtigen Lesewust aus dem germanistischen Seminar – Prüfungsstoff, Lebensstoff: die Unterscheidung ist immer schwer gewesen.

Tabula rasa. Ich bin am Ende. Mit den Wurzeln ausgerissen, ausgelöscht in mir eines der großen Abenteuer, die wir haben können: vergleichend, prüfend, sich abgrenzend allmählich sich selbst sehen lernen. Sich messen an den deutlichsten Gestalten aller Zeiten. Nichts davon. Verblaßt das Zeitgefühl, da es nicht wirklich geweckt wurde. Die eigenen Konturen, anstatt deutlicher zu werden, lösen sich auf; das Bewußtsein, anstatt sich zu klären, verschwimmt.

Die Verwilderung wird zunehmen.

Denn nun muß man weitergehen: die feineren, schwer beweisbaren Wirkungen gilt es auszutilgen, die dauernder Umgang mit Büchern hervorbringt: die Übung und Differenzierung des psychischen Apparats; Schärfung der Sinne; Erweckung der Beobachtungslust, der Fähigkeit, Komik und Tragik von Situationen zu sehen; Heiterkeit aus Vergleich mit Vergangenem zu ziehen; das Heroische als die Ausnahme zu würdigen, die es darstellt; und das Gewöhnliche, das sich immer wiederholt, gelassen zur Kenntnis zu nehmen und womöglich zu lieben. Vor allem aber: zu staunen; unaufhörlich zu staunen über seinesgleichen und sich selbst.

Aber *ich habe nicht gelesen.*

Nicht nur meine Vergangenheit ist mit einem Schlag geändert: meine Gegenwart ist dieselbe nicht mehr. Nun bleibt das Letzte zu tun: auch die Zukunft zu opfern. Ich werde niemals ein Buch lesen. Der Schrecken, der in diesem Satz steckt, berührt mich, den Nicht-Leser, nicht.

Denn ich, ohne Bücher, bin nicht ich.

Medaillons

Anscheinend brauchen wir für unser Leben die Zustimmung und Unterstützung der Phantasie. Das heißt: das Spiel mit offenen Möglichkeiten. Zugleich aber geht etwas anderes in uns vor, täglich, stündlich – ein schleichender, kaum vermeidbarer Prozeß: Verhärtung, Versteinerung, Gewöhnung. Besonders macht er sich über die Erinnerung her.

Jedermann führt mit sich eine Kollektion kolorierter Medaillons mit Unterschriften, teils putzig, teils grauslig. Bei Gelegenheiten werden sie hervorgeholt und herumgezeigt, weil wir Bestätigung brauchen für unser eigenes beruhigend eindeutiges Empfinden: schön oder häßlich, gut oder böse. Diese Medaillons sind für die Erinnerung, was die verkalkten Kavernen für den Tuberkulosekranken, was die Vorurteile für die Moral: ehemals aktive, jetzt aber durch Einkapselung stillgelegte Lebensflecken. Einst scheute man die Berührung, man verbrannte sich die Finger daran; nun sind sie kühl und glatt, manche kunstvoll zurechtgeschliffen, manches besonders wertvolle Stück hat die Arbeit von Jahren gekostet, denn man muß viel vergessen und viel umdenken und umdeuten, ehe man sich immer und überall ins rechte Licht gerückt hat: das ist es, wozu wir sie brauchen, die Medaillons. Man wird wissen, was ich meine.

„Erinnerung“ aber pflegen wir es zu nennen, wenn wir diese recht hübsch gemachten Kunstgewerbestücke als echt unter die Leute bringen, damit sie ihren Marktwert erweisen, sich mit dem gängigen Angebot messen können und, je mehr sie ihm entsprechen, für echt erklärt werden.

Auch ich habe meine Medaillons. Eines von ihnen, besonders handlich und glaubhaft, ist, genaugenommen, ein Stückchen Film. Zuerst muß die Kamera im Schlafzimmer meiner Eltern gestanden haben, anstelle des einen Nachttischs. Die Beleuchter haben Kilowatt gespart, früher Wintermorgen, Verdunkelung. Eine erregte Stimme aus dem Radio, das nebenan im Wohnzimmer steht, nennt das Datum, wir begreifen: letztes Kriegsjahr. Gepackte Koffer, Säcke, in die man Betten stopft, der Silberfuchs wird abschätzend in einer Hand gewogen und dann in den Schrank zurückgeschleudert, sinnlos gewordenes Symbol. Die Radiostimme aus dem Wohnzimmer empfiehlt eindringlich und gekränkt allen Zivilpersonen das Verlassen der Stadt: der Feind stehe vor den Toren. Gereizte Antreiberei durch die Erwachsenen. Mitten in dem Durcheinander eine ungeschickte Figur, wieder einmal total überrascht, unfähig zum Handeln vor Ungläubigkeit: die muß man wohl „ich“ nennen. Ich werde herumgeschubst.

Szenenwechsel. Zweite Einstellung. Kamera am Fuß der Treppe zum Haus von Ich. Schwenk zum Lastwagen auf der Straße: Die Koffer und Säcke, die eben gepackt wurden, werden eingeladen, dann die Personen, die es schon im Schlafzimmer gab, gestoßen, geschoben, gehoben: auch Ich. Streitende Stimmen, Klagen, Schluchzen. Fragen, Antworten. Tränen, Winken. Das Auto fährt an, ein paar Nachbarn bleiben zurück.

So enden Kindheiten in jener Zeit, das glaubt jeder,

das wird blank poliert beim häufigen Erzählen, das ist schön wehleidig, das hat seinen festen Platz im Medaillonschrein und seine Unterschrift: „Ende der Kindheit“.

Interessant, daß es ohne weiteres verfilmbar ist, wenn man von ein paar Kleinigkeiten absieht, die die Erinnerung widerwillig auch aufbewahrt hat: die Verwunderung, wie grau diese Stadt war, in der man so ein buntes Leben gehabt hatte, daß man keine andere Stadt auf der Welt für kennenswert hielt; die Erkenntnis, die wie ein Funken gerade von einer grauen Häuserwand am Fischerkietz aufsprang und dann mitfuhr und mich lange einsam machte unter lauter Besessenen, die auf ein Wunder warteten: Das siehst du nicht mehr wieder. Da hörte ich, ehe ich noch angefangen hatte, zu warten auf.

Es kann sein, eines Tages werde ich wissen wollen, woher er kam, dieser absurde Gedanke. Wahrscheinlich würde er mich tief in meine Kindheit zurückführen, in Zonen, die gemieden werden bei der Anfertigung der Medaillons, in Regionen, in die mir, wenn nicht alles täuscht, die Filmkamera nicht folgen könnte. Die Sprache aber, das hoffe ich doch, könnte mir folgen, überallhin, wohin zu gehen man eines Tages den Mut haben wird: denn von dieser Zuversicht lebt man.

Sich-Erinnern ist gegen den Strom schwimmen, wie schreiben – gegen den scheinbar natürlichen Strom des Vergessens, anstrengende Bewegung. Wohin treibt das? Kaum bekannte Landschaft, ungewisse Farben, die sich allmählich entscheiden: blau, wie man es als Kind am Hochsommerhimmel sieht, damit man für immer weiß, was mit „Blau“ gemeint ist, Kartoffelstauden links und rechts, der sonnenwarme Sand der Furche unter dem Körper, schönstes, erwünschtestes Lager. Hitze. Warum liege ich hier? Ich weiß es nicht. Ich weiß nicht, wieso ich die Gewohnheit des Gehorchens mit Gewalt unterdrückt, warum ich auf die Rufe vom Haus her nicht geantwortet habe. Endlich die Stille. Und da, nach einiger Zeit, die Eidechse auf meinem Bauch, die sich sonnt. Ich halte den Atem an. Nun bin ich glücklich, weiß, daß ich es nicht sein dürfte und daß ich mich für immer daran erinnern werde. Nachts wird Fliegeralarm sein. Ich zwinge mich, an die Menschen zu denken, die auch in dieser Minute getötet werden. Schlechten Gewissens gebe ich mir zu, daß ich kein schlechtes Gewissen haben kann über mein Glück: harmloser Vorbote der gemischten Gefühle, die, mehr als alles andere, Erwachsensein bedeuten.

Wenig ergiebige Szene, ohne Unterschrift. Kein Material für ein Medaillon, nichts, was die Kamera aufnehmen könnte. Jeder Regisseur, der auf den inneren Monolog verzichten will, müßte verzweifeln, so wie er sich auch von jener Balkonszene am Ufer der Wolga hätte abwenden müssen.

Und der Erzähler? Er liegt ja selber in der Kartoffelfurche, ist geschrumpft auf die Maße der Vierzehnjährigen, sieht die Kartoffelstauden links und rechts und den ungeheuren Himmelsausschnitt, erschrickt über die Eidechse und hält den Atem an: ist aber zugleich gewachsen und sieht auf die Vierzehnjährige hinab. Hält es nach fünfundzwanzig Jahren der Mühe wert, sich zu erinnern: Damals war ich glücklich und sollte es nicht sein. Versucht, schreibend, getreu zu sein, und findet: Die fünfundzwanzig Jahre haben nicht nur an ihm, sie haben auch an jener frühen Szene gearbeitet. Muß zugeben: Er hat sie nicht „objektiv" erzählt – das ist nicht möglich. Es entmutigt ihn nicht. Er entschließt sich, zu erzählen, das heißt: wahrheitsgetreu zu erfinden auf Grund eigener Erfahrung.

Die Prosa sollte danach streben, unverfilmbar zu sein. Sie sollte von dem gefährlichen Handwerk ablassen, Medaillons in Umlauf zu bringen und Fertigteile zusammenzusetzen. Sie sollte unbestechlich auf der einmaligen Erfahrung bestehen und sich nicht hinreißen lassen zu gewaltsamen Eingriffen in die Erfahrung der anderen, aber sie sollte anderen Mut machen zu ihren Erfahrungen.

Wozu kann uns das nützen?

Genau an dieser Stelle möchte ich eine ausreichend tendenziöse Verwendung für das schöne Wort „romanhaft" finden. Vielleicht bitte ich darum, es über das ganze folgende Textzitat hin mitschwingen zu lassen:

„Ich lümmelte mich höflich mit dem Ellbogen über das Empfangspult und blickte in das Gesicht eines glücklich aussehenden jungen Burschen mit gepunktetem Querbinder. Von ihm wandte ich meinen Blick dem Mädchen vor dem Klappenschrank an der Seitenwand zu. Sie war ein Freilufttyp mit schimmerndem Make-up und einem blonden Pferdeschwanz. Sie hatte schöne, große, sanfte Augen, die glänzten, wenn sie den jungen Angestellten ansah. Sie schwang ihren Pferdeschwanz im Bogen herum und gönnte auch mir einen Blick."

Manchmal stoßen einen die verkommensten Subjekte einer Gattung mit der Nase auf die feuchte Stelle der ganzen Zunft: Respekt und Fairneß gegenüber den ehrbaren Vertretern der romanhaften Erzählweise können mich nicht hindern, diese Sätze aus einem beliebigen Krimi entlarvend zu finden. So tief hinunter, in diese Kloake haben sie die Entdeckungen des genialen Balzac gezerrt. Jeder Kommis des Metiers schustert seine Romanfabeln aus den vier, fünf Bausteinen zusammen, die Anstoß erregten, als sie zum erstenmal verwendet wurden: Nein und nein, so war das Leben nicht!

Inzwischen scheint es so geworden zu sein. Lieschen und Karl Müller haben sich darauf geeinigt, ihr Privatleben als Dreiecks- oder Vierecksgeschichte aufzubauen, lassen sich nicht abhalten, entrüstet und gekränkt zu sein, wenn sie betrogen, und selig, wenn sie geliebt werden, was man so Liebe nennt. Immer mal wieder hat ein Vater seine Tochter zu verstoßen, hat ein irregeleiteter Jüngling sich durch veredelnde Einflüsse von Grund auf zu wandeln; und nur die Überzeugungen, die pflichtgemäß bei solchen Gelegenheiten ausgestoßen werden, sind aus anderen Vokabeln zusammengesetzt – teilweise.

Kein Spott wird verhindern, daß diese Romane massenhaft produziert werden, auch kein Rigorismus, den man sich also leisten kann, ohne irgend jemanden zu schädigen. Zu ihrer Zeit, vor hundertvierzig Jahren, waren, so unglaublich es klingt, gerade diese Geschichten ein Mittel, die reichlich wilde Welt zu zähmen. Kühnheit muß dazu gehört haben, den ungebärdigen Gehirnen ordentlich ablaufende Fabeln aufzudrängen. Man vergesse nicht: Eugenie Grandet – Madame Bovary – das waren zu ihrer Zeit erstaunliche Visionen.

Man soll die Entdeckung der Fabel allerdings nicht einem Autor oder einem Jahrhundert zuschreiben: sie lag in der Luft. Wer lange in den Kategorien der Newtonschen Himmelsmechanik gedacht hat, wird es allmählich natürlich finden, wenn der gesellschaftliche Mechanismus ähnlich funktionieren soll: Feste Objekte bewegen sich fortgesetzt auf berechneten Bahnen und wirken nach berechenbaren Gesetzen aufeinander ein: abstoßend, anziehend, zuweilen auch, bei Himmelskatastrophen, zerstörend. Ein Romancier muß unter solchen Umständen darauf verfallen, den Roman als ein Mittel zu benutzen, um gewisse Objekte – literarische Helden – durch Raum und Zeit zu transportieren. Die Regeln, die sich die Erfinder des Romans selbst erdachten, muß man heute noch bewundern, weil sie weit von den Normen abwichen, nach denen das menschliche Leben ihrer Zeit sich wirklich abzuspielen pflegte, und doch im Laufe von Jahrzehnten die Fiktion des „Natürlichen“ im Leser hervorzurufen wußten. Ja: sie wurden ihrerseits brauchbar als Verhaltensklischee für selbstunsichere Gesellschaftsschichten (sie schufen die Möglichkeit, als Zitat zu leben).

Die Festigkeit, auf der diese Konstruktion ruhte, war enorm und mußte sich am deutlichsten an denjenigen Fabeln erweisen, die, typisch für den bürgerlichen Roman, tragisch endeten: auch noch der untergehende Held ließ seinen Erben einige unbezweifelbare Konstanten zurück: die Realität, was immer man darunter verstehen mochte, und Raum und Zeit als ihre unverrückbaren Koordinaten. Der unübertreffliche Optimismus dieser Mechanik, unbezweifelbar selbst für den, der in ihr zermahlen wird, liegt auf der Hand: Ich gehe unter, aber sie bleibt und bewegt sich doch. Das hatte Funktion, war erkenntnis- und phantasiefördernd, Tüchtigkeit stimulierend, riß Widersprüche auf, ohne die Substanz zu gefährden, brachte in jedem Fall Realität hervor.

Diese selbe Himmelsmechanik dreht sich weiter, einem großen, schönen Schöpfrad vergleichbar, das nichts zutage fördert; oder wir sind unempfindlich geworden gegen seine Hervorbringungen. Die Fabeln, die den alten Gesetzen der Newtonschen Dramaturgie folgen, gleiten, ohne Widerstand zu finden, auf ausgeschwemmten Bahnen in unser Inneres. Prosa, die wieder wirken wollte, mußte sich einer neuen Realität auf neue Weise bemächtigen, mußte, unter anderem, beginnen, sich von der zum Klischee erstarrten, aus Versatzstükken gefertigten „Fabel" alter Provenienz zu trennen; mußte und muß ein mechanisches zugunsten eines dialektischen Weltverhältnisses zu überwinden suchen. Dieser Vorgang, der selbst Gegenstand von Prosa wird und übrigens neue, überraschende Arten von Prosafabeln hervorbringen kann, kann auch, rein technisch verstanden, zu in sich widerspruchsvollen Ergebnissen führen. Eines dieser Ergebnisse ist nach meiner Ansicht der „nouveau roman" und seine Theorie, formuliert von dem Franzosen Robbe-Grillet.

Er, der scharf das Problem fühlt, in dem die Gattung steckt, macht die „Krise des Romans" zur Krise der Romanautoren: er wirft ihnen die Anmaßung vor, von der sie bis jetzt gelebt haben – als allwissende und allmächtige Götter in ihrem selbstgeschaffenen Universum nach Gutdünken zu schalten und zu walten. Er hält dagegen: Die Objektivität des Autors sei ein Hirngespinst.

Freilich erweckt gerade der Streit um die Objektivität ein unbestimmtes Flattern im Gewissen der Romanautoren, das man am ehesten in die Worte faßt: Steine gab ich statt Brot. Schön, befriedigend und zutreffend sind die Beobachtungen, die Robbe-Grillet diesem Zustand widmet. Mit allen Anzeichen des Entsetzens flieht er das Klischee des bürgerlichen Romans, dessen neue Bedrohung er – wie ich glaube, mit Recht – aus der Tatsache ableitet, daß „die Welt nicht mehr das vererbbare und in Geld umsetzbare Privateigentum ist", „die Art Beute, die es weniger zu erkennen als zu erobern galt". Auffallend in diesem Satz ist ein Irrtum: der Gebrauch des Imperfekts. „Die Welt", von der Robbe-Grillet ausgeht, ist sehr wohl noch Privateigentum und Beute: die Revolution, die das Privateigentum an Produktionsmitteln abschafft, hat nicht stattgefunden. Der Autor ignoriert diese Tatsache und bringt durch diese vielleicht unbewußte Manipulation die auffälligeren Widersprüche in seine Theorie: auf einem Umweg kehrt er zu der Methode zurück, die zu bekämpfen er einst ausgezogen war.

Denn das neue Muster, das er dem alten entgegensetzt, ist ein Klischee so gut wie dieses: „Vielleicht ist das kein Fortschritt", sagt er, „aber es ist sicher, daß die gegenwärtige Epoche die der Kenn-Nummern ist." Er, der sich so kraftvoll abstieß von den alten Ufern der bürgerlichen Kunst – hier mündet er wieder ein in den Strom müder Resignation; denn Resignation ist es, Rückzug aus der Kampflinie, was sich hinter dem scheinbar sachlichen Urteil verbirgt. Er, der mit einem „neuen Roman" die „Realität konstituieren" wollte, endet bei dem praktischen Versuch, die minutiöse Beschreibung einer Dingwelt zu geben, von der die Kenn-Nummer Mensch sich kaum noch als widerstehendes, aufbegehrendes, rebellierendes Individuum abhebt. Als sei das unkommentierte „Da-Sein" der „Dinge" im Roman möglich und erstrebenswert; als brauche die Kunst nicht die Vermittlung des Künstlers, der mit seinem Lebensschicksal und seinem Lebenskonflikt zwischen der „Realität" und der leeren Seite steht und keine andere Wahl hat, diese Seite zu füllen, als die Auseinandersetzung zwischen der Welt und sich selbst darauf zu projizieren.

Diese Tatsache zu leugnen bedeutet nichts anderes, als eine neue Himmelsmechanik an die Stelle der alten, abgenutzten zu setzen, bedeutet Preisgabe von Positionen der Wirklichkeitsbewältigung, bedeutet Zurückweichen vor der Herrschaft der „Kenn-Nummern"; bedeutet doch wieder das Ende des Romans: Wie wäre es denkbar, daß „Kenn-Nummern" Romane schreiben?

Also hebt sich der Autor mit dieser seiner ununterdrückbaren Leidenschaft, zu schreiben – hebt sich zumindest er aus der Masse heraus, in der er nur Kenn-Nummern entdeckt und auf die er doch auch, wenigstens als seine Leser, angewiesen ist? Trifft auf ihn nicht zu, was auf alle zutrifft? Oder sendet er, einsam, schreibend um seine Persönlichkeit kämpfend, nur noch Signale aus, die keinen Widerhall mehr finden können? Wozu dann die Erfindung des neuen Romans, wenn er so unwirksam bleiben soll wie der alte?

Wirklich neue Erzählweisen aber sind seit langer Zeit gefunden.

Weltbilder

Georg Büchner, durch seinen Bruder mit dem mechanischen Materialismus, durch seine Studien mit dem naturwissenschaftlichen Gedanken der Evolution und durch seine revolutionäre Tätigkeit mit dem Volk und der sozialen Frage im Deutschland seiner Zeit vertraut, fand vor über hundert Jahren den Anfang und, das kann man unbesorgt sagen, einen Höhepunkt der modernen deutschen Prosa. Zwar benutzt er für seine Lenz-Novelle in horrend unverfrorener Weise den Krankenbericht des Pastors Oberlin, und die Verwandlung dieses Materials in Kunst riecht nach Hexerei. Bis man dahinterkommt, daß der Erzähler den vollen Einsatz gezahlt hat: „Mit wenigen Mitteln" hat er sich selbst dazugetan, seinen unlösbaren Lebenskonflikt, die eigene Gefährdung, die ihm wohl bewußt ist. Ein Konflikt, in dem sich die tausendfache Bedrohung lebendiger, entwicklungshungriger und wahrheitssüchtiger Menschen in Restaurationszeiten gesteigert spiegelt: der Dichter, vor die Wahl gestellt, sich an unerträgliche Zustände anzupassen und sein Talent zu ruinieren oder physisch zugrunde zu gehen.

Die Variante Wahnsinn – Lenz – kann dem nachgeborenen Büchner nicht ganz fremd gewesen sein. Er kann sie durchgespielt haben, um ihr zu entrinnen. Die Distanz des nüchternen Beobachters, die der Krankenbericht ihm anbot, mußte ihm recht sein – entäußern wollte er sich nicht. Man mag von Mimikry reden. Nur soll man nicht weiterhin, wie Büchners Mit- und Nachwelt, seine Entdeckung übersehen: daß der erzählerische Raum vier Dimensionen hat; die drei fiktiven Koordinaten der erfundenen Figuren und die vierte, „wirkliche" des Erzählers. Das ist die Koordinate der Tiefe, der Zeitgenossenschaft, des unvermeidlichen Engagements, die nicht nur die Wahl des Stoffes, sondern auch seine Färbung bestimmt. Sich ihrer bewußt zu bedienen ist eine Grundmethode moderner Prosa. Komplizierte Erzählstrukturen, die dadurch hervorgebracht werden, haben nichts mit Willkür zu tun – so, wie Georg Büchner nicht zufällig unvermittelt, von einem Satz zum anderen vom „Er" zum „Ich" übergehen kann: eine Methode, die heute noch Befremden erregt.

Büchners Lenz-Novelle steht – hoch über dem trüben Strom konventioneller Prosa, die seitdem in deutscher Sprache produziert wurde – frisch und kühn da wie an dem Tag, an dem sie geschrieben ist. Zu ihrer Zeit nicht erkannt, aus erklärbaren, wenn auch keineswegs guten Gründen für lange verloren, steht es heute jedermann frei, sie zu prüfen und einen Mann zu bewundern, der Dichter, Naturwissenschaftler und Revolutionär war und das, zwei Jahre vor seinem Tod, als Zweiundzwanzigjähriger schrieb. Für den es unsinnig gewesen wäre, herkömmliche Geschichten auszudenken, die man, mit mehr oder weniger Kunst und Technik, zu jeder Zeit nach Maß herstellen kann. Für den Schreiben das Mittel ist, sich mit der Zeit zu verschmelzen in dem Augenblick, da beide ihre dichteste, konfliktreichste und schmerzhafteste Annäherung erfahren. Die Energiemenge, die aufgebracht werden muß, um den Schmelzpunkt zu erreichen, ist beträchtlich. Nicht weniger als der volle Einsatz der eigenen moralischen Existenz ist gefordert, jedesmal neu. Das ist der Ernst hinter dem Spiel der Kunst. Büchner gibt alles, die Prosa des Alltags: Situation, Umstände, Psychologie, Analyse – und er verwandelt es, indem er die Vision dazutut, von der er lebt und unter der er leidet. Und wäre sie nur sichtbar im Ton des unübertroffenen Schlußsatzes, gegen den, so kann es einem vorkommen, die Menschheit sich seitdem auflehnen muß: So lebte er hin.

Weggefegt ist der Rauchvorhang vor dem Gewimmel der erdichteten Gefühle. Einsicht herrscht, Nüchternheit und Kenntnis bei gesteigerter Sensibilität: Realismus. Nicht Dürre der Konstruktion oder Naturalismus, aber auch der Überschwang erhitzter Empfindungen nicht.

Sondern: phantastische Genauigkeit.

Man glaubt ihr schon begegnet zu sein. Wenn nicht alles täuscht, in den Berichten der Physiker. Ihnen mag es leichter fallen als den Schreibern, zu definieren, woran sie arbeiten – sie wollen herausfinden, aus welchem Material die Welt besteht; aber merkwürdigerweise brauchen sie – je kleiner die Teilchen werden, mit denen sie es zu tun haben, je schwieriger exakte Messungen – eingestandenermaßen eine unmeßbare Größe: die schöpferische Phantasie. Wer weiß, ob nicht in ihren geheimsten Stunden der blasphemische Gedanke sie anwandelt, daß eigentlich sie es sind, die die Welt erfinden: zu verwundern wäre es jedenfalls nicht. Und sollte es nicht mehr sein als ein mechanischer Vergleich, wenn man dic Erschütterung der alten Schreibweise in Beziehung brächte zu den Umbrüchen im Denken der Physiker? Mit Einsteins Raum-Zeit-Kontinuum konfrontiert, muß ein furchtbares Sterben in ihnen eingesetzt haben. Was feststand – Raum und Zeit –, wurde relativ, der mühsam in ihrem Denken erzeugte Lichtäther löste sich in nichts auf, das Gehirn, das geschaffen schien, die Welt dreidimensional und nicht anders zu begreifen, wußte nicht, ob es sich selbst noch trauen konnte.

Nicht ohne Aufregung hört man einen Mann wie Heisenberg sagen: „In der modernen Physik sind nicht mehr alle Vorgänge durch die überkommene Sprache genau beschreibbar ... Aber wir *müssen* über Atome und Elementarteilchen reden, denn sonst können wir unsere Experimente nicht verstehen." Der geheime Grund für die Erregung, in die solche Aussagen einen versetzen, ist vielleicht die Witterung von Beziehungen zu den heikelsten, am schwersten formulierbaren Fragen der eigenen Arbeit. Denn durchaus kann es sich auch hier darum handeln, über Ahnungen reden zu müssen, die erst durch Artikulation, durch Darüber-Reden zu Gewißheiten werden können. Durchaus spürt man den Widerstand in sich, aber zugleich den Zwang, in jene noch unerforschte Gegend vorzudringen, in der die Struktur der moralischen Welt gesellschaftlich lebender Menschen in Frage steht – ein Gefühl, ähnlich vielleicht dem vorsichtigen Tasten der Atomwissenschaftler, wenn sie es wagen, vorläufige bildhafte Vorstellungen über die Vorgänge im Innern des Atoms zu entwickeln. Nicht ohne Grund fasziniert uns ihr Abenteuer, das äußerlich in Gestalt höchst genauer, subtiler und wahrscheinlich durch dauernde Wiederholung eintöniger Messungen auftritt und also, wie man hört, nun an dem Punkt ist, da die alte Sprache der klassischen Physik nichts Zutreffendes mehr aussagt und „man zur Beschreibung der kleinsten Teile der Materie abwechselnd verschiedene, einander widersprechende anschauliche Bilder verwenden" muß. „Wortgemälde" nennt Heisenberg sie und erklärt es für ihre Aufgabe, „im Geist des Hörenden durch Bild und

Gleichnis gewisse Beziehungen hervorzurufen, die in die gewollte Richtung weisen, ohne ihn durch eindeutige Formulierungen zum Präzisieren eines bestimmten Gedankengangs zwingen zu wollen".

„Wie die Dichter", hat er noch hinzugefügt.

Dieser ausdrücklichen Herausforderung hätte es nicht bedurft. Das wissenschaftliche Zeitalter – Brecht hat versucht, ihm einen Weg zu bahnen in den Köpfen der Theaterzuschauer. „Episches Theater" hat er seine Erfindung genannt, die vielleicht seltener methodisch begriffen als nachgeahmt wird und, da sie zum dialektischen Denken in Modellen anregen wollte, am wenigsten verdient hat, als Klischee weitergereicht zu werden. – Der Vorschlag, sich um eine „epische Prosa" zu bemühen, scheint dagegen ein Unsinn zu sein. Und doch hat man eine Ahnung, daß es sie geben müßte: eine Gattung, die den Mut hat, sich selbst als Instrument zu verstehen – scharf, genau, zupackend, veränderlich –, und die sich als Mittel nimmt, nicht als Selbstzweck. Als ein Mittel, Zukunft in die Gegenwart hinein vorzuschieben, und zwar im einzelnen; denn Prosa wird vom einzelnen Leser gelesen, der sich, alle Verführungen der modernen Technik außer acht lassend, mit einem Buch allein zurückzieht.

Die epische Prosa sollte eine Gattung sein, die es unternimmt, auf noch ungebahnten Wegen in das Innere dieses Menschen da, des Prosalesers, einzudringen. In das innerste Innere, dorthin, wo der Kern der Persönlichkeit sich bildet und festigt. (Schon gebraucht man, ähnlich den Atomwissenschaftlern, bildhafte Umschreibungen, die nicht „stimmen", die aber nötig sind, um Übereinkünfte mit dem Leser zu erzielen.) Diese Region kann die Stimme eines anderen Menschen, kann Prosa erreichen, kann durch die Sprache berührt und aufgeschlossen werden – nicht, um sich ihrer zu bemächtigen, sondern um seelische Kräfte freizusetzen, die an Gewalt mit den im Atom gebundenen Energien zu vergleichen sind.

Das heißt, die Prosa kann sich nur mit gedanklichen Strömungen und gesellschaftlichen Bewegungen verbinden, die der Menschheit eine Zukunft geben, die frei sind von den jahrhundertealten und den brandneuen Zauberformeln der Manipulierung und selbst das Experiment nicht scheuen. Das heißt, ich sehe eine tiefe Übereinstimmung zwischen dieser Art zu schreiben mit der sozialistischen Gesellschaft. Bewiesen ist, daß Ausbeutergesellschaften nicht fähig sind, der Menschheit eine Zukunft zu sichern, die diesen Namen verdient. Ein amerikanischer Schriftsteller, der aus amerikanischen Gewehren auf vietnamesische Freiheitskämpfer schießt, hat nicht nur die Moral seines Berufs verraten – er hat auch eine berufsschädigende Unfähigkeit zum Denken bewiesen.

Daher, ehe man den naturwissenschaftlichen Begriff der „Relativität" auf gesellschaftliche Bereiche überträgt, ist es zweckmäßig, sich zu vergewissern, was feststeht. Von da ausgehend, sollte man sich aber fragen, ob nicht das Aufkommen eines neuen Gesellschaftstyps gerade den Schriftsteller, der sich bewußt für diese Gesellschaft engagiert, vor radikal andere Aufgaben stellt als die der inhaltlichen Modifikation alter Literaturmuster. Ob nicht eindringliche, radikale Fragestellungen nötig sind, deren erste Ergebnisse vorläufig und schwer formulierbar sein werden, wie die der Physiker. Ob nicht Aussagen, bei deren Wiederholung nichts anderes im Bewußtsein des Lesers aufleuchtet als ein Lämpchen mit der Beschriftung „falsch" oder „richtig" – ob nicht solche Aussagen in andere Bereiche gehören und die Literatur, die Prosa, von der hier die Rede ist, den Mut haben muß, auf Erkundung zu gehen.

Noch scheuen wir dieses Abenteuer. Wir klammern uns an die Konventionen, wir befestigen mehr alte Denkinhalte, als daß wir nach neuen suchen. Anstatt zu beunruhigen und zu aktivieren, beschwichtigen wir. Es scheint, die Prosa ist noch nicht angekommen im wissenschaftlichen Zeitalter. *Das* sollte man beklagen, nicht den möglichen Untergang des Romans: untergehen wird nur, was nicht wirklich gebraucht wird.

Gebraucht wird aber eine unbestechliche und zugleich verständnisvolle Begleiterin auf einer kühnen und gefährlichen Expedition.

Realitäten

Zu schreiben kann erst beginnen, wem die Realität nicht mehr selbstverständlich ist.

Realität? Die Romanschriftsteller, das ist ein gutes Zeichen, sind sich nicht einig über ihren Gegenstand, der ja wirklich nicht so leicht zu benennen ist wie der Forschungsgegenstand der Physiker. Immerhin kann man daraus, daß Wirkungen zu sehen sind, auf einen Wirkungsfaktor schließen: immer noch sind Menschen vorzuweisen, die sich bewegt, berührt, beeinflußt von Literatur zeigen. Was in ihnen wirkt, ist weder „das Leben selbst" noch eine Information über Fakten, und doch hat es mit Wahrheit zu tun.

Es gibt eine Wahrheit jenseits der wichtigen Welt der Fakten. Hier endet die Affinität zu den Naturwissenschaften: der Erzähler kann ihre Ergebnisse kennen und nutzen, aber was er selbst auf der Suche nach der Natur des gesellschaftlich lebenden Menschen entdeckt, darf wohl als „wahr" gelten, ohne daß der Nachweis der „Richtigkeit" erforderlich wäre, den jeder naturwissenschaftliche Schluß verlangt.

So wäre es richtig, daß wir, schreibend, die Welt neu erfinden müssen?

Vor kurzem bewegte ich mich einen langen regnerischen Nachmittag lang in der Welt von Dostojewskis „Raskolnikow". Man kann sie wie eine archäologische Schicht bei einem Gang durch bestimmte Viertel des heutigen Leningrad freilegen. Das Haus der Wucherin steht noch. Diese Treppe, sagte der alte Mann, der uns führte – Dostojewskis Enkel –, diese selbe Treppe ist auch Raskolnikow oft hinaufgegangen. – Beklommen traten wir mit staubbedeckten Schuhen in seine Spuren. – Hier, sagte unser Führer, auf diesem Treppenabsatz hat er gezögert, wie Sie wissen. Zu seinem Glück – er mußte sich ja später verbergen – arbeiteten in dieser rechten Wohnung die Maler, und diese hier, links, stand ebenfalls leer. Man kann sagen, daß der Zufall sein Vorhaben begünstigt hat.

Noch einmal schien die grausige Tat bevorzustehen, als wir langsam noch ein Stockwerk höher stiegen. – Hier ist es geschehen, sagte Dostojewskis Enkel streng und zog an der Klingel, an der an jenem Unglückstag auch Raskolnikow zog. Die Wohnung, in die wir Einlaß begehrten, trägt heute die Nummer 72. Eine jüngere Frau, die unser Ansinnen nicht merkwürdig fand, bat uns herein. Wir wurden darauf hingewiesen, daß wir den schmalen Flur, den Dostojewski erwähnt, nicht mehr finden würden: die Trennwand zwischen ihm und der Küche sei abgerissen worden.

Wir traten ein. Man führte uns durch die Küche in die Schlafstube. Das weiße, hoch aufgetürmte Bett der jungen Frau, ihr Kleiderschrank – was hatten wir hier zu suchen? Ich trat ans Fenster. – Dort, wo Sie jetzt stehen – da stand die Wucherin, als Raskolnikow zuschlug. – Unwillkürlich trat ich einen Schritt zurück und verriet mich so: schon war ich selbst in das Gewirr von Realität und Erfindung verstrickt. Ist es Ihnen nicht unheimlich, fragten wir die junge Frau, hier zu wohnen? – Doch sie, an solche Fragen gewöhnt, antwortete gleichmütig: Es geht. Man gewöhnt sich daran.

Als habe wirklich jemals eine Blutlache an der Stelle gestanden, wo jetzt ihr Bettvorleger liegt.

Schweigend gingen wir die zwei Treppen hinunter, über den Hof, durch den alten Torweg und traten auf die Straße. Unser Führer machte sich erbötig, uns zu beweisen, daß Raskolnikow dem Hausknecht, dem er verdächtig geworden war, eine falsche Adresse nannte. Sie erinnern sich: es trieb ihn, wie jeden Mörder, zurück an die Stätte seiner Untat. Da spricht man ihn an, fragt ihn nach Namen und Adresse. Raskolnikow, überrumpelt, nennt seinen Namen, hat aber doch die Geistesgegenwart, eine falsche Adresse anzugeben: „Ich wohne im Schillschen Haus, hier in der Querstraße, nicht weit von hier, Wohnung Nummer 14." – Wir also werden, was Dostojewski nicht für nötig hielt, Raskolnikow der Lüge überführen. Wir gehen zur Querstraße, zum Schillschen Haus. Ganz geheuer ist uns nicht, als Dostojewskis Enkel nur eine verächtliche Handbewegung hat für die absurde Vorstellung, hier könnte der erfundene Raskolnikow „in Wirklichkeit" gewohnt haben. Denn nun schreitet er mit uns die romangetreuen siebenhundertdreißig Schritte ab, die Raskolnikow von seiner Wohnung bis zum Haus der Erschlagenen brauchte. Das führt uns weit vorbei am Schillschen Haus zu einer Kreuzung, zu jenem Eckhaus, an dem Markierungen und Inschriften in deutscher und russischer Sprache eines lange, lange vergangenen Hochwassers gedenken und in dessen Torweg wir auf eine einfache Holztür aufmerksam gemacht werden, die früher, das heißt zu Zeiten Raskolnikows, nach der anderen Seite sich öffnete. Erinnern Sie sich? Hier wurde Holz gestapelt, und da sah Raskolnikow, der auf die berechnete Weise nicht an sein Mordinstrument gekommen war, ganz unverhofft das Beil blinken!

Erneut Steintreppen. Schließlich stehen wir am Fuß jener dreizehn Holzstufen, die zu Raskolnikows Dachkammer geführt haben müssen – wenn auch die Kammer längst dem Wäscheboden zugeschlagen wurde. Hier, sagte der alte Mann, der uns mehr antreibt als begleitet, von allen Häusern der Umgebung nur hier gibt es diese Küchenfenster, die auf den Flur hinausgehen und an denen, wie Sie ja wissen, Raskolnikow sich vorbeischleichen mußte, wollte er nicht dauernd von seiner Wirtin an seine Schulden gemahnt werden.

Gerade hier aber, am Fuße dieser Treppe, schossen für uns die Realitäten verschiedenen Grades, zwischen denen wir uns seit Stunden nicht ohne Schwindelgefühl bewegten, endlich zu einer komplizierten, aber doch durchschaubaren Einheit zusammen. Denn in dieser Dachkammer Raskolnikows hatte Dostojewski selbst, besessen von der Arbeit an seinem Buch, vor seinen Gläubigern Zuflucht gesucht. Die Nachforschungen seines Enkels ließen daran keinen Zweifel. Wir fühlten wieder Boden unter den Füßen. Hier hat ein dokumentarisch belegter Autor, eine historische Figur, ein Mensch aus Fleisch und Blut vor hundert Jahren gelebt und hat keine andere Rettung aus seiner großen inneren und äußeren Bedrängnis gesehen als die Projizierung seiner Konflikte auf eine – soll man noch sagen: erfundene – Gestalt, die mit ihm in der gleichen armseligen Kammer haust, ihre Pfänder zu der gleichen Wucherin bringt und die imstande ist, zu tun, was als grausiges Gedankenexperiment im Gehirn des Autors entstanden sein muß und vielleicht in Wirklichkeit nicht zu geschehen brauchte, weil es mit aller Kraft auf den Ersatzmann, die Schattengestalt, geschoben wurde: der Mord an einer Kreatur, die dem kranken Kopf des Mörders minderwertig, ekelhaft, vernichtenswert erscheint.

Tiefer, unheimlicher kann die Verquickung von „Stoff" und „Autor" nicht sein. Erst aus dieser Verquikkung geht ein Drittes hervor, die neue Realität des Buches, die „wirkliche" Häuser, Straßen, Wohnungen und Treppen mühelos mit sich führt, aber natürlich des Beweises, daß eben diese Häuser und Kämmerchen genau so vorhanden sind, wie sie beschrieben wurden, keineswegs bedarf. Denn die Realität von „Schuld und Sühne" erschöpft sich nicht in der Topographie einer Stadt. St. Petersburg – gewiß. Aber kann noch jemand zweifeln, daß es dieses Petersburg, das wir doch alle zu kennen meinen – dieses düstere Menschenbabel –, niemals gegeben hätte, hätte nicht die überhitzte Phantasie eines unglücklichen Dichters es gesehen? Seine Veranlagung, seine furchtbare Lebensgeschichte, seine fast krankhafte Empfindlichkeit für die moralischen Widersprüche seiner Zeit – sie waren es, die ihn zwangen, einen Raskolnikow aus sich herauszustellen, eine Welt um ihn zu errichten, die nur scheinbar aus den Bausteinen der materiellen Welt gemacht ist; in der er, Dostojewski, als ein Besessener mit Schattenfiguren durchspielen und bis zu einem gewissen Grad überwinden kann, was ihn in der „wirklichen" Welt an den Rand der Vernichtung oder Selbstvernichtung gebracht hat.

Von dieser Art sind die Stoffe der Prosaschreiber. Ein Irrtum ist es, sich etwas wie Stoffbänke vorzustellen („die Stoffe liegen doch auf der Straße!"), auf denen die Stoffe bereitlägen, um sich von jedem beliebigen Autor nach Hause tragen zu lassen. Für einen bestimmten Autor gibt es in einem bestimmten Augenblick nur einen einzigen Stoff. Ist der Autor fleißig und kenntnisreich, wird er das Material finden, das nötig ist, ihn zu realisieren; ist er genügend besessen, wird der Einfall sich einstellen, der das Material organisieren kann; die Stärke seines Talents entscheidet über die Intensität der Vortäuschung einer neuen Realität. Wenn seine Vision kühn, seine Erfindung phantastisch, erregend und „wahr" genug ist, wird er Leser finden, die bereit sind, an ihr teilzuhaben, sie aktiv mitzutragen, sich ihr mit der ganzen Person zu stellen und so das hauchdünne Fädchen zwischen Wirklichkeit und Erfindung, das bisher nur der Autor selbst, oft zweifelnd, in der Hand hielt, fester, sicherer, dauerhafter zu machen. Wer wollte leugnen, daß wir mit Raskolnikow, Anna Karenina und Julien Sorel leben so gut wie mit Napoleon oder Lenin? Matte Erfindungen, blasse, zaghafte Visionen, unfähig, die Wirklichkeit „wirklich" zu übersteigen, finden matten, kurzlebigen Widerhall. Sie werden allemal von dem, was tagtäglich passiert, bei weitem übertroffen.

Lassen wir Spiegel das Ihre tun: spiegeln. Sie können nichts anderes. Literatur und Wirklichkeit stehen sich nicht gegenüber wie Spiegel und das, was gespiegelt wird. Sie sind ineinander verschmolzen im Bewußtsein des Autors.

Der Autor nämlich ist ein wichtiger Mensch.

Prosa wird, im Gegensatz zu anderen Gattungen der Literatur, immer noch von einzelnen geschrieben. Das ist nicht so selbstverständlich, wie man durch Gewöhnung glaubt. Walter Benjamin zum Beispiel hat schon in den zwanziger Jahren nach einem Besuch in der Sowjetunion ohne Bedauern das nahe Ende des Einzelproduzenten in der Literatur vorausgesagt: er werde, ähnlich wie der wirtschaftliche Kleinproduzent, zwischen den massenhaft produzierenden Institutionen zerrieben werden. – Aber, wie sich zeigt, sind nicht alle Analogien zwischen ökonomischen und geistigen Prozessen gültig.

Immerhin ist und bleibt die Stellung des literarischen Einzelproduzenten in der Gesellschaft der Gegenwart und Zukunft problematisch: Das Finanzamt nennt ihn „freischaffend". Die Ware, die er herstellt – „produzierend in der leichtesten Weise", mit billigen Produktionsmitteln übrigens: Papier und Schreibmaschine –, nimmt ein Verlag ihm ab, vertreibt sie und gibt ihm, dem Autor, den geringsten Teil vom Erlös. Soziologisch fällt die Schicht, der er wohl oder übel angehört, nicht ins Gewicht. Die Unsicherheit seiner Lage macht ihn selbst nicht selten unsicher. Schreiben, sagt man zwar, sei ein Beruf wie jeder andere. Daß man es überhaupt sagen muß – nie würde man wagen, einen Ingenieur oder Metalldreher so zu trösten –, beweist, es stimmt nicht. Daher denkt fast jeder Schriftsteller häufig an Berufswechsel. Selten macht einer seine Drohung wahr. Aber er kann sich nicht verhehlen, daß er an der Erfüllung der ökonomischen Ziele, auf die seine Gesellschaft alle Kraft konzentriert, direkt keinen Anteil hat. In einer Zeit, da meßbare Wirkungen alles zu bedeuten scheinen, fragt er sich natürlich nach seiner Effektivität.

Er ist häufig kein Fachmann auf irgendeinem Gebiet. Seine Lebensweise unterscheidet ihn drastisch von der Mehrzahl der Bürger moderner Industriestaaten: Seine Arbeit zwingt ihn nicht zu einer bestimmten Minute an einen bestimmten Platz. Seine Produktionsbedingungen scheinen die Gefahr in sich zu bergen, ihn zu vereinzeln.

Wie kann er – der hier, um das Grundsätzliche in der Problematik herauszuholen, aus der Retorte geschaffen wurde – Allgemeingültiges, allgemein Interessierendes zu sagen haben?

Niemand, am wenigsten der Schriftsteller, kann Freiheit suchen jenseits der Koordinaten von Raum und Zeit, jenseits der Geschichte und ohne sie. Der geographische Ort, an dem ein Autor lebt und der zugleich ein geschichtlicher Ort ist, bindet ihn. Das ignorieren oder leugnen zu wollen wäre nicht nur ein vergebliches, sondern auch ein unnützes Unterfangen: Warum sollte er sich fahrlässig des Vorteils begeben, der darin liegt, daß seine Gesellschaft die Selbstverwirklichung ihrer Mitglieder anstrebt? Eine der wichtigsten Voraussetzungen für das Entstehen von Literatur ist aber Sehnsucht nach Selbstverwirklichung: daher der Zwang des Aufschreibens, als vielleicht einzige Möglichkeit des Autors, sich nicht zu verfehlen (dies erklärt die Zähigkeit, mit der Schreiber auch unter widrigen Umständen an ihrem Beruf festhalten).

Der Autor also, der hier skizziert wird, nutzt die Vorteile unserer Gesellschaft, deren größter es für ihn ist, daß sein Denken nicht von einem Leben in einer antagonistischen Klassengesellschaft geprägt wurde: das heißt, er hat eine wichtige Freiheit, die es ihm zur Pflicht machen sollte, sich weiter in die Zukunft vorauszuwerfen als sein Kollege, der in der Klassengesellschaft lebt. Er soll den Vorteil des geographischen und historischen Orts bis auf den Grund ausschöpfen und sich, als Person, jeder Empfindung stellen, die ein tief beteiligtes Leben mit sich bringt.

Der Autor, von dem wir reden, läßt sich also trotz seiner merkwürdigen Lebensweise nicht in eine Außenseiterposition drängen, die fast alle bürgerlichen Autoren heftig beklagen. Die Tatsache, daß kein Konzernpförtner ihn am Betreten großer Betriebe und wissenschaftlicher Institute hindert, verringert die Gefahr der gedanklichen Selbstisolierung. Das lebendige, fordernde Interesse einer selbstbewußten Leserschicht stimuliert ihn, aber er gibt sich nicht der Illusion hin, „für alle“ zu schreiben.

Er muß um die Bedingungen für seine Arbeit kämpfen, niemand tut das für ihn. Er hat sich zu wehren gegen die unmerkliche Verführung, gegen sich selbst nachgiebig zu werden, die ein öffentliches Interesse mit sich bringt. Er versucht die Schranke zwischen den Produzenten von Kunst und ihren Verbrauchern niederreißen zu helfen. Er ist nichts anderes und will nichts anderes sein als ein normales, engagiertes Mitglied dieser Gesellschaft. Er leugnet seine Verantwortung nicht, er trägt nicht leicht an ihr, aber er hütet sich auch, sie vor sich selbst zu übertreiben und sich zu verkrampfen. Denn es ist schwierig, unverwandt und unbedingt wahrhaftig von den eigenen Erfahrungen auszugehen. Dies, manchmal als Gewissensprüfung für den Autor hingestellt, ist in Wirklichkeit blanker Eigennutz: jede Manipulation mit den eigenen Erfahrungen zerstörte unverzüglich den Kontakt zu den lebendigen Quellen der Inspiration und würde den Autor zwingen, Gespenster auszustoßen, Mißgeburten, die mit verdrehten Augen und falschen Zungen reden.

Der Autor, den wir meinen, ist tief beunruhigt über die Zukunft der Menschheit, weil sie ihm sympathisch ist. Er liebt es, auf der Welt zu sein, und er liebt die vielen Formen, in denen menschliches Leben sich zeigt. Er ist nüchtern und optimistisch, sonst würde er zu schreiben aufhören. Sein Optimismus kann wie Ernst und wie Zorn aussehen, aber nicht wie Gleichgültigkeit. Nur dann kann er, wie er weiß, hin und wieder den Anspruch erheben, „ich“ zu sagen. So daß „schreiben“ nur ein Vorgang in einem verwickelteren Prozeß ist, für den wir das schöne, einfache Wort „Leben“ haben.

Bescheidenheit ist angebracht. Was soll unser Autor

sich wünschen? Genies sind selten, er wird seine Chance, zu überdauern, nicht übertreiben. Die Radikalität seiner Fragestellung wird Bedeutung haben, und sein produktives Verhältnis zu seiner Zeit. Die Intensität seiner Lebenslust.

Übrigens braucht er – so stark wie den himmelstürmenden Vorsatz, bis zum Äußersten zu gehen – die stillschweigende Übereinkunft mit sich selbst, daß vielleicht auch das Unäußerste, das ihm eben erreichbar ist: er selbst, der mit seiner unverwechselbaren Stimme spricht, irgendeinem Menschen nötig sein mag.

Erinnerte Zukunft

Ist es denn wirklich der Sinn der Welt, daß sie uns unser eigenes Wesen enthüllt?

Natürlich nicht. Die Welt hat keinen Sinn. Ihr einen zu geben – gerade diesen – ist unser freier Entschluß. Jedenfalls können wir uns einbilden, dieser Entschluß stünde uns frei, bis wir begreifen, daß anscheinend unser Überleben als Gattung an ihn geknüpft ist.

Um einen innersten Verdacht auszusprechen: Vielleicht liegt den Menschen, die heute da sind, nicht wirklich – oder nicht genug – daran, als Gattung zu überleben; vielleicht genügt ihnen die Aussicht auf ein relativ ungestörtes Dasein für ihre eigene Lebensdauer? Und sind nicht relativ ungestört die meisten, wenn die Morde an Völkern nur über tausend Kilometer von den Grenzen ihres eigenen Landes entfernt stattfinden? Läßt sich die Ungestörtheitsgrenze nicht vielleicht noch näher heranschieben? Warum?

In der „Natur der Dinge" oder in der biologischen „Natur des Menschen" liegt der Humanismus nicht. Er wird uns nicht angeboren. Jedes Individuum muß neu erlernen, was die Gesellschaft in Jahrtausenden als höchste, mühsamste, am meisten gefährdete Leistung hervorgebracht hat, kein Instinkt verbietet ihm wie den meisten Tierarten die Tötung der Artgenossen. Gefährlich ist die zynische spätbürgerliche Haltung, den Humanismus für anachronistisch zu erklären und ihn auf Zeitalter zu begrenzen, da die Menschheit zahlenmäßig so schwach war, daß hemmungslose Gewaltanwendung ihre Ausrottung hätte bedeuten können. Wir haben uns eine Erinnerung bewahrt an Vor-Zeiten, die eine einfache und heitere Weise der Existenz gewährten; diese Erinnerung prägt unser Sehnsuchtsbild von der Zukunft – aber ist sie denn real, diese Zukunftserinnerung? Werden die fünf oder sechs Milliarden Lebewesen, die um das mysteriöse Jahr 2000 herum aller Wahrscheinlichkeit nach die Menschheit repräsentieren werden, Lebensformen finden können, auf die das altmodische Wort „brüderlich" paßt?

Dieser Abstecher führt uns unerwartet, aber direkt auf unseren Gegenstand, die Prosa, zurück. Nicht, um Menschheitsfragen aufzuwerfen, haben wir uns aufgemacht, sondern um ein bißchen Rechtfertigung zu suchen für eine Tätigkeit, die sich nicht von selbst versteht. Wir leugnen nicht die persönlichsten Motive, die wir allerdings für die besten halten, weil sie sicher wirksam sind. Gerade solche persönlichsten Motive, ein ganz persönliches Interesse an sich selbst täten der Menschheit not.

Das heißt: dem einzelnen, dem, an den die Prosa sich wendet. Wenn alles davon abhängt, auf welche Gesellschaftsordnungen die neuen Erfindungen von Wissenschaft und Technik treffen, dann möge man sich erinnern, daß jede faschistische „Ordnung" damit beginnt, das Individuum auszulöschen; daß die bürgerliche Ideologie heutzutage viel Wert auf die Feststellung legt, man könne mit jedem Menschen alles machen; daß sie „Persönlichkeit" für ein veraltetes Ideal hält und den stromlinienförmig konstruierten Menschen für unvermeidlich, der der Technik den geringsten Widerstand entgegensetzt, unbegrenzt anpaßbar, unbegrenzt austauschbar ist, dem Freude und Trauer aus mechanischen Reizungen bestimmter Gehirnpartien zufließen; dem schließlich auch Leben nur noch als ein großes Als-ob zugänglich ist: Klischees konsumieren, zwischen künstlichen Reizen existieren, die man sich selbst verschreibt.

Dies, ein geschichtsloser Zustand, wäre zugleich das Ende der Geschichte, das Ende jeder Bindung der Menschheit an ihre Wurzeln und jeder Hoffnung auf eine Zukunft. Der sozialistische Prosaautor hat jeder dieser Thesen bewußten und möglichst wirksamen Widerstand entgegenzusetzen, was immer man ihm an Gegenbeweisen vorhalten mag: denn dies ist eine Gattung von „Wahrheiten", die erst wahr werden, wenn es ihnen gelungen ist, in die Menschen einzudringen und sie auszuhöhlen. Mit keinem Wort, mit keiner Zeile darf man sich an diesem makabren Geschäft beteiligen.

Sondern Prosa soll versuchen, den Kontakt der Menschen mit ihren Wurzeln zu erhalten, das Selbstbewußtsein zu festigen, das so labil geworden ist, daß in hoch technisierten Ländern viele Menschen in den Selbstmord oder in die Sackgasse der Neurosen flüchten. Ein Vorgang, dem eine bestimmte Richtung der Psychiatrie mit Methoden der „Desensibilisierung" begegnen zu müssen glaubt, mit einem drastischen Anpassungstraining an die Norm. Andere sehen einen Ausweg in einem „Zurück zur Natur", in einem romantischen Unsinn, der die Technik ächtet, die doch das einzige Mittel ist, die sprunghaft wachsende Menschheit zu ernähren und zu kleiden: eine naive Welt- und Lebenshaltung läßt sich nicht künstlich konservieren.

So bleibt der schmale Weg der Vernunft, des Erwachsenwerdens, der Reife des menschlichen Bewußtseins, der bewußte Schritt aus der Vorgeschichte in die Geschichte. Bleibt der Entschluß, mündig zu werden. Wenn man dafür Wegbereiter und Begleiter braucht, soll uns um die Prosa nicht bange sein: sie ist ja ein Produkt des Reifeprozesses der Menschheit, spät entwickelt, geradezu erfunden, Differenzierungen zu schaffen und auszudrücken. Prosa schafft Menschen, im doppelten

Sinn. Sie baut tödliche Vereinfachungen ab, indem sie die Möglichkeiten vorführt, auf menschliche Weise zu existieren. Sie dient als Erfahrungsspeicher und beurteilt die Strukturen menschlichen Zusammenlebens unter dem Gesichtspunkt der Produktivität. Sie kann Zeit raffen und Zeit sparen, indem sie die Experimente, vor denen die Menschheit steht, auf dem Papier durchspielt: da trifft sie sich mit den Maßstäben der sozialistischen Gesellschaft. Die Zukunft wird wissen, wie wichtig es ist, den Spiel-Raum für die Menschen zu vergrößern. Prosa kann die Grenzen unseres Wissens über uns selbst weiter hinausschieben. Sie hält die Erinnerung an eine Zukunft in uns wach, von der wir uns bei Strafe unseres Untergangs nicht lossagen dürfen.

Sie unterstützt das Subjektwerden des Menschen.

Sie ist revolutionär und realistisch: sie verführt und ermutigt zum Unmöglichen.

1968

Beispiele ohne Nutzanwendung

Stockholmer Rede

„Literatur in Verkleidung"? Ist das nicht, dachte ich zuerst, der berühmte „weiße Schimmel"? Ist Verkleidung, zumindest Einkleidung, nicht das Wesen von Literatur, insofern sie nicht Realität erster Ordnung, sondern von dieser abgeleitet ist? Wäre dann nicht dieses Thema ein allzu weitgespannter Schirm, unter den alle Probleme sich drängen ließen, die Literaten heutzutage interessieren, beunruhigen, betreffen? Oder sollte eine neue Realität neue Arten von Verkleidung der Literatur erfordern?

Selten werden wir Zeuge jenes Augenblicks, da ein Mensch ein Stück Literatur in seiner gleichnishaften Verkleidung als grundlegenden Verweis auf sein eigenes widersprüchliches Da-Sein erfährt. Ich hatte kürzlich dieses Glück. Einem fünfeinhalbjährigen Mädchen, meiner Enkeltochter, hatte ich zur Nacht jenes alte Volkslied vom Jäger vorgesungen, das sie zum erstenmal in Frage stellte. Sie fragte nach jeder Strophe: Warum? – Das Lied lautet in der Fassung, die ich kenne:

Es blies ein Jäger wohl in sein Horn,
und alles, was er blies, das war verlorn.

Soll denn mein Blasen verloren sein,
viel lieber möchte ich kein Jäger mehr sein.

Er warf sein Netz wohl über den Strauch,
da sprang ein schwarzbraunes Mädchen heraus.

Ach schwarzbraunes Mädchen, entspring mir nicht,
ich habe große Hunde, die holen dich.

Deine großen Hunde, die fürcht ich nicht,
sie kennen meine hohen weiten Sprünge nicht.

Deine hohen weiten Sprünge, die kennen sie wohl,
sie wissen, daß du heute noch sterben sollst.

Und sterb ich heute, so bin ich tot,
begräbt man mich unter Rosen rot.

Er warf ihr sein Netz wohl über den Leib,
da ward sie des jungschönen Jägers Weib.

Warum!

Ich sah es ein, die Frage war berechtigt und gar nicht leicht zu beantworten; denn das Thema „Liebe" hat sich in diesem Lied fast zur Unkenntlichkeit verkleidet – jedenfalls für ein Kind, dachte ich. – Warum war alles, was er blies, „verlorn"? – Weil niemand ihn blasen hörte. – Das mochte angehn. Plausibel schien auch, daß das schwarzbraune Mädchen, im Strauch versteckt, ihn heimlich belauscht hatte.

Warum? Sie mochte den Jäger vielleicht. Gut. Der aber nun: Warum bedroht er sie mit seinen Hunden, mit Mord und Totschlag? Auf die Gefahr hin, meine Glaubwürdigkeit zu verlieren, wagte ich die Behauptung: Er liebt sie auch. – Schweigen. – Dann: Aber lieb ist er nicht gerade zu ihr. Darauf ich: Vielleicht hat er große Angst, daß sie ihm wieder wegläuft. Und sie: Vielleicht solln die Hunde sie gar nicht richtig totbeißen? Und das Mädchen wollte nicht richtig wegrennen und begraben sein?

Sicher nicht.

Ich schwieg und überließ sie ihren Erfahrungen mit Liebe, Angst, Aggressivität, Verstellung und Selbstmitleid, die mit fünf, sechs Jahren schon bemerkenswert sind. Ich kannte auch die Grenzen dieser Erfahrung, aber „erklären“ konnte ich nichts; hier ist ein Grundmuster gelegt, das jeder entweder annehmen und nach Vermögen ausfüllen oder verweigern muß. Gespannt wartete ich auf ihre nächste Frage. Die lautete: Aber wie sah das Mädchen aus?

Das hieß: Etwas in ihr hatte das Muster erkannt und akzeptiert, so fremd und seltsam es war. Etwas in ihr verlangte nach stärkerer Identifikation. Ich war gerührt, blieb aber auf der Hut. Was wollte sie: Sollte das Mädchen ihr gleichen? Die Wahrscheinlichkeit schien groß. Ich berief mich auf das einzige Wort, welches das Mädchen beschreibt – „schwarzbraun“; sie selbst ist braunhaarig. Also waren sie beide einander ähnlich.

Das traf es nicht. Sie wollte wissen: Hatte sie glattes Haar oder Locken!

Ich war in der Klemme, denn dies ist für sie die heikelste aller Fragen; man muß wissen, sie hat braune Lokken, die jedermann reizend findet, mit einer Ausnahme: sie selbst. Aus Gründen, die wir niemals erfahren werden, steht unverrückbar vor ihrem inneren Auge das Idealbild eines Mädchens mit langem, glattem, schwarzem Haar, und ich weiß nicht, was sie nicht tun würde, um diesem Bild zu gleichen. Ich aber glaubte ihr entgegenzukommen, indem ich vermutete, das Mädchen des Liedes habe Locken gehabt, wie sie. Da gab sie ein unbeschreiblich enttäuschtes und angewidertes Stöhnen von sich, und ich begriff, daß ich auf dem Holzweg war. Die Heldin sollte „schöner“ sein als sie.

Da ich nicht zurückkonnte, ging ich aufs Ganze. Stell dir das Mädchen ruhig mit langem glattem Haar vor! sagte ich.

Aber wie sieht sie in Wirklichkeit aus?

Sie trieb mich weiter. – In Wirklichkeit? Das wissen wir nicht. Der Dichter hat an das Mädchen gedacht, das er am liebsten hatte. Und jeder, der das Lied singt, kann sich auch sein liebstes Mädchen vorstellen. – Bestimmt? – Kannst es glauben. – Darauf sie, erleichtert: Das find ich gut.

Der Vorgang, so einfach er war, bewegte mich. Alles hatte seine Richtigkeit. Das Gleichnis – Literatur in Verkleidung – wurde als Schlüssel zum Verständnis einschneidender eigner Erfahrung benutzt: daß Hingabe auch Vernichtung ist. Es hatte diesen Sinn preisgegeben, indem es seinerseits entschlüsselt – nicht entzaubert – worden war; Mittel und Wirkung zeigten sich in glücklicher Übereinstimmung; der „Zweck", falls es ihn gab, etwas wie „Selbstfindung", war erreicht; eine winzige Spur mag sich in das Gedächtnis des Kindes eingeritzt haben, die durch spätere Kunsterlebnisse vertieft werden kann – vorausgesetzt, das Kind hört nicht auf, sich auch seinen schmerzlichen Erfahrungen unverkleidet, ohne Maske, zu stellen. In diesem, wie mir scheint, immer häufiger werdenden Fall allerdings steht die Literatur vor neuen Tatsachen.

Gestern – ich schreibe dies am 2. Mai 1978 – las ich in einer schottischen Zeitung folgende Meldung: Eine Polizistin hatte ein ganz junges Mädchen, das sich aus dem 18. Stock eines Wohnhauses hatte hinunterstürzen wollen, so lange am Mantel zwischen Himmel und Erde festgehalten, bis zwei weitere Polizisten ihr zu Hilfe kamen und das Mädchen hereinzogen. Die Gerettete sagte, sie hätte nichts, wofür sie leben könnte.

Keine vier Wochen vorher hörte ich von einer Radiomeldung, die, wie man mir sagte, aus Schweden kommen soll: Man erwäge es, Kliniken für Selbstmordkandidaten einzurichten – nicht, um die zum Selbstmord Entschlossenen von ihrem Plan abzubringen, sondern um ihnen die Ausführung zu erleichtern. Wie denn? dachte ich. Womöglich mit Hilfe des Personals? Der instinktive Griff des Mit-Menschen nach dem Mantelzipfel dessen, der sich in den Abgrund stürzen will, soll ersetzt werden durch „vernünftige", „humane" Überlegungen; diese Worte kamen in der Meldung bestimmt nicht vor, müssen aber im Kontext mitgeklungen haben, denn für vernünftig, human *muß* sich eine Überlegung ausgeben, die den hippokratischen Eid außer Kraft setzen will: In

Würde, hieß es, solle der Todeswillige sterben können, und ohne andere zu gefährden.

In Sekundenschnelle stand die Klinik, ein Werk der Fiktion, vor meinem innern Auge, ein Betrieb, der wie am Schnürchen lief, hygienisch, antiseptisch, mit Schwestern, Ärzten, Psychologen in weißen Kitteln, mit Köchen, Küchenhilfen und Reinemachefrauen, einem Gärtner und einer außergewöhnlich großen Zahl von Studenten, die in der Anatomie ihre Studien trieben; denn dieses Krankenhaus produzierte nicht Gesundheit, sondern Tod. Der Arzt, der sich mit dem Patienten bekannt gemacht, vielleicht tagelang erfolglos versucht hat, seiner Todessehnsucht entgegenzuwirken, legt ihm am Abend eine rasch wirkende Tablette auf den Nachttisch und gibt der Nachtschwester einen Wink, das Zimmer nicht mehr zu betreten, die wiederum für den nächsten Morgen die beiden Männer mit der Bahre bestellt.

Alles funktioniert, und alles ist verkehrt.

Ich fürchte sehr, daß dies ein Gleichnis ist für die Vertauschung von Mittel und Zweck, einen Grundzug der Welt, in der wir leben und schreiben, in der die Mittel zu unserer Erhaltung entartet sind in Mittel zur Vernichtung unserer Umwelt, die Mittel zu unserer Verteidigung in Mittel zur Selbstvernichtung, in der die „eigentlichen" Zwecke, denen unsre Mittel einst untergeordnet waren, hinter den Horizont unseres Bewußtseins gesunken sind und wir wahnhaftes Denken an die Stelle der Vernunft setzen müssen, um diesen Zustand vor uns selbst verborgen zu halten. So daß wir eher bereit sind, Geld auszugeben, um Menschen, die an dieser schönen Welt verzweifeln, rasch und unauffällig beiseite zu schaffen, als unsere Anstrengungen darauf zu richten, die Grundlagen dieser fragwürdig gewordenen Zivilisation zu ändern.

Und die Literatur? Sie, verkleidet von ihrem Wesen her, trifft auf Verkleidete, auf „Wirklichkeit in Verkleidung", auf Leser, denen das Verhängnis verborgen bleibt, womöglich als „Glück" erscheint. Als Kind habe ich der Hexe in meinem Märchenbuch, die Schneewittchen den vergifteten Apfel hinhält, die Augen ausgekratzt. Das Märchen hat mich nicht davor bewahren können, später mehr als einmal in die vergiftete Seite des Apfels zu beißen und die Erfahrung zu machen, wie schwer es ist, das Gift wieder loszuwerden. Was aber, wenn das vergiftete Schneewittchen behauptet, sich ganz wohl zu fühlen? Erklärt, eben dies sei das Ziel ihrer Wünsche gewesen: im gläsernen Sarg zu liegen und beweint zu werden? Den Prinzen, der sie lieben will, abweist, da sie Liebe nicht vermißt?

Dieses Schneewittchen würde das Lied vom Jäger und seinem Mädchen nicht betreffen; seine eigene Geschichte, erzählte man sie ihm, würde von ihm nicht verstanden werden; in seinem Sarg liegt es „wie lebendig", lächelnd und sehr schön und unerreichbar für uns in seinem gut gepanzerten Versteck. Und die sieben Zwerge verteilen glänzend aufgemachte Broschüren an die Touristen, in denen Wissenschaftler beweisen, daß dem Kind nichts fehlt.

Sie fühlen, und ich fühle es auch, daß diese Sammlung von Anekdoten noch der Nutzanwendung auf uns und unser Thema bedarf. Eben die aber, muß ich gestehen, fällt mir schwer, denn die Gefahr, auf Täuschung mit Selbst-Täuschung zu reagieren, liegt auch hier sehr nahe. Schon die Frage kann falsch gestellt sein, ich stelle sie trotzdem: Wie kann Literatur dazu beitragen, eine in ihrem Fortschrittswahn gefangene Realität – sprich: Leserschaft – zu befreien? Oder, vielleicht richtiger, die gleiche Frage ohne das Wie am Anfang: *Kann* Literatur dazu beitragen . . .

Das weiß ich nicht. Bescheidenheit ist am Platze. Auch Literaten sind nicht immun gegen irgendeine Art von Wahn, ebensowenig wie gegen Mutlosigkeit, Angst oder Resignation. Vorausgesetzt aber, es gelänge uns immer wieder, selbst bei Verstand zu bleiben und den Mut aufzurichten – müßten wir nicht neu nachdenken, mit welcher Art von Schlüssel man Menschen heutzutage ihre tief verschlüsselte – „entfremdete“ – Realität aufschließen kann? Sollte Literatur der Selbstmaskerade so vieler Menschen ihrerseits zu begegnen suchen, indem sie sich immer weiter maskiert, unkenntlich macht, in Kostüme flüchtet, mit Bildern, Gleichnissen, Mythen arbeitet? Sich „in Verkleidung“ einschleicht hinter die Abwehrpanzerung ihrer Leser? Oder sollte sie, im Gegenteil, der Codifizierung der Welt unverstellt entgegentreten, nackt und bloß, auf die Strukturen weisen und in dürren Worten sagen, was ist?

Solche Fragen stellen heißt, sie nicht beantworten können. Alle Mittel, scheint mir, sind erlaubt, alte wie neue, wenn wir sie unter eine strenge Selbstkontrolle stellen: daß sie nicht der Manipulation dienen; das heißt, daß nicht auch in unsere Arbeit jenes Gift eindringt, das Zwecke verschwinden läßt und Mittel mißbraucht. Jene Polizistin, die das Mädchen festhielt, hörte und spürte den Stoff des dünnen Mantels reißen, aber sie ließ nicht los. Wer kann wissen, ob das Mädchen nicht im nächsten Jahr, oder in zehn Jahren, seinem Leben einen Sinn gibt. Mir kommt es so vor, daß die Literatur es in diesem Punkt der beharrlichen Polizistin gleichtun muß: Sie darf nicht loslassen.

Mai 1978

Der Schatten eines Traumes

Karoline von Günderrode – ein Entwurf

1

„Gestern las ich Ossians Darthula, und es wirkte so angenehm auf mich; der alte Wunsch, einen Heldentod zu sterben, ergriff mich mit großer Heftigkeit; unleidlich war es mir, noch zu leben, unleidlicher, ruhig und gemein zu sterben. Schon oft hatte ich den unweiblichen Wunsch, mich in ein wildes Schlachtgetümmel zu werfen, zu sterben. – Warum ward ich kein Mann! ich habe keinen Sinn für weibliche Tugenden, für Weiberglückseligkeit. Nur das Wilde, Große, Glänzende gefällt mir. Es ist ein unseliges, aber unverbesserliches Mißverhältnis in meiner Seele; und es wird und muß so bleiben, denn ich bin ein Weib und habe Begierden wie ein Mann, ohne Männerkraft. Darum bin ich so wechselnd und so uneins mit mir." 29. August 1801.

Die unabweisbaren Ahnungen.

Eh einer schreiben kann, muß er leben, das ist banal und betrifft beide Geschlechter. Die Frauen lebten lange, ohne zu schreiben; dann schrieben sie – wenn die Wendung erlaubt ist – mit ihrem Leben und um ihr Leben. Das tun sie bis heute, oder heute wieder.

Die Dissonanz ihrer Seele, die die einundzwanzigjährige Karoline von Günderrode (1780–1806) wahrnimmt, ist, aber das weiß sie noch nicht, die Unstimmigkeit der Zeit. Gezeichnet von einem unheilbaren Zwiespalt, begabt, ihr Ungenügen an sich und der Welt auszudrükken, lebt sie ein kurzes, ereignisarmes, an inneren Erschütterungen reiches Leben, verweigert den Kompromiß, gibt sich selbst den Tod, von wenigen Freunden betrauert, kaum gekannt, hinterläßt, zu wichtigen Teilen ungedruckt, ein schmales Werk: Gedichte, Prosastücke, dramatische Versuche, gerät in Vergessenheit, wird nach Jahrzehnten, nach einem Jahrhundert wiederentdeckt von Liebhabern ihrer Poesie, die es unternehmen, ihr Andenken und ihre um ein Haar vernichtete Hinterlassenschaft zu retten. Doch auch der Briefroman der Bettina von Arnim, „Die Günderode" (1840), hat es nicht vermocht, eine Ahnung von den Umrissen dieser Gestalt, kaum ihren Namen, am Leben zu halten. Die Literaturgeschichte der Deutschen, in den Händen von Studienräten und Professoren, orientiert an den retuschierten Kolossalgemälden ihrer Klassiker, hat sich leichtherzig und leichtsinnig der als „unvollendet" abgestempelten Figuren entledigt, bis in die jüngste Zeit, bis zu dem folgenreichen Verdikt, das Georg Lukács gegen Kleist, gegen die Romantiker aussprach. Der Dekadenz, zumindest der Schwäche, der Lebensuntüchtigkeit geziehen, sterben sie zum zweitenmal an der Unfähigkeit der deutschen Öffentlichkeit, ein Geschichtsbewußtsein zu entwickeln, sich dem Grundwiderspruch unserer Geschichte zu stellen; ein Widerspruch, den der junge Marx in den lapidaren Satz faßt, die Deutschen hätten die Restaurationen der modernen Völker geteilt, ohne allerdings auch ihre Revolutionen zu teilen. Ein zerrissenes, politisch unreifes und schwer zu bewegendes, doch leicht verführbares Volk, dem technischen Fortschritt anhangend statt dem der Humanität, leistet sich ein Massengrab des Vergessens für jene früh zugrunde Gegangenen, jene unerwünschten Zeugen erwürgter Sehnsüchte und Ängste.

Ein Zufall kann es nicht sein, daß wir begonnen haben, den Abgeschriebenen nachzufragen, das Urteil, das über sie verhängt wurde, anzufechten, es zu bestreiten und aufzuheben – fasziniert durch Verwandtschaft und Nähe, wenn auch der Zeiten und Ereignisse eingedenk, die zwischen uns und denen liegen: Eine volle Umdrehung des „Rades der Geschichte"; und wir, mit Leib und

Seele von seiner Bewegung mitgerissen, grad erst zu Atem gekommen, zu Besinnung, zu Um-Sicht – wir blikken uns um, getrieben von dem nicht mehr abweisbaren Bedürfnis, uns selbst zu verstehn: unsre Rolle in der Zeitgeschichte, unsre Hoffnungen und deren Grenzen, unsre Leistung und unser Versagen, unsre Möglichkeiten und deren Bedingtheit. Und, wenn es sein kann, für das alles die Gründe. Zurücksehend, begegnen wir unruhigen, in so langer Zeit nicht beschwichtigten Blicken, stoßen auf Zeilen, die uns treffen, hingeworfen in einer großzügigen, fliegenden, gut lesbaren Frauenschrift auf grüne Briefblätter im Quartformat – Grün schont die schwachen Augen der Schreiberin –, die wir nicht ohne Bewegung in der Hand halten: „Ein pigmäisches Zeitalter, ein pigmäisches Geschlecht spielt jetzt, recht gut nach seiner Art."

Die Generation, der die Günderrode angehört, muß – wie Generationen in Zwischenzeiten immer – neue Lebensmuster hervorbringen: Muster, die von Späteren als Modell, Menetekel, Schablone verwendet werden, übrigens auch in der Literatur. Diese hier, die jungen Leute von 1800, sind das Exempel, das statuiert wird, damit andre draus lernen können oder nicht. Für sie gelten die gegebenen Beispiele nicht. Direkt, unvermittelt und unvorhersehbar trifft sie ihre Erfahrung. Die neue bürgerliche Gesellschaft, noch gar nicht ausgebildet und schon verkümmert, benutzt sie als Entwürfe – Vorformen, die hastig verworfen werden. Die endgültigen Typen dürfen ihnen nicht gleichen – noch eine Erklärung dafür, daß man die Erinnerung an sie nicht dulden kann. Die Eigenart der Stunde bringt sie hervor, deren Flüchtigkeit legt sich als Trauer über ihr Leben, reizt sie aber auch, sich der Verlockung unterschiedlicher, entgegengesetzter Kräfte hinzugeben, sich den Spannungen auszusetzen, mitzuspielen, recht gut nach ihrer Art.

Sie sind wenige. Ihre Vorläufer, die Ideologen und Protagonisten der Französischen Revolution, griffen auf die Römer zurück, auf gebrauchte, falsch gedeutete Haltungen: Sie täuschten sich, um handeln zu können. Mit der Mission entgleitet den Nachgeborenen die Toga, mit der Selbsttäuschung die Heldenrolle. Im Spiegel begegnet ihnen ihr eignes, ungeschminktes und ungefragtes Gesicht. Die um 1800 jung sind, können ihr Geburtsjahr nicht vorverlegen, nicht die Gedanken der Älteren denken, deren Leben nicht führen. Ihre eignen Daseinsbedingungen können sie nicht verleugnen, und die sind aufreibend. Die bürgerlichen Verhältnisse, die sich schließlich auch ohne Revolution diesseits des Rheins ausbreiten, etablieren zwar keine kräftig neuen ökonomischen und sozialen Zustände, dafür aber eine durchdringende, auf Niederhaltung alles Unbeugsamen, Originalen gegründete Kleinbürgermoral. Ungleicher Kampf: Eine kleine Gruppe von Intellektuellen – Avantgarde ohne Hinterland, wie so oft in der deutschen Geschichte nach den Bauernkriegen –, ausgerüstet mit einem ungültigen Ideal, differenzierter Sensibilität, einer unbändigen Lust, das neu entwickelte eigne Instrumentarium einzusetzen, trifft auf die Borniertheit einer unentwikkelten Klasse ohne Selbstgefühl, dafür voll Untertanenseligkeit, die sich vom bürgerlichen Katechismus nichts zu eigen gemacht hat als das Gebot: Bereichert euch! und den hemmungslosen Gewinntrieb in Einklang zu bringen sucht mit den lutherisch-kalvinistischen Tugenden Fleiß, Sparsamkeit, Disziplin; dürftiger Lebensinhalt, der unempfindlich macht gegen die Forderungen der eignen Natur, aber empfindlich gegen jene, die sich selbst nicht knebeln wollen oder können. Fremdlinge werden die im eignen Land, Vorgänger, denen keiner folgt, Begeisterte ohne Widerhall, Rufer ohne Echo. Und die von ihnen, die den zeitgemäßen Kompromiß nicht eingehn können: Opfer.

Man denke nicht, sie hätten es nicht gewußt. Die Günderrode, nicht gefühlsselig, ein philosophischer Geist, erkennt wohl den Zusammenhang von „Ökonomie in allen Dingen“ und dem Protestantismus, und sie scheut sich nicht, die Konsequenzen ihrer eignen Lage bis zu Ende zu denken: „Denn, abgeschlossen sind wir durch enge Verhältnisse von der Natur, durch engere Begriffe vom wahren Lebensgenuß, durch unsere Staatsformen von aller Tätigkeit im Großen. So fest umschlossen ringsum, bleibt uns nur übrig, den Blick hinaufzurichten zum Himmel oder brütend in uns selbst zu wenden. Sind nicht beinah alle Arten der neueren Poesie durch diese unsere Stellung bestimmt? Liniengestalten entweder, die körperlos hinaufstreben, im unendlichen Raum zu zerfließen, oder bleiche, lichtscheue Erdgeister, die wir grübelnd aus der Tiefe unseres Wesens heraufbeschwören, aber nirgends kräftige, markige Gestalten. Der Höhe dürfen wir uns rühmen und der Tiefe, aber behagliche Ausdehnung fehlt uns durchaus."

Und sie erinnert – wie mehr als dreißig Jahre vorher die jungen Männer des Sturm und Drang – an Shakespeare. „Da ich nun selbst nicht über die Schranken meiner Zeit hinausreiche ..." Die Günderrode erwägt, das Schreiben aufzugeben und sich dem Studium und der Popularisierung der „alten Meister" zu widmen. Kein flüchtiger Einfall, sondern Selbsterkenntnis, auch Selbstkritik, die ihresgleichen sucht.

Der Vergleich mit dem Sturm und Drang reicht nicht weit: Jene, die Früheren, gehörten einer vorrevolutionären Epoche an, diese, ungenau, unzutreffend mit dem Sammelnamen „frühe Romantik" umschrieben, sind Kinder der nachrevolutionären Zeit, der beginnenden Restauration, die, viel später, manche dieser Jugendgenossen in ihren Sog ziehen wird. Was jenen Zuversicht, Hoffnung, Lebensaufschwung war, auch Ansatz zu illusionären Tatversuchen („Fürstenerziehung!"), ist diesen hier nur schmerzliche Ernüchterung und Enttäuschung. Zwar hat der Nachhall der großen Ideen von Frankreich her sie tief angerührt, ihre Ansprüche geweckt, ihre Ideale geformt – vermittelt meist durch die Werke der verehrten Älteren: Kant, Fichte, Goethe, Schiller, Herder; die kargen Möglichkeiten zu politisch-gesellschaftlicher Praxis, welche die deutschen Zustände der neu entstehenden Intelligenzschicht ließen, sind von den Älteren ausprobiert, teils aufgegeben, teils verworfen, in wenigen Fällen – deren wichtigster: Goethe – unter Qual und einschneidendem Schmerz und um den Preis der Teilnahme an der Tagespolitik als Lebenskompromiß angenommen worden. „Wir wollen die Umwälzungen nicht wünschen, die in Deutschland classische Werke vorbereiten könnten", hat Goethe, das Idol dieser Jungen, fünf Jahre vor der Jahrhundertwende in seinem Aufsatz über „Literarischen Sansculottismus" geschrieben. Ein programmatischer Satz, dem man sicher einen entwickelten Sinn für Realismus, nicht aber revolutionäres Feuer nachsagen kann.

Die Entsagung des Sechsundfünfzigjährigen, der Rückzug auf das eigne Werk, auf den Symbolgehalt des eignen Lebens, steht den Zwanzigjährigen nicht frei. Die Revolution erleben sie als Fremdherrschaft. Sie, Söhne und Töchter der ersten Generation deutscher Bildungsbürger und verbürgerlichter armer Adelsfamilien, haben die Wahl zwischen den verkrüppelnden Unterdrückungspraktiken deutscher Duodezfürsten und der Überwältigung durch Napoleon; zwischen dem anachronistischen Feudalismus der deutschen Kleinstaaten und der zwangsweisen Einführung überfälliger verwaltungs- und handelstechnischer Reformen durch den Usurpator, der den Geist der Revolution natürlich strikt niederhält: Wenn dies eine Wahl genannt werden kann, so ist es eine, die das Handeln an seiner Wurzel, schon im Gedanken, erstickt. Sie sind die ersten, die es bis auf den Grund erfahren: Man braucht sie nicht.

„Welche Taten warten noch meiner, oder welche bessere Erkenntnis, daß ich länger leben müßte?" Woher das Argument nehmen, ihr zu widersprechen? Die Utopie ist vollständig aufgezehrt, der Glaube verloren, jeglicher Rückhalt geschwunden. Sie kommen sich einsam vor in der Geschichte. Die Hoffnung, andre – ihr Volk! – könnten sich auf sie beziehn, ist verbraucht. Von Selbstbetrug kann man nicht leben. Vereinzelt, ungekannt, abgeschnitten von Handlungsmöglichkeiten, verwiesen auf die Abenteuer der Seele, sind sie ihren Zweifeln, ihrer Verzweiflung, dem anwachsenden Gefühl zu scheitern schutzlos ausgeliefert. Weniges, so scheint es, genügt, sie in den Abgrund zu ziehn, an dessen Rand sie sehenden Auges gehn. Und es fragt sich noch, ob es weniges ist, was sie umbringt. Ob nicht das, was sie schließlich tötet – eine unglückliche Liebe, mein Gott! –, für sie nur das Zeichen ist, das ihr Schicksal, besiegelt ohnehin, ihnen gibt: verlassen, verkannt, verraten zu sein. Und ob sie diese Zeichen so gänzlich falsch gedeutet haben.

2

Deutsche Lebensläufe. Deutsche Todesarten.

Überspanntheit, wird es heißen. Übertriebene Verletzbarkeit. Überanstrengung, könnte man doch auch sagen, wenn man nur bereit wäre, Vorwegnahme, Antizipation als Anstrengung gelten zu lassen.

Vorwegnahme – wessen denn?

Das Instrumentarium, das anzusetzen wir gewohnt sind, faßt es nicht. Literarische, historische, politische, ideologische, ökonomische Begriffe begreifen es nicht ganz. Der vulgäre Materialismus unsrer Zeit kann dem dürren Rationalismus ihrer Zeit nicht auf die Sprünge kommen, der rechthaberischen, alles erklärenden und nichts verstehenden Plattheit, gegen die die, von denen wir reden, sich ja grade zur Wehr setzen: gegen die eiskalte Abstraktion, diese ganze schauerliche Unbeirrbarkeit auf falsche, nicht mehr befragte Ziele hin, gegen die unaufhaltsame Verfestigung der zerstörerischen Strukturen, gegen das erbarmungslose Zweckmäßigkeitsdenken, die sich als Angst, Depression, als Hang zur Selbstzerstörung in ihnen niederschlagen.

Ein Zeugnis für die Bewußtseinslage dieser Generation, der sich der große Denkansatz der deutschen Aufklärung zu pragmatischer Vernünftelei eingeebnet, der das Bild der Welt sich entfärbt und verflacht hat, ist das frühe Gedicht der Günderrode, mit dem sie sich als eine philosophische Dichterin einführt:

Vorzeit, und neue Zeit

Ein schmaler rauher Pfad schien sonst die Erde,
Und auf den Bergen glänzt der Himmel über ihr,
Ein Abgrund ihr zur Seite war die Hölle,
Und Pfade führten in den Himmel und zur Hölle.

Doch alles ist ganz anders nun geworden,
Der Himmel ist gestürzt, der Abgrund ausgefüllt,
Und mit Vernunft bedeckt, und sehr bequem zum
gehen.

Des Glaubens Höhen sind nun demolieret.
Und auf der flachen Erde schreitet der Verstand,
Und misset alles aus, nach Klafter und nach Schuhen.

Der Ton: nicht wehleidig. Kein selbstmitleidiges Sentiment. Authentische Schilderung, der wir gerecht werden müssen.

Eine andre Sicht also, andre Wörter. Das Wort „Seele" müssen wir hervorholen, ein Wort wie „Sehnsucht" wieder in seine Rechte einsetzen, Vorbehalte fallenlassen. „Schwebereligion", schreibt die Bettina Brentano an die Günderrode, eine Schwebereligion wollen sie gründen, und ihr oberstes Prinzip soll sein, „daß wir keine Bildung gestatten – das heißt, kein angebildetes Wesen, jeder soll neugierig sein auf sich selber und soll sich zutage fördern wie aus der Tiefe ein Stück Erz oder ein Quell, die ganze Bildung soll darauf ausgehen, daß wir den Geist ans Licht hervorlassen". „Neugier" also, „Phantasie" – und nicht nur in der verächtlichen Schimpfform: Phantasterei. Welche Sprache schlagen sie an, welche beglückende Anmaßung, welch aufsässiger Geist! Welche Herausforderung an unsre verschüttete

Fähigkeit, Wörter als Botschafter unsrer Sinne, auch unsrer Sinnlichkeit aufzunehmen, in Sätzen uns selbst hervorzubringen und unsre Sprache nicht zur Verhinderung von Einsichten, sondern als Instrument der Erkundung zu gebrauchen. Welche Gelegenheit auch, unsre eigne Lage zu begreifen.

„O, welche schwere Verdammnis, die angeschaffnen Flügel nicht bewegen zu können: Häuser bauen sie, wo kein Gastfreund drin Platz hat! – O Sklavenzeit, in der ich geboren bin! ... Wie! Ihr habt den Geist eingesperrt und einen Knebel ihm in den Mund gesteckt und den großen Eigenschaften der Seele habt ihr die Hände auf den Rücken gebunden?“ Dies seien so „nachwehende Töne“ aus ihren „Unterhaltungen mit der Günderode“, schreibt Bettina dem Bruder Clemens, und ich weiß nicht, ob es nicht eigentlich Neid ist, wenn wir solch hochfliegende Fragen mit dem Worte „schwärmerisch“ abwehren wollen: Neid auf ihr Ungestüm, auf die Unbefangenheit, mit der sie ihre Misere angehn, auf ihre selbstverständliche Weigerung, sich den Maßstäben und Regeln der mörderischen Normalität zu unterwerfen.

Jedenfalls hält das Märchen von der schönen, weltfremden Günderrode der Nachprüfung nicht stand. Bettina Brentano, um fünf Jahre jünger, nicht ihre einzige Gefährtin, beschreibt die Freundin am genauesten: „Sie war so sanft und weich in allen Zügen, wie eine Blondine; sie hatte braunes Haar, aber blaue Augen, die waren gedeckt mit langen Augenwimpern; wenn sie lachte, so war es nicht laut, es war vielmehr ein sanftes, gedämpftes Girren, in dem sich Lust und Heiterkeit sehr vernehmlich aussprach; – sie ging nicht, sie wandelte, wenn man verstehen will, was ich damit auszusprechen meine; ... ihr Wuchs war hoch, ihre Gestalt war zu fließend, als daß man es mit dem Worte schlank ausdrücken könnte; sie war schüchtern-freundlich und viel zu willenlos, als daß sie in der Gesellschaft sich bemerkbar gemacht hätte.“

Bettina und Karoline haben sich in Frankfurt kennengelernt – die eine ist die Tochter des bekannten, nicht unvermögenden Brentanoschen Hauses in der Sandgasse, die andre lebt seit ihrem neunzehnten Jahr als Stiftsdame im Kronstettischen adelig evangelischen Damenstift, das man sich keineswegs als ein Kloster, wohl aber als einen stillen, weltabgewandten Ort zur Verwahrung unverheirateter Töchter aus mittellosen Adelsfamilien vorstellen muß. Die Satzungen, die für den Eintritt ins Stift ein Mindestalter von dreißig Jahren vorsehen, werden der Günderrode wegen geändert – das mag auf ihre Zwangslage hindeuten. Auf Lustbarkeiten ist sie nicht erpicht – die Stiftsdamen sollen Theater und Bälle möglichst nicht besuchen. Wir wissen von einem Theaterbesuch der Karoline, und kurz vor ihrem Tod will ein anonymer Korrespondent sie als stille Pilgerin auf einem Maskenball gesehen haben; das Verbot, Männer allein zu empfangen, wird nicht strikt durchgesetzt; in der Nähe kann sie sich unbeschränkt bewegen, für Reisen auf weitere Entfernung braucht sie eine Erlaubnis, die ohne weiteres erteilt wird. Hin und wieder entschuldigt sie sich bei Freunden, sie könne einen erbetenen Besuch nicht machen, da sie gebunden sei.

Gebunden ist sie in vielfacher Hinsicht: an ihr Geschlecht, an ihren Stand, an ihre Armut, an ihre Verantwortung als Älteste von sechs Geschwistern, deren Vater früh starb, deren Mutter – von der Karoline sich nicht recht geliebt weiß – nicht imstande ist, der Familie ein Mittelpunkt zu sein. Es gibt Dokumente über Erbschaftsstreitigkeiten zwischen den Geschwistern und der Mutter; einer ihrer Schwestern verhilft Karoline zur Flucht aus dem Haus der Mutter, eine andre, ihre Lieblingsschwester, muß sie, selbst noch ganz jung, auf dem Totenbett pflegen. Eine Jugend im Umkreis des winzigen Hofes von Hanau. Enge, Begrenztheit, Eingeschränktsein. Einzige Ausflucht: geistige Arbeit, Bildung.

Zum erstenmal taucht gleichzeitig eine Reihe von Frauen aus der Geschichtslosigkeit auf; die Zeit hat mit ihren Losungen „Freiheit!“, „Persönlichkeit!“ auch Frauen erfaßt, die Konvention macht ihnen beinahe jeden selbständigen Schritt unmöglich. Oft steht ihre grenzenlose Sehnsucht nach Unabhängigkeit im Gegensatz zu ihrer Scheu. Karoline – steif im schwarzen Ordenskleid mit dem hohen weißen Kragen und dem Kreuz auf der Brust – fürchtet sich, vor den andern Stiftsdamen laut das Tischgebet zu sprechen; doch sie träumt mit der Bettina von großen weiten Reisen. Gemeinsam fertigen sie sich eine Karte von Italien an, auf der reisen sie im Geiste, und später, im Winter, erinnern sie sich dieser niemals verwirklichten Fahrten, als hätten sie stattgefunden. Darauf angewiesen sein, sich an Erfindungen zu erinnern, eine Fiktion dem Gedächtnis als Wirklichkeit einzuverleiben – deutlicher könnte nichts die Grenzen markieren, auf die sie sich verwiesen sieht. Nur im Traum, in der Phantasie, im Gedicht kann sie sie überschreiten.

Gebunden an ihr Talent: Wann hat es das bei Frauen vorher gegeben? Die Günderrode kann nicht daran denken, ihre überdurchschnittlichen Fähigkeiten auf Schulen und Universitäten auszubilden; mit ihren Studien – die sie zäh und systematisch betreibt – ist sie auf ihren eignen Fleiß, ihren Wissensdurst, aber auch auf Rat, Hilfe, praktischen Beistand von Freunden und Freundinnen angewiesen. Produktive Bindungen – sie kennt sie, geht sie bewußt ein: „Mitteilung ist mir Bedürfnis.“ Die neuen Wertvorstellungen dieser Jungen, die sie in den erstarrten oder schnell erstarrenden Institutionen nicht verwirklichen können, werden formuliert, erörtert und erprobt in Freundeskreisen Gleichgesinnter. Das ist es, was ich Antizipation, Vorwegnahme nennen will: der Versuch, die Vereinzelung zu durchbrechen und sich in neuen, produktiveren Lebensformen zu bewegen, Lebensformen aus dem Geist einer Gruppe heraus.

Die Günderrode, gewiß nicht Mittelpunkt, aber doch Glied eines lockeren Kreises junger Literaten und Wissenschaftler, die die kurze Spanne zwischen zwei Zeiten nutzen, in fliegender Eile ihr Lebensgefühl auszubilden und auszudrücken. Daß sie sich nach zwei Seiten hin wehren müssen – gegen den bornierten Feudalismus und gegen den tristen Erwerbsgeist der neuen Zeit –, gibt ihren Verlautbarungen die elegischen, gebrochenen, auch ironischen Töne, macht sie sich selbst zu Objekten der Beobachtung und Beschreibung, erhöht noch ihre Sensibilität, aber auch den Grad ihrer Gefährdung und ihrer Verlorenheit.

Sowenig die Günderrode sich einordnen läßt in eine der Definitionen der Literaturgeschichte – „Frühromantik", „Klassik" –, so wenig ist sie denkbar ohne den geistigen Kontakt mit denen, die um die Jahrhundertwende in Jena die neue literarische Richtung ausmachen – die Schlegel, Tieck, Novalis, Clemens Brentano, Schelling, die Gelehrten wie Carl von Savigny, Friedrich Creuzer, Christian Nees von Esenbeck; dazu die Frauen – die Schwestern, Freundinnen, Geliebten, Ehefrauen und, zum erstenmal, Mitarbeiterinnen dieser Männer, wenn sie auch, wie die Dorothea Schlegel, ihren Anteil an der Shakespeare-Übersetzung, ihre Mitwirkung am Werk der Männer manchmal noch verschweigen. Die Namen derer, die berühmt wurden – wie die Caroline Schlegel-Schelling, die Bettina Brentano, die Sophie Mereau-Brentano, die Rahel Varnhagen –, stehen für andre, ähnlich gebildet, ähnlich unruhig, ähnlich suchend: Der Briefwechsel der Günderrode ist ein Zeugnis dafür. Frauen, die es fertigbringen, ihre eigne Lage zu reflektieren – ein Vorrecht, das wie jedes Privileg seinen Preis hat, der heißt: Aufgabe von Geborgenheit, von Sicherheit, Verzicht auf das frühere Selbstverständnis der abhängigen Frau, ohne die Gewißheit, eine neue Identität zu gewinnen. Ursprünglichkeit, Natürlichkeit, Wahrhaftigkeit, Intimität gehören zu ihrem universalen Glücksanspruch; sie lehnen ab, was die Hierarchie verlangt: Kälte, Steifheit, Absonderung und Etikette. Beinahe voraussetzungslos, auf Ideen nur, nicht auf soziale, ökonomische, politische Gegebenheiten gestützt, sind sie dazu verurteilt, Außenseiter zu werden, nicht Revolutionäre, wie die Romantiker in andern europäischen Ländern, die von ihren „romantischen" Dichtern einen andern, politischen Gebrauch zu machen wissen. Hierorts werden sie in die Isolation getrieben, in Verwirrung, in Selbstzweifel, die sie durch Grimassieren, durch exaltierte Gesten abzuwehren suchen: Was man ihnen dann, zu ihrer Belastung, vorhalten wird. Wir sehn sie gewagte Kunststücke ausführen, halsbrecherische Klettereien, extravagante Experimente mit sich selbst anstellen: Der Boden brennt ihnen unter den Fußsohlen; der Philister hat seinen Fuß darauf gestellt, er besetzt ihn, Stück um Stück, er bestimmt von nun an, was als vernünftig zu gelten habe, und er beginnt diese hier mit seinem Unverständnis, seinem Hohn, seinem Haß, seinem Neid und seinen Verleumdungen zu verfolgen.

Auch die Günderrode hat sich ihr Leben lang mit Klatsch- und Verleumdungsgeschichten herumzuschlagen. Schier unglaublich ist die Kühnheit, mit der sie sich in ihrem anfangs zitierten Brief von 1801 – der übrigens an Gunda Brentano, eine Schwester des Clemens und der Bettina, gerichtet ist – zu ihren „männlichen Neigungen" bekennt. Eine Frau, die kein „Weib" sein, sich „weiblichen Tugenden" nicht unterwerfen will! Nur zu begreiflich die Irritation am Schluß des Briefes: „Gunda, Du wirst über diesen Brief lachen; er kommt mir selbst so unzusammenhängend und verwirrt vor."

Würden ihre Neigungen ruchbar, der Vorwurf der „Unnatur" wäre ihr sicher. Grübelnd zieht sie sich in sich selbst zurück. Als sie sich 1804 entschließt, als Dichterin hervorzutreten, wählt sie ein männliches Pseudonym: Tian.

Sie habe ihr Leben und ihre Liebe nicht auf Realität gegründet, wird man der Toten nachsagen. Die so reden und schreiben, vergessen, daß da keine Realität war, auf die sich etwas gründen ließ. Redlich ist sie die Möglichkeiten durchgegangen, die ihr gegeben sind, in immer neue Rollen fliehend, die ihr wenigstens teilweise erlauben, ihr wahres Gesicht zu zeigen; sie verliert an Kraft dabei und sieht sich am Ende an die banalste aller Rollen ausgeliefert: die der verschmähten Geliebten. Zwischen dem Brief an Gunda und ihrem Tod liegen fünf Jahre. Das ist die Zeit, die sie sich gibt, an der Vollkommenheit zu arbeiten, nach der sie strebt. Eine Art Selbstversuch, sie weiß es.

Überanstrengung? Die Günderrode liegt oft mit Kopf- und Brustschmerzen in ihrem abgedunkelten Zimmer. „Es ist ein häßlicher Fehler von mir", schreibt sie, immer noch im gleichen Brief an Gunda Brentano, „daß ich so leicht in einen Zustand des Nichtempfindens verfallen kann, und ich freue mich über jede Sache, die mich aus demselben reißt." Die Psychologie, die imstande wäre, ihr ihre Zustände zu erklären, gibt es noch nicht, auch nicht das Wort für ihre Vor-Empfindung. Feinfühlige Antennen, die nehmen Signale auf, die sich als Alp auf Brust und Kopf legen. Unheimlichkeit des Banalen, hier als das „Nichts", als Angst vor dem Nichts zum erstenmal erfahren; eine Angst, vor der sie ins Nichtempfinden flieht, um sich so – es ist ein makabres Gesetz – nur weiter von sich zu entfernen. Das Wort, das sie nicht gekannt hat, wir kennen es: Selbstentfremdung. Wissen, daß, was benannt, noch nicht gebannt sein muß.

„Ein häßlicher Fehler von mir", sagt sie, hält sich für kalt, wenn ihre überanstrengten Empfindungen zusammenbrechen. Sie ist stolz, bei schwachem Selbstgefühl, und sie würde sich, wer weiß, vielleicht dem verhängnisvollen Urteil dessen, der ihrer aller Abgott ist, unterwerfen: Goethes. Fast boshaft, ihn hier noch einmal anzuführen mit seinem Vorurteil, das Klassische nenne er das Gesunde, das Romantische das Kranke. Er, der seiner selbst so sicher nicht ist, daß er diese Jungen ruhig gelten lassen, sich in ihre andern Bedingtheiten hineinversetzen könnte; dem die Stimmungen, die er ihnen ankreidet, so fremd nicht sind; der das bestätigende Wort, das sie erheben würde, nicht über sich bringen kann, ihre Zerrissenheit verabscheut und fürchtet – durch Unverständnis, Verkennung schlägt er sie nieder. Hölderlin, Kleist müssen es erleben.

Hölderlin. Welche der Figuren man berühren, an welchem der Fäden man ziehen mag – immer bewegen die anderen sich mit, immer rührt sich das ganze Gewebe. Schwer, in zeitliche Aufeinanderfolge, in lineare Erzählweise zu bringen, was gleichzeitig von vielen Seiten auf die Günderrode einwirkt. An den Garten des Kronstettischen Damenstifts stößt der Garten einer gewissen Familie Gontard, bei der Friedrich Hölderlin zwar nicht mehr Hauslehrer ist, doch lebt er bis 1801, nur „drei kleine Stunden weit", in Homburg, seit 1804 wieder, als Hofbibliothekar des Landgrafen, hat heimlich Susette Gontard besucht, seine Diotima, die 1802 stirbt und die Karoline, soviel wir wissen, nicht gekannt hat. In ihr Studienbuch hat sie einen Vers von Hölderlin notiert:

> Den Hunger nennen wir Liebe: und wo wir
> nichts sehen, da glauben wir unsere Götter.

Hellsichtige Skepsis, die sie, vom naiven Glauben abgekommen, teilt. Die persönlichen und politischen Tragödien der Dichter kommen gewöhnlich erst spät ans Licht, durch die Veröffentlichung von Briefen und von Polizeiakten politischer Prozesse. Bettina Brentano und die Günderrode, die, wenn man dem Briefroman der Bettina folgen will, über Hölderlin sprachen, den sie liebten, die seinen Freund Sinclair über ihn ausfragten, seine beginnende Zerrüttung einer „feinen Organisation" zuschrieben – sie konnten nicht wissen, daß Hölderlin, nicht nur gestreift, sondern aufgewühlt von der Französischen Revolution, im Jahr 1805, als Sinclair verhaftet wird, in Gefahr, umstürzlerischer Umtriebe mitverdächtigt zu werden, auf die Straße stürzt und in Panik ausruft: „Ich bin kein Jakobiner, ich will kein Jakobiner sein!" Und daß er danach irre wurde, was eben jener

Sinclair ihm nie so recht glauben wird. Als sei der Wahnsinn ein freigewähltes Versteck, ein Selbstschutz, um einem unerträglichen Zugriff zu entgehen.

Man hat die Günderrode oft zusammen mit Hölderlin genannt, nicht ohne ein gewisses Recht, was den Geist ihrer Dichtungen betrifft. Sie ist ihm näher als den Romantikern, sosehr sie Novalis verehrt, die Gedichte des Clemens Brentano liebt und bewundert. Zwischen Hölderlin und ihr gibt es eine Verwandtschaft von den Wurzeln her, die überraschende Vergleichsmöglichkeiten eröffnet. Unbekannt war der Günderrode selbstverständlich jener „Entwurf“ eines Systemprogramms, den Hegel, Schelling und Hölderlin in der Mitte der neunziger Jahre zu Papier brachten und der es unternimmt, Mittel herauszufinden, die Kluft zwischen den „Ideen“ und dem Volk zu überbrücken – eine Kluft, welche die beiden deutschen Philosophen und den Dichter eines „tatenarmen“ Volks unglücklich macht. Wie muß die Welt für ein moralisches Wesen beschaffen sein? Die Frage aller Fragen stellen sie an den Anfang (Johannes Bobrowski wird sie aufgreifen, da sie unerledigt geblieben ist), führen den Beweis, daß der Staat „aufhören“ müsse („denn jeder Staat muß freie Menschen als mechanisches Räderwerk behandeln“), fordern die Einsetzung der Vernunft an die Stelle von Afterglauben, fordern die „absolute Freiheit aller Geister, die ... weder Gott noch Unsterblichkeit außer sich suchen dürfen“, und kommen zur „Idee, die alle vereinigt“: zur Idee der Schönheit, zur Poesie als „Lehrerin der Menschheit“. Sie haben die Vision von einer „Mythologie der Vernunft“, die „das Volk vernünftig“ und „die Philosophen sinnlich“ machen soll, damit „endlich Aufgeklärte und Unaufgeklärte sich die Hand reichen“ müssen und ein frommer Wunsch sich erfüllen kann: „Dann herrscht ewige Einheit unter uns. Nimmer der verachtende Blick, nimmer das blinde Zittern des Volks vor seinen Weisen und Priestern. Dann erst erwartet uns *gleiche* Ausbildung *aller* Kräfte, des Einzelnen sowohl als aller Individuen. Keine Kraft wird mehr unterdrückt werden, dann herrscht allgemeine Freiheit und Gleichheit der Geister!“

Das ist die Sprache vor dem Verlust der Hoffnungen, und es ist die Illusion von Idealisten, die sich die Umwälzung der Verhältnisse von den Ideen erwarten. Wer aber würde, Geschichte und Gegenwart der Deutschen vor Augen, solche Sätze zu belächeln wagen?

Überraschend, wie stark der Gang dieser Ideen den Schritten ähnelt, welche die Günderrode in ihrer geistigen Entwicklung geht, bis zur beharrlichen Hinwendung zur Mythologie, der Quelle vieler ihrer Dichtungen und philosophischen Traktate. Wenn wir, durch diesen „Systementwurf“ angeregt, die Gründe im Auge behalten, die für diese Wendung bestimmend gewesen sein mögen, die neuen Vergleichspunkte mit Hölderlin, die sich daraus ergeben – vielleicht finden wir leichter Zugang zu ihren Arbeiten, deren fremde Hülle uns ungewohnt ist.

3

Verstellung, Maskerade.

Ein einziges Mal wird in den Dokumenten, die Günderrode betreffend, die Französische Revolution erwähnt: in einem Brief des Marburger Rechtsgelehrten Friedrich Carl von Savigny, den er der Günderrode am 8. Januar 1804 schreibt. „Ey, ey, lieber Freund“, heißt es da, „Sie haben da einmal wunderliche Empfindungen und Vorsätze gehabt. Sie haben ja ordentlich republikanische Gesinnungen, ist das vielleicht ein kleiner Rest von der französischen Revolution? Nun, es soll Ihnen verziehen sein, wenn Sie versprechen wollen, sich noch manchmal darüber auslachen zu lassen.“

Ein Brief, der die Dreiundzwanzigjährige in ihrem wundesten Punkt trifft, in ihrer unerwiderten Liebe zu Savigny – man sollte es hinter der politischen Sprachmaskerade nicht vermuten. Doch in dem Stück, das da gegeben wird, sind Masken allen Mitspielern etwas Normales, besonders die Abgewiesene, Dritte, die am meisten zu verbergen hat – Karoline –, braucht sie andauernd. „Republikanische Gesinnungen"? Nun, ihre Freundin Gunda Brentano, die inzwischen Savignys Braut ist, hat sich bei ihrem Verlobten über die Karoline beklagt: „Das Günderrödchen hat es auf einmal sehr drückend gefunden, daß ich doch zum Teil das Verhältnis zwischen Dir und ihr beherrsche. Und da es eigentlich sein Gefühl empört, von irgend etwas in der Welt abzuhängen, nicht frei und einzig die erste in jedem Verhältnis zu sein, denk Dir nur, da wollte es mit Kraft und Mut sich von Dir und mir losreißen und glaubte, es hätte da etwas sehr Vortreffliches getan."

Savigny hat so unrecht nicht: Ohne die Französische Republik, vor ihr hätte eine Frau wohl kaum begehren können, unabhängig und frei zu sein; ihm, dem ernsthaften, politisch denkenden Mann muß die Republik für eine scherzhaft-drohende Ermahnung herhalten. Republikanische Gesinnungen sind nicht mehr in Mode. Savigny hat 1803 seine Schrift über das „Recht des Besitzes" herausgebracht, die Gleichheitsutopie in das neue bürgerliche Recht geflochten – aufs Rad. Ein glänzender Kopf, ein Realist, ein sympathischer, fester Mann, großzügig auch, einfühlend. Die Günderrode liebt ihn. Im Frühsommer 1799 hat sie ihn auf einem Landsitz bei Freunden kennengelernt. Einer Freundin bekennt sie den „tiefen Eindruck", den er sofort auf sie gemacht hat, schildert, wie so etwas gewöhnlich bei Mädchen ihrer Art geht: „Ich suchte es mir zu verbergen und überredete mich, es sei bloß Teilnahme an dem sanften Schmerz, den sein ganzes Wesen ausdrückt, aber bald, sehr bald belehrte mich die zunehmende Stärke meines Gefühls, daß es Leidenschaft sei, was ich fühlte."

Allzu bekannter Vorgang. Ungewöhnlich nur, daß die heimlich Liebende – die natürlich des geliebten Mannes nicht würdig zu sein glaubt – über Büchern ihren Schmerz vergißt; sie liest Jean Pauls „Siebenkäs", der ihr sehr gefällt, vor allem aber Herders „Ideen zur Philosophie der Geschichte der Menschheit", die ihr ihre eignen „Leiden und Freuden in dem Wohl und Wehe der ganzen Menschheit" vergessen machen. Da fällt sie nun deutlich aus der Rolle des Mädchens, das sich um sich selbst und ihrer Nächsten Angelegenheiten zu kümmern hat. Doch bittet sie dringlich die Freundin, ihr nur ja von „S." zu schreiben: „Es ist ja das einzige, was ich von ihm haben kann, der Schatten eines Traumes."

Man könnte abergläubisch werden: Da hat sie selbst die Formel über sich verhängt, die ihr Schicksal werden soll.

Sie will ja vereinen, was unvereinbar ist: von einem Manne geliebt werden und ein Werk hervorbringen, das sich an absoluten Maßstäben orientiert. Ehefrau und Dichterin sein; eine Familie gründen und versorgen und mit eignen kühnen Produktionen in die Öffentlichkeit gehn: unlebbare Wünsche. Drei Männer haben in ihrem Leben eine Rolle gespielt: Clemens Brentano, Savigny, Friedrich Creuzer – drei Varianten der gleichen Erfahrung: Was sie begehrt, ist unmöglich. Dreimal erfährt sie das Unleidlichste: Sie wird zum Objekt gemacht.

Während sie liebt, sich sehnt, leidet, schweigt, lernt, dichtet; während Savigny eine erfolgreiche Karriere beginnt, die ihn auf den Stuhl des preußischen Justizministers führen wird; während Karolinens Familie insgeheim darauf wartet, daß er sich ihr erklärt – währenddes vermittelt Clemens Brentano, dem die Günderrode nicht immer gleichgültig war, der sich aber seit einem diskret verschwiegenen, peinlichen Vorfall von ihr zurückhält, die Ehe zwischen seinem Freund Savigny und seiner Schwester Kunigunde, genannt Gunda, der Freundin der Günderrode. Der Kreis, in dem sie alle sich bewegen, ist klein; viele Augen sehen alles, viele Münder bereden alles. Dem Savigny, der doch eigentlich eine Professorengattin sucht, ist die Günderrode nicht recht geheuer; er denkt in Schablonen, so wird er aus ihr nicht schlau. Er fragt sich, ob er „dem Gerücht glauben soll, nach dem sie kokett oder prüd oder ein starker männlicher Geist sein müsse, oder ihren blauen Augen, in denen viel sanfte Weiblichkeit wohnt".

Heilige Unschuld. Er wird sich hüten, dem Gerücht auf den Grund zu gehn, die einander ausschließenden Behauptungen zu prüfen. Er wirbt um Gunda, die vom Genius der Familie Brentano nicht eben viel geerbt zu haben scheint, aber teilhat an der Bildung, an der Kultur ihrer Kreise. Und die gutherzig ist, großmütig darauf besteht, die Freundin Günderrode als Dritte in ihren Bund zu ziehn. Wie bequem für Savigny. Da er in festen Händen ist, leistet er es sich, mit der Frau, die ihn doch fasziniert, einen launigen, ironischen, ungefährlichen Briefwechsel anzufangen, in unverbindlicher Manier, die nur der weh tut, die liebt.

„Der liebe Gott, mein Fräulein, hat es nicht haben wollen, daß ich Ihnen einen Brief in Gießen übergeben sollte ..."

Darauf sie: „Ich nehme es in allem Ernst dem Himmel sehr übel, daß er sich so häßlich in meine Angelegenheiten mischt ..."

Er, da er erfahren hat, sie werde mit ihrer Frau Tante nach Marburg reisen, findet, „daß es für Sie durchaus notwendig ist, die Dinge zu sehen, die sich hier befinden, ja, daß ich kaum begreife, wie Sie das alles bis jetzt haben entbehren können."

Man könnte ihn ein bißchen grausam nennen, wenn er sich viel dabei denken würde. Die Günderrode hält tapfer den Ton und versichert, da sie zu reisen leider verhindert ist: „Unter den Merkwürdigkeiten von Marburg, die ich vorzüglich gern gesehen hätte, waren einige Gelehrte, oder einer (ich kann nicht recht gut zählen) ..."

In dieser Art: Geplänkel, Spiel mit dem Feuer. Der Roman einer vermiedenen Liebe, im Stil der Zeit, das heißt in Briefen niedergeschrieben; nur daß die Schreiber zugleich die Romanfiguren sind, ein moderner Zug, und daß eben dadurch die Gefahr – vielleicht auch die

Versuchung – der Grenzverletzung zwischen Literatur und Leben naheliegt. Übrigens wird die innere Handlung verdeckt geführt, das dunkle Grundmotiv, der Verzicht, darf nicht hervortreten; vorsichtig wird es in Sätze eingeschmuggelt, die von Unbefangenheit strotzen: „Gunda behauptet, ich habe eine kleine Leidenschaft für Sie, ... aber es ist nicht, gewiß nicht ..."

Gewiß nicht. Wenn nur die Schreiberin nicht von einem zum nächsten Satzteil die Miene ändern, das Lächeln fallenlassen, mit unverstellter Stimme sprechen würde: „Wenn Sie mich kennten, würden Sie wissen, daß es nicht sein kann, aber Sie kennen mich nicht, es ist Ihnen vielleicht gleichgültig, wie ich bin, was ich sein kann und was nicht, und doch habe ich den Mut zu hoffen, ja, ich weiß es gewiß, ich werde Ihnen einst angehören wie ein Freund oder wie eine Schwester; ich kann es mir deutlich denken, und mein Leben um vieles reicher; doch erst dann – Sie wissen wohl, wann ich meine." – Wir wissen es auch: wenn Savigny mit Gunda verheiratet ist.

Gekannt werden – der inständige Wunsch von Frauen, die nicht durch den Mann, sondern durch sich selber leben wollen –, hier scheinen seine Wurzeln zu sein, und er setzt sich fort bis heute, und ist auch heute noch seltener erfüllt als unerfüllt, weil das Losungswort „Persönlichkeit", unter dem das Bürgertum angetreten, von der Masse der Produzenten niemals eingelöst werden konnte. Eine kühne Idee, zwischen Mann und Frau könnten andre Beziehungen walten als die von Herrschaft, Unterordnung, Eifersucht, Besitz: gleichberechtigte, freundschaftliche, hilfreiche. Schwester sein, Freund (die männliche Form!) – unerhörte Angebote. Beweis dafür, daß Not und Bedrängnis zu phantastischen Einfällen führen, die niemals zu verwirklichen, doch auch niemals mehr ganz und gar aus der Welt zu schaffen sind.

Die Sprache, die die Günderrode mit sich selber spricht, das Gedicht, hört sich anders an.

Liebe

O reiche Armut! Gebend, seliges Empfangen!
In Zagheit Mut! In Freiheit doch gefangen.
  In Stummheit Sprache
  Schüchtern bei Tage,
  Siegend mit zaghaftem Bangen.

Lebendiger Tod, im Einen sel'ges Leben,
Schwelgend in Not, im Widerstand ergeben,
  Genießend schmachten,
  Nie satt betrachten,
  Leben im Traum und doppelt Leben.

Eines der ersten vollkommen offenen Liebesgedichte einer Frau in der deutschen Literatur, unverkappt, uneingekleidet. Ein Gedicht, hervorgetrieben vom unlösbaren Widerspruch, gehalten von der Spannung der einander ausschließenden Elemente, Zeugnis dieser Spannung: gebändigte Unmittelbarkeit. „Gedichte sind Balsam auf Unstillbares im Leben."

Wer so weit gegangen ist, dies Mittel ausprobiert, seine Wirkung an sich erfahren hat, kann nicht mehr zurück. Er kann nur um jeden Preis dies merkwürdige Instrument entwickeln, das, indem es einen Schmerz bewältigt, einen neuen hervorbringt: sich selbst. Dieses Subjektwerden aber läuft dem Zeitgeist entgegen, der auf Nützlichkeit, Verwertbarkeit, die Verwandlung aller Verhältnisse in Tauschwerte dringt. Als habe ein böser Zauber die Dinge und Menschen berührt. Wie sollte ihnen nicht unheimlich werden? Wie sollten sie nicht böse Ahnungen haben und sie in bösen, unheimlichen Märchen ausdrücken? Wie sich dem Gefühl der Sinnentleerung entziehn? („Dies Zeitalter deucht mir schal und leer, ein sehnsuchtsvoller Schmerz zieht mich gewaltsam in die Vergangenheit.")

„Ich meine nämlich" – Savigny, immer noch –, „daß eine gewisse hingebende Weichheit und das berühmte Helldunkel gar nicht zu Ihrem eigentlichen Wesen gehören ... nicht zu weich sein und zu wehmütig und zu sehnsüchtig – klar werden und fest und doch voller Wärme und Freude des Lebens." Der Mann, der sie formen will nach seinem Bilde. Das Jahr 1803 ist vergangen. Im Dezember hat das Hin und Her ihrer Briefe sie zu Geständnissen reif gemacht, die sie einander bisher vorenthielten. Die Verschlüsselung und Vertauschung, zum äußersten getrieben, führt endlich dazu, daß Klartext gesprochen wird; die doppelte Verneinung ergibt die Bejahung: Savigny stellt sich, als glaube er nicht, „die Sache", die er ihr erzählen will, könne sie interessieren, „was doch gar nicht wahr ist". So abgesichert, kommt die rührende Geschichte vom periodischen Schmerz an seiner rechten Hand zutage, die ihm ein „Jemand", dem er beim Einsteigen in eine Kutsche hatte helfen wollen, im Kutschenschlag eingeklemmt hat, so daß er viele Wochen nichts gefühlt habe als diesen Druck, der immer wiederkehre, sobald das Wetter sich ändere. Sehr berühmte Ärzte in Sachsen hatten gemeint, er müsse sich wohl verbrannt haben, helfen könnten sie ihm nicht. Und melancholisch fügt er hinzu: „Man spricht viel von den Leiden des jungen Werther, aber andere Leute haben auch ihre Leiden gehabt, sie sind nur nicht gedruckt worden."

Und dann erwidert er ihr früheres Angebot. Er, als „gebrenntes Kind", scheue das Feuer; zwar stehe er nicht dafür, daß er sich nicht zuzeiten etwas in sie verliebe, was der Freundschaft Abbruch tun solle, doch müßte es „entsetzlich unnatürlich zugehen", wenn sie beide nicht „sehr genaue Freunde" werden sollten.

Die Günderrode ist vor Freude außer sich. „Recht, so recht innig hat mich Ihr Brief gefreut ..." Seine kranke Hand hat sie lieber, als wenn sie immer gesund geblieben wäre. Die Verstimmung, die sie bei seinen Briefen oft empfunden („es war ein häßliches, todkaltes Gefühl"), scheint aufgelöst. „Ihr beide gehört nun zu meinem Schicksal ..."

Sie macht sich klein, verfolgt selbstmitleidige Phantasien, findet es „so recht gut und noch viel mehr als gut“ von den beiden – Savigny und Gunda –, „daß Ihr noch an das Günderrödchen denken könnt, daß Ihr nicht sagt: gehe hinaus, suche Dir ein Obdach, wir haben keinen Platz für Dich.“

Der Rückschlag auf diesen Überschwang muß kommen: ihr Versuch, sich aus dem Verhältnis zu befreien, in dem sie nicht die erste und einzige ist; darauf Savignys schelmische Erwiderung, sie sei republikanischer Gesinnungen verdächtig, und dann sein verständiger Exkurs über das Recht des Stärkeren in allem geistigen Besitz: Will sagen, die beiden Frauen können getrost konkurrieren um die freien geistigen Valenzen des Mannes, und er wird die jeweils Stärkere – diejenige, die ihm mehr zu bieten hat – siegen lassen. Der Markt ist frei für jeden, und das Recht des Stärkeren gilt überall. Nun wird die Ökonomie die Werte setzen.

„Wie boshaft! wie ironisch! wie abscheulich!“ Ach, hilflose Gegenwehr. Die Art von Realitätssinn, die jetzt gelten soll, geht der Günderrode ab. „Ein solches System von politischer Ökonomie sollte man nicht in die Empfindungen mischen.“

Zu spät, der Bann hat gewirkt, und die Frauen, die nicht wissen, wie ihnen geschieht, kennen den Gegenzauber nicht. Also werden sie unrealistisch. Denn was realistisch ist, bestimmen die Männer, die über Politik, Produktion, Handel und Forschung verfügen; indem sie sich um des wirklich Wichtigen, das heißt um der Geschäfte oder des Staatsdienstes willen, ihren Frauen als ganze Person entziehn, erfahren diese einen schrecklichen Realitätsverlust und zugleich ihre eigne Minderwertigkeit, werden kindisch oder zu rachsüchtigen Furien, stilisieren sich zur „schönen Seele“ hinauf oder zur bieder-sittsamen Hausfrau hinunter, fühlen sich überflüssig und halten den Mund. Unter den wenigen, die reden, dichten, singen, wird die Mehrzahl versuchen, ihren Schwestern ihr Los schmackhaft zu machen: Die „Frauenliteratur“ beginnt. Einige aber, die nicht gezähmte Haustiere werden, sprechen ein wildes „männliches“ Glücksverlangen aus:

Wär ich ein Jäger auf freier Flur,
Ein Stück nur von einem Soldaten,
Wär ich ein Mann doch mindestens nur,
So würde der Himmel mir raten;
Nun muß ich sitzen so fein und klar,
Gleich einem artigen Kinde,
Und darf nur heimlich lösen mein Haar
Und lassen es flattern im Winde!

Wer, außer speziellen Kennern, würde diese Strophe der Annette von Droste-Hülshoff zuschreiben, von der man lesen konnte, sie sei „nervenkrank“ gewesen – zumindest nervenschwach?

Solange sie kann, hält die Günderrode sich an die Regeln, die Savigny für ihren Umgang festgelegt hat, temperiert ihr Gefühl, sammelt ihre Seelen- und Verstandeskräfte auf die Arbeit, die zweite Leidenschaft. „Ich kann es Ihnen nur mit großer Blödigkeit sagen, ich schreibe ein Drama, meine ganze Seele ist damit beschäftigt, ja, ich denke mich so lebhaft hinein, werde so einheimisch darin, daß mir mein eignes Leben fremd wird; ich habe sehr viel Anlage zu einer solchen Abstraktion, zu einem solchen Eintauchen in einen Strom innerer Betrachtungen und Erzeugungen. Gunda sagt, es sei dumm, sich von einer so kleinen Kunst als meine sei, sich auf diesen Grad beherrschen zu lassen; aber ich liebe diesen Fehler, wenn es einer ist, er hält mich oft schadlos für die ganze Welt.“

Der Ton hat sich geändert. Hier ist Klarheit und Festigkeit, hier spricht die Frau, die sich zu ihrer Arbeit, ihrem Talent bekennt, auch wenn sie nicht hoffen kann, „vortrefflich“ zu sein; die erfährt, in welchem Maß ihre Arbeit sie mit der Realität verbindet, die ihr wichtig ist, wie sie ihr Ernst, Sammlung, Selbstverständnis gibt. Eine erwachsene, selbstbewußte Frau tritt dem Mann gegenüber. Wie leicht sie aber an sich irre wird, zeigen die letzten Sätze des gleichen Briefes: „Ich glaube, mein Wesen ist ungewiß, voll flüchtiger Erscheinungen, die wechselnd kommen und gehen, und ohne dauernde, innige Wärme. Dennoch bitte ich Sie, verzeihen Sie mir meine angeborne Schlechtigkeit."

Zwei Monate später, kurz ehe Savigny „das Gundelchen" heiratet, schickt Karoline ihm, ihren Stolz vergessend, unter dem übermächtigen Druck der Leidenschaft ein Sonett:

Der Kuß im Traume

Es hat ein Kuß mir Leben eingehaucht,
Gestillet meines Busens tiefstes Schmachten.
Komm Dunkelheit! mich traulich zu umnachten
Daß neue Wonne meine Lippe saugt.

In Träumen war solch Leben eingetaucht.
Drum leb ich, ewig Träume zu betrachten,
Kann aller andern Freuden Glanz verachten
Weil nur die Nacht solch süßen Balsam haucht.

Der Tag ist karg an Liebe süßen Wonnen
Es schmerzt mich seiner Sonne eitles Prangen
Und mich verzehren seines Lichtes Gluten.

Drum birg dich Aug' dem Glanze irrdscher Sonnen
Taug dich in Nacht, sie stillet dein Verlangen
Und heilt den Schmerz, wie Lethes kühle Fluten.

Diesem Gedicht, eindeutig genug – das Blatt liegt in der Deutschen Staatsbibliothek Unter den Linden –, hat sie hinzufügen müssen: „S.-g: ist wahr. Solche Dinge träumt das Günderrödchen, und von wem? von jemand, der sehr lieb ist und immer geliebt wird."

Vergleicht man das Gedicht mit der Nachschrift: Welchen Grad von Freiheit und Unabhängigkeit verleiht die Kunst, der Zwang zur Form! Sehr möglich, daß die Günderrode, erschreckt durch ihre Fähigkeit, fühlend zu denken, ja zu formen – Voraussetzung und Zwiespalt jeder Kunstausübung –, sich selbst der Flüchtigkeit und Kälte bezichtigt.

Als Dichterin ist sie authentisch, das heißt, sie war es auch als Mensch. „Traum" und „Schmerz" werden ihr Schlüsselwörter, aber sie bedient sich nicht zeitgemäßer Versatzstücke. Wenn sie „Traum" sagt, hat sie geträumt, wenn sie „Schmerz" sagt, leidet sie. Wehleidig ist sie nicht.

In jenen Wochen gerade erscheint in Kotzebues „Freimüthigem" eine Kritik, in der ein Frankfurter – ein ehemaliger Hofmeister, der mit eignen Poesien gescheitert ist – süßsauer ihren ersten Band bespricht, „Gedichte und Phantasien", dessen wahre Urheberin er hinter dem Pseudonym „Tian" herausgefunden hat. „Mancher hat Reminiszenzen und hält es für Originalideen." Die Freunde der Günderrode wollen sie trösten über den Menschen. Sie reagiert gelassen und überlegen. Dem Clemens Brentano, der sich ihr nach längerer Zeit in einem enthusiastischen Brief nähert, aber doch enttäuscht ist, daß sie sich nicht ihm zuallererst anvertraut hat, erwidert sie: „Wie ich auf den Gedanken gekommen bin, meine Gedichte drucken zu lassen, wollen Sie wissen? Ich habe stets eine dunkle Neigung dazu gehabt, warum? und wozu? frage ich mich selten; ich freute mich sehr, als sich jemand fand, der es übernahm, mich bei dem Buchhändler zu vertreten; leicht und unwissend, was ich tat, habe ich so die Schranke zerbrochen, die mein innerstes Gemüt von der Welt schied; und noch hab ich es nicht bereut, denn immer neu und lebendig ist die Sehnsucht in mir, mein Leben in einer bleibenden Form auszusprechen, in einer Gestalt, die würdig sei, zu den Vortrefflichsten hinzutreten, sie zu grüßen und Gemeinschaft mit ihnen zu haben. Ja, nach dieser Gemeinschaft hat mich stets gelüstet, dies ist die Kirche, nach der mein Geist stets wallfahrtet auf Erden."

Anders als naiv und ehrfürchtig hätte sie den gefährlichen Schritt in die Öffentlichkeit nicht tun können. Die Vortrefflichen, nach deren Gemeinschaft sie gelüstet, sind nicht leicht zu erwärmen. Clemens, anscheinend wirklich von Neid gepackt, wird ihre Gedichte hinter ihrem Rücken herabsetzen – ein abgewiesener Liebhaber, der sich durchschaut fühlt. Das verträgt er nicht. – Goethe, der die „Gedichte und Phantasien" zusammen mit einer Rezension, die wohl die Esenbecks geschrieben haben, für seine „Jenaische Allgemeine Literatur-Zeitung" bekommt, läßt sich zu der Randbemerkung hinreißen: „Diese Gedichte sind wirklich eine seltsame Erscheinung und die Rezension brauchbar." Er gibt das Bändchen an Frau von Stein weiter, die, allerdings erst nach dem Tod der Günderrode, ihrem Sohn schreibt: „Sie hat allerliebste dramatische und andere Poesien unter dem Namen Tian herausgegeben. Ich war erstaunt über die tiefen Gefühle und den Reichtum der Gedanken, bei den schönen Versen, und Goethe war es auch."

Der Roman mit Savigny hat den voraussehbaren Schluß, kein happy-end. Savigny heiratet im Mai 1804 Gunda Brentano inmitten eines großen Freundeskreises auf seinem Hof Trages, einem schönen Besitz. Karoline ist dabei, bleibt ein paar Tage, geht zurück in ihr Studierzimmer im Stift. Sie widmet sich der Geschichte, versenkt sich in Schellings Naturphilosophie, arbeitet an einem neuen Drama. Noch knistert es manchmal in den Briefen zwischen Savigny und ihr. Seine „zauberische Gegenwart", läßt sie ihn noch im August wissen, sei nur „allzu gefährlich für zarte Gemüter". Wenige Tage später fährt sie nach Heidelberg, eine Jugendfreundin zu besuchen, die Frau des Theologen Daub. Dort lernt sie auf dem Altan des Schlosses den Altertumswissenschaftler Friedrich Creuzer kennen, einen Freund Savignys. In der schwierigen Liebesbeziehung zwischen diesen beiden, die nun beginnt, wird Savigny ironischerweise Vertrauter, Richter, Berater – manchmal gesucht, öfter gemieden. Nichts mehr hat die Günderrode von ihm zu fürchten. Es beginnt das Drama, in dem sie nicht Randfigur, sondern Hauptdarstellerin ist. Sie hat den Part der tragischen Heldin zu übernehmen. „Drum leb ich, ewig Träume zu betrachten ...“

Hundertsiebzig Jahre später schreibt Sarah Kirsch, eine ihrer Nachfahrinnen:

Ich träum ville träume
ich träumm du träummst
du wärst in einn traum
in meiner küche gewesen

Die Träumerin, die vom Traum eines Träumers träumt ... Die Spirale dreht sich weiter.

4

Die niedergehaltenen Leidenschaften.

„Ich kann mich täglich weniger in die Welt und die bürgerliche Ordnung fügen, Caroline, mein ganzes Wesen strebt nach einer Freiheit des Lebens, wie ich sie nimmer finden werde. Die Liebe sollte doch, dünkt mir, frei sein, ganz frei von den engen Banden der Bürgerlichkeit.“

Das schreibt Lisette Nees von Esenbeck, eine von Karolinens langjährigen Freundinnen, im Juni 1804 an die Günderrode. Sie ist seit kurzem verheiratet mit dem Naturwissenschaftler Christian Nees von Esenbeck – der erste übrigens, der Goethes Morphologie der Pflanze anerkannte. Lisette gehört zu den klügsten Frauen im Freundeskreis der Günderrode; sie kennt die französische und englische Literatur, beherrscht slawische Sprachen, lernt Italienisch und Spanisch. Der Freundin schreibt sie Briefe, die Rezensionen sind – wenn auch die meisten ihrer Ratschläge auf die Günderrode nicht passen. Als eine geborene von Mettingh aus Frankfurt am Main lernt sie Karoline bei deren Eintritt ins Stift kennen; ein früher Brief verrät mehr als

Freundschaft für die andre; er erinnert eine Szene, als Karoline, eine ungebetene Besucherin wegzuschicken, „zur Hintertüre hinausgegangen" war, „an welcher ich Dich wieder erwartete, es war da alles so mystisch und mir war, als wenn Du mein Geliebter wärest"; dann schreibt sie, als besinne sie sich: „Das ist wohl sonderbar, Karoline."

Es ist wohl sonderbar, weil es neu ist; Frauen fühlen sich heftig zueinander hingezogen und widersetzen sich der Anziehung nicht, die keine Vermittlung und Sanktionierung durch Männer braucht – wenn sie auch enge Bindungen und Liebesverhältnisse mit Männern nicht ausschließt. Diese jungen Frauen haben einander etwas zu geben, was ein Mann ihnen nicht geben könnte, eine andre Art Verbundenheit, eine andre Art Liebe. Als könnten sie, allein miteinander, mehr sie selbst sein; sich ungestörter finden, freier ihr Leben entwerfen – Entwürfe, die denen der Männer nicht gleichen werden.

Lisette schreibt der Karoline sehr kurz nach ihrer Hochzeit mit Nees, den sie „so unaussprechlich liebt", daß sie angesichts seiner Kindheitsstätten „vor ihn hinknien" möchte: „Ich lebe jetzt anders, wie Du mich Dir denkst, und ich werde Dir einmal viel davon sagen. – Es könnte kommen, daß ich der Anhänglichkeit an Dich mehr wie jemals bedürfte, um zu leben, darum laß uns immer innig verschlungen bleiben, was uns jemals verbunden, muß ewig sein, laß mich immer mit Dir fortleben, und lebe Du auch ein doppeltes Leben in mir." – Lisette ist sowenig eine Schwärmerin wie Karoline selbst. Die Trauer, die sich hier ausspricht, gilt einem unersetzbaren Verlust, ist mehr als ein Erschrecken vor dem Alltag der Ehe mit einem schwierigen, kränkelnden, von Stimmungen abhängigen Mann, mehr auch als ein nostalgischer Reflex, Zuflucht zu suchen in einem früheren Verhältnis, das sie selbst „die Jugend ihres Lebens" nennt: „Frei, ungetrübt und ewig heiter wie der Himmel." Daß sie einander stützen und bestätigen, ist gewiß, und wenn man will, kann man die Freundschaftskreise der Zeit als die ersten „Organisationen" sehn, in denen Frauen als gleichberechtigte Glieder wirken – bis sie wenige Jahre später in den größeren Städten, besonders in Berlin, selbst zu Gründerinnen und Mittelpunkten solcher Zirkel werden: der Salons. Der Ton, die Inständigkeit ihrer gegenseitigen Bekenntnisse, die Richtung ihrer Interessen, die Themenkreise, über die sie ihre Ansichten austauschen, die Denk- und Lebensformen, auf die sie aus sind, können als ein vielleicht unbewußter Versuch gelten, weibliche Elemente in eine patriarchalisch strukturierte Kultur einzubringen. Diese jungen Frauen, die ersten weiblichen Intellektuellen, erleben die Anfänge des Industriezeitalters, der Vergottung der Ratio und die fortschreitende Arbeitsteilung als eine Vergewaltigung ihrer Natur. „Nützlichkeit ist ein Bleigewicht an dem Adlerfluge der Phantasie", schreibt Lisette Nees der Karoline. „Natur!" wird zu ihrem gemeinsamen Sehnsuchtsruf, wie er das unter Rousseaus Einfluß auch den Stürmern und Drängern war. Doch die Naivität des ersten Ansturms ist dahin, die Politur der feudalen Klasse, die französelnde Etikette an den deutschen Höfen und Höfchen, gegen die jene sich auflehnten, ist noch kaum beseitigt, da sehen sich die Nachfolger mit den neuen „Verkehrtheiten" der bürgerlichen Gesellschaft konfrontiert, mit andern Vorwänden, die Wahrheit des Empfindens zu diffamieren, die Wahrheit des Gedankens zu unterdrücken. „Haben nicht die geistschmiedenden Zyklopen mit dem einen erhabenen Aug auf der Stirne die Welt angeschielt, statt daß sie mit beiden Augen sie gesund würden angeschaut haben?" Die Welt ist krank, und sie merkt es nicht. Frauen, in diesen wenigen Jahren, einer Lücke zwischen zwei Zeitaltern, plötzlich aus alten Schablonen herausgefallen – auch aus den Schablonen, ihr Geschlecht betreffend –, schließen eine Art Bündnis, sie gesund zu machen. Die Zeichen, die sie geben, können erst jetzt wieder bemerkt, aufgenommen und gedeutet werden.

Im Jahr 1840, vierunddreißig Jahre nach der Günderrode Tod, gibt Bettina von Arnim den Briefroman „Die Günderode“ heraus. Dieses Buch hat das Unglück, in die Hände staubtrockener Textkritik zu fallen, deren Instrumenten es ein leichtes ist, es als „Fälschung“ zu entlarven. Daß die Bettina mit ihrem Material frei umgegangen ist, Briefe zusammengezogen, Stücke aus anderen Briefwechseln hineingenommen, manches erfunden hat, ist ihr angekreidet worden. Authentisch ist dieses Buch dennoch, in einem poetischen Sinn: als Zeugnis für eine Freundschaft zwischen zwei Frauen, als ein Beleg aber auch für Lebensformen und Sitten einer Zeit und für eine Kritik an diesen Sitten, die sich nicht scheut, an die Wurzeln zu gehn; ich weigere mich, es einen Zufall zu nennen, daß gerade unter Frauen die Übel der Zeit derart kompromißlos zur Sprache gebracht werden: Die Tatsache, daß sie ökonomisch und sozial vollkommen abhängig sind, keine Stellung, kein Amt anstreben können, enthebt die geistig Freiesten unter ihnen der Mißlichkeit, um des Broterwerbs willen den Untertanen-Ungeist zu rechtfertigen. Merkwürdige Verdrehung: in totaler Abhängigkeit wächst ein vollkommen freies, utopisches Denken, eine „Schwebereligion“. Wie gefährdet die sind, die ihrem Empfinden entsprechend zu denken wagen, muß nicht gesagt werden. Plausibel scheint auch, daß ein Buch wie dieses wenig beachtet wurde: Sein Ton, sein Geist waren dem deutschen Leser fremd, und sie sind es wohl bis heute. Seine Sprache ist intim, leidenschaftlich, schwärmerisch, ausschweifend, sinnlich, bildhaft, nicht immer regelrecht und gewiß nicht nüchtern – das heißt, vielen Lesern würde sie überspannt vorkommen, peinlich sein. Herzensergießungen, besonders von seiten der dringlich werbenden Bettina: „Die Menschen sind gut, ich bin es ihnen von Herzen, aber wie das kommt, daß ich mit niemand sprechen kann? – Das hat nun Gott gewollt, daß ich nur mit Dir zu Haus bin.“ – „Jeder Augenblick, den ich leb, ist ganz Dein, und ich kanns auch gar nicht ändern, daß meine Sinne nur bloß auf Dich gerichtet sind ...“

Verliebtheit ist das, geistige und sinnliche Liebe, mit Aufschwüngen und Abstürzen, mit Seligkeit und Zerschmetterung, mit Hingabe und Eifersucht. Die Günderrode, reifer, emotional nicht so stark beteiligt, ist zurückhaltender, wehrt sachte ab, sucht zu beschwichtigen, zu bilden, zu erziehn; zugleich sieht sie der naiveren, unbedenklich ihren Eingebungen, Neigungen und Überzeugungen lebenden Freundin fasziniert, beinahe neidisch zu und eröffnet ihr ihre geheimen Gedanken: „Recht viel wissen, recht viel lernen, und nur die Jugend nicht überleben. Recht früh sterben." Worauf die Bettina ihr einen Brief über die Ewigkeit der Jugend schreibt, einen andern über ihre Liebe zu den Gestirnen, die ihr das „Vertrauen in das Rechte" ins Herz säen, die Geringschätzung des „Erdenschicksals", den Mut, der „reinen Gewissensstimme" zu folgen und groß zu handeln. „Was aber der Mut erwirbt, das ist immer Wahrheit, was den Geist verzagen macht, das ist Lüge. Verzagtheit im Geist ist gespensterhaft und macht Furcht. Selbstdenken ist der höchste Mut." – „Ich weiß nicht, wieviel Du tun kannst", erwidert die Günderrode, „aber so viel ist mir gewiß, daß mir, nicht allein durch meine Verhältnisse, sondern auch durch meine Natur engere Grenzen in meiner Handlungsweise gezogen sind, es könnte also leicht kommen, daß Dir etwas möglich wäre, was es darum mir noch nicht sein könnte."

Sie bespricht Fragen der Poesie mit der Freundin, diktiert ihr Gedichte, wenn ihre eigenen Augen den Dienst versagen, geht mit ihr vor der Stadt spazieren und liest mit ihr oder nimmt die Geschichte durch; ernsthaft geht sie auf die eigenartigen Vorschläge der Bettina, die Welt zu verbessern, ein; denn nichts Geringeres als der verkehrte Zustand der Welt ist es, den sie oft und oft erörtern. „Warum sollten wir nicht zusammen denken über das Wohl und Bedürfnis der Menschheit?"– „Regierungsgedanken" kommen der unschüchternen Bettina in den Kopf. „Wär ich auf dem Thron", brüstet sie sich, „so wollt ich die Welt mit lachendem Mund umwälzen."

„Ein Ganzes werden!“ ist ihrer beider Bedürfnis. Die Günderrode ergibt sich in jenen Jahren dem Studium der Schellingschen Naturphilosophie („Zugleich dankte ich dem Schicksal, daß es mich so lange hatte leben lassen, um etwas von Schellings göttlicher Philosophie zu begreifen und, was ich noch nicht begriffen, zu ahnen und daß mir wenigstens vor dem Tode der Sinn für alle himmlischen Wahrheiten dieser Lehre aufgegangen sei“). Ihr eigenes Weltempfinden ist den Ideen des jungen Schelling ursprünglich verwandt; ein frühes Zeugnis dafür ist ihr „Apokalyptisches Fragment“, das die mystische Sehnsucht nach dem Einssein mit der Natur, nach den „Quellen des Lebens“, nach Erlösung aus den „engen Schranken“ des eignen Wesens zu einer Vision von Einheit und Kontinuität alles Lebendigen steigert: „Es ist nicht zwei, nicht drei, nicht tausende; es ist Eins und Alles, es ist nicht Körper und Geist geschieden, daß das eine der Zeit, das andere der Ewigkeit angehöre, es ist Eins, gehört sich selbst, und ist Zeit und Ewigkeit zugleich, und sichtbar, und unsichtbar, bleibend im Wandel, ein unendliches Leben.“

Sie teilt der Bettina gerade jene ihrer Arbeiten mit, in denen sie – verwandelt in unterschiedliche Gestalten – den Weg zu den Ursprüngen, zum ungestalteten Chaos, zur Unterwelt, zu den Müttern zurückgeht, bis an den Punkt, da Bewußtsein und Sein noch nicht voneinander getrennt sind, da Einheit ist, Urstoff, Vor-Schöpfung. Dem Wanderer, der an seinem Bewußtsein leidet, nach dem Nichtsein im Mutterschoße lechzt, wird von den Erdgeistern mitgeteilt:

Dem Werden können wir und nicht dem Sein
gebieten,
Und du bist schon vom Mutterschoß geschieden,
Durch dein Bewußtsein schon vom Traum getrennt.
Doch schau hinab in deiner Seele Gründen,
Was du hier suchest, wirst du dorten finden,
Des Weltalls sehnder Spiegel bist du nur.

Auch dort sind Mitternächte, die einst tagen,
Auch dort sind Kräfte, die vom Schlaf erwachen,
Auch dort ist eine Werkstatt der Natur.

Bettina nimmt die Gedanken der Freundin gierig auf, befeuert von diesem Rückgriff auf Kräfte, die dem „Mutterschoß“ entspringen und nicht, wie Pallas Athene, dem Vaterkopf, nämlich dem Haupte des Zeus – eine Alternative zu den Quellen der Klassik, eine Hinwendung zu archaischen, teilweise matriarchalischen Mustern. Der Mythos wird neu gelesen, und zu dem bisher alleinherrschenden Mythos der Griechen kommen die Vorgeschichte und die Lehren Indiens, Asiens, des Orients. Der Eurozentrismus ist durchbrochen, mit ihm die Alleinherrschaft des Bewußtseins: Unbewußte Kräfte, die in Trieben, Wünschen, Träumen Ausdruck suchen, werden in diesen Briefen wahrgenommen, beschrieben, anerkannt. So weitet sich unendlich der Erlebniskreis und der Kreis dessen, was als Realität erfahren wird. „Alles, was wir aussprechen, muß wahr sein, weil wir es empfinden.“

Die Wahrheit der Empfindung ist ihr alles andre als ein Freibrief für Verschwommenheit. Manchmal weist sie die Freundin zurecht: „Du meinst, wenn Du taumelst und ein bißchen trunken bist, das wär unaussprechlicher Geist?“ Oder, immer und immer wieder mahnend, nur ja die Geschichte zu studieren: „Drum schien mir die Geschichte wesentlich, um das träge Pflanzenleben Deiner Gedanken aufzufrischen ... Sei mir ein bißchen standhaft, trau mir, daß der Geschichtsboden für Deine Phantasien, Deine Begriffe ganz geeignet, ja notwendig ist. – Wo willst Du dich selber fassen, wenn Du keinen Boden unter Dir hast?“ Und dann, in einer Wendung, die sie ganz ausdrückt und die von Hölderlin sein könnte: „Das ist es eben – die heilige Deutlichkeit – die doch allein die Versicherung uns gewährt, ob uns die Geister liebend umfangen.“

Die beiden Frauen ergänzen einander. Ihre Einsichten sind erstaunlich. „Wir sind jetzt in einer Zeit der Ebbe", schreibt die Günderrode der Bettina, und die, erschreckt von der Verwandlung der Menschen in Masken, sucht nach den Gründen für ihre Trauer und Einsamkeit. „Ich dachte, daß wir Gedanken haben so rasch, und daß die Zeit hintennach kommt und mag nichts erfüllen, und daß die Melancholie allein aus dieser Quelle des Lebensdrangs fließt, der sich nirgends ergießen kann... Kämen die Taten und überflügelten unsere Sehnsucht, daß wir nicht immer ans Herz schlagen müßten über den trägen Lebensgang, ... das wäre die wahre Gesundheit, und wir würden dann scheiden lernen von dem, was wir lieben, und würden lernen die Welt bauen, und das würde die Tiefen der Seele beglücken. So müßte es sein, denn es ist viel Arbeit in der Welt, mir zum wenigsten deucht nichts am rechten Platz."

So müßte es sein, doch die Taten kommen nicht und überflügeln die Sehnsucht, und die Sehnsucht selbst wird für viele Jahrzehnte wieder verschüttet.

Die Günderrode, so vertraut sie mit der Bettina ist – sie zeigt ihr den Dolch, den sie bei sich trägt, und die Stelle unter dem Herzen, die ein Arzt ihr für den Einstich angegeben hat –, über das, was sie am tiefsten bewegt, ihre Liebe zu Creuzer, scheint sie sie nicht ins Vertrauen zu ziehn. Creuzer, der eine eifersüchtige Abneigung gegen die Brentano-Familie, besonders gegen Bettina hat, erreicht es bei der Günderrode, daß die sich von der Freundin abwendet. Ein scharfer Schmerz für beide, besonders für die Jüngere; sie setzt sich zu Füßen der Frau Rat Goethe am Hirschgraben und überträgt ihr überströmendes Gefühl auf sie und ihren angebeteten Sohn. Das wird ein neues Kapitel in ihrem Leben. Es beginnt, als die Freundin tot ist, der sie den gerechtesten Nachruf geschrieben hat. Später heiratet sie Achim von Arnim, wird Gutsherrin im märkischen Wiepersdorf und Mutter von sieben Kindern. Nüchternheit und Prosa des Lebens erfährt sie reichlich. Viele der Jugendgefährten – ihr Bruder Clemens, Savigny – haben sich unter dem

Druck restaurativer Verhältnisse der politischen oder klerikalen Reaktion genähert oder angeschlossen. Sie kann in einem ihrer Briefe an den König von Preußen von sich sagen: „Welcher Vergehen ich mich auch schuldig gemacht habe, so war es doch gewiß keines an meiner Wahrhaftigkeit. Denn alles, was in der Blütezeit meiner idealen Begriffe in mir erwachsen ist, das lebt noch ungestört fort in mir."

Wir können uns denken, was die Günderrode in dieser Freundin geliebt hat: Das schöne Gegenbild zu dem zurechtgestutzten, kleinlichen, leisetreterischen Gesellschaftsmenschen, den Stolz, die Freiheitsliebe, die Radikalität des Denkens und der Hoffnungen, die Verkörperung einer Utopie.

5

Was mich tötet, zu gebären . . .

„Ich habe diese Nacht einen wunderbaren Traum gehabt, den ich nicht vergessen kann. Mir war, ich läg zu Bette, ein Löwe lag zu meiner Rechten, eine Wölfin zur Linken und ein Bär mir zu Füßen! Alle halb über mich her und in tiefem Schlaf. Da dachte ich, wenn diese Tiere erwachten, würden sie gegeneinander ergrimmen und sich und mich zerreißen. Es ward mir fürchterlich bange und ich zog mich leise unter ihnen hervor und entrann. Der Traum erscheint allegorisch, was denken Sie davon?"

Friedrich Creuzer, an den Brief und Frage gerichtet sind, äußert sich nicht zu der Günderrode allegorischem Traum. Die reißenden Tiere, von denen die Frau sich umgeben sieht, mögen ihn erschreckt haben, so wild träumt er wohl nicht. Die Günderrode, eine begabte Träumerin, wird ihren Traum verstanden haben, der ihre Lage so überaus genau beschreibt. Ihre einander ausschließenden Wünsche, Begierden und Leidenschaften – erwachten sie, ließe sie die los, sie müßten sie zerreißen.

Diesen wenigen Frauen, die der Konvention der Versorgungs- und Standesehe entronnen sind, die ein persönliches Liebesverlangen ausdrücken, steht die verwundende Erfahrung bevor, daß ihre Art Liebe nicht erwidert werden kann – eine Erfahrung zum Tode; ein Motiv, das sich durch die Dichtung von Frauen über fast zwei Jahrhunderte zieht. Die Günderrode schlägt den Ton an:

Überall Liebe

Kann ich im Herzen heiße Wünsche tragen?
Dabei des Lebens Blütenkränze sehn,
Und unbekränzt daran vorübergehn
Und muß ich traurend nicht in mir verzagen?

Soll frevelnd ich dem liebsten Wunsch entsagen?
Soll mutig ich zum Schattenreiche gehn?
Um andre Freuden andre Götter flehn,
Nach neuen Wonnen bei den Toten fragen?

Ich stieg hinab, doch auch in Plutons Reichen,
Im Schoß der Nächte, brennt der Liebe Glut
Daß sehnend Schatten sich zu Schatten neigen.

Verloren ist wen Liebe nicht beglücket,
Und stieg er auch hinab zur styg'schen Flut,
Im Glanz der Himmel blieb er unentzücket.

Dies Gedicht schickt sie im Mai 1805 an Friedrich Creuzer. „Ich soll auf die Liebe verzichten?" Die Frage stellt die betrogene Nymphe in der Erzählung „Daphnis und Pandrose", welche Savigny der Günderrode zur Lektüre empfahl, in jenem Brief von seiner verbrannten Hand: Vor der Unbedingtheit ihrer Liebe zurückschrekkend, bietet er ihr Freundschaft. Dem gleichen Savigny schreibt die Bettina 1807: „Lieber Alter, soll denn mein ganzes Wesen ungenossen wieder vertrocknen, keinem wohltun, unbeachtet wieder schlafen gehen, so wie es aufwachte?" Und mehr als anderthalb Jahrhunderte später fragt – beinah im gleichen Versmaß, jedenfalls im gleichen Sinn wie die Günderrode – Ingeborg Bachmann:

Erklär mir, Liebe, was ich nicht erklären kann:
sollt ich die kurze schauerliche Zeit
nur mit Gedanken Umgang haben und allein
nichts Liebes kennen und nichts Liebes tun?
Muß einer denken? Wird er nicht vermißt?

Ein Verhängnis. Der gleiche Augenblick, der Frauen befähigt, zu Personen zu werden – was heißt, ihr „wirkliches Selbst" hervorzubringen, und sei es wenigstens im Gedicht –, dieser gleiche historische Augenblick zwingt die Männer zur Selbstaufgabe, zur Selbstzerstückelung, beschädigt ihre Fähigkeit, zu lieben, zwingt sie, die Ansprüche unabhängiger, zur Liebe fähiger Frauen als „unrealistisch" abzuweisen. Sachlichkeit wird ihnen abverlangt. Die sich dem Gebot nicht unterwerfen können, die Dichter, werden ins Abseits gedrängt („Wohin denn ich?", Hölderlins Klage über Heimatverlust ist ausgesprochen, sein Rückzug auf eine geistige Heimat hat stattgefunden: „Sei du, Gesang, mein freundlich Asyl!"). Frauen, auf ausschließliche Liebe, rückhaltlose Hingabe angewiesen, erfahren das Grauen, zu zweitrangigen Objekten gemacht zu werden: Hier sind die Wurzeln auswegloser Leidenschaften.

Das Erlebnis, mit sich selbst zugleich das eigne Unglück hervorzubringen, „was mich tötet, zu gebären", muß zur Versteinerung oder zur gesteigerten Empfindlichkeit führen. Je unbedingter, je bedeutender die Günderrode als Dichterin wird, um so ungeeigneter wird sie zu einer Verbindung mit einem Mann, der an ein „bedingtes Leben" gefesselt ist. Lieben müssen, aber sich nicht eignen für das bürgerliche Frauenleben – wie soll der Widerspruch sich auflösen. Die eignen Möglichkeiten gewaltsam niederhalten oder zu Einsamkeit, Lieb-Losigkeit verurteilt sein: kein Ausweg. Creuzer treibt sein Gefühl für sie bis zur Anbetung, fast bis zur religiösen Verehrung – aber auf gewöhnliche irdische Weise mit ihr zusammen leben, das kann er nicht.

Er kann es wirklich nicht.

Creuzer ist neun Jahre älter als die Günderrode. Augenzeugen nennen ihn „häßlich", er findet es auch. Sein Selbstgefühl ist, bei hohen Talenten, schwankend; als Sohn eines Buchbinders und Steuereinnehmers in Marburg hat er nicht ohne die Hilfe von Gönnern studieren können. Auffallend spät erst informiert er die Günderrode, daß Savigny, der vermögend ist, sein Studium mit finanziert hat: Dieses Geld scheint neben einer andauernden Anhänglichkeit auch eine andauernde Empfindlichkeit gegen Savigny zurückgelassen zu haben. Creuzer heiratet „aus Dankbarkeit" die Frau seines Professors, als dieser stirbt: Sophie Leske, dreizehn Jahre älter als Creuzer, eine einfache Frau, die mehrere Kinder großgezogen hat, ihren Männern treulich den Haushalt führt und, da Creuzer sie verlassen will, ihre eigne Tragödie der alternden Frau erlebt, die sie mit ihren Mitteln abzuwehren sucht; mit ständig wechselnden Stimmungen und Entschlüssen, mit Vorwürfen, Szenen, dann wieder unnatürlicher Duldsamkeit; einmal liefert sie ihrem Mann in vielleicht unbewußter Schlauheit den Beweis, daß er ohne sie verloren ist: Der nervenaufreibenden Auseinandersetzungen überdrüssig, verläßt sie ihn für einen Tag; da weiß er nicht, wie eine Rechnung bezahlen, wo das Geld suchen, wo den Schlüssel für eine Schublade finden: Die Rache der Hausfrau an den Mann, der sein Denken ausbilden durfte, aber die Alltagspraxis ihr überließ. „Siehe, so steht es nun!" teilt Creuzer resigniert der Günderrode mit. „Ich habe teuer gebüßt eine Sünde gegen die Natur – die in ihren Folgen ein eisernes Schicksal geworden."

Aus dem Briefwechsel zwischen Creuzer und Savigny geht hervor, welche Verdienste sich Creuzer nicht nur um sein Fach, die Altertumswissenschaft, erwirbt: Er wurde nach Heidelberg berufen, der darniederliegenden Universität aufzuhelfen. Höchst profane Universitätsangelegenheiten beschäftigen ihn, Berufungen, Gehälter, Konzeptionen, Intrigen. Karoline, von dem bloßen Gedanken an eine praktische Tätigkeit abgeschnitten, widmet all ihre Zeit ihrer Liebe zu ihm; er knapst sich die Stunde, ihre Briefe und ihre Arbeiten zu lesen, gegen Mitternacht von seinem kurzen Schlaf ab. Am Ende wird er ihr gereizt vorhalten, sie könne sich in seine bedrängte Lage nicht hineindenken.

Das kann sich im Oktober 1804 keiner vorstellen. Creuzer, der anfangs heftiger, drängender war als sie („Ich soll doch nicht weniger sagen, als mein Herz empfindet?"), hat sie in Frankfurt besucht, ist „an ihr Herz zu liegen" gekommen, durfte „an ihrem keuschen Busen erwarmen" – was immer das heißen, was immer die metaphorische Wendung ein- oder ausschließen mag. „Heiß mich Du", hat sie ihm gesagt. „Jacta est alea", schreibt der sattelfeste Lateiner an seinen Freund und Vetter Leonhard Creuzer nach Marburg. „Einen Mittelweg gibt's nicht – Himmel oder Tod." Von einer dunklen Ahnung eingegeben, stehn in dem kurzen Jubelbrief die Worte: „Incipit tragoedia." Die Tragödie hat begonnen. Die reißenden Tiere beginnen sich zu regen.

Das bürgerliche Trauerspiel. Karoline diesmal, den Wiederholungszwang abwehrend, in der Hauptrolle; wer aus dem Rahmen fällt, bezahlt mit Tod. Alle anderen Chargen typengerecht besetzt: Der Liebhaber, der vor den Konsequenzen zurückschreckt; die Ehefrau, die ihren Besitz, den Mann, verteidigt; die treue Freundin und Vertraute, die Briefe befördert, Schlüssel für sichere Treffplätze herausgibt, Rendezvous vermittelt: Susanne von Heyden, eine Halbschwester der Lisette Nees von Esenbeck; echte und falsche Ratgeber: Savigny, bedenklich, aber nach bestem Wissen ratend; Daub und Schwarz, zwei Heidelberger Theologen, in unterschiedlichem Grad vertrauenswürdig und imstande, von ihren eignen biederen Moralbegriffen abzusehn; gerüchtestreuende Klatschbasen, unter ihnen hervorragend die Sophie Daub, geborene Blum, Karolinens Jugendbekanntschaft, „ein Abgrund an Prosa und Bürgerlichkeit“; Freundinnen, Zuschauer, Ahnungslose. Die Schauplätze: der Altan des Heidelberger Schlosses; das Theater in Mainz; Karolinens Stiftszimmer. Kurze Begegnungen in Gasthöfen. Zwei-, dreimal ein Stelldichein auf dem Kettenhof bei Frankfurt. Es paßt nicht zu Karoline, dorthin zu schleichen. Sie tut es. Sie täte alles.

Briefe, Briefe. Wir kennen den mehr als dreihundert Seiten starken Band, 1912 herausgegeben, der Creuzers Briefe an die Karoline enthält. Von ihr: neun Stücke, erst in den dreißiger Jahren dieses Jahrhunderts gefunden, und zwar – ein sarkastischer Kommentar! – im Nachlaß der Familie Leske: Abschriften, die die nachschnüffelnde Sophie sich von den Briefen der Rivalin gemacht hat. Die Freundin dagegen – Susanne von Heyden – hat Karolinens Briefe alle verbrannt, ein unermeßlicher Verlust. So muß alles verkehrt laufen, damit der verkehrten Moral Genüge wird: Nach dem Tod des Opfers bemächtigt sie sich der Indizien.

Dabei hat sie sich von Anfang an reichlich eingemischt; ein gut Teil der Erörterungen ist den Vorsichtsmaßnahmen gewidmet, die nötig sind, eben diese Briefe, von Sophie unbemerkt, zu übersenden und zu empfangen: Ob, wann und unter welcher Adresse man sich schreiben kann; ob die Deckadressen auch zuverlässig sind; da man dessen nie ganz sicher ist, beschließen die Schreibenden, griechische Buchstaben und naive Decknamen zu verwenden: Da ist Karoline die „Poesie“, Creuzer „der Fromme“ – es scheint, er verdient sich diesen Ehrennamen durch eheliche Enthaltsamkeit –, Sophie „die Gutmütige“ und die intrigante Madame Daub „die Feindselige“. Es wirkte wie ein Kinderspiel, wäre der Einsatz nicht so hoch, würden Klatsch, Unverständnis, böswillige Gerüchte, über die Creuzer sich immer wieder erregt, nicht ihre Widerstandskraft untergraben.

Je zaghafter er wird, je aussichtsloser ihm eine Verbindung mit der geliebten Frau erscheint, um so höher stilisiert er das Bild von ihr: „Liebes, liebes Mädchen", nennt er sie anfangs, dann wird sie ihm zur „reinen einfältigen Magd des Herrn", zum „Engel", zur „sanctissima virgo", zur „Muse", schließlich zur „Poesie". Die Günderrode aber ist eine junge Frau, die auf allegorische Erhöhung gerne verzichten würde, könnte sie mit dem Mann, den sie liebt, zusammen leben und arbeiten. Denn ihrer beider Ideen, Wissen, Interessen und Begabungen ergänzen sich sehr glücklich, sie regen sich zu Produktivität an. Creuzer gibt der Günderrode griechische Philosophen zu lesen und läßt sie teilhaben an seinen Anschauungen über das griechische Altertum, dessen Ursprünge er aus Asien herleitet, und an seiner Ansicht von der Herkunft aller Religionen aus einem allen Völkern und Erdteilen gemeinsamen Mythos. Die Günderrode legt Wert auf seine Kritik an ihren Arbeiten, die Spuren seines Einflusses deutlich verraten, wie auch sein späteres Werk „Symbolik und Mythologie der alten Völker" ohne sie so nicht denkbar wäre: Zeugnisse dafür, daß sie sich in ihren besten Stunden über die unleidliche Abhängigkeit von platter Alltagsgemeinheit erheben konnten.

Creuzer, nicht frei von Empfindlichkeit, Selbstmitleid, in die Fesseln seines Amtes geschlagen, zurückschrekkend vor einem „Menschenopfer", schreibt der Freundin – da ist er fünfunddreißig: „Ich bin ja schon ein alternder Mann. Ich habe der Ehe mein Wort gegeben und dem Staate. Ich bin darauf angenommen, daß ich gewisse Gedanken haben soll, die dauerhaft sind auf zwanzig Jahre hin, die einen festen bürgerlichen Boden haben. Ich soll ein Exempel sein der Gesetztheit für die rohe Jugend, der ich als Meister vorstehe, soll keine Poesie selber haben, während ich doch dazu angewiesen bin, öffentlich davon zu reden." Dies bleibt das Los der meisten deutschen Professoren: Poesie nicht haben, doch über sie urteilen, nur empfinden die Späteren es kaum noch als Konflikt wie ihr gewiß bedauernswerter Ahnherr.

Die Günderrode aber, wenn sie sich schon tarnen muß, greift wieder zur Männerrolle: ganz läßt Wiederholung sich nicht vermeiden. Wieder ist sie, wie bei Savigny schon, „der Freund", und sie schreibt, ein Akt der Selbstverleugnung, dem Creuzer von sich in der dritten Person: „Der Freund war eben hier . . . Ich versichere, er ist Ihnen ganz ergeben. Sagen Sie mir, wie haben Sie ihn so gewonnen? Was sein übriges Leben betrifft, so merke ich immer mehr, daß seine heroische Seele sich in Liebesweichheit und Liebessehnen ganz aufgelöst hat. Dieser Zustand ist nicht gut für einen Menschen, der doch für sich allein stehen muß und der wohl nimmer mehr dem Gegenstand seiner Liebe vereint wird." – Sie geht so weit, ein Gedicht, das allzu verräterisch „Der Einzige" hieß, umzubenennen:

Die Einzige

Wie ist ganz mein Sinn befangen,
Einer, Einer anzuhangen;
Diese Eine zu umfangen
Treibt mich einzig nur Verlangen;
Freude kann mir nur gewähren,
Heimlich diesen Wunsch zu nähren,
Mich in Träumen zu betören,
Mich in Sehnen zu verzehren,
Was mich tötet zu gebären.

Nichts mehr von Scherz, Neckerei, Ironie und Selbstironie. Durchgehalten wird der Ton tiefen, unabweisbaren Ernstes, manchmal gefärbt durch Gelassenheit, Ergebung, seltener durch Leidenschaft und Aufbegehren, immer häufiger durch Verzweiflung: „Meine Seele ist düster."

Ihre Lage ist hoffnungslos. Sie wissen es, vergessen es wieder, müssen es erneut begreifen – eine unerträgliche Dauerspannung. Die Falle schnappt über drei Menschen zu: beschlossene Sache ist, „daß hier zwei Personen aufgeopfert werden, nur weil sie eine dritte nicht aufopfern können". „Sterben ist besser als töten", tröstet Creuzer sich. Nur ist nicht er es, der stirbt. Seine „Begehrlichkeit" sublimierend, teilt er sich in einen äußeren und einen inneren Menschen: „Ich bin eine von den hölzernen Silenenfiguren, die, selber schlecht, zu Behältern dienen von herrlichen Götterbildern ..." Sie soll das Kunststück fertigbringen, nicht seine Erscheinung, seine Sitte, seine Manieren, nicht ihn zu lieben, sondern einzig das, was schön an ihm sei: das verschlossene Götterbild, sein Gemüt. „Siehe da die Richtschnur Deines Verhaltens gegen mich: Laß mich oder vielmehr lehre mich Dich zu lassen als Weib – aber laß meine schöne Seele nicht." Und er leistet den unerbetenen Schwur, er wolle „nicht fürder aufkommen lassen den einfältigen Gedanken, als wenn man, um die Poesie zu haben, notwendig mit ihr copuliert sein müßte."

Er wäre der erste Hofmeister nicht, der sich entmannte. Die entgeisterten Körper zur Räson gebracht, die entkörperlichten Geister aufeinander losgelassen. Eine Seelengemeinschaft, in der Creuzer den knienden Teil übernehmen will, während ihre Poesie sich als herrlicher Bogen darüber wölben soll. O Selbstkasteiung als Quelle des Kitschs! Er läßt sich weitab vom Schlafzimmer der armen Sophie sein einsames Lager richten, verbirgt unter unverfänglichen Arbeitspapieren die Briefe der Geliebten, um sie nachts hervorzuholen. Wir sind im Trauerspiel, nicht in der Komödie ... Der Ausgang entscheidet. Auf dem Boden der Einfalt, uns wundert's nicht, die Selbstverstümmelung. Das Victorianische Zeitalter.

Die Günderrode weiß nicht, wie ihr geschieht. Phantastische Pläne kommen ihr, in ihrer auffallenden Überspanntheit das genaue Gegenstück zu den banalen Widerständen, die ihr entgegenstehn: Sie will als Dritte (!) in Creuzers Haushalt leben, Sophie soll Haushälterin und mütterliche Freundin der beiden Liebenden sein! Dann wieder will sie den Creuzer, der einem Ruf an die

Universität Moskau folgen soll, in Männerkleidern begleiten und als Schüler immer um ihn sein – ein absurder Plan, der unglücklicherweise ruchbar wird. Sophie hat Briefe abgefangen. Lisette Nees schreibt zornig an die Karoline: „Die Phantasie würde sich an Dir rächen, daß Du sie ... in die bürgerlichen Verhältnisse hast übertragen wollen ...“ Der Kreis derer, die sie noch verstehen, schmilzt zusammen. Auswegloses Unglück macht einsam.

Plötzlich – Sophie will gerade wieder in die Scheidung willigen – zweifeln ein paar Klatschweiber und Freunde Creuzers, ob Karoline überhaupt zur Ehe tüchtig sei, und ein Theolog findet es bedenklich, daß sie „der neueren Philosophie anhanget“: Die Gretchenfrage, einem Weibe gestellt: dies muß man wohl Fortschritt nennen. Es geht um Schellings Philosophie, die allerdings keinen persönlichen Gott glaubt. Da nimmt die Günderrode ihren Stolz zusammen: „Soll ich mich entschuldigen über das, was ich vortrefflich in mir finde?“ Sie sagt Creuzern einmal auch, daß er in jedem Konfliktfall immer sie zu opfern scheine.

Aber auch Creuzer kann einen erbarmen: „Ach, wäre doch Sophie recht groß oder recht schlecht – in jedem Falle wäre ich gerettet. Aber bei dieser tötenden Güte!“ Ja, wo der normale Glücksanspruch extrem erscheint, steht der durchschnittliche Mensch ihm im Wege – mehr, als ein Übermensch oder ein Ungeheuer es täte. Verzicht, Entsagung als Tugenden. Die Liebe als Schuld. Die Antwort darauf: Trauer.

Die eine Klage

Wer die tiefste aller Wunden
Hat in Geist und Sinn empfunden
Bittrer Trennung Schmerz;
Wer geliebt was er verloren,
Lassen muß, was er erkoren,
Das geliebte Herz.

Der versteht in Lust die Tränen
Und der Liebe ewig Sehnen
Eins in Zwei zu sein,
Eins im Andern sich zu finden,
Daß der Zweiheit Grenzen schwinden
Und des Daseins Pein.

Wer so ganz in Herz und Sinnen
Konnt' ein Wesen liebgewinnen
O! den tröstet's nicht
Daß für Freuden, die verloren,
Neue werden neu geboren:
Jene sind's doch nicht.

Das geliebte, süße Leben,
Dieses Nehmen und dies Geben,
Wort und Sinn und Blick,
Dieses Suchen und dies Finden,
Dieses Denken und Empfinden
Gibt kein Gott zurück.

Sterbenstraurig, erschöpft, äußert sie Todessehnsucht. Creuzer, der doch einst zu sterben entschlossen schien, beschwört sie nun: „Ich lasse nicht eher ab, bis Du mir versprochen, daß Du Dich uns erhalten willst, so lange Du kannst, und nur dies sei der Sinn unseres Bundes, daß wir gerne gehen wollen, wenn die Natur uns abrufen wird, voll der frohen Zuversicht, daß wir Liebe finden auch bei den Schatten."

Darauf erwidert die Günderrode, befangen in dem Fehler so vieler Frauen, Leben, Liebe, Arbeit nicht voneinander trennen zu können: „Ihr Brief, den ich kürzlich erhielt, hat nachmittags mich so fremd angesehen, und ich konnte weder seine Sprache noch seine Blicke recht verstehen. Er ist so vernünftig, so voll nützlicher Tatlust und gefällt sich im Leben. Ich aber habe schon viele Tage im Orkus gelebt und darauf gedacht, bald und ohne Schmerz nicht allein in Gedanken, nein ganz und gar hinunterzuwallen. Auch Sie wollte ich dort finden, aber Sie denken andere Dinge. Sie richten sich eben jetzt recht ein im Leben und, wie Sie selber sagen, soll der Sinn unseres Bundes sein, ‚daß wir gerne gehen wollen, wenn die Natur uns abrufen wird' – welches wir auch wohl getan hätten, ohne uns zu kennen. Ich meinte es sehr anders, und wenn Sie weiter nichts meinten, so sind Sie ganz irre an mir und ich an Ihnen, denn alsdann sind Sie gar nicht der, den ich meine ... Die Freundschaft, wie ich sie mit Ihnen meinte, war ein Bund auf Leben und Tod. Ist Ihnen das zu ernsthaft? Oder zu unvernünftig? Einst schien Ihnen der Gedanke sehr wert, mit mir zu sterben und mich, wenn Sie früher stürben, zu sich hinunterzureißen. Jetzt aber haben Sie viel wichtigere Dinge zu bedenken, ich könnte ja noch irgend nützlich in der Welt werden. Da wäre es doch schade, wenn Sie Ursache meines frühen Todes sein sollten. Ich muß nun Ihrem Beispiele folgen und ebenso über Sie denken. Ich verstehe diese Vernünftigkeit nicht."

Dies ist das entsetzlich ruhige Bekenntnis einer andern Art Vernunft, die in die Welt nicht paßt, die nicht geduldet werden kann, weil ihre bloße Anwesenheit den Nützlichkeitswahn der Vernünftigen sinnlos macht, daß sie sich selber aufgeben müssen um etwas „Größeren" willen. „Ich will", schreibt ihr der unglückselige Creuzer, „die beste Blüte meiner männlichen Geisteskraft auf ein Werk verwenden, das, indem es den Mittelpunkt des frommen heiligen Altertums zu enthüllen sich bestrebet, nicht unwert wäre, der Poesie zum Opfer dargebracht zu werden." Ihr wird nichts erspart. Die lebendige Frau, erst zur Allegorie entsinnlicht, nun zum Götzenbild entfremdet, dem der Mann opfert. Und was? Sein Höchstes, seine Leistung.

„Nur ein Wunder kann Euch zusammenführen: Tod oder Geld." Die treue Heyden trifft mit ihrem Lakonismus den Kern. Gemeint ist Sophiens Tod oder Geld für Karoline, damit sie unabhängig wäre und Creuzer seiner Frau eine gebührende Rente aussetzen könnte.

Mehr und mehr werden ihre Briefe Dialoge zwischen Partnern, die sich wider Willen verkennen müssen.

Traurige Selbstgespräche.

Karoline: „Denn ich bin ja allein, ob ich traurig aussehe oder lustig, ist allen Menschen gleichgültig."

Creuzer: „Bist Du denn allein? Hast Du mich doch. Siehe ich bin ja Dein und ich sehe ja dem Frühling entgegen, wo ich mich Deines Umgangs harmlos erfreuen darf und Dich lieben, wie man einen treuen Freund liebet ..."

Karoline: „Du sprichst, als sei es nicht notwendig, daß ich Dir angehöre ..."

Creuzer: „Ach, es genügt mir nichts, und nimmer wird mir etwas genügen, als die liebe sinnliche Nähe, der ich nun entrissen bin ..."

Karoline: „Ich habe neulich einen fürchterlichen Augenblick gehabt. Es war mir, ich sei viele Jahre wahnsinnig gewesen und erwachte eben zur Besinnung und frage nach Dir und erfahre, Du seist längst tot. Dieser Gedanke war Wahnsinn, und hätte er länger als einen Augenblick gedauert, er hätte mein Gehirn zerrissen. Drum sprich nicht von anderm Liebesglück für mich."

Creuzer: „O sanctissima virgo!"

Karoline, in Latein: „Ich liebe Dich bis zum Tod, süßer lieber Freund, ich wünsche mit Dir zu leben oder zu sterben."

Creuzer, als er am Rheine geht: „O, ich hätte mich hineinstürzen mögen, damit er mich zu Dir hintrage, der starke breite Fluß!"

Karoline: „Unser Schicksal ist traurig. Ich beneide mit Dir die Flüsse, die sich vereinigen. Der Tod ist besser als so leben."

Ein merkwürdiger Selbstschutz hindert Creuzer, die Zeichen zu sehn, die alle auf Ende hindeuten. Beschwichtigungen versucht er noch, wie einst Savigny: „Überlasse Dich solchen Stürmen nicht!", und das „Clima" wagt er ihr anzugeben, das in ihrer Seele herrschen müßte: „Wolkenlos, klar, ruhig und sanft erquickt durch milde Wärme." Er fordert noch: „Ruhe bist Du mir schuldig!"

Nicht ohne Beklommenheit sieht man, über die zwei Jahre hin, dem Dressurakt zu, dem der Professor sich unterwirft. Am Ende ist er fertig. „Ich muß es dulden, für sehr beschränkt zu gelten. Wie ich denn auch, wohl weiß ich's, bin. Wie könnte es auch anders sein, da ich, von deutscher Herkunft in ärmlicher Umgebung erwachsen, unter toten Bürgern fortlebe . . ."

So lebte er hin. Hat die Literatur dieses Urteil schon gesprochen? Steht es noch aus? Die Zeiten schieben sich ineinander. Lenz ist schon fünfzehn Jahre tot. Büchner wird erst dreißig Jahre später jenen Satz über ihn finden.

Kein Aufbegehren mehr, keine Pläne, keine Hoffnungen. Sentiment noch, Selbstmitleid; Besorgnis, die Günderrode könne ihn zu ideal sehn; Ressentiment des fest Angestellten gegenüber der „Freischaffenden": Er müsse ein vollkommen abhängiges Leben führen, „nicht ein Leben wie das Deine, wo es alle Tage Sonntag ist". Er wird zusehends kleiner. Eifersüchtig kann er der Günderrode „Leichtsinn" im Umgang mit zufälligen Bekannten vorwerfen; bringt es fertig – sie scheint ihm in allem zu Willen zu sein –, sie von Bettina und vom „Haus Brentano" zu trennen („herrschsüchtig und eitel, wie es ist"); ihr Sätze zu schreiben wie diesen: „Das alles kommt von daher, weil Du keinen Mut hast"; vor einem Treffen mit ihr in Winkel am Rhein zu warnen: Die vielen Frankfurter Familien da!

Auf der Flucht gibt es kein Halten mehr. In sieben fein gegliederten Paragraphen legt der bedauernswerte Mann der Frau, die sich beklagt haben mag, die Logik seines Benehmens dar. Punkt sieben, als Krönung: „Lieben darf ich mir erlauben, aber nicht der sich selbst vergessenden Liebe vollen Besitz." Und schließlich, als Quittung auf ihre Reaktion, die bitter-resignierte Feststellung: „Was ich lang wußte, beweist nun Dein heutiger Brief: Du kannst Dich nicht in mein bedingtes Leben hineindenken."

Das bißchen Boden unter ihren Füßen ist weggeschmolzen. Immer größere Stücke von Wirklichkeit sind in den Traum hinübergetrieben, auch in den Alptraum: Das hat die Günderrode schon einmal erlebt. Drum leb ich, ewig Träume zu betrachten . . . Im Mai 1806 schreibt sie dem Creuzer, den sie „Eusebio" getauft hat: „Der Freund war eben bei mir; er war sehr lebendig, und ein ungewöhnlich Rot brannte auf seiner Wange. Er sagte, er habe im Morgenschlummer von Eusebio geträumt, wie er ganz mit ihm vereint gewesen und mit ihm durch reizende Täler und waldige Hügel gewandelt sei in seliger Liebe und Freiheit. Ist ein solcher Traum nicht mehr wert als ein Jahr meines Lebens? Wenn ich nur Monate so glücklich und so schuldlos wäre als in diesem Traum, wie gerne und mit welcher Dankbarkeit gegen die Götter wollte ich sterben! Es ist zu wenig dafür geboten, ich wollte für solchen Preis meinen Kopf auf den Henkerblock legen und ohne feige Blässe den tödlichen Streich erwarten."

Bange Botschaften, über einen Abgrund hin. Ende Juli ist Creuzer noch einmal bei ihr in Frankfurt. Man weiß nichts über diese Zusammenkunft. Tief erschöpft kommt er von der Reise zurück, seine Kräfte sind verbraucht. Er wird schwer krank, besinnungslos, fällt in ein Nervenfieber. In einer klaren Minute versammelt er die Freunde um sich und läßt durch Daub der Karoline die Nachricht zukommen, daß ihr Verhältnis aufgelöst sei.

Karoline ist inzwischen in Winkel, auf dem Landgut des Kaufmanns Joseph Merten, und wartet. Einen Aufschub bekommt sie durch die Rückfrage der entsetzten Heyden – an die Daub geschrieben hatte –, ob es denn wahr sei: Creuzers Entscheidung könne der Günderrode Tod bedeuten. Daub bestätigt des Freundes frommen Entschluß. Die Heyden trifft Vorsichtsmaßnahmen, adressiert den verhängnisvollen Brief mit verstellter Schrift an eine andre Freundin der Karoline, mit der sie in Winkel ist: Man soll die Betroffene allmählich auf den Schlag vorbereiten. Die nun aber – getrieben von bösen

Ahnungen, und um den absurden Regeln der Tragödie Genüge zu tun – fängt den Brief ab, erbricht ihn, liest ihr Todesurteil. In ihrem Zimmer bringt sie noch einige Zeilen zu Papier, sagt dann gelassen der Freundin, sie wolle spazierengehn. Abends, als sie noch immer nicht zurück ist, findet man in ihrem Zimmer die Briefe, beginnt in wachsender Unruhe, sie zu suchen. Gegen Morgen entdeckt ein Bauer ihren Leichnam auf einer weidenbewachsenen Landzunge am Rhein. Ihr Oberkörper liegt im Wasser. Sie hat sich erstochen.

Der Ort ihres Selbstmords wurde später vom Fluß überspült. Die Günderrode liegt in Winkel an der Friedhofsmauer begraben. Ihren Grabspruch hat sie selbst aufgeschrieben, es ist, von ihr leicht verändert, der Spruch eines indischen Dichters, den sie bei Herder fand. In vollkommener Weise drückt er ihr Weltgefühl und die seelische Verfassung aus, mit der sie in den Tod ging.

Erde, du, meine Mutter und du, mein Ernährer, der Lufthauch,
Heiliges Feuer, mir Freund, und du, o Bruder, der Bergstrom.
Und mein Vater, der Äther, ich sage euch allen mit Ehrfurcht
Freundlichen Dank; mit euch hab ich hinieden gelebt;
Und ich gehe zur andern Welt, euch gerne verlassend.
Lebt wohl, Bruder und Freund, Vater und Mutter, lebt wohl.

6

„Es wäre traurig, wenn alle Irrtümer so endigen müßten!"

Savigny. Ein jeder der Freunde der Günderrode gibt den Kommentar zu ihrem Ende, der seinen Verhältnissen und dem Grad seiner Unabhängigkeit und Einfühlung entspricht.

Lisette Nees, die Karolinens Leidenschaft als Verirrung sah, schreibt der Heyden: „Jeder Abfall von der Natur ist ebensogut Sünde als der Abfall von der Sitte, denn die Sittlichkeit ist ja nur eine höhere Natur. Gegen beide sündigte Lina . . .“ Ein für die aufgeklärte Lisette erstaunlicher Rückgriff auf die Gesetzestafeln des Christentums. Im übrigen ist ihre Analyse der Kräfte, die die Günderrode zu Fall brachten, scharfsinnig: „Sie fiel, ein Opfer der Zeit, mächtiger in ihr wirkender Ideen, frühzeitig schlaff gewordener sittlicher Grundsätze: eine unglückliche Liebe war nur die Form, unter der dies alles zur Erscheinung kam, die Feuerprobe, die sie verherrlichen oder verzehren mußte.“

Susanne von Heyden benachrichtigt Karolinens Bruder Hektor von der Schwester Tod: „Ihr Ihnen wohlbekannter Dolch hatte das Herz des Engels durchstochen. Sie konnte nicht leben ohne Liebe, ihr ganzes Wesen war aufgelöst in Lebensmüdigkeit . . . ihr Herz war größer denn diese Welt; nur die innigste Liebe konnte es lebend erhalten; als diese starb, brach auch ihr Herz . . .“

Einen langen, der Freundin würdigen Brief über der Günderrode Tod schreibt die Bettina. Zufällig war sie auf dem Rhein unterwegs, als sie das Gerücht vom Selbstmord einer „jungen schönen Dame“ in Winkel hört und von der Ahnung durchzuckt wird: Die Günderrode! Der Verdacht bestätigt sich. „O ihr großen Seelen, dieses Lamm in seiner Unschuld, dieses junge zaghafte Herz, welche ungeheure Gewalt hat es bewogen, so zu handeln?“

Und Achim von Arnim, der die Günderrode seit 1802 gekannt, schreibt: „Wir konnten ihr nicht genug geben, um sie hier zu fesseln, nicht hell genug singen, um die Furienfackel unseliger, ihr fremder Leidenschaft auszublasen . . .“ Als „schauderhaft“ empfindet er die Sektion des Arztes, der die Todesursache aus dem Rückenmark lesen will: Makabre Parallele zur medizinischen Sektion

Heinrich von Kleists, eines Selbstmörders auch, dessen „verdickte Galle“ dem unseligen Mediziner den Rückschluß auf „Hypochondrie“ seines Objektes erlaubt. Arnim aber hat viel später noch einmal den Ort besucht, da die Günderrode starb: „Arme Sängerin, können die Deutschen unserer Zeit nichts, als das Schöne verschweigen, das Ausgezeichnete vergessen und den Ernst entheiligen?“

Die Frage wäre Nachruf genug.

Wer fehlt? Goethe. Zu Achim von Arnims Mitteilung äußert er nichts. 1810 geht er mit der Bettina im Park von Teplitz spazieren und notiert: „Umständliche Erzählung von ihrem Verhältnis zu Fräulein Günderrode. Charakter dieses merkwürdigen Mädchens und Tod.“ Dies konnte ein Satz aus einem Stückentwurf sein. – 1814 bereist Goethe den Rhein. „Man zeigte mir am Rhein zwischen einem Weidicht den Ort, wo Fräulein von Günderrode sich entleibt. Die Erzählung dieser Katastrophe an Ort und Stelle, von Personen, welche in der Nähe gewesen und Teil genommen, gab das unangenehme Gefühl, was ein tragisches Local jederzeit erregt, wie man Eger nicht betreten kann, ohne daß die Geister Wallensteins und seiner Gefährten uns umschweben.“ – Der Mißempfindung ist der Stachel schon genommen.

Und Creuzer?

Creuzer ist noch wochenlang schwer krank. Man schont ihn, wie man die Tote, als sie lebte, nie geschont hat. Die Todesnachricht trifft ihn hart. Er glaubt, nie wieder lehren zu können, und erholt sich sehr langsam.

Die Tragödie scheint noch nach ihrem Ende zum Schauerdrama, zum Rührstück absinken zu wollen: Karolinens Mutter warnt den Creuzer vor einer möglichen Rache des Bruders Hektor, der in Heidelberg studiert. „Lächerliche Großmut!“ entrüstet jener sich. „Wie bedauernswürdig wäre ich, wenn ich ihrer bedürfte! und wie unwürdig ist doch jede Furcht, jede Leidenschaft der seligen Ruhe, welche die Entschlafene umschwebt!“ Weiter kann Verdrängung und Verkennung kaum getrieben werden. Der Mann ist, als Mann, erledigt. „Meine Sophie“, heißt es nun immer von seiner Frau. Er überlebt sie übrigens, heiratet eine andre, wird siebenundachtzig Jahre alt. Nie mehr erwähnt er die Karoline.

Nun ist er Wachs in den Händen der Freunde. Sie bringen ihm bei, der Besitz der Schriftstücke, die er der Günderrode gesandt, sei ihm „durchaus notwendig“. Also räumt Frau von Heyden den Schreibtisch der Freundin, dessen innerstes Geheimnis sie kennt, und liefert das Belastungsmaterial aus. Dafür bekommt sie von Creuzer alle Briefe, welche die Günderrode ihm schrieb, um sie zu verbrennen. Gewissenhaft ist sie der Anordnung gefolgt.

Doch die Freunde denken weiter. Die Briefe Creuzers an „die Selige“ sofort zu vernichten, könnte unklug sein, „da man nicht wissen könne, ob nicht deren ein Gebrauch werden müßte“, zu deutsch: ob sie ihm nicht als Beweisstücke seiner Unschuld zu dienen hätten. Berechnung, die wir nicht tadeln dürfen: So sind, mit Ausnahme einiger besonders kompromittierender Stücke, wenigstens Creuzers Briefe erhalten. Der treue und fromme Vetter Leonhard bewahrt sie auf. „Und laß mich weiter nichts mehr davon hören.“

Soll das Trauerspiel ein Ende haben?

Nicht ganz. Nochmals hebt sich der Vorhang. Es gibt ein Nachspiel, gespeist aus der unglückseligen Angewohnheit von Dichtern, bei ihrem Ableben beschriebenes Papier zu hinterlassen, der Nachwelt zu treuen Händen. Die kann, böswillig oder nachlässig, den Toten zum zweiten Male töten. In schweren Fällen sind ihre Agenten, ihre Willensvollstrecker die gleichen Personen, die der Autor selbst, in blindem Vertrauen, zum Nachlaßverwalter gemacht: Die Günderrode ist solch ein schwerer Fall.

Sie hat im Januar 1806 ihrem Freund Creuzer ihr neuestes Manuskript geschickt, das er herausgeben soll, unter dem Titel „Mnemosyne“. Creuzer schreibt ihr: „Du glaubst nicht, wie mich Deine Idee erfreut mit dem Büchlein Mnemosyne, und wie es mir Wonne ist, des Frommen und des Freundes Liebe so verherrlicht zu sehen. Ob ich es herausgeben will? Nichts wird mir ein süßeres Geschäft sein. Aber daß in diesem Falle die größeste Verschwiegenheit beobachtet werden müsse, bemerkst Du richtig." Ausführlich erörtert er Titel und Pseudonym des Bändchens. Als die Günderrode gegen seinen Rat auf dem Dichternamen „Jon" besteht, stimmt er schließlich zu: „Jonien ist ja der Poesie Vaterland. Ja, das Kind soll Jon heißen." Dagegen nimmt sie seinen Titelvorschlag an: „Melete" wollen sie den Band nennen, nach der Muse des sinnigen Daseins. Nie, denkt man, hat eine Werkausgabe in besseren Händen gelegen.

Es gibt Briefe Creuzers, wie sie sich eingehender, sachkundiger und fördernder kein Dichter von seinem Freund, keine Dichterin vom Geliebten wünschen kann. Über Metrik und Schlegelsche Philosophie, über lateinisch schreibende Dichterinnen und über die Vorzüge und Schwächen ihrer Arbeiten schreibt er der Karoline – Urteile übrigens, mit denen ein Kritiker heute noch übereinstimmen kann: Nicht das Drama, sagt Creuzer, schon gar nicht das bürgerliche Drama, sei ihr Feld, sondern Lyrik, Mythos, Sage. Der Mann weiß, was ihm anvertraut ist, er erschrickt sogar vor der geistigen Überlegenheit der Geliebten: „Weh man hat gar nicht mehr recht den Mut, Dich kindlich zu necken und in Liebe untertan zu machen (wie wir Männer doch wollen), wenn man solche Weisheit betrachtet. Du schreckst Deinen Eusebio ab. Wahrhaftig, Du mußt töricht sein, wenn ich komme, und durch liebendes Spiel mir Mut machen. – Du mußt Dich Deiner Trefflichkeit entäußern – sonst kann ich ja bei Dir nicht froh werden." Man weiß nicht und wagt nicht zu unterstellen, daß dies Minderwertigkeitsgefühl des Mannes gegenüber der Frau, die ihm geistig gewachsen war, seine Handlungsweise später, ihm unbewußt, beeinflußt hat.

Aber zunächst betreibt er den Druck von „Melete".

Am 23. Februar kann er der Freundin mitteilen: „Melete ist verkauft, und zwar hier an Zimmer und Mohr.“ Er begründet die Wahl dieser Verlagsbuchhandlung, in der übrigens auch „Des Knaben Wunderhorn“ erscheint, erläutert das Honorarangebot, einen Carolin für den Bogen: „Je mehr ich den innern Wert eines Werkes fühle, desto weniger vermag ich über den äußern zu markten.“ Alles läßt sich gut an. Nur ist das Büchlein nie erschienen. Creuzer selbst, der voraussah, daß er „immer mehr und mehr zurücksinken werde in den Wust des gemeinen Lebens“, zieht nach dem Tode der Autorin das Manuskript von Jon zurück: Ein Sonderfall in der an merkwürdigen Exempeln und Verrücktheiten reichen Geschichte deutscher Zensur und Selbstzensur. Der Grund? Der allereinfachste: Eigennutz. „Daub hat mich nämlich durch siegende Gründe ... überzeugt, daß Unterdrückung dieser Schrift durchaus nötig sei.“ Die Misere hat ihn wieder. Die wahnwitzigen Träume der Günderrode werden wahr.

Nur gut, denkt man, hineingezogen in die absurde Logik dieses Vorgangs, daß sie dies nicht erlebte; vielleicht wäre sie irre geworden; denn sie war nicht, wie wir es sind, durch Geschichte und Literatur der folgenden hundertsiebzig Jahre auf jene schlimmen Wandlungen gefaßt, die die herrschende Moral an denen vollzieht, die sich ihr unterwerfen.

Das Buch? Es war lange verschollen. Fünfzig Jahre nach der Günderrode Tod, als eine erste „Gesamtausgabe“ ihrer Dichtungen erschien, ist von „Melete“ nicht die Rede. Auch Creuzers Name wird nicht erwähnt: Die Verwischung der Spuren scheint geglückt. Der Zufall muß eingreifen: Unglaublicherweise ist ein einziges Exemplar des Buches, teils aus Druckbogen, teils aus Manuskriptseiten bestehend, nach Burg Neuburg bei Heidelberg verschlagen worden, wo es aufbewahrt wurde. 1896 erst wurde die interessierte Öffentlichkeit von seiner Existenz unterrichtet, mit einigen Stücken dieses Bandes bekannt gemacht. 1906 ist es in vierhundert Exemplaren zum erstenmal ungekürzt veröffentlicht worden, von dem gleichen Editor, Dr. Leopold Hirschberg, der 1920 die schöne Gesamtausgabe der Werke der Günderrode herausbrachte.

Creuzer hatte es richtig erkannt: Dieses Buch ist, in seinen bleibenden Texten, eine immer erneuerte Liebeserklärung an ihn, den „Schutzheiligen", den „Einzigen", an „Eusebio". Es macht ihn unsterblich – ein Angebot, dem er nicht gewachsen war. Die wir die Geschichte des Bändchens kennen, werden nicht ohne Bewegung die „Zueignung" lesen:

Ich habe Dir in ernsten stillen Stunden,
Betrachtungsvoll in heil'ger Einsamkeit,
Die Blumen dieser und vergangner Zeit,
Die mir erblüht, zu einem Kranz gewunden . . .

Und doch: Wer kann ihn mit dem Bannwort „unwürdig" belegen? Wer ihm verdenken, daß er leben wollte – das Schicksal derjenigen vor Augen, die den geforderten Kompromiß nicht eingehn konnte? Ruhe, Frieden blieb sein einziges Verlangen. Die Ruhe einer Grabstätte hat er nicht gemeint. Die Günderrode wußte recht gut, wie ihm geschah: „Du wurdest ein Fremdling in Deiner nächsten Umgebung, als Du eine Heimat fandest in meinem Herzen."

7

„Die Erde ist mir Heimat nicht geworden."

Es steht nicht zu erwarten, daß wir, die spätere Nachwelt also, diesen Spruch aufheben werden; zu fremd ist auch unsrer Zeit ihr Anspruch auf Ganzheit, Einheitlichkeit, Tiefe und Wahrhaftigkeit des Empfindens, zu unheimlich ihre Absolutheit in dem Bedürfnis, Leben und Schreiben in Einklang zu bringen.

Die Aufnahme ihrer Arbeiten ist nicht leicht, besonders durch die uns ungewohnte Einkleidung in mythologische Hüllen. Sie hat als Dichterin sicher ihre höchste Reife nicht erreicht; in ihren Dramen und Dramoletten, die sich den größten Themen zuwandten („Mahomet") und an denen sie hing, führt sie blasse Figuren vor, oft in konstruierten Handlungen, bloß um ihre Ideen, ihr Weltgefühl aussprechen zu lassen. Im Gedicht, in der lyrischen Gedankenprosa leistet sie Außerordentliches. Ihre Sprache ist von großer Schönheit. Ihre bedeutenden Gesichtspunkte sind den Formen, die ihr zur Verfügung stehn, öfter nicht angemessen: das gilt auch im übertragenen Sinn, für ihr Leben.

Sie, gleich stark in Intelligenz und Gefühlstiefe, kann weder in kühler Reflexion Genüge finden noch sich in Schwärmerei auflösen. Den Abgrund zwischen den entfernten Polen ihres Wesens überbrückt sie, indem sie dichtet. Sie fühlt sich nur, wenn sie schreibt oder liebt. Dies, Schreiben und Lieben, sind die authentischsten Entäußerungen ihrer Natur. Ihre Briefe gehören zu ihrem Werk, und erst wenn man ihr Leben kennt, wird man ihre Gedichte richtig lesen. Fortleben könnte sie als Gestalt, die sich der Erfahrung von Vergeblichkeit und Entfremdung unbedingt zu stellen hatte.

Der Riß der Zeit geht durch sie. Sie spaltet sich in mehrere Personen, darunter einen Mann. „Deswegen kömmt es mir aber vor, als sähe ich mich im Sarg liegen und meine beiden Ichs starren sich ganz verwundert an." Sie beschwört einen Traum: „Ja, es muß eine Zeit kommen, wo jedes Wesen harmonisch mit sich selbst und den anderen wird." Und sieht ganz klar, was lange gelten wird: „Das Leben ist uns doch aus der Hand genommen; es wird für uns gelebt, ein Teil von uns lebt es stellvertretend für den größeren andern mit, der im Halbschlaf gehalten wird und sich in den kurzen Augenblicken, da er hell wach wird, in Sehnsucht verzehrt."

Die Diagnose trifft zu, ihre Reaktion darauf kann man kaum übertrieben nennen. Sie gehört zu den ersten, die für den Prozeß der Selbstentfremdung ein Bild und einen Ausdruck finden, indem sie den Kampf schildert, den die „stolze Vernunft“ in ihr gegen die Natur führt: „Barbar! freue dich nicht deines Sieges, du hast einen Bürgerkrieg geführt, die Überwundenen waren Kinder deiner eignen Natur, du hast dich selbst getötet in deinen Siegen, du bist gefallen in deinen Schlachten. Der Friede, mit solchen Opfern erkauft, war mir zu teuer, und ich konnte den Gedanken nicht mehr ertragen, mich teilweise zu vernichten, um mich teilweise desto besser erhalten zu können.“

So sagt sie es selbst, warum sie nicht weiter leben kann: Sie war lebens-, nicht todessüchtig. Sie geht aus dem Nicht-Leben, nicht aus dem Leben. Der Einsatz, mit dem sie gespielt hatte, war sie selbst. Aber da war ein andres Spiel im Gange, dessen Regeln sie nicht kannte und auch nicht erlernen wollte. Kann man sich die Günderrode als alterndes Stiftsfräulein vorstellen, dessen Poesien, abgeschnitten von den Quellen der Erfahrung und der Empfindung, sich in Sentiment und Abstraktion auflösen müßten?

Was aber wäre ihr sonst geblieben?

Die Dichtung ist verwandt mit dem Wesen der Utopie, was heißt, sie hat einen schmerzlich-freudigen Hang zum Absoluten. Die Mehrheit der Menschen erträgt nicht das laut geäußerte Ungenügen an dem reduzierten Leben, mit dem sie sich abfinden muß. Die Günderrode kennt jene Naturen, die „der Welt“ angehören, sich ihr nicht entziehen können und dürfen, ganz gut. „Ich war nie von den ihrigen“, läßt sie eine ihrer Gestalten sagen – bezeichnenderweise einen Mann –, „es war gleichsam nur eine Übereinkunft, nach welcher sie mir gab, was mir von ihren Gütern unentbehrlich war, nach welcher ich ihr gab, was ich konnte. Diese Übereinkunft ist zu Ende ...“

Ein Anlauf, der Kunst ein „redlich Hineinpassen“ zu geben in eine Gesellschaft, deren Maß Quantität um jeden Preis wird, ist gescheitert. Die rigorose Arbeitsteilung zeitigt ihre Ergebnisse. Die Produzenten der materiellen und die der geistigen Werte stehen einander fremd an verschiedenen Ufern gegenüber, daran gehindert, gemeinsam lebbare Umstände hervorzubringen. Der Zerstörung, die nicht immer offensichtlich ist, sind sie alle ausgesetzt. Die Literatur der Deutschen als ein Schlachtfeld – auch das wäre eine Weise, sie zu betrachten. Dichter sind, das ist keine Klage, zu Opfern und Selbstopfern prädestiniert.

Oktober 1978

Nun ja! Das nächste Leben geht aber heute an

Ein Brief über die Bettine

> Es ist viel Arbeit in der Welt, mir wenigstens deucht nichts am rechten Platz.
>
> *Bettina von Arnim*

Liebe D., anstelle des Briefes, den Sie erwarten, will ich Ihnen über die Bettine schreiben. Vielleicht ist uns beiden damit geholfen: Ich entkomme den Regeln, denen ein Nachwort sonst unterworfen ist. Sie erfahren etwas über eine Vorgängerin, die Sie noch nicht kennen; beide können wir Grundthemen unseres Briefdialogs fortführen, indem wir sie in Bettina von Arnims Briefroman „Die Günderode" wiedererkennen und uns den Vorteil zunutze machen, den der historische Abstand uns bietet. Die Bettine selbst hat ja diesen Abstand gebraucht: Die Briefe, aus denen sie ihr Buch im Jahr 1839 komponiert, sind zwischen 1804 und 1806 geschrieben worden, in einer anderen Zeit, ja, eigentlich in einem anderen Leben. Keine zwanzig Jahre war die Bettine alt, als sie die Karoline von Günderrode* bei ihrer Großmutter kennenlernte, der berühmten Schriftstellerin Sophie La Roche. Gleich hat sie sich an die um fünf Jahre Ältere angeklammert, hat sie täglich in ihrem Stiftszimmer in Frankfurt am Main besucht, hat ihr vorgelesen, ihre Gedichte notiert, weite Reisen auf dem Papier mit ihr gemacht und ihr in allem vertraut, weil sie sonst inmitten ihrer großen Familie allein, in der guten Gesellschaft, der das vermögende Brentanosche Haus angehörte, fremd und zu allerlei Grimassen gezwungen war. „Lieber Arnim", schrieb ihr Bruder Clemens 1802 an Achim von Arnim über seine Schwester, „dieses Mädchen ist

* Die Familie selbst schrieb sich mit Doppel-r. Seit den sechziger Jahren hat man sich wieder auf diese Schreibweise geeinigt.

sehr unglücklich, sie ist sehr geistreich und weiß es nicht, sie ist durch und durch mißhandelt von ihrer Familie und erträgt es mit stiller Verzehrung ihrer selbst."

Aber die Bettine, hinter all ihren Maskeraden ein tapferer Mensch, hat sich selbst versprochen, daß sie sich niemals für unglücklich halten und, wenn die ideale Lebensform nicht zu haben wäre, ein Leben, das sich ihr bietet, annehmen und es sich so weit wie möglich anverwandeln würde. Darin unterscheidet sie sich von der Günderrode; die ist nicht nur, als Frau, dem bürgerlichen Lebenskodex unterstellt, sondern sie hat sich auch selber als Dichterin dem bürgerlichen Kunstkodex unterworfen, steht unter dem Doppelzwang eines empfindlichen Moralgefühls und eines empfindlichen Kunstgewissens und wird an jenen Punkt getrieben, da die Voraussetzungen für ein ihr lebbares Leben einander ausschließen. Eine Frau und Künstlerin ihrer Art nimmt sich nicht das Leben, weil der Mann sie im Stich läßt, auf den sie alles gesetzt hat. Fragen muß man: Warum hat sie alles auf ihn gesetzt?

Von der Bettine hat die Günderrode sich auf Drängen eben jenes Mannes, des Altertumswissenschaftlers Friedrich Creuzer, schon früher losgesagt, ihre Briefe aber muß sie ihr, wie die es sich erbeten hat, zurückgegeben haben. Da können Sie denn lesen, daß Bettine sich gegen die Vorhaltungen ihrer Familie zu verteidigen weiß, die sich sorgt, wie die Zwanzigjährige zu einem Mann kommen will, wenn sie sich häuslichen Tugenden nicht anbequemt und statt dessen bei einem „alten schwarzen Juden" Hebräisch lernt. „Sowas ekelt einen Mann", schreibt ihr der „lieb gut Engels-Franz", ihr ältester Bruder und Haushaltungsvorstand, da beide Eltern früh starben. „Ich schrieb ihm, . . . es sei jetzt nicht mehr Zeit, mich zu ändern; und der ganze Jud sei nur in meine Tagesordnung einrangiert, um mich vor dem Mottenfraß der Häuslichkeit zu bewahren, und ich hätt gemerkt, daß man in einer glücklichen Häuslichkeit Sonntags immer die Dachziegel gegenüber vom Nachbar zähle, was mir so fürchterliche Langeweile mache, daß ich lieber nicht heiraten will."

Der Bettine Schrecken vor dem Philisterleben bleibt ihr; ebenso stark aber ist ihre Angst, unnütz zu werden („lieber tot als übrig sein"); 1811 heiratet sie Achim von Arnim, den Freund ihres sehr geliebten Bruders Clemens, und beginnt an seiner Seite in Berlin, der von Napoleon besetzten Hauptstadt Preußens, ein radikal anderes Leben, durchläuft beinahe klaglos die Schule der Selbstverleugnung. Zwanzig Jahre Ehe, sieben Schwangerschaften, sieben Geburten, Pflege und Erziehung von sieben Kindern, strapaziöse Umzüge, Geldsorgen, Haushaltscherereien jeglicher Art und, nicht zuletzt, eine Beziehung zu ihrem Mann, die nicht „einfach", nicht ungetrübt war – zu verschieden waren ihrer beider Naturen und Bedürfnisse –, der sie aber redlich gerecht wurde; sie hört nicht auf, in Arnim, dem von der Entwicklung Preußens enttäuschten Patrioten, der sich resignierend auf sein Gut Wiepersdorf zurückzieht, von Verwaltungssorgen geplagt ist, den Dichter zu sehen, hört nicht auf, ihn zu drängen, daß er diese Gestalt hervortreibe, daß er werde, was er „in Wirklichkeit", das heißt vor ihrem inneren Auge ist. Unbeachtet, vergessen ruhen, in welcher Schatulle auch immer, die Zeugnisse ihres ersten Lebens: die Briefe der Freundin Günderrode neben den Briefen der Frau Rat Goethe, neben Goethes, Beethovens Briefen, neben den werbenden, oft überschwenglichen Briefen des Bruders Clemens, neben den eher pädagogischen des Schwagers Savigny, den sie in Berlin im preußischen Staatsdienst wiedertrifft. Verriegelt und verrammelt liegt in dieser angenommenen Schatulle der Geist ihrer Jugend, ohne sich zu verflüchtigen; im Werk der Fünfzigjährigen wird er seine nicht genug zu bestaunende Wiedergeburt erleben.

Dieses Buch hier, die Briefe, die ich Ihnen anempfehle, überbrücken im Leben der Bettine einen Zeitraum von fünfunddreißig Jahren. Keiner, der die Bettine als ekstatisches Kind, als ungebärdiges junges Mädchen gekannt, hätte ihr die Metamorphose in die Hausfrau und Mutter zugetraut, die all ihre geistigen Interessen, all ihre ausschweifenden Phantasien und Wünsche den Forderungen ihrer großen Familie unterwirft. Sie ist es dann, merkwürdigerweise, die in den dreißiger Jahren unbeschädigt aus dem Kreis der Romantiker wieder auftaucht und sich, gewiß nicht leicht, in der dumpfen Atmosphäre des preußischen Vormärz den Titel „Vorrednerin“ verdient; die bestimmte, herausfordernd naive Haltungen ihrer Kindheit und frühen Jugend wieder aufnimmt, weil nur einem Kinde zu sagen erlaubt ist: Der Kaiser ist nackt. Die – und das ist ja ein Grund, warum ich sie Ihnen anempfehle – die falschen Alternativen, in die ihrer aller Leben gepreßt ist, nicht annimmt, sich nicht damit abfindet, ein wirkungsloser Außenseiter oder ein angepaßter Philister zu sein; jene Alternativen, an denen ihre Generation – Nachkommen von Gedankenrevolutionären – sich abarbeitet und die Clemens Brentano um die Jahrhundertwende benennt: „In der itzigen Welt kann man nur unter zwei Dingen wählen, man kann entweder ein Mensch oder ein Bürger werden, und man sieht nur, was man vermeiden, nicht aber, was man umarmen soll. Die Bürger haben die ganze Zeitlichkeit besetzt, und die Menschen haben nichts für sich selbst als sich selbst.“

Das ist die Radikalität der frühen, der Jenenser Romantik, deren Geist die Bettine treulich bewahrt. Die Briefe an die Günderrode, die nicht zu den „Romantikern“ gehört, aber durch Freundschaften und geistigen Austausch mit ihnen verbunden ist, spiegeln in einzigartiger Weise den scheinbar spielerischen Umgang der Bettine mit jenen Sehnsuchtsmotiven eines anderen, besseren Lebens – zu einer Zeit, da die praktische Wirklichkeit endgültig eine andere Richtung eingeschlagen hat.

Sie kennt die Aura, die sie umgibt, und sie kennt die Angst, dieser Aura entkleidet, entzaubert zu werden zum Automatenmenschen, der in der Literatur jener

Zeit gerade als Schreckensvision auftaucht. Goethen, dem größten unter den Geliebten, die sie sich selbst erschuf, gesteht sie ihre Selbsteinsicht, ihre Angst und ihren Selbstverdacht. Am 29. Juni 1807 schreibt sie ihm – da ist die Günderrode ein Jahr tot –: „Diese magischen Reize, die Zauberfähigkeit sind mein weißes Kleid; ... aber Herr, diese Ahnung läßt sich nicht bestreiten, daß auch mir das weiße Kleid ausgezogen werde, und daß ich in dem gewöhnlichen des alltäglichen Lebens umhergehen werde, und daß diese Welt, in der meine Sinne lebendig sind, versinken wird; das, was ich schützend decken sollte, das werde ich verraten; da, wo ich duldend mich unterwerfen sollte, da werde ich mich rächen; und da, wo mir unbefangen kindliche Weisheit einen Wink gibt, da werde ich Trotz bieten und es besser wissen wollen; – aber das Traurigste wird sein, daß ich mit dem Fluch der Sünde belasten werde, was keine ist, wie sie es alle machen; – und mir wird Recht dafür geschehen."

Alles das, was sie beschwörend von sich abzuwenden sucht (und abwendet), geschieht vor ihren Augen mit den Gefährten ihrer Jugend, bekannten und unbekannten, als der Seelenanimator Hoffnung entweicht. Manche sterben früh, wie Novalis; andre begehen Selbstmord, wie Kleist, Günderrode; wieder andre durchstreifen ganz Europa auf der Suche nach einem ihnen gemäßen Platz, wie August Wilhelm Schlegel; nähern sich, wie Friedrich Schlegel, mindestens zeitweise der politischen Reaktion, versinken, wie Clemens Brentano, in katholischen Mystizismus.

Bettine sieht Freundschaftsbünde unter dem Druck restaurativer Verhältnisse auseinanderbrechen, erlebt schmerzliche Trennungen und Entfremdungen – von der Günderrode, von Clemens, von Savigny, von Goethe, sieht zu, wie den Männern durch den Zwang zum Broterwerb Anpassung aufgedrängt wird. Einer von ihnen, Joseph Görres, der über viele Stufen hin vom Revolutionär zum Vertreter der klerikalen Reaktion wird, sagt noch 1822: „Das ganze Geschlecht, das die Revolution gesehen, ... das durch alle Ehre und Schande durchgegangen, keiner von allen" werde „das gelobte Land der Freiheit und Ruhe schauen".

Das Land Utopia, in dem es frei, gleich und brüderlich zugehn sollte, weicht in den deutschen Kleinstaaten, besonders in Preußen, der Realität der Heiligen Allianz und der Karlsbader Beschlüsse; zerbricht in öffentliche Reaktion und privates Biedermeier; geht unter in Demagogenverfolgung, Zensur und Bespitzelung, in der zähen Fortdauer eines Gesellschaftswesens, welches unter monarchistischem Regiment auf bürgerliche Weise produzieren und seine eigenen Widersprüche nicht zur Kenntnis nehmen will; wird von den radikalsten Literaten – Heine, Börne, Büchner – zwangsweise in die Emigration getragen, gerettet nur in ihren traurigen, schmerzlich fragenden, ihren ironischen, einsam aufbegehrenden Liedern, Stücken und Aufsätzen. Die deutschen Zustände, die der junge Karl Marx „unter dem Niveau der Geschichte" findet, vereinzeln jene, welche das Zeug hatten, Stimme einer geschichtlichen Bewegung zu sein. Die Frau, von der hier die Rede ist, Bettina von Arnim, die sich in die Ehe zurückzieht, mit ihren „Kindern ist wie die Katz mit den Jungen", die schweigt, Briefe schreibt, zeichnet, wird von dem gleichen Görres in den zwanziger Jahren, als er eines ihrer Blätter gesehen, hellsichtig charakterisiert: „Antik ist's nicht, romantisch auch nicht, aber Bettinisch, eine eigne anmutige Mittelgattung."

Das unklassifizierbar Bettinische, das in kein Raster paßt, auch in keine der Bewegungen, mit denen sie in ihrem langen Leben in Berührung kommt; daß sie „im Orden ihrer eignen Natur lebt" – es läßt sie dauern, macht sie aber auch zu einem der Nachwelt leicht unterschätzbaren Einzelfall. Sie eignet sich nicht als Objekt, irgendeine These zu demonstrieren. Die Späteren haben sich lange an das Zauberbild der jungen Bettine gehalten, wohl eigene unerfüllbare Sehnsüchte und Wünsche auf dieses koboldartige, unbezähmbare, scheinbar alterslose Wesen projiziert – eine jugendliche Schwärmerin, ein genialisches, etwas anstößiges, unreifes Kind, eine andre Mignon: zwitterhaft, rätselvoll, zwielichtig, zu frühem Tod bestimmt. Bettine, ganz gut bekannt mit der Versuchung, sich in dieses Geschöpf der Kunst zu versenken, womöglich zu verwandeln, bringt das schwere Kunststück fertig, den eignen Mythos, das trügerisch vollendete Jugendbildnis ihrer selbst zu zerstören und sich dem gewöhnlichen Ablauf eines „gemeinen" Lebens auszusetzen. Wen kann es wundern, daß die Misere sie manchmal überwältigt. „Ich habe die zwölf Jahre meines Ehestands leiblich und geistigerweis auf der Marterbank zugebracht, und meine Ansprüche auf Rücksicht werden nicht befriedigt", schreibt sie zu Neujahr 1823 aus Wiepersdorf an ihre Schwester Gunda von Savigny in Berlin. „Was ich stets mit Geduld ertrug, weil ich mich kräftig genug fühlte, das trag ich jetzt mit Ungeduld, weil ich schwach genug bin. Mein Perspektiv ist das End aller Dinge."

Wie immer man solche Äußerungen relativieren muß – wir können uns ihre Verstrickung in Alltagsmühsal kaum zu tief, ihre Entfernung von den Träumen ihrer Jugend nicht weit genug denken. Dieses Bild der unter Versagung und Alltagslast stöhnenden Frau hat sich nicht erhalten. Ihm gerecht zu werden, gebe ich Ihnen noch ein paar Sätze aus dem gleichen Brief. „Das Schreiben vergeht einem hier, wo den ganzen Tag, das ganze Jahr, das ganze liebe lange Leben nichts vorfällt, weswegen man ein Bein oder einen Arm aufheben möchte. Ich kenne kein Geschäft, was den Kopf mehr angreift als gar nichts tun und nichts erfahren; jeder Gedanke strebt aus der Lage heraus, in der man sich befindet, man fliegt und erhebt sich weit und mit Anstrengung über die Gegenwart und fällt um so tiefer, um so gefährlicher wieder zurück, daß es einem ist, als ob man alle Knochen zerschlagen habe. So geht mir's, die ganze Nacht brenne ich

Licht, alle Stunden wache ich auf, ich vergleiche meine Träume mit dem, was ich gedacht hatte, und ich muß nur zu oft wahrnehmen, daß mich die einen wie die anderen in die Leerheit meiner täglichen Umgebung hinabziehen. Es macht nichts den Geist schwächer, als wenn er in seiner Eigentümlichkeit unaufgefordert bleibt ... Ach, wie sind meine Ansprüche an das Leben gesunken, und je weniger ich fordere, je mehr dingt es mir ab, und es wird mir nichts gewähren, als daß ich mich zum Schelm oder zum Lump mache."

Glut unter der Asche. Die gleiche Angst vor der einzigen Sünde der Selbstaufgabe wie sechzehn Jahre früher in dem Brief an Goethe. Aber nicht ganz, doch nicht ganz hat in diesen zwanzig Jahren der oft allzu aufdringliche „irdische Gast" ihr den „himmlischen Gast" austreiben können. Wenn auch in den Briefen an Arnim die innigen Töne seltener, die gereizten, selbstverteidigenden Töne häufiger werden, da sie ihren Opferwillen als Mutter und Frau gegen seine allzu nüchterne, allzu spartanische Lebensweise in Schutz nehmen muß. Ihr Schmerz bei Arnims frühem Tod im Jahr 1831 ist tief und echt. Bettine ist sechsundvierzig. Arnim ist ihr einziger Mann geblieben. Nie hat sie sich, soviel ich sehe, später über die Zeit ihrer Ehe bedauernd, zurücknehmend, bereuend geäußert. Sie war, wie er, ein hochherziger Charakter; so konnte sie launisch und grillenhaft, nicht aber wehleidig, menschenfeindlich und bitter werden. Schon am Todestag Arnims, in den ersten Briefen an Freunde, sehen wir sie die irdischen Schlacken aus ihres Mannes Bild wegbrennen und eine neue Person auferstehen lassen, einem Heiligen ähnlich, den sie verehren kann. Aber neben der Schwärmerin ist in ihr eine todnüchterne Person, die die Forderung des Tages nicht aus den Augen verliert. Sie kümmert sich um die Verwaltung der Hinterlassenschaft für ihre Kinder; sie setzt die erste Ausgabe der Arnimschen Werke in Gang und arbeitet maßgeblich an ihr mit. Und sie wird, zur Überraschung aller, zum Mißfallen ihrer Frankfurter Familie, nach dem

Tod ihres Mannes produktiv: sechs Bücher in siebzehn Jahren; ein unveröffentlichtes Manuskript; Briefmengen, die Bände füllen; Notizen, Entwürfe. Bettine beginnt ihr drittes Leben.

„Ich bin sehr glücklich; gibt es etwas Beseligenderes, als aus der Einfalt der früher verlebten Jahre wie aus dem Zentrum der Glut in neu geweckte Flammen aufzuschlagen? – ... Ich konnte heute nacht nicht schlafen vor den vielen Blüten, die alle aus einer Gedankenwurzel meiner Kindheit sich hervordrängten." Dies im Januar 35 an den Fürsten Pückler. Wem sie ihre Gefühle entgegenbringt, wer sie durch Zurückweisung enttäuscht – ist es wichtig? Ist es wichtig, daß sie sich auch vergreift? Instinktsicher nimmt sie sich, was sie braucht, ihre Schaffenslust anzuheizen. Die Inkubationszeit ist beendet, der Virus, der sich so lange still verhielt, wird rege und treibt seine Trägerin zu fieberhafter Tätigkeit. Ausgerechnet in dem versteinertsten Jahrzehnt des vorigen Jahrhunderts beginnt Frau von Arnim aktiv zu werden, macht ihre Wohnung im Herzen der preußischen Hauptstadt, Unter den Linden 21, zum Zentrum für unabhängige Geister, schert sich den Teufel um Bespitzelung, Postzensur und Observation, empfängt Durchreisende und Verehrer, bewältigt kaum ihren täglichen Posteingang, kümmert sich um die Cholerakranken ebenso wie um die Armen im „Vogtland" vor dem Hamburger Tor. Und schreibt.

Das Jahr 39, in dem das Günderrode-Buch entsteht (Bettines zweiter Briefroman nach „Goethes Briefwechsel mit einem Kinde"), liegt im tiefsten Wellental, genau zwischen den Revolutionen von 1830 und 1848. Das können die Zeitgenossen nicht wissen. Keine Rede jedenfalls von einem „Völkerfrühling", Zwielicht herrscht, Untergangsstimmung. Jeder Preuße, sagt Glaßbrenner, scheint mit einem „inneren Gendarm" auf die Welt gekommen. Können Sie sich vorstellen, daß die Berliner Studenten der Bettine einen Fackelzug darbringen, nachdem ihr Günderrode-Buch 1840 erschienen ist? Sicher hatten sie nur die an sie gerichtete Widmung gelesen, und die hatten sie so verstanden, wie sie gemeint war: politisch. „Die Ihr gleich goldnen Blumen auf zertretnem Feld wieder aufsprosset zuerst!“ Eine schwärmerische Anrede, gewiß, vor allem aber ein kühner Text. Wagt er doch, die verbotenen Burschenschaften zu erwähnen („der Burschen Hochgesang“), auf „der Zeiten Wechsel“ zu vertrauen, den Jungen zu wünschen, daß „ein milder Gestirn schützend über Euch hinleuchte“. Solche Sprache versteht, wer weiß, daß das Berliner Kammergericht im Dezember 36 noch einundvierzig Greifswalder Studenten, Mitglieder der Burschenschaften, erst zum Tod, dann zu dreißig Jahren Festungshaft verurteilt hat; daß das „Hambacher Fest“ der Burschenschaften von 1832 durch Preußen mit einem neuen Demagogengesetz „zur Aufrechterhaltung der öffentlichen Ruhe und gesetzlichen Ordnung“ beantwortet wurde; daß nach der Niederschlagung vereinzelter demokratisch-republikanischer Aktionen in den dreißiger Jahren in den Deutschen Bundesstaaten, besonders in Preußen, Friedhofsruhe herrscht: Nach der rücksichtslosesten Verfolgung der Teilnehmer – meist Studenten – am aberwitzigen Frankfurter Wachensturm vom April 1833; nach der Konfiszierung des „Hessischen Landboten“ 1834, der Gefangensetzung Weidigs, der Flucht und Emigration Georg Büchners; nach dem bundesweiten Verbot aller Schriften des „Jungen Deutschland“. Ein gut durchorganisierter Staats- und Sicherheitsapparat erstickt jede freiere Regung der Gesellschaft. Wie immer, wenn die öffentliche politische Diskussion unterdrückt wird, reiben sich die verschiedenen Meinungen und Parteien ersatzweise an der Literatur. In den dreißiger Jahren war, Sie werden es kaum glauben, Goethe und seine Hinterlassenschaft ein brisantes Thema. Ausgerechnet ihm aber hatte in aller Unschuld Bettines erstes Buch gegolten. Unter dem Bann- und Zauberspruch „Dies Buch ist für die Guten, nicht für die Bösen“, kaum berührt vom Streit der Antagonisten, erschien 1835 „Goethes Briefwechsel mit einem Kinde" und erregte ein ungeheures Aufsehen. Seine Autorin, mit einem Schlag berühmt, wurde von den Zeitgenossen als ein Natur- oder Geisterphänomen empfunden. Zum zweitenmal, seit ihrer Jugendzeit, stellte man sie außerhalb der Geschichte.

„An diesem rätselhaften Kinde", schrieb eine Zeitschrift des „Jungen Deutschland", „ist eine offenbare Verwirrung der Parteien unter uns ausgebrochen. Die, welche dafür sein sollten, sind dagegen, und die, welche dagegen sein sollten, sind dafür" – ein Signal (wie wir gut wissen), daß die „Parteien" sich verrannt haben. Die „Sibylle der romantischen Literaturperiode", Bettine, wird von den Jungdeutschen ein „genialer, romantischer, mystischer, prophetischer, wundersam herumirrlichtelirender Kobold" genannt; eine „Rachefurie" heißt Börne sie, der von Paris her ihr Verehrungsbuch in ein Anti-Goethe-Buch uminterpretiert, und der Historiker Leopold Ranke erklärt: „Die Frau hat den Instinkt einer Pythia." Eine Art Monstrum könnte man aus den einander widersprechenden Merkmalen zusammensetzen; das deutet, scheint mir, weniger auf Bettines Charakter, ihr Wesen, ihre Erscheinung – es kennzeichnet vielmehr das Bedürfnis der Zeit nach einer außer- und überhistorischen Gestalt, der allein noch zuzutrauen war, etwas wie Gärung in den Sumpf der preußisch-deutschen Verhältnisse zu bringen.

In diesem Staat ist jeder Stuhl besetzt, jedes Amt eingenommen: vom Kultusminister bis zum Obercensurcollegienmitglied, vom Staatsrat bis zum Geheimen Regierungsbeauftragten an der Universität, vom Innenminister bis zum Generalpostmeister (der dazumal übrigens Nagler heißt und es sich nicht nehmen läßt, die perlustrierten Briefe der unter Kontrolle stehenden Literaten in löblicher Anteilnahme oftmals selbst zu lesen); das Spektrum der geistig Tätigen reicht vom Staatsdichter bis zum Demagogen, der in der gefürchteten Hausvogtei, dem „Blechkasten", gefänglich einbehalten wird, und auch in der Opposition scheinen alle Rollen vergeben. Ein einziger Platz, so kann man es nachträglich sehen, war noch frei; eine Frau mußte ihn einnehmen, in gehobener Stellung, doch kritisch denkend, keines Amtes fähig, keiner der Parteiungen angehörig; gebildet und furchtlos sollte sie sein, engagiert und mitfühlend, hellsichtig und traumtänzerisch. Dies ist ein Phantombild, und es beschreibt die Bettine.

Staunen Sie gehörig, wie fein die äußeren Verhältnisse zusammenspielen können mit den innersten Bedürfnissen einer Person? Der Bettine Verdienst bleibt es, die Rolle angenommen zu haben, die ihr zufiel, sich in die Lücke gestellt und nach den Folgen nicht gefragt zu haben. Nicht ohne geheime Genugtuung sieht man ihr zu, wie sie den Vorteil zu nutzen weiß, der in dem Nachteil, Frau zu sein, in Männergesellschaften zeitweilig verborgen ist – falls die Betreffende und Betroffene es aushält, für leicht verrückt zu gelten. Darin hat sie sich – Sie lesen es in den Briefen an die Günderrode – beizeiten geübt. „Närrisch" hat sie sich selbst oft genannt. In ernsten Zeiten kann es ein Schutz sein, nicht ganz ernst genommen zu werden, Gutzkows Stoßseufzer aus Anlaß von Bettinens „Königsbuch" belegt es: „Traurig genug, daß nur ein Weib das sagen durfte, was jeden Mann würde hinter Schloß und Riegel gebracht haben." Wer, frage ich Sie, sperrt eine Sibylle, einen Kobold, eine Pythia ein?

Aber ist es denn um Schloß und Riegel je gegangen? Wir stehen – Sie erinnern sich – immer noch bei der Widmung des Günderrode-Buches an die Studenten, werden aber zu diesem Buch erst zurückkehren, nachdem wir uns in einem Vorgriff auf das Leben der Bettine dieser Frage angenommen haben. Ich zitiere Ihnen aus einem Konfidentenbericht aus dem Jahre 1847: „Selbst in den Teegesellschaften wurden soziale Fragen behandelt. Die Tendenz dieser Teegesellschaften ist eine sozialistische, indem die Versammelten sich vorzugsweise über ein in Wesen und Form zu verbesserndes Leben unterhalten und besprechen. Vorzüglich ist es das weibliche Geschlecht, das sich nach Befreiung von den Fesseln des Herkommens, der Mode, der Konvenienz sehnt. Unter allen Frauen dieser Art in Berlin, die einen öffentlichen Ruf genießen, ist Bettina von Arnim unstreitig die erste und bedeutendste. Daß ihre Abendzirkel den bezeichneten Charakter haben, ist hier allgemein und selbst dem Hofe bekannt. Man läßt sie gewähren, da sie hier in allgemeiner Achtung steht und man ihr von Rechts wegen nichts anhaben kann."

Konfidenten sind jene vertrauenswürdigen und vertraulichen Berichterstatter der Mainzer „Zentral-Informationsbehörde", auf deren Einrichtung – nicht zuletzt der unruhigen Studenten wegen – Fürst Metternich selbst gedrungen hatte („... der Kampf des ewigen Rechts gegen das revolutionäre Prinzip ist nahe und unvermeidlich") – eine der ganz wenigen Institutionen, welche die innerdeutschen Grenzen überwand. An den deutschen Hochschulen, melden diese Vertrauensleute schon Ende der dreißiger Jahre, herrsche ein von den früheren Jahren sehr verschiedener Geist; es fänden nur noch Kneipereien statt. Immerhin existiert in der Behörde – nicht nur in dieser – eine manifeste Intelligenzfeindlichkeit, so daß der preußische Staatsminister Wittgenstein nur ausspricht, was die anderen denken, wenn er die „Stubengelehrten und rabulistischen Vielschreiber" einen wahren Krebsschaden der menschlichen Gesellschaft nennt, zu deren Bekämpfung er mit Vergnügen beitragen werde. Und an führender Stelle jenes „Zentralkomitees", welches die Weisungen und Berichte der Mainzer Zentralbehörde empfängt, steht in Preußen der unsägliche Geheime Regierungsrat Tschoppe, ein Mann, der in schwerer Geisteskrankheit enden wird. Er liebt Effekte. „Gestern waren Sie im Theater!" empfängt er eines Morgens, noch unter dem Barbiermesser, den verbotenen Schriftsteller Gutzkow, der antichambriert, um die Aufhebung des Verbots aller seiner Schriften zu betreiben. Der Mächtige, scheint es, weiß alles. Triumphierend zeigt er dem konsternierten Autor die Liste mit den Namen derjenigen, die am Abend zuvor Freikarten für die Königlichen Theater der Hauptstadt in Anspruch genommen haben.

Berlin wimmelt von Anekdoten und Witzen. Frau von Arnim, zu deren demokratischem Salon man sich drängt, wird die meisten von ihnen gekannt haben. Wie unzuverlässig die Schonung war, die sie, kraft ihres Ansehens in weitesten Kreisen, durch Polizei und Zensur genoß, war ihr natürlich überscharf bewußt; der Spielraum war ihr ja nicht geschenkt worden; sie hatte ihn sich durch Kühnheit, manchmal Tollkühnheit, erobert und erweitert. Man wußte nicht recht: War sie naiv? Stellte sie sich so? War sie vielmehr gerissen? Oder paßte womöglich ihre Art, nach Gutdünken zu handeln, einfach nicht in die Kategorien des sich selbst zensierenden Untertanendenkens?

Zum Beispiel mußte eine hohe Zensurbehörde es der inzwischen berühmten Autorin als einen raffinierten Trick auslegen, daß die ihr „Königsbuch" 1843 dem König widmete („Dies Buch gehört dem König" – Titel und Widmung zugleich) und so das eigentlich fällige Verbot umging. „Rebengelände Entsprossene, Sonnengetaufte!" redet der geschmeichelte König die Verdutzte in seinem Antwortbrief an; ihr Buch aber hat er nur angeblättert, ganz im Gegensatz zu seinem Minister des Innern. Der sieht sich nach genauer Lektüre zu einem Brief an Friedrich Wilhelm IV. veranlaßt, dessen Kerngedanke in einem zitierenswerten bürokratischen Schachtelsatz Platz findet: „Wäre das Buch nicht in dem für einen kleinen Leserkreis geeigneten Ton prophetischer Ekstase geschrieben, sondern in der dem größeren Publikum zugänglichen Form einfacher Logik und verständiger Reflexion, und trüge nicht der abenteuerliche Charakter der, wenn auch nicht genannten, doch bekannten Verfasserin dazu bei, die praktische Richtigkeit und Anwendbarkeit der darin enthaltenen Doktrinen in Zweifel zu stellen, so würde dasselbe den gesetzlichen Bestimmungen nach vermöge der darin dargelegten und verteidigten Irreligiosität und vermöge des darin gepredigten heillosen Radikalismus für eine der gemeingefährlichen Schriften erklärt werden müssen." Der Mann war seinem Amte gewachsen.

Übrigens hat er recht behalten. Zwei Nachfolgeschriften, die sich wesentlich kürzer hielten, übersetzten der Bettine „prophetische Ekstase" in das schlichte politische Deutsch der Zeit. Die eine, in Bern unter Pseudonym gedruckt, in ironischem Ton gehalten, nennt vier Jahre vor dem Kommunistischen Manifest den Kommunismus ein „Gespenst" und bringt die Autorin des „Königsbuches" mit ihm in Verbindung. („So steht denn der Teufel entlarvt vor uns in seiner ganzen Scheußlichkeit, und der Name dieses finster drohenden Gespenstes ist: Kommunismus.") Die andere, die den „angeblichen Sinn und Inhalt" des „Königsbuches" in eine Flugschrift von 56 Seiten zusammendrängt, erscheint in Hamburg; prompt verfügt der König die politische Beschlagnahme, das Oberzensurgericht das Verbot. („Neunzehn Bogen sind gefährlich, aber zwanzig machen ehrlich", spottete der Volksmund: Bücher über zwanzig Bogen mit Verfasserangabe – welche die Bettine allerdings stets verweigert hat – unterlagen nicht der Zensur.) Lehre für die Bettine: In Zeiten, da aus Mangel an politischer Öffentlichkeit (die drei Berliner Tageszeitungen stehen unter Zensur und werden deshalb von der Bettine nicht gelesen) die Literatur das Gewissen der Gesellschaft ist, hat sie mit immer schärferen Sanktionen zu rechnen, je mehr sie dem Volke verständlich wird. Bettine 1844: „Was soll man noch anderes drucken lassen in Preußen als Traktätchen, ABC-Bücher und Ammenmärchen!"

Aber war denn ihre Widmung an den König wirklich ein Trick gewesen? Es zeigt sich: Nicht nur ihre Popularität, auch ihre Illusionen schützen die Bettine. Als Friedrich Wilhelm IV., auf den viele Demokraten Hoffnungen gesetzt hatten, im Juni 1840 den Thron bestieg, traute die Bettine ihm Willen und Kraft zu grundlegenden Änderungen zu. „Nein, die Schmach der Geistessklaverei geht nicht von ihm aus!" Ihre Anhänglichkeit an die Idee vom Volkskönigtum hat etwas Phantastisches: „Wir müssen den König retten!" Aber schon ein halbes Jahr nach der Krönung, im Dezember 40, notiert Varnhagen von Ense über sie: „Sie ist außer sich über die Wirtschaft, die hier beginnt, sie mißbilligt alle Vertrauten und Lieblinge des Königs, sie will Konstitution, Preßfreiheit, Luft und Licht." Doch offeriert sie allen Ernstes (allen Ernstes?) dem König in ihrem „Königsbuch", er möge „das alte Getriebe der Staatsmaschine" unter Umgehung seiner Höflinge und Minister, jenes „heraldischen Tierkreises", mit Hilfe des Volkes „unter das alte Eisen werfen", „Denkfreiheit" an die Stelle der Geistessklaverei setzen und gemeinsam mit den bisher verfolgten Demagogen regieren.

Ist das naiv? Schlau? Illusionär? Nun: Der sicherste Weg, Illusionen zu verlieren, ist es immer noch, sie zu erproben. Hören Sie doch, wie sie neun Jahre später, im zweiten Band ihres „Königsbuches" („Gespräche mit Dämonen", 1852) ihre Staatsutopie sarkastisch formuliert: „Ich meine keinen Staat, wo nur die Zensur meine Ansichten streichen kann, ich meine einen ganz anderen Staat hinter dem Himalaja gelegen, der ein Widerschein ist von dem Staat, den ich meinen könnte; sollte aber auch *das* die Zensur streichen wollen, nun, so mein ich den auch nicht. Ich meine nichts, was könnte gestrichen werden."

Dazwischen lag der Vormärz, das Jahr 1848, die mißlungene Revolution. Lagen der Bettine andauernde Zusammenstöße mit der Zensur, die sie veranlaßten, einen eigenen Verlag zu gründen, der ihr eine Quelle neuer Sorgen und Querelen wurde: die Arnimsche Verlagsexpedition; lagen immer massivere Verdächtigungen an ihre Adresse, unter anderen die, daß sie „Communistin" sei. (Gutzkow: „Ist die heißeste, glühendste Menschenliebe Kommunismus, dann steht zu erwarten, daß der Kommunismus viele Anhänger findet.") (1842 soll sie übrigens in Bad Kreuznach mit Karl Marx und dessen Braut Jenny von Westphalen zusammengetroffen sein und zum Ärger der Jenny lange einsame Spaziergänge mit dem jungen Doktor gemacht haben.) Einmal – auch das liegt dazwischen – hat sie die Arbeit an einem Buch abgebrochen, weil sie es nicht hätte drucken lassen können: Der Innenminister Preußens, in typisch ministerieller Verwechslung von Ursache und Wirkung, hat sie 1844 beschuldigt, sie habe die schlesischen Weber „aufständisch" gemacht. „Allein den Hungrigen helfen wollen, heißt jetzt Aufruhr predigen", schreibt ihr warnend ein Freund. Da läßt Bettine ihr „Armenbuch" liegen, eine Art erste soziologische Untersuchung über die Lebensbedingungen des vierten Standes, mit vielen Beispielen aus den Hütten der schlesischen Weber. Dieser Vorfall, sie muß es gewußt haben, markierte ganz genau die Grenze, die sie nicht mehr ungestraft hätte übertreten dürfen, den Punkt, an dem die sozialen Widersprüche und zugleich deren Unlösbarkeit unter dem Regime sich am schärfsten hervorkehrten. Die Kraft, welche die Gesellschaft umwälzen konnte, war unentwickelt, die Zeit zu mehr nicht reif als zu einer selbstaufopfernden, doch unwirksamen Haltung. Was bleibt? Mal wieder an den König schreiben: Er solle statt des Domes in Berlin lieber tausend Hütten in Schlesien bauen. Die Sache der Schlesier sei tragischer als Sophokles. – Finden Sie nicht, daß dies eine bedeutende ästhetische Aussage ist, wenn auch, wie nicht selten in der Geschichte der deutschen Literatur, auf Kosten einer eigentlich fälligen Aktion? Bedeutend, weil sie die aus den Konflikten der Oberschicht abgezogenen Regeln der Tragödie, einer „hohen" Kunstform, als anwendbar auf die Lage der „niederen" Schichten denkt: Das ist aber, Sie werden es sehen, in den Günderrode-Briefen angelegt.

„Bettina läßt sich durch ihre Humanität verleiten. Sie glaubt immer die Unterdrückten im Recht", bemerkt mit sanftem Tadel Gunda von Savigny, Bettines Schwester. Das hat sie wohl richtig gesehen. Unbehaglich ist es der Frau des Ministers für Gesetzgebungsrevision, wohin radikale Humanität die Schwester führt, nämlich zu einer Nichtachtung behördlicher Autorität, die sie nicht moralisch gegründet sieht: 1847 beantwortet sie die an den Haaren herbeigezogene Beschuldigung des Berliner Magistrats, sie habe sich bei der Eröffnung ihres „Gewerbes" der Steuerhinterziehung schuldig gemacht, da sie es versäumt habe, die Bürgerrechte zu erwerben, mit einer geharnischten Gegenoffensive; sie wird zuerst zu drei, dann, in der Revision, zu zwei Monaten Gefängnis verurteilt – die höchstmögliche Strafe für Leute von Stand; einflußreiche Personen, darunter besonders ihr Schwager Savigny, erreichten, daß das Urteil nicht vollstreckt wird: Bettine aber hat begriffen, daß ein Formfehler zum Vorwand genommen wurde, ihr die Instrumente zu zeigen. Ein Zeuge überliefert, was sie in Gesellschaft darüber sagt: Ihre Magistratsgeschichte ist ihr von den Ministern eingerührt, die sie aus Berlin haben wollen, „weil den Ministern seiner romantischen Majestät Hofnärrin empfindliche Unbequemlichkeiten verursacht".

Sie sehen, einmal ist es um „Schloß und Riegel" doch gegangen; nun ist es aber ein Gesetz, daß eine reale Bedrohung jemanden, der nicht auf Anerkennung durch die bestehende Ordnung angewiesen, also nicht korrumpierbar ist, in seinen Ansichten und Grundsätzen radikalisiert, ihn weitertreibt über die Schranken, die seinem Denken durch Herkunft und Lebensweise gesetzt zu sein scheinen. Der Bettine ist es so ergangen. Der Magistratsprozeß hat ihr zu einem unbestechlichen Urteil über die Struktur ihrer Gesellschaft und über die in der Zukunft notwendigen Entwicklungen verholfen. Als Beweis für diese Behauptung zitiere ich Ihnen einige Absätze aus dem Verteidigungsbrief, den sie dem Berliner Magistrat geschrieben hat: „Was nun Ihre letzte Bemerkung anbelangt, daß keine Veranlassung vorliege, mir das Bürgerrecht als ein Ehrengeschenk zukommen zu lassen, so gebe ich dieses zu, da ich zumal das Bürgerrecht höher stelle als den Adel ... Ebenso stelle ich noch höher die Klasse des Proletariats ... Der Schatz der Armen besteht im angeborenen Reichtum der Natur, das Verdienst des Bürgers im Anwenden und Ausbeuten dieses Naturreichtums, welches er vermittelst seiner tätigen Gewandtheit und zum eigenen Vorteil derjenigen Menschenklasse zuwendet, deren Hochmut, Verwöhnung und geistige Verbildung alles verschlingt, eben weil sie keine Produktionskraft hat. – Die Gründe also, warum ich den Proletarier am höchsten stelle, ist, weil er der Gemeinheit enthoben ist, als Wucherer dem Weltverhältnis etwas abzugewinnen, da er alles gibt und nicht mehr dafür wieder verzehrt, als er eben bedarf, um neue Kräfte zum Gewinn anderer sammeln zu können ... Und wenn ... ich daher die Bürgerkrone dem Ordensstern vorziehe, so würde ich dem allen noch vorziehen, vom Volke anerkannt zu sein, dessen Verzichtungen heroisch und dessen Opfer die uneigennützigsten sind."

Zurück zur Literatur, zum Günderrode-Buch, zum Jahr 39, in dem es entsteht. Ich möchte Ihnen glaubhaft machen, daß dieses eher stille Jahr der Bettine einen wichtigen Zuwachs an jener Erfahrung gebracht hat, welche sie auf die direkt politischen Auseinandersetzungen der vierziger Jahre vorbereitete, daß aber auch gerade der Bettine Hinwendung zu Ideen und Lebensgefühl des Jahrhundertbeginns ihr eine tiefere Sicht auf die Gegenwart eröffneten. Wie Sie in den späteren Handlungen und Schriften der Bettine ein treuliches Festhalten und Weiterentwickeln mancher Grundmotive finden werden, die das Günderrode-Buch anschlägt, so ist dieses Buch selbst in vielem ein Widerschein der Erschütterungen, die die Bettine in den Jahren 39/40 erlebt: Das Drama ihrer letzten Liebe und ihr leidenschaftlicher Einsatz für die gemaßregelten Brüder Grimm.

Gleichzeitig mit dem Roman, den die Bettine aus den

Kernstücken ihres Briefwechsels mit der Günderrode zusammenstellt und weiterdichtet, entsteht in diesem Jahr ein zweiter Briefroman: die reale Korrespondenz der Bettine mit dem jungen Studenten Julius Döring aus Wolmirstedt bei Magdeburg, der ihr Anfang 39 als Verehrer ihres Goethe-Buches zu schreiben begonnen hat. Ihn hat es gestört, daß sie dieses Buch dem Fürsten Pückler zugeeignet hat, und er fordert von ihr, ihre nächste Publikation den Studenten zu widmen. Begeistert greift sie die Anregung auf: „Es ist die Zeit, daß die Jünglinge mit Lust aus meinem Geist aufblühen, denn ich bin ein Baum, der trägt Jünglingsblüten. Die sind eben am Aufbrechen, und wie sollt ich nicht mit der Zukunft leben, da sie aus dem Mark meines Geistes hervorgeht." Einem anderen jugendlichen Verehrer, mit dem sie mehr eine geistige, weniger eine erotische Faszination verbindet, schreibt sie: „Ich bin nichts, aber es weht so eine Luft um mich, von der ich glaube, die Jugend müsse sie wie mutige Gäule mit offenen Nüstern einschnaufen!"

Es ist offensichtlich: Mit dem Günderrode-Buch will sie das Vermächtnis ihrer eigenen Jugend an die übernächste Generation weiterreichen. Aufgewühlt gibt sie sich den Gesichten aus ihrer Frühzeit hin, die sich bis zu beinah übersinnlichen Erscheinungen verdichten können. Im November 39 schreibt sie dem Döring, den sie über den Fortgang ihrer Arbeit auf dem laufenden hält, aus Wiepersdorf: „Mich überhäuft die Arbeit so, daß ich keinem Schlaf mehr Raum geben kann, um 1 Uhr zu Bett, wo ich, zu aufgeregt durch Arbeit, nicht schlafen kann und oft noch ein Schauspiel lese oder sonst etwas; kaum daß der Saal warm ist, in dem ich arbeite, so bin ich beim Schreibtisch, und ohne aufzustehn, kaum 4 Minuten zum Mittagessen, so arbeite ich fort, und tu es, um Euch ein Monument hinzustellen, an dem feine Sinne alles wahrnehmen können, was ich Dir und andern nicht gesagt habe oder was Ihr mißverstanden habt. In vier Wochen hoffe ich so weit zu sein, daß ich in Berlin den Druck anfangen kann." – Da irrt sie sich. Der Druck kann erst im Frühjahr 40 beginnen, nicht zuletzt, weil sie mitten in der heftigsten Arbeit das Manuskript beiseite schiebt und ihre große Auseinandersetzung mit dem Schwager Savigny beginnt, wegen der „Grimm". So heißt es denn im Januar 40 – wieder an Döring –, immer noch vom Günderrode-Buch: „Ich hab bis jetzt angestrengt gearbeitet und seltsamerweise viel mehr bei dieser Arbeit des Schlafes bedurft als sonst. ... aber dafür sind die früheren Zeiten mir so wach geworden, daß ich nicht wie Thomas durfte sagen, lasse mich die Finger in Deine Wunde legen, wenn ich glauben soll, daß Du es bist. – Die Günderode steht vor mir, und sie ruft mich oft, wenn am Abend das Licht brennt, von meinem Platz. Dort in der Ecke, wo die grünen hohen Tannen stehen von Weihnachten her, die bis an die Decke reichen vor meinem Sopha, und da wickle ich mich in den Mantel, weil ich nicht widerstehen kann, ihr in Gedanken zu begegnen, und da überfällt mich der Schlaf ..., gleich als ob die Günderod schlief und ich müßt nun auch schlafen, weil ich ihr durch die geweckte Erinnerung wieder nah gekommen. – Aber am Tag fühl ich mich so nah mit allem Vergangnen, daß ich durch und durch von der steten Gegenwart alles wirklich Erlebten überzeugt bin."

Der tiefere Sinn dieser im biblischen Vergleich beschriebenen Vision, die sie mit dieser Geisterbeschwörung verbindet, und der geheime Antrieb für ihre Arbeit ist Liebesgewinn: „Wer dies mein Buch liest und mich nicht liebt, der hat nie Jugend im Herzen gehabt." Ich will es sehr direkt ausdrücken: Für die Verweigerung der Liebeserfüllung im Leben hält sie sich schadlos in jenen Bezirken, über die sie uneingeschränkt herrscht. Eine eigentümliche Befriedigung muß sie gefunden haben, indem sie ihre letzte Liebe durch tausend gedachte Fäden an ihre erste knüpft. Die über Fünfzigjährige bringt diesem durchschnittlichen jungen Mann, der dichten zu müssen glaubt, ihre überströmende erotische

Zuneigung entgegen („Gehirnsinnlichkeit" hatte der alte Graf Pückler sie verletzend genannt), erdichtete ihn sich zu ihrem Geliebten, eröffnete ihm die Geheimnisse ihres Innern („Ich habe keinen Lebenshauch mehr empfunden in der Poesie, seit damals die Sonne mir unterging, wie Goethe mich verworfen hat..."), weiht, zu biblischer Sprache sich aufschwingend, den armen Jungen zum neuen Goethe („und ich will Dir's geben, sei Dichter!") – eine Priesterin, aus der „der Genius" spricht und die sich verzehrt nach einer späten Wiederholung jener „schmerzlich süßen" Hingebung, jener traumatisierenden Szene, die sie mit Goethe erlebt haben will, da sie sich vor ihn auf den Boden legte und sich nicht „beruhigt, er setze denn den Fuß auf meine Brust, daß ich seine Schwere fühlte".

Beseligt durch eine Selbsttäuschung gibt sie preis, was sie einst, als Zweiundzwanzigjährige, geistig-sexuell geprägt hat, treibt einen fetischhaften Kult mit einem gipsernen Jünglingsfuß an ihrem Bette, und durch diese gegenwärtige Befeuerung inspiriert, ist sie so empfänglich für den „Geistesatem" ihrer frühen Jahre; es entspringt nicht einem spekulativen Willensakt oder politischem Kalkül, daß sie sich den visionären Erinnerungen an ihr Zusammenleben mit der Jugendfreundin überläßt, sondern eben dieser zwingenden Inspiration. „Lange Jahre war ich getrennt von einer solchen Gewalt, die meine Liebe in früheren Jahren aufgerufen hatte... Ach, ich war gar zu allein."

Ein Verjüngungserlebnis, ein pädagogischer Eros, der weiterglüht, nachdem der kurze heftige Gefühlsrausch für Döring einer Ernüchterung gewichen ist: „Aber ich trau Dir nicht, Du bist kein echter Somnambuler, und die Wirklichkeit liegt hart in Deinem Herzen gefangen. Du drückst ihr den Daumen aufs Aug, sie darf sich nicht rühren, so schiebst Du den Riegel vor und spottest ihrer, daß sie Dir gefangen ist..." – Warum zitiere ich Ihnen das? Müssen wir uns hineindrängen in der Bettine späte Herzensabenteuer? Müssen wir ihn wieder heraufholen, jenen schmerzlich angstvollen Ton ergreifenden Fragens, den sie Mitte des Jahres, wie aus einem Schlaf erwachend, in einem Brief anschlägt: „Ich geb Dich nicht los – Du wirst mir doch nicht unter den Händen verschwinden? – Du kannst doch nicht bloß ein Phänomen meiner Phantasie sein; Du mußt doch leben? – Alles ist mir verschwunden. – Wie seltsam, wenn Du auch eine Illusion wärst." Doch. Hören wir sie uns an, diese allerpersönlichsten Töne, weil ich sicher bin, daß sie in das Günderrode-Buch, wie es uns jetzt vorliegt, eingegangen sind; weil – inkonsequent, wie seelische Vorgänge sind – die Wiederholung des Abschieds von ihrer ersten Liebe der Bettine den Verzicht auf ihre letzte Liebe, auf Liebe überhaupt, erleichtert hat; weil sie nicht trennen kann und will zwischen ihrer Verfassung im Jahr 1839 und ihren Empfindungen und Phantasien von 1805; und weil eben gerade dieser Lebenszusammenhang, aus dem es hervorgeht, diesem Buch seinen Schimmer und Reiz, seine Zeittiefe gibt; es ist nicht aus einem Guß, baut sich aus übereinandergelagerten, ineinanderverlaufenden Schichten auf, aus Einlagerungen, deren Ränder nicht geglättet, sondern rauh geblieben sind; es hat ungenaue Übergänge, Unstimmigkeiten, Brüche. Und es verrät eben dadurch den unlösbaren Widerspruch und geheimen Schmerz ihres Lebens.

Zuerst aber – auf die Gefahr hin, daß Sie ungeduldig werden, beschäftigt uns der Fall der Brüder Jakob und Wilhelm Grimm, der die Bettine im Jahr 39 selbst so intensiv beschäftigte, daß sie, wie gesagt, ihr Günderrode-Manuskript liegen, den Druck aufschieben ließ, um sich seiner anzunehmen. Bärwalde-Wiepersdorf, 1. November 1839, an Döring: „Ich hab eben eine Epistel an Savigny über die Grimm pp – und alles mögliche geschrieben. Sie ist 8 Bogen lang, es würde mir so interessant sein, daß Du sie lesen mögst – ja, es wär Dir gewiß für Dein ganzes Leben lang nützlich –, damit Du sähest, wie weit man mit der Wahrheit herausgehen kann und soll."

Der Fall der Göttinger Professoren, zu denen „die Grimm" gehörten, wird häufig zitiert und ist in seinen hoch interessanten Einzelheiten wenig bekannt; er muß hier wenigstens in seinen Umrissen beschrieben werden, weil die Bettine ihn aufs genaueste beobachtet und sich zu Herzen genommen hat. Im Oktober 1839 hatte sie die beiden Brüder, Jakob und Wilhelm, in ihrem Kasseler Zufluchtsort besucht. Schon länger kennt sie jene kleine Schrift „Über meine Entlassung", die Jakob geschrieben hat – ausgerechnet Savigny hat sie ihr gegeben, von der Redlichkeit der Darlegung selbst überzeugt: „Steht die Sache so ...", soll er ihr gesagt haben, „dann muß ich ihm freilich recht geben." „Warum hast Du Deine Überzeugung nicht dem König, dem Kronprinzen, dem Volk mitgeteilt?" fragt die Bettine ihren Schwager Savigny nun in eben jener berühmt gewordenen Epistel.

Ich wäre dafür, Jakobs Schrift in die Lehrpläne der Oberschulen aufzunehmen, als ein hinreißendes Beispiel für die stilbildende Kraft von Charakterfestigkeit und Überzeugungstreue. „Der Wetterstrahl, von dem mein stilles Haus getroffen wurde, bewegt die Herzen in weitesten Kreisen", hebt er an, und ich versichere Sie, daß ich an mich halten muß, nicht aus dieser Schrift und der Bettine Epistel längere Passagen zu meinem und Ihrem ingrimmigen Vergnügen zu zitieren. – Der Hergang des Konflikts zwischen der Universität Göttingen und ihrem Herrscher, dem frisch gekrönten König Ernst August von Hannover, in Kürze: Im Sommer 1837 hatte eben jener König alle seine Staatsdiener, also auch die Göttinger Professoren, von ihrem Eid auf die vergleichsweise progressive Verfassung des Jahres 1833 kurzerhand entbunden und in eigner Machtvollkommenheit das Grundgesetz aufgehoben. Dagegen nun hatten, nachdem sie lange geduldig abgewartet, einige Mitglieder der Landes-Universität in einer „Untertänigsten Vorstellung" am 18. November geltend gemacht, daß sie, ohne ihr Gewissen zu verletzen, es nicht stillschweigend geschehen lassen könnten, daß das alte, nach ihrer Ansicht gültige Staatsgrundgesetz „allein auf dem Wege der Macht zugrunde gehe". Vielmehr müßten sie sich ihrem Eid „fortwährend verpflichtet halten". Und was würde, fragen sie beinahe bieder ihren König, was würde Sr. Majestät der Eid ihrer Treue und Huldigung bedeuten, wenn er von solchen ausginge, die eben erst ihre eidliche Versicherung freventlich verletzt haben?

Ein starkes Stück, wie Jakob Grimm ohne Zorn und Eifer darlegt, warum unter dieser Petition am Ende nur die Namen von sieben Professoren stehen: Dahlmann, Albrecht, J. und W. Grimm, Gervinus, Ewald, Weber. Auf welche verschiedene Weisen die anderen, die gleich oder ähnlich dachten wie die sieben, sich zurückhielten oder zurückzogen; wie manche das falscheste, doch überzeugendste aller „Argumente" – nämlich daß sie die Universität retteten, indem sie das Grundgesetz widerstandslos preisgaben – als letzten Anker, ihre Feigheit dran festzumachen, auswarfen. „Die Charaktere", bemerkt Jakob lakonisch, „fingen an, sich zu entblättern gleich den Bäumen des Herbstes in einem Nachtfrost." Das übliche. Wie nun dieser Loyalitätskonflikt durch den Starrsinn der Macht, die nicht Einwände überprüfen, sondern Schuldbekenntnis und Unterwerfung erzwingen will, zu unglaublichen Dimensionen anschwillt, in das persönliche und staatsbürgerliche Leben eines jeden eingreift und, weil ein Königliches Universitätskuratorium den springenden Punkt, die Rechtsverletzung durch den König, schlechterdings nicht verhandeln kann, in absurden Beschuldigungen und Bestrafungen ausläuft – all dies schildert, „glimpflich", aber „frei und ungehemmt", Jakob Grimm. „Nur die Wahrheit währt", behauptet er, und entwaffnend ist: Er glaubt daran. Wie die Bettine daran glaubt. Unschwer stellen wir uns ihre Begeisterung vor über die würdige, beherzte Sprache eines Gleichgesinnten. „Es gibt noch Männer, die auch der Gewalt gegenüber ein Gewissen haben."

Ein Lehr- und Musterstück, vom ersten bis zum letzten Satz. Es ist ja zur Entlassung der sieben und zur Ausweisung einiger von ihnen gekommen. („Ich ziehe die Augen der Macht immer erst dann auf mich, wenn sie mich zwingt, das Feuer meines Herdes fortzutragen und auf einer neuen Stätte anzufachen." J. Grimm) Für Insubordination? Nicht doch. Wir sind in der Zeit des nach-aufgeklärten Absolutismus. Das Universitätsgericht, vor das die sieben alsbald zitiert werden, behandelt gar nichts andres als die Frage, wie denn die Kunde von jener „Untertänigsten Vorstellung" so schnell in eine englische Zeitung hat kommen können – wovon allerdings keiner der sieben etwas weiß. „Man hat", berichtet Grimm, „im Gefühl, es gebreche sonst an Ursachen, die schnelle Veröffentlichung jener Erklärung als etwas Strafbares aufzufassen gestrebt ... Sind wir daran schuld, wenn ein uns völlig unbekannter Korrespondent einer englischen oder französischen Zeitung von unserer Absicht hörte und davon meldete? ... Und hätten wir wirklich zu gestehen gehabt, die alsbaldige Veröffentlichung sei unmittelbar von uns ausgegangen, stand darauf Landesverweisung, überhaupt nur auf der Mitteilung einer Erklärung an die Behörde irgendeine Strafe?"

Allerdings. Nicht der Inhalt ihres Schreibens an den König, nein, die briefliche Erwähnung seiner Existenz einem Dritten gegenüber wird der Anlaß, die Grimms auszuweisen. Die Bettine, vor Empörung bebend, hält es dem Savigny vor, daß er nicht, seiner ersten Regung folgend, alles getan, um den beiden, zwei der besten Wissenschaftler Deutschlands, an der Berliner Akademie die materielle Sicherung ihrer Arbeit unverzüglich zu verschaffen; daß er sie statt dessen mit der „Entschuldigung", sie hätten sich irreleiten lassen, nur noch mehr verletzte. „Als ich aus diesem unschuldvollen Hause, in dem der Segen Gottes heiteren Frieden verbreitet, scheiden mußte, da dachte ich Deiner, und daß es doch jammervoll sei, wie Du, der in der Blütezeit Deines Lebens in so edlem Verkehr mit ihnen stand, jetzt von ihnen getrennt bist ..." Wie sie, ihrem lange angestauten Zorn endlich freien Lauf lassend, dem preußischen Minister und Vormund ihrer Kinder die Leviten liest, ist eine Pracht. Sie mahnt ihn an die Rolle, die er in ihrer Jugend spielte, als er ihr „freies Denken schirmte" – dem sie, anders als er, treu geblieben war. Sie appelliert an seine Solidarität als Gelehrter mit zwei der hervorragendsten Vertreter seines Standes. „Aber nein, Du wirst mich steckenlassen und mir nicht helfen; denn seit Du Dein langes Haar abgeschnitten, ist Deine Stärke von Dir gewichen, und es heißt nicht wie bei Simson: Philister über Dir, sondern: Du unter den Philistern."

Die Grimm sind übrigens, als der Kronprinz König von Preußen geworden war, ein knappes Jahr später wirklich nach Berlin an die Akademie berufen worden. Der Bettine aber hat ihr Einstehen für deren Recht zu tiefen Einsichten in Denk- und Handlungsweisen von Königen, Politikern und deren Apparaten verholfen. Schlagartig ist diese ganze verkehrte Trennung von Staatsmoral und Alltagsmoral ihr aufgegangen (eine Beobachtung, die ihr für ihre späteren Bücher nützen wird): „Da sieht man doch, daß falsche Politik keinen Scharfsinn verleiht. – Und Metternich, der zu den hannövrischen Deputierten sagt: Wir geben Ihnen zu, daß Sie moralischerweise im Recht sind, allein unsere Politik ist nun einmal so, daß wir gegen Sie sein müssen. – Und auf solche Gesinnung stützt sich Preußen, die dem Staat nicht länger Dauer verleiht als der Eintagsfliege ... Ich weiß wohl, daß Du so nicht würdest zu dem König reden; denn einem Fürsten die Fehler mitteilen, die in seiner Regierung vorfallen, oder ihm einen höheren Standpunkt zu weisen, das wäre wider die Politik der Ehrfurcht, mit der Ihr die Fürsten behandelt wie die Automaten, ja Ihr getraut Euch selbst nicht zu denken und verbergt Euch vor der Wahrheit wie vor einem Gläubiger, den man nicht bezahlen kann. Ihr haltet den Fürsten nur die Reden, auf die sie eingerichtet sind, zu antworten ohne aufzuwachen."

Wollen Sie den inneren – nicht nur zeitlichen – Zusammenhang solcher Ansichten mit dem Günderrode-Buch? So lesen Sie dort, was angeblich ein älterer Freund zu der jungen Bettine über jene Fürstendiener gesagt hat: „Je dringender die Forderungen der Zeit ihnen auf den Hals rücken, je mehr glauben sie sich mit Philistertum verschanzen zu müssen und suchen sich Notstützen an alten, wurmstichigen Vorurteilslasten und erschaffen Räte aller Art, geheime und öffentliche, die weder heimlich noch öffentlich anders als verkehrt sind – denn das rechte Wahre ist so unerhört einfach, daß schon deswegen es nie an die Reihe kommt." Es sollte mich wundern, wenn die ältere Bettine, über den Papieren der Günderrode, bei solchen Sätzen nicht in Wahrheit an den Savigny und an die Grimm gedacht hat.

Aber es sind nicht die Ansichten – nicht sie allein –, denen nachzugehen ich Sie bitte. Wenn ich mich frage, wie ich meine Empfehlung an den Verlag, dieses Brief-Buch der Bettina von Arnim neu herauszugeben, außer durch die abgegriffene Formel der „Erbe-Pflege" begründen soll; wenn ich diese Texte wieder lese, zweifelnd eher denn zuversichtlich, daß der Leser, die Leserin von heute, gewöhnt, nüchtern und sachbezogen zu denken, diese dithyrambische Sprache, diesen oft schwärmerischen Ton, diese Ausschweifungen überhaupt ertragen werden; wenn ich überlege, ob sie ihr Befremden über die Beziehung zwischen den beiden Frauen überwinden, das Zeitgenössische in ihrem Dialog herausfinden können – dann denke ich an Sie und Ihre ungestillte Geschichtsgier ebenso wie an Ihre inständigen Versuche, mit Hilfe einer ungefesselten Sprache Schichten ungelebten Lebens abzutragen, die Ihren Geist, Ihr Bewußtsein, Ihre Empfindungen, Ihren Körper von sich selber trennen. Und ich denke darüber nach, wie die unerledigten Einlagerungen in unserer Geschichte, die produktiven Ansätze, über die sie mit „ehernem" oder bloß geschäftigem Schritt hinweggegangen ist, und unsere Selbstentfremdung miteinander zusammenhängen.

Wir müßten unser Leben ändern. Aber das tun wir nicht.

Ich sehe die ganze untilgbare Naivität und Anfechtbarkeit dieses Satzes. Aber unangefochten, das beweisen die Briefe der Bettine und der Günderrode, haben Mann wie Frau solche Sätze niemals ausgesprochen. Und doch. Soll ich verschweigen, daß sich in mir etwas in Neid und Trauer zusammenzieht, wenn ich lese und mir vorstelle, wie unschuldsvoll – was nicht heißt: leichthin und unbelastet – zwei junge Frauen, Deutsche, miteinander umgehn; denn Poesie, das eigentlich Menschliche, gedeiht nur bei Unschuldigen; jene hatten sie; wir haben Gedichte, doch Poesie als Umgangsform ist uns verwehrt; andre vermissen sie wohl an uns, wir schienen mit dem Verlust fertig zu sein, wenn nicht eine Art Phantomschmerz manche von uns umtriebe und die meisten sich mit auffälligem Eifer in gefühlsferne Redeweisen, Tätigkeiten und Handlungen stürzten. Vielleicht, muß ich denken, empfehle ich dieses Buch als ein Mittel, den Phantomschmerz wachzuhalten? Doch nein. Die Früheren nehmen uns nichts ab. Sie fügen uns etwas zu.

Was an diesem Brief-Buch am ehesten ins Auge fallen sollte, wird, da es nicht formuliert ist, am leichtesten übersehen; die Aussage, die in der Struktur des Buches liegt, seine Weigerung nämlich, sich einem ästhetischen Kanon zu unterstellen. Ich muß über die List unserer Sprache lächeln, die „Literatur" und „Ästhetik" – Instanzen, denen wir uns doch insgeheim unterwerfen – zu Wörtern weiblichen Geschlechts macht, obwohl der Anteil der Frauen an ihnen gering ist und obwohl, wie Sie es schmerzhaft an sich selbst erfahren, eine Frau, die es auf sich nimmt, ihre Eigenart hervorzubringen, sich nicht ungezwungen in ihrem großartigen Regelsystem bewegt. Denn eine der Errungenschaften dieser Ästhetik, zur Zeit der Romantiker eben durch die Klassik ausgebaut und befestigt, ist ja die Methode, das „Werk" von seinem Hervorbringer zu trennen und es, losgelöst von den Lebenszusammenhängen, aus denen heraus es entstand, in eine andre Sphäre, die der Kunst, entschweben zu lassen. Die Briefe, die Bettine und Karoline miteinander wechseln, erheben nicht den Anspruch, „Kunst“ zu sein, und sind, als Buch, in ihrer Formlosigkeit eben jene Form, in der sie ihre Erfahrungen überliefern können, ohne sie deformieren zu müssen. Keine der schon erfundenen Gattungen – nicht der Briefroman à la Werther, erst recht nicht der bürgerliche Roman – hätte dazu ausgereicht. Doch die Bettine, sich um die Mitte des Jahrhunderts der wieder vergessenen formalen Angebote der Romantiker erinnernd, hält sich auch nicht strikt an ihr vorliegendes Material: Die Mischform, die sich ihr aufdrängt, ist am ehesten imstande, Bewegungen mitzumachen, wie die beiden Frauen sie aneinander und miteinander erleben, und die Person ganz, inkommensurabel und widersprüchlich zu zeigen, wo die geschlossene Romanform hätte reduzieren, beurteilen, einteilen und richten müssen. Hier können Sie etwas über den Widerstand gegen die Vorherrschaft des Formenkanons lesen, dessen sich die beiden nicht nur bewußt sind; dem sie sich, besonders die Günderrode, auch als Maßstab unterwerfen, da doch „bedeutend“ werden als Dichter heißt, ihn zu bedienen. Auch als Dichterin? Die Bettine nimmt ihre Freundin in ihre Schule der Unbedeutendheit, bietet ihr Entlastung an von der tagtäglichen Strenge unangemessener Anforderungen, an denen die Günderrode sich überanstrengt. Der leichte Ton, in dem dies geschieht, soll uns nicht täuschen, wissen wir doch, was es heißt und immer hieß, die einseitige Dressur jener Fähigkeiten zu verweigern, die in der Welt „bedeutend“ machen. Zögernd beinahe nimmt die Günderrode an, der Bettine Jünger zu sein in Unbedeutendheit: „So wie Du Dich für meinen Schüler hieltest, als ich einen starken Geist aus Dir bilden wollte. Jetzt, wo es rückwärts geht, mußt Du mein Lehrer sein.“

Rückwärts? Man stutzt. Ein verräterisches Wort, unbewußt wohl dem Gefühl der Ent-Spannung nach überstarker Anspannung entnommen; die Günderrode hat einen Ausdruck gewählt, der anzeigt, was für sie „vorn“ ist. Die Bettine aber, trotz ihrer Klosterzeit weniger dem Normenzwang unterworfen, freut sich unbefangen: „Ich bin so froh, daß ich unbedeutend bin, da brauch ich keine gescheute Gedanken mehr aufzugabeln, wenn ich Dir schreib, ich brauch nur zu erzählen.“ Sie sei nun mal kein „philosophischer Kopf“.

Was meint sie denn? Daß sie nicht denken kann? O nein. Die Bettine, wie man ihr auch zusetzt, besteht auf ihrem Kopf. Sie meint vielmehr, daß „die Philosophen“ falsch denken, was heißt: unnatürlich. „Aber ein Philosoph scheint mir so einer nicht, der (der Natur) am Busen liegt und ihr vertraut und mit allen Kräften ihr geweiht ist. – Mir deucht vielmehr, er geht auf Raub; was er ihr abluchsen kann, das vermanscht er in seine geheime Fabrik, und da hat er seine Not, daß sie nicht stockt, hier ein Rad, dort ein Gewicht, eine Maschine greift in die andere.“ Die seelenlose Mechanik, die von dem aufkommenden Maschinenwesen auf die gesellschaftlichen Verhältnisse und den Menschen übertragen wird, ist ihr ein Greuel, und was den möglichen Irrweg der menschlichen Vernunft angeht, steckt sie voller vorgefühlter Einsichten, für die die Wissenschaft noch kein System, nicht einmal einen Namen erfunden hatte: Lesen Sie, wie sie der Günderrode den Philosophen schildert, der „sein ganzes Denkwerk“ zusammenzimmert, nicht, „um sich selber zu verstehen“, „er will nur das Hokuspokus seiner Maschine Superlativa vortragen“; es sei aber nur „der müßige Mensch“, der „noch sich selber unempfundene“, der „davon gefangen“ werde; der „frustrierte“ würde die heutige Psychologie sagen, ohne durch die Benennung eben viel zu gewinnen.

Das Hin und Her über diesen Punkt – ob einer denken muß, wie die Philosophen es vorschreiben und wie die Günderrode, anfällig für die Denkstrukturen jener „Vernünftigkeit“, es der Bettine versuchsweise anrät –, dies ist die innere Fabel dieses „Romans“, so aufregend und beschreibenswert wie nur eine. Ob man in Philosophie, Geschichte, Kunst von sich selber absehen muß oder kann; ob man Denken und Schreiben als Mittel braucht, sich selber hervorzubringen, oder als Zweck, ein Ding zu verfertigen – Werk, System –, das sich am Ende gegen seinen Produzenten kehrt. Die Bettine, oft als faul gescholten, von der Günderrode zum Geschichtsstudium angehalten („Wo willst Du Dich selber fassen, wenn Du keinen Boden unter Dir hast?"), klagt über die „Geschichts-Einöde", in die ihr Lehrer sie treibt. „Indes brennt mir der Boden unter den Füßen um die Gegenwart, um die ich mich bewerben möchte, ohne mich gerad erst der Vergangenheit auf den Amboß zu legen und da plattschlagen zu lassen." Aber ganz freiwillig studiert sie die „zwölf Kaiser" – die römischen –, um sie mit dem drohend heraufziehenden Napoleon zu vergleichen und in jedem Tyrannen immer wieder „dasselbe Ungeheuer der Mittelmäßigkeit" zu finden. Und das soll keine erstaunliche Einsicht sein, da ihr doch noch nicht einmal das Diktatoren-Material unseres Jahrhunderts zur Verfügung stand?

„Schon fühl ich mich bewogen, Deine Empfindungen, Dein Tun ohne Einwurf gelten zu lassen..." Sachte zieht Bettine die Günderrode auf die Seite ihres Gegen-Entwurfs, ihrer Weiberphilosophie, ihrer „Schwebe-Religion", die, hätte sie nur eine geringe Chance gehabt, verwirklicht zu werden, die Männerkultur der Aggressionen nicht an den Rand der Selbstvernichtung getrieben hätte; denn diese beiden Frauen symphilosophieren über eine Religion der Lebensfreude, des Sinnengenusses und der Humanität, machen sich „Regierungsgedanken", wie sie „die Welt umwälzen" wollen „mit lachendem Mund". Und sie gründen dazu einen Liebesbund – eines der ganz wenigen Beispiele (oder überhaupt das einzige?) in unserer Literatur, das sich den Männerbünden, den so überaus häufigen Lehrer-Schüler-Verhältnissen entgegenstellt. „Ich kann nicht dichten wie Du, Günderode, aber ich kann sprechen mit der Natur, wenn ich allein mit ihr bin: ... Und sowie ich zurückkomm,

... da stellen wir unsere Betten dicht nebeneinander und plaudern die ganze Nacht zusammen, ... und wir beiden Philosophen halten ... große tiefsinnige Spekulationen, wovon die alte Welt in ihren eingerosteten Angeln kracht, wenn sie sich nicht gar umdreht davon. – Weißt Du was, Du bist der Platon, und Du bist dort auf die Burg verbannt, und ich bin Dein liebster Freund und Schüler Dion; wir lieben uns zärtlich und lassen das Leben füreinander, wenn's gilt, und wenn's doch nur wollt gelten, denn ich möcht nichts lieber als mein Leben für Dich einsetzen. ... Ja, so will ich Dich nennen künftig, Platon! – und einen Schmeichelnamen will ich Dir geben, Schwan will ich Dich rufen, wie Dich der Sokrates genannt hat, und Du ruf mich Dion ... Gute Nacht, mein Schwan, gehe dort schlafen auf dem Altar des Eros."

Miteinander denken aus Liebe und um der Liebe willen. Liebe, Sehnsucht als Mittel der Erkenntnis brauchen; denkend, erkennend nicht von sich selber absehn müssen; einander „die Schläfe brennen" machen von „heißem Eifer in die Zukunft". Einander Namen geben, Rollen spielen, die durch die Alltagswirklichkeit nicht gedeckt sind und sie doch aus sich heraustreten, über sich hinausgehen lassen. Mit der Sprache spielen, neue Wörter finden und einander zurufen: „Geistesauge", „Tagsnatur", „Kunstgeflecht", „Empfindnerven der Wirklichkeit" – Sie werden das und viel mehr noch selber finden; Sie und viele werden, glaub ich, diese Sprache, als hätten Sie von ihr geträumt, verstehen. Begreifen: Dieses Buch schildert ein Experiment, auf das zwei Frauen sich eingelassen haben, sich gegenseitig haltend, bestärkend, voneinander lernend. „Utopisch", gewiß. Es wurde nicht weitergeführt. Aber wieso haben wir das Wort „Utopie" zum Schimpfwort verkommen lassen?

Ich weiß schon. Wer hätte mehr Grund als wir, allen Spielarten des Irrationalismus den Weg zu verlegen. Doch, lesen Sie nur: Hier finden Sie eine Spielart – das

Wort paßt! – aufklärerischen Denkens, die geschärfte Ratio und gesteigerte Empfindungsfähigkeit in einer Person zusammenbringen will; die – mit welchem Recht, können erst wir ganz ermessen – die Einseitigkeit des instrumentalen, sachbezogenen Denkens (eines anderen Irrationalismus!) fürchtet; die eine andre, persönliche Art, der Natur – auch der eignen – nahezukommen, den seelenlosen Mechanismen der „geisttötenden" Philosophie entgegensetzt. Eine Alternative, ja. Gedacht und angeboten zu einer Zeit, da die Weichen gerade unwiderruflich auf die Ausbeutung der Natur, auf die Verkehrung von Mittel und Zweck und auf die Unterdrückung eines jeden „weiblichen" Elements in der neuen Zivilisation gestellt waren. Die Wehmut in den Fragen der Bettine deutet darauf, daß sie es spürte; der freiwillige Tod der Günderrode beweist ihre Entmutigung.

Natürlich hat die Bettine Goethes „Faust" gekannt, soweit er gedruckt war – auch jenes vergebliche Ringen des Naturwissenschaftlers mit dem Erdgeist, ihn sich untertan zu machen. Wie anders redet sie zur Natur. „Schon gar oft hab ich diese Empfindung gehabt, als ob die Natur mich jammernd wehmütig um etwas bäte, daß es mir das Herz durchschnitt, nicht zu verstehen, was sie verlangte ... Da blieb ich eine Weile stehen, das Brausen war mir grad so ein Seufzen, das lautete mir, als wär's von einem Kind; da redete ich auch zu ihr wie zu einem Kind. ‚Du! – Liebchen – was fehlt dir?' und als ich's ausgesagt hatte, da befiel mich ein Schauer, und ich war beschämt, wie wenn ich einen angeredet hätte, der weit über mir steht, und da legt ich mich plötzlich nieder und versteckte mein Gesicht ins Gras, ... und nun, wo ich an der Erde lag mit verborgenem Gesicht, da war ich einmal zärtlich."

Welch andre Szene! Nicht die Kampfansage auf Leben und Tod, nicht die bedingungslose Unterwerfung der Natur; nicht die Hybris des „faustischen" Menschen, der Fausts Zweifel abgestreift hat, der Erkenntnis nur gewinnt, indem er die Natur auf die Folterbank nimmt, ihr Geständnisse abzwingt mit Hebeln und mit Schrauben. Eine andre Art Fortschritt. Eine andre Art Magie als das Teufelswesen, dem Faust sich verschreibt und an dem er, ein sich selbst fremd Gewordener, zugrunde geht. Welch andren Widerpart schuf Gottvater sich in Mephisto, den Menschen zu zwiespältigster Schöpfung anzustacheln, als die Mutter Natur in ihrem nun unterdrückten, vermaledeiten, tabuierten Hexen-, Nymphen- und Geisterheer, dem die Bettine als späte Nachfahrin sich anschließt mit bebendem Herzen. Welch Gegen-Entwurf an den Wurzeln einer in die Irre gehenden Kultur. Welche Kühnheit im Gespräch der beiden Frauen.

„Hier auf diesem Erdenrund, wo die Menschen auseinandergleiten, als ob es mit Glatteis überzogen wär; wo sie nicht Macht haben, einen Atemzug lang aneinander zu halten, und doch immer von der Macht der Leidenschaft schwindeln. Wär Liebe wahrhaftig, so zeigte sie sich nicht als Gespenst in Form von Leidenschaften, sondern sie wär unser Element, und da wär dann freilich nicht die Rede von Ansichhalten. Sieh doch! Hab ich nicht recht, daß ich nichts nach Geliebtsein frage? – da einer sich selbst nichts zulieb tun kann, geschweige einem andern; ich liebe nicht, ich tue aber alles andern zulieb . . . Mein Ideal ist diese *Ironie in der Liebe*, die dazu lächelt, daß sie es nicht erreicht, nicht aber ‚klagt', daß sie verlassen ist."

Ich kenne keine treffendere Erklärung der sogenannten „romantischen Ironie", die, psychologisch gesprochen, tapferes Verbergen einer Wunde ist. Das Motiv der verweigerten Liebe durchzieht als schmerzliches Wissen das ganze Leben der Bettine, als Paradox, als Widerspruch, als „innerstes Geheimnis". Was ich Ihnen eben zitierte, ist ihrem letzten Brief-Roman entnommen („Ilius Pamphilius und die Ambrosia", 1848), in den auch ihr Erlebnis mit Julius Döring eingegangen ist. Und, merkwürdig genug, dieses Wissen ist von früh an verknüpft mit der Gewißheit, daß es ihr genauso verwehrt ist, zu dichten wie zu lieben. Der Günderrode, die ihr ihr „Apokalyptisches Fragment“ geschickt, schreibt sie: „Der Eifersucht Brand tobt in mir, wenn Du mir nicht am Boden bleibst, wo auch ich bin ... Ich kann keine Fragmente schreiben, ich kann nur an Dich schreiben ... Ich kann's auch gar nicht ändern, daß meine Sinne nur bloß auf Dich gerichtet sind ... So ist es einem, der von Feuer verzehrt wird, und kann doch kein Wasser dulden, daß es lösche ... Ich weiß wohl, wie mir's gehen wird mein ganzes Leben, ich weiß es wohl.“ Und strebt, wie könnte es anders sein, inständig immer wieder nach Aufhebung dieses Spruchs.

Ein dunkler, bedeutsamer Zusammenhang besteht zwischen diesen Zeugnissen eines erzwungenen Liebesverzichts und der Bettine Weigerung zu dichten. Sie widersteht dem Drängen des Clemens. So leichtsinnig sie scheint, sie beobachtet sich genau, und Selbsterkenntnis verbietet ihr, ihr poetisches Talent zu verwerten. Sie spricht es erstaunlich klar der Günderrode gegenüber aus. „Es wär Frevel, wollt ich dichten, weil ich den Wein trinke und im Rausch den Gott empfinde, weil der Vergötterungstrieb des Geistes mich durchschauert ... Ich selbst werd nicht Lieb erzeugen, sowenig als ein Gedicht, ich fühl's, und es liegt auch ein geheimer Widerspruch in mir, daß ich nicht gestört sein will in der inneren Werkstatt meines Geistes durch Gegenliebe.“

Nicht gestört, was auch heißt: nicht zerstört. Bedingungslose Hingabe macht wehrlos. Nichtkönnen mag also Nichtwollen sein. Jede auf ihre Weise haben die beiden Frauen eine rigorose Art, auch gegen sich selbst weiter und bis zu Ende zu denken, und diese Art Mut ist es, in der sie sich, auch ohne Worte, am innigsten verstehen und berühren. Viel Unausgesprochenes, absichtlich Zurückgehaltenes werden Sie vom Strom des Gesagten mitgetragen finden.

Die Bettine wittert, daß die Strukturen der ihr bekannten Ästhetik in irgendeinem wie immer vermittelten Sinn zusammenhängen müssen mit den hierarchischen Strukturen der Gesellschaft. Es ist ein unlösbarer Widerspruch, daß Literatur von den Ordnungen abhängt, die sie doch, um Literatur zu werden, dauernd überschreiten muß. Die Bettine sucht diese Falle zu umgehen. Weder der Liebe noch der Kunst liefert sie sich aus. Der Günderrode steht diese Strategie nicht zu Gebote. Ihre Briefe sind auf einen ernsteren Ton gestimmt. Sie kann sich nur ganz hingeben oder ganz verweigern, will Geliebte und Dichterin sein. So stellt sie sich in ein Gesetzeswerk, das, am männlichen „Werk"- und „Genie"-Begriff orientiert, ihr auferlegt, was sie nicht leisten kann: ihre Arbeit trennen von ihrer Person; Kunst schaffen auf Kosten des Lebens; die Distanz und Kühle in sich erzeugen, die „das Werk" hervorbringt, doch die unmittelbare Beziehung zu andren Menschen tötet, weil sie sie zu Objekten macht. Könnte nicht, frage ich mich und Sie, der öfter, manchmal auch heuchlerisch beklagte Mangel an weiblichen Kunst-„Genies" außer mit den Lebensumständen der Frauen auch mit ihrer Untauglichkeit zusammenhängen, sich dem auf den Mann zugeschnittenen Geniebild einzupassen?

Ob nicht die Günderrode etwas dergleichen ahnt? Deutlich ist, daß sie sich, auch in der Dichtung, zwischen Unvereinbarkeiten gebunden sieht. Zwar hat sie niemals vergessen, daß in der Poesie „nichts wesentlicher ist, als daß ihr Keim unmittelbar aus dem Innern entspringe"; zugleich beklagt sie die Strenge der Konvention, die es den Gesetzen der Natur so schwer mache, sich durchzusetzen. „Wenn doch der Spielplatz, wo sich die Kräfte jetzt nach hergebrachten Grundsätzen üben, freigegeben wäre, um der Natur leichter zu machen, ihre Gesetze zu wandeln . . . Ich hab mich auch zusammengenommen und gehorchen lernen."

Könnte es nicht sein, daß sich das, was sie in sich, „gehorchend", unterdrücken muß, eines Tages selbstzerstörerisch gegen sie erhebt? Daß sie sich erschöpft hat in dem Kampf um jene „einfachen Formen", die sich „zugleich miterzeugen im Gefühl innerer Übereinstimmung" und die, wie sie sagt, allein den „größten Meister in der Poesie" kennzeichnen? Kein Zweifel, sie arbeitet sich ab an der Ästhetik der Meister-Werke, die zu schaffen sie nicht hoffen darf; (Haben Sie je den Ausdruck „Meisterinnen-Werke" gehört?); auf die sie um der Wahrheit willen bewußt, doch im Gefühl der Unterlegenheit verzichtet: „Ich mußte selbst oft die Kargheit der Bilder, in die ich meine poetischen Stimmungen auffaßte, anerkennen, ich dachte mir manchmal, daß ja dicht nebenan üppigere Formen, schönere Gewande bereit liegen, auch daß ich leicht einen bedeutenderen Stoff zur Hand habe, nur war er nicht als erste Stimmung in der Seele entstanden, und so hab ich es immer zurückgewiesen und hab mich an das gehalten, was am wenigsten abschweift von dem, was in mir wirklich Regung war; daher kam es auch, daß ich wagte, sie drucken zu lassen, sie hatten jenen Wert für mich, jenen heiligen der geprägten Wahrheit, alle kleine Fragmente sind mir in diesem Sinn Gedicht."

Dies ist freilich ein Ansatz zu einer anderen Ästhetik, deren Splitter wir sammeln sollten. Georg Büchner werden wir ähnlich sprechen hören. Der Günderrode führt die Erfahrung, weder in der Liebe noch in der Kunst ihre Eigenart ausleben zu können, zum Tod. Sie hat der Bettine ihre größere innere Freiheit geneidet. „Ich selber weiß oft nicht, mit welchem Winde ich steuern soll, und überlasse mich allen. Hab Geduld mit mir, da Du mich kennst, und denke, daß es nicht eine einzelne Stimme ist, der ich zu widersprechen habe, aber eine allgemeine, die, wie die Lernäische Schlange, immer neue Köpfe erzeugt."

Mit diesem Bild will ich es genug sein lassen. Die allgemeine Stimme, die ihr ein Maß setzte, das nicht das ihre war, hat die Günderrode getötet. Sie kennen die Zeilen, mit denen sie sich verabschiedet hat: „Erde, du meine Mutter, und du, mein Ernährer, der Lufthauch ..." Verse, die in dieses Buch, in das Gespräch mit der Bettine gepaßt hätten, dessen ernster Grundton unter den heiter-spielerischen Arabesken, die beide tapfer benutzen, noch deutlicher wird. Wie es mit der Bettine weiterging, wissen Sie; wissen, wie sie nicht aufhören konnte, Vorschläge zu machen für eine andere, nichttötende Art, auf der Welt zu sein. – Ein schönes Dokument, eine anrührende Stimme aus einer lange vergangenen Zeit.

Sie wissen, wie und worüber die allgemeine Stimme heute mit uns spricht.

Dezember 1979

Von Büchner sprechen

Darmstädter Rede

Ich danke der Deutschen Akademie für Sprache und Dichtung Darmstadt für die Zuerkennung des Georg-Büchner-Preises in diesem Jahr. Das Ungenügen an der eignen Arbeit steigert sich aus einem Anlaß wie diesem auf einen hohen Grad; der Selbstzweifel an der gewählten Existenzform wächst. Als müßig, vielleicht eitel, übergehe ich meine Auseinandersetzungen mit diesem Dauerthema und lasse auch jene Blätter unter den Tisch fallen, die meine Schwierigkeit reflektierten, heute und hier zu reden. Büchners Beispiel vor Augen, beunruhigen mich mehr denn je die untergründigen Verflechtungen von Schreiben und Leben, von Verantwortung und Schuld, welche die Person, die schreibend lebt, lebend schreibt, hervorbringen und im gleichen Arbeitsgang zu zerreißen drohen. Die, glaube ich heute, nicht nur ausgehalten, sondern angenommen werden müssen. Unschuldig und ohne Verantwortung sein – dies mag als Wunschbild in Zeiten der Schwäche aufkommen; es ist ein Fluchtbild. In den konkreten Verhältnissen, in denen wir leben und schreiben, erwachsen werden – was auch heißt: sehend –, uns einmischen, versagen, wieder aufbegehren und auf neue Erfahrung süchtig sind: In diesen konkreten Verhältnissen ist ein Zustand verantwortungsloser Unschuld nicht vorgesehen. Heute und hier! heißt es da, und im Gehen reißt es uns die Masken vom Gesicht. *Da werden die Gesichter mitgehen?*

Büchner wieder lesen heißt die eigne Lage schärfer sehn. *Ich gewöhnte mein Auge an Blut, aber ich bin kein Guil-*

lotinemesser. Der Gang der Deutschen durch die Geschichte, ein mühsamer, häufig verlegter, oft schleppender, gewaltsamer, manchmal wüster Gang, ließe sich mit den Worten ihrer Dichter pflastern und ausstaffieren. Aus Sätzen Büchners wollte ich eine Rede halten, die klingen sollte, als wäre sie heute geschrieben. Doch was zu seiner Zeit unerledigt blieb, ist nicht nachzuholen.

Er selbst, Büchner, hätte nie in die Verlegenheit einer öffentlichen Danksagung kommen können. Mit welchem Recht berufen wir uns auf die Erscheinung, auf das Werk dieses sehr jungen Mannes, der – Revolutionär, Dichter, Wissenschaftler – es auf jedes Risiko hin unternahm, den finsteren Verhältnissen seiner Zeit eine lebbare Alternative zu entreißen; dem ein höllischer Schmerz seine fieberhaft nüchternen Dialoge, seine hellsichtigen, drängenden Prosasätze abgepreßt haben muß. *Der Schmerz fing an, ihm das Bewußtsein wiederzugeben. Er erzählte rasch, aber auf der Folter.*

Das Bewußtsein, das aus dem Irrsinnsschmerz auftaucht, ist nicht mehr das frühere, und die gefolterte Sprache, mit der es sich finden muß, ist ihm fremd. Lenz wird irre über dem Verlust seiner Übereinstimmung mit der gemeinen Vernunft. Wir, ernüchtert bis auf die Knochen, stehn entgeistert vor den vergegenständlichten Träumen jenes instrumentalen Denkens, das sich immer noch Vernunft nennt, aber dem aufklärerischen Ansatz auf Emanzipation, auf Mündigkeit hin, längst entglitt und als blanker Nützlichkeitswahn in das Industriezeitalter eingetreten ist. Die Metapher vom Zauberbesen, heute ein harmloses Märchen, schien an seinem Beginn Mahnung genug zu sein. Später, da nach der Verschmelzung von Profitstreben und technischem Fortschritt jede Gewalttat von der Devise „Alles ist erlaubt" gedeckt wurde, entwarf die schwer irritierte bürgerliche Literatur das Bild des alten, blinden Faust, der das Geräusch der Spaten, die ihm sein Grab schaufeln, in grotesker Selbsttäuschung seiner glückhaften Zukunftsvision einpaßt:

Eine Metapher, die erst uns durch Mark und Bein geht. Uns Zeitgenossen jener Zivilisation, welche das ihr Liebste und Wertvollste – Geld und technische Perfektion – in irrsinnigem Kurzschlußdenken an die Produkte zu ihrer Selbsttötung wendet. Uns, Zeitgenossen auch jenes neuen Faust, des „Vaters der Atombombe", in dessen humanistisch gebildetem Gedächtnis – da das Licht, heller als tausend Sonnen, ihn blendet – Zeilen aus einem heiligen indischen Epos aufsteigen: „Ich bin der Tod, der alles raubt, / Erschütterer der Welten."

Welchem Mißbrauch von Literatur werden wir noch beiwohnen müssen? Was kann noch geschehen, ehe es uns die Sprache verschlägt? Bis in welche Verstrickungen, welche Tode hinein wird Literatur als Leichenbitter den Menschen folgen? Nicht mehr Lebens-, nur noch Sterbehilfe leisten? Gefesselt durch eine weithin unverstandene Vergangenheit, gebannt in eine fast alternativlose Gegenwart, voll böser Vorahnung – wie sollen wir sprechen? Ein neuer Zyklus geschichtlicher Widersprüche, der sich vorbereitet – wird ihm, im Zeichen des „overkill", Zeit gelassen werden, sich zu entfalten? Eine Literatur, deren Sprache, deren Formen die Denk- und Verhaltensmuster des Abendlands ausdrückt; deren Strukturen, wenn auch an der Darstellung von Widersprüchen entwickelt, doch auf einen produktiven Zusammenhang unter uns Menschen bauen, der aber nicht mehr als gesichert gelten kann: Muß sie nun nicht, wie immer sie sich drehn und wenden, sich quälen und zermartern mag, Komplize des Entfremdungs- und Entwicklungsprozesses sein und bleiben? Wählt sie nur noch zwischen groben und raffinierten Täuschungsmanövern? Richtet sich im Zeitalter seiner technischen Reproduzierbarkeit nicht auch das Wort gegen seine Produzenten? Und sagt die Zeit, was sich über sie sagen läßt, nicht in Plaste, Beton und Stahl? Monströs, düster, selbstverräterisch: mit einer Wucht, die Sprache nicht erreichen kann. Soll sie also, die Sprache der Literatur, sich uns versagen?

„Edel sei der Mensch!“ und: „Es wurde ein Fehler gemacht, wie wir geschaffen wurden.“ Zwischen Goethes Satz und dem Büchners liegen fünfzig Jahre. Büchner sah: Das Zeichen des heraufziehenden Zeitalters war das Paradox. Folgerichtig hat sein Jahrhundert, das alles andre eher angenommen hätte als dieses Stigma, ihn mit Nichtachtung gestraft. Ihm begegnete früh jener Meinungs- und Gewißheitsschwund, von dem nun wir betroffen sind und der einen Sprachekel nach sich zieht. Eine Menge von Wörtern, auf die wir angewiesen zu sein glaubten, aus der Klasse „Freiheit“, „Gleichheit“, „Brüderlichkeit“, „Menschlichkeit“, „Gerechtigkeit“ sind uns entzogen und vom Zeitungswesen übernommen worden, da ihnen nichts, auch kein Glaube mehr, entspricht. Nach der Logik der Sprache entfällt auch deren Gegenteil, da mit Wörtern wie „schauerlich“, „heillos“, „grauenvoll“, „bedrohlich“, „barbarisch“ die Verhältnisse nicht zu treffen sind. An ihre Stelle, an die Stelle all der bescheid- und besserwissenden, der urteilenden, auftrumpfenden oder aufgebenden Wörter tritt das schlichte stille Wort: verkehrt.

Der Zustand der Welt ist verkehrt, sagen wir probeweise und merken: es stimmt. Den Satz könnten wir vertreten. Schön ist das Wort nicht, bloß richtig, und so ist es eine Erholung für unser vom Geschrei der großen Worte zerrissenes Gehör, eine kleine Entlastung auch für unser von zu vielen falschen, falsch gebrauchten Wörtern gestörtes Gewissen. Könnte es vielleicht ein erstes Wort einer anderen, zutreffenden Sprache sein, die wir im Ohr, noch nicht auf der Zunge haben? Vielleicht könnte sich aus ihm – ohne daß wir einen Augenblick vergessen dürften, daß Benennen nicht Zurechtrücken, Wiedergutmachen oder Verändern ist – eine Kette anderer, ebenfalls zutreffender Wörter entwickeln, die nicht nur ein Negativ des alten, sondern ein andres, zeitgemäßes Wertgefühl ausdrücken sollten. Damit man einander doch wieder etwas sagen und erzählen könnte, ohne sich schämen zu müssen.

Die nach dieser Sprache fahnden wollen, müßten aber wohl ein beinah vollkommenes Schwinden ihres Selbst-Gefühls, ihres Selbst-Bewußtseins ertragen können, weil ja all die Muster, in denen zu reden, zu erzählen, zu denken und zu dichten wir gewöhnt sind, nicht mehr verfügbar wären. Sie würden wohl erfahren, was es wirklich heißt: die Fassung verlieren.

Wir sind die ersten nicht. An den Bruchstellen zwischen den Zeiten wird gebrochen: der Mut, das Rückgrat, die Hoffnung, die Unmittelbarkeit: vieles, was zum Sprechenkönnen nötig ist. In die Hohlräume springt die Angst. Vorläufer in der Dichtung sind fast immer auch Vorempfinder einer Angst, die später über viele kommt.

Tanze, Rosetta, tanze, daß die Zeit mit dem Takt deiner niedlichen Füße geht.

Meine Füße gingen lieber aus der Zeit.

Ein Rhythmus, der in den Schlaf, in die Träume hinein klopft. Der einen festnageln kann, besessen machen.

Meine Füße gingen lieber aus der Zeit.

Tanze, Rosetta.

Rosetta tanzt. Singt: Ach lieber Gram. Geht davon, da Leonce nun einmal nicht sie, nur die Leiche ihrer Liebe lieben kann. – Tränen, Rosetta? – Wohl Diamanten, sie schneiden mir in die Augen. – Leonce, allein: *Ein sonderbares Ding um die Liebe. – Ich,* verkündet derweil sein Bruder Danton auf der Nebenbühne, *ich werde mich in die Zitadelle der Vernunft zurückziehen. Ich werde mit der Kanone der Wahrheit hervorbrechen und meine Feinde zermalmen.*

Wo bleiben Rosetta, Marie, Marion, Lena, Julie, Lucile? Außerhalb der Zitadelle, selbstverständlich. Ungeschützt im Vorfeld. Kein Denk-Gebäude nimmt sie auf. Man macht sie glauben: anders als auf diese Art – verschanzt! – könne kein Mensch vernünftig denken; dazu geht die Ausbildung, aber auch die rechte Lust ihnen ab. Von unten, von außen blicken sie auf die angestrengte Geistestätigkeit des Mannes, die, je länger, je mehr, darauf gerichtet ist, seine Festung durch Messungen, Berechnungen, ausgeklügelte Zahlen- und Plansysteme abzusichern. Die sich in der eisigsten Abstraktion wohl fühlt und deren letzte Wahrheit die Formel wird. Wie könnte Rosetta argwöhnen, daß es Berührungsangst ist, wenn er sich der Fülle der Wirklichkeit entzieht; daß seine Gebrechlichkeit und die Furcht, ihrer gewahr zu werden, ihn in seine wahnwitzigen Systeme hineintreibt. Daß er, seiner Ganzheit durch erbarmungslose Arbeitsteilung beraubt, ein Verwundeter, Zerrissener, sich in die halsbrecherischsten Geschwindigkeiten hineinhetzt, um nur jene „Höllenfahrt der Selbsterkenntnis" nicht antreten zu müssen, ohne die es doch, nach Kant, keine Vernunft gibt. Und daß, wer sich selbst nicht kennt, kein Weib erkennen kann.

So trennen sich ihre Wege. Rosetta schweigt. Liebt. Leidet. Wird, als Marie, umgebracht. Folgt, als Julie, dem Manne in den Tod. Treibt in den Wahnsinn als Lucile. Opfert sich. Klagt, da heißt sie Lena: Bin ich denn wie die arme, hilflose Quelle, die jedes Bild, das sich über sie bückt, in ihrem stillen Grund abspiegeln muß? – Die eine, Marion das Freudenmädchen, hat der eigenen Natur gehorcht: So weit treibt Büchner seinen Realismus.

Man hat ihn nicht lesen können. Hat nicht wissen wollen, daß der Fortschritt, den man gerade in größerem Stil anwarf, das Zeug zum neuen Mythos in sich hatte. Daß er einem Lust, nicht aber Liebe machen konnte. Und daß seine stärkste Schubkraft die Angst vor der eigenen inneren Leere würde.

Büchner hat so früh, und ich glaube, mit Grauen gesehen, daß die Lust, die das neue Zeitalter an sich selber fand, an ihrer Wurzel mit Zerstörungslust verquickt war. Doch die voll ausgebildete Fratze jenes Paradoxons, das Schöpfung an Vernichtung koppelt, hat er nicht erblickt, ein Wort wie „Megatote" nicht gekannt; die Liebe zum Tod hat er seinen Figuren eingegeben; daß man aber eine perfekte, wenn auch mörderische technische Lösung „süß" nennen; daß man auf Raketenrümpfe Frauennamen schreiben würde – das wäre auch ihm nicht in den Sinn gekommen. Was sein Leonce, dem sein Spiegelkabinett zu eng wird, alles anstellen würde, bloß um nicht ohne Spiegel zu sein, hat Büchner nicht ahnen können. Denn eine Todesangst befällt sie – Leonce und seine mächtigeren, betriebsameren Nachfahren –, sobald kein Spiegel – die Augen, der Körper einer Frau, ein Theater, ein Konzern, eine machtvolle Organisation, ein Staatswesen, der Erdball, der Kosmos! – ihnen ihr übergroßes Abbild zurückwirft.

O wer sich einmal auf dem Kopf sehn könnte. Wenn einer, muß Büchner das Verlangen gekannt haben, das Unmögliche zu leisten: den blinden Fleck dieser Kultur sichtbar werden zu lassen. Er umkreist ihn mit seinen Figuren, die er bis an die Grenzen des Sagbaren treibt. Einmal versucht er es mit dem Schrei: als Lucile über dem Tod Camilles den Verstand verliert. Aber „das hilft nichts, es ist noch alles wie sonst". Eine Dramaturgie des Schreis ist ein Unding für das Theater der mehr oder weniger lösbaren Widersprüche. Was dem Dasein entsprechen würde, ist nicht auf die Bühne zu bringen: auch darauf mußte Büchner stoßen. So schafft er in seiner Dramaturgie des Als-ob – die er locker mit der alten Dramenstruktur verknüpft, daß die Leute sich gerade noch einbilden können, sie verstünden, was sie sehn – den Raum für jene Sätze, die tonlos, einen Atemzug vor dem Schrei zu sprechen sind: Meine Füße gingen lieber aus der Zeit.

Rosetta, das ist nun mal ihr Los, haust, sich selbst und Leonce unsichtbar, sprachlos, entwirklicht, gerade in jenem verleugneten, schalltoten, wegmanipulierten Raum, den die Welt, der doch auch sie angehört, beim besten Willen nicht wahrnehmen kann. Sie wird definierbar durch das, was sie nicht ist.

Sie läßt sich um ihre Geschichte bringen. Läßt sich die Seele absprechen. Den Verstand. Das Menschsein. Die Verantwortung für sich selbst. Läßt sich verheiraten. Dient dem Mann. Schenkt ihm Erben. Muß ihm glauben, daß die Lust, die er genießt, ihr leider ein für allemal versagt ist. Sie verbirgt ihr Unglück. Tanzt. Hört seinen Vorwurf: Ich möchte schlafen, aber du mußt tanzen.

Rosetta läßt sich ihr Recht nehmen. Den Mund verbieten. Die Trauer. Die Freude. Die Liebe. Die Arbeit. Die Kunst. Sie läßt sich vergewaltigen. Prostituieren. Einsperren. Verrückt machen. Läßt sich, als Rose, schinden, ausbeuten: „doppelt", heißt es. Läßt sich zwingen, Kinder zu gebären. Läßt sich zwingen, Kinder abzutreiben. Läßt sich ihr Geschlecht weganalysieren. Verfängt sich in den Netzen der Ohnmacht. Wird die Nervensäge. Das Luder. Der Vamp. Das Heimchen. Geht, als Nora, aus dem Puppenheim.

Endlich, da heißt sie Rosa, beginnt sie zu kämpfen. Da wird sie totgeschlagen, in den Kanal geschmissen. Verfolgt, ist sie gleichberechtigt mit dem unterdrückten und verfolgten Mann. Tanze, Rosetta. Sie tanzt: Jetzt heißt sie Marlene. – Lachen soll ich? Schön, dann lach ich. / Tanzen soll ich? Gut, das mach ich. / Soll ich euch den Kopf verdrehn? Bitteschön! Gern geschehn.

Ein sonderbares Ding um die Liebe. Rosetta unter ihren vielen Namen läßt sich eher zugrunde richten, als daß sie sich zugeben könnte, was ihr geschieht: Daß, wenn der denkende Leonce „Subjekt" sagt, niemals sie, die wirkliche Frau, gemeint ist. Daß sie ihm unter die Objekte geraten ist. Daß er also . . .

Hier hält sie ein. Reißt sich nicht um die letzte Einsicht. Verleugnet sich lieber. Unterdrückt ihr Talent. Unterstützt, unter vielen Namen, deren einige Ihnen geläufig sein werden, das Genie des denkenden, dichtenden, malenden Mannes. – Du liebst mich, Leonce? – Ei, warum nicht? – Da kann sie sonderbar werden, auch hart, eifersüchtig, bitter. Schreit auf, schreit ihn an. Wird hysterisch. Fängt zu trinken an. Dreht den Gashahn auf.

Nach den Kriegen, als sie den Mann ersetzt hat, als sie

sich in seiner Produktions- und Vernichtungsmaschinerie bewährt, erfährt sie als äußerstes Zugeständnis: Sie sei wie er. Dies wird sie ihm nun beweisen. Sie arbeitet wie ein Mann, das ist der Fortschritt. Und es *ist* ein Fortschritt. Steht Tag und Nacht neben ihm an der Maschine. Sitzt neben ihm im Hörsaal, an Beratungs- und Vorstandstischen (dort natürlich in der Minderzahl). Schreibt, malt, dichtet wie er – *fast* wie er: Da gibt es die ersten feinen Risse, die man ihrer Überempfindlichkeit zugute schreibt; oder auch nicht. Einigermaßen hält sie sich an die Denk- und Sehraster, die er ausgebildet hat. An die Formen, in die er sein Weltgefühl, auch seinen Weltschmerz faßt. So tritt sie aus dem blinden Fleck, wird entdeckt. Druckwürdig. Kritikwürdig. Ein „Talent". Ein Name. Unter Umständen preiswürdig.

Wird man ihr ihre zwiespältigen Gefühle glauben? Hat sie selbst doch lange gebraucht, sich zu begreifen. Warum ihr immer noch so fremd zumute ist; warum die Empfindung nicht nachläßt, daß in Lob und Tadel nicht sie gemeint ist, sondern immer noch die andre, das falsche Bild von ihr, die Neben-Frau. Und daß von ihr noch kaum die Rede war.

Paradoxerweise – ja: mit ihrem Eintritt in die Zitadelle unterliegt sie auch deren Gesetzen! –, paradoxerweise hat sie der Verkennung selber Vorschub leisten müssen. Um frei zu werden, ist sie neue Verstrickungen eingegangen. Um zu sich selbst zu kommen, wurden ihr neue Arten der Selbstverleugnung abverlangt. Sie ist besten Willens gewesen. Hat ihre Hoffnung gesetzt in das wissenschaftliche Zeitalter. Hat seiner Rationalität vertraut und sieht sich dem Irrationalismus ausgeliefert, in den es sich geflüchtet hat und den es durch Gutachten der Wissenschaften unangreifbar macht. Nie, gesteht sie sich nun, niemals ist die Zeit nach dem Takt ihrer Füße gegangen. Doch auf eine merkwürdig insistierende, manchmal schon unheimliche Weise ist sie jetzt bereit, ernst mit sich zu machen. Da stößt sie auf Widerstand.

Bisher hat man sie ja, überall, wo es ernst wurde, vorsorglich mit diesem Ernst verschont. Hat sie nicht behelligt mit der Konstruktion von Waffen-, Über- und Superwaffensystemen, die dem altmodischen einzelnen Tod das Handwerk legen und in den Phantasien von Nuklearplanungsstäben jeden von uns schon sieben-, acht-, zwanzigmal zerstrahlt, zerascht, zerstäubt haben. In den geheimen Sinn der weltumspannenden militärischen, wirtschaftlichen und politischen Strategien hat man sie – Rosetta unter ihren vielen Namen – nicht weiter eingeweiht. Sie sieht den Erhalter des Gleichgewichts des Schreckens abends ausgelaugt vor dem Fernseher sitzen, den Planer wirtschaftlichen Mißwachstums dem Herzinfarkt zutreiben, den Umverteiler des Hungers in der Welt erschöpft zur Flasche greifen. Sie arbeiten nicht nur sich zu Tode.

Tanze, Rosetta, tanze.

Nun aber – zugegeben: spät, zu spät vielleicht – erhebt sie ihre Stimme. Fragt: Meine Herren. Freunde. Kollegen. Genossen: Meinen Sie nicht, meint ihr nicht, selbst für leichte Füße wird der Boden mittlerweile etwas dünn?

So hätte sie nicht sprechen dürfen. Nun ist sie wirklich undankbar geworden. Tanzt aus der Reihe. Läßt sich aus dem Netz ihrer Ohnmacht fallen – als sei dies eine Vergnügungsreise, die sie auch hätte unterlassen können! –, dessen Maschen doch so fein geknüpft waren, aus einem Stoff, wie Träume sind: Die Alpträume entfremdeten Denkens.

Die Angst, die jetzt einsetzt.

Ihre *und* seine Angst; denn nun teilen sie das schreckliche Geheimnis, das Tabu der Tabus: Daß Leonce unter seinen vielen Namen nicht lieben, daß er nur noch Totes lieben kann. *(Schöne Leiche, du ruhst so lieblich auf dem schwarzen Bahrtuch der Nacht, daß die Natur das Leben haßt und sich in den Tod verliebt.)* Bleibt also ihr, Rosetta unter ihren vielen Namen, nur die Wahl, in den toten Raum zurückgedrängt oder ihm gleich zu werden? Steigert nicht jeder Schritt, den sie zu ihrer Befreiung tut, seine Angst, also seine Abwehr? Soll nun etwa *sie* sich verschanzen und aus der Zitadelle ihrer Vernunft heraus „mit der Kanone der Wahrheit“ schießen? Ihn als ihren Feind ansehen, den es zu „zermalmen“ gilt? Und: Sich gemeinsam, sich gegenseitig zur Vernunft zu bringen – das gäbe es nicht? Sie beide, an das gleiche Paradox geschmiedet, wären nicht imstande, einen einzigen richtigen Schritt aufeinander zu zu tun? Auch dieser historische Augenblick wäre vertan?

Da klopft, besonders nachts, doch wieder laut, sehr laut, der alte Takt: Meine Füße gingen lieber aus der Zeit. Da kommen, unter der Bewußtseinsschwelle, wo die Dauerbedrohung einen Daueralarm auslöst und unaufhörlich nach lebbaren Alternativen sucht, Phantasien in Bewegung – gespeist auch aus der Gewissensnot desjenigen, derjenigen, der oder die schreiben muß. Schreiben auf diesem hauchdünnen Boden? Nicht mehr „auf Hoffnung“, nur noch auf den „Ernstfall“ hin?

„Nichts mehr gefällt mir“, beginnt das letzte Gedicht der Ingeborg Bachmann.

Soll ich
eine Metapher ausstaffieren
mit einer Mandelblüte?
. . .
Soll ich
einen Gedanken gefangennehmen,
abführen in eine erleuchtete Satzzelle?
Aug und Ohr verköstigen
mit Worthappen erster Güte?

Das Gedicht endet:

(Soll doch. Sollen die andern.)
Mein Teil, es soll verloren gehen.

Das ist die Sprache jenseits des Glaubens, aber Sprache doch auch. Mit einer Metapher wird den Metaphern entsagt, erster Güte sind die Zeilen, die sich lossagen von den Worthappen erster Güte. Das Gedicht, das die Kunst aufgibt, muß paradoxerweise ein Kunstwerk sein. Alle, beinahe alle Produkte dieses Zeitalters tragen den Keim der Selbstzerstörung in sich oder doch wenigstens in dem ihnen zuerfundenen Gegen-Produkt. Kunst kann sich als Kunst, Literatur sich als Literatur nicht selbst aufheben. Eine, die sich ganz ausdrückt, entledigt sich ihrer nicht: Der Entledigungswunsch bleibt als Zeugnis stehen. Ihr Teil wird nicht verloren gehen.

Bücher können brennen: Die Lehre sitzt tief. Doch die an sich selbst verzweifelnde, ihrer selbst überdrüssige Literatur muß – Selbstverzweiflung, Selbstekel aufhebend – bleiben. Wenn sie nicht ausfällt, indem ihre Autoren weggehn: in ein andres Land, in einen andren Beruf, einen andern Namen, in eine Krankheit, den Wahnsinn, den Tod – alles Metaphern für Schweigen, wenn es Schriftstellern widerfährt: zum Schweigen gebracht werden. Schweigen wollen. Schweigen müssen. Endlich schweigen dürfen.

Aber – vor diesem Aber hat man sich eine lange Pause zu denken, deren Farbe, falls sie eine Farbe hätte, schwarz wäre –: Wenn die drei Sprachen, die Büchner noch unter Überanspannung von Körper und Geist in seiner Person zusammenhielt – die Sprachen von Politik, Wissenschaft und Literatur –, inzwischen unrettbar weit voneinander weggetrieben sind: Die Sprache der Literatur scheint es merkwürdigerweise zu sein, die der Wirklichkeit des Menschen heute am nächsten kommt; die den Menschen am besten kennt, wie immer Statistiken, Zahlenspiegel, Normierungs- und Leistungstabellen dagegen angehn mögen. Vielleicht weil immer moralischer Mut des Autors – der zur Selbsterkenntnis – in Literatur eingeht. Vielleicht, weil Übereinkünfte in ihr festgeschrieben sind, die – mühselig genug, gefährdet genug und immer wieder verletzt – doch über die Jahrhunderte hin jenes Gewebe schufen, das wir „Gesittung" nennen. Unser Befremden vor diesem überholten Wort mag uns bewußt machen, wie bedroht der Bestand dessen ist, wofür es steht. Und doch hat dieses Wort, anders als die Termini von Politik und Wissenschaft, einen Hof, eine Aura, so wie die zufällig in mir auftauchenden Wörter „Frieden", „Mond", „Stadt", „Wiese", „Leben", „Tod". Wollen wir sie wirklich fallenlassen? An ihre Stelle die Begriffe „nukleares Patt", „Erdsatellit", „Siedlungsgroßraum", „Grünland", „Bewegungsform der Materie" und „Exitus" setzen?

Die Naturwissenschaftler haben ihre Erfindungen mit Hilfe einer Spezialsprache vor ihren eignen Gefühlen in Sicherheit gebracht; scheinlogische Sprachkonstruktionen stützen die fixe Idee von Politikern, die Rettung der Menschheit liege in der Möglichkeit, sie mehrfach zu vernichten.

Literatur heute muß Friedensforschung sein.

Es schreibt sich nicht leichter, seit wir wissen, daß unsere beiden Länder, die einmal „Deutschland" hießen und diesen Namen verwirkten, als sie ihn durch Auschwitz verdarben –, daß das Land zu beiden Seiten der Elbe im Fall der „atomaren Auseinandersetzung" als eines der ersten ausgelöscht sein würde. Es wird wohl schon Landkarten geben, welche die Phasen dieser Auslöschung aufgezeichnet haben. Kassandra, denke ich mir, muß Troja mehr geliebt haben als sich selbst, als sie es wagte, ihren Landsleuten den Untergang ihrer Stadt zu prophezeien. Sind vielleicht, frage ich mich, diese beiden Länder von ihren Bewohnern nicht genug geliebt worden und neigen dazu – wie ein Mensch, der nicht geliebt wurde und daher nicht lieben kann –, sich und andre zu zerstören? Dies frage ich, um mir heftig zu widersprechen, und als Beweis des Gegenteils nehme ich, wie absurd es scheinen mag, die Literatur. Es genügt nicht, ich weiß es, hätte ein Volk Heimat nur in seiner Literatur. Und doch, schlage ich vor – wie die Lage ist, sollte jeder, auch der abwegigste Vorschlag, erlaubt sein –: Soll doch jener Todeskarte die Literatur ihre eigne Karte entgegenhalten dürfen. Soll, was sie an Ortund Landschaften, an menschlichen Zusammenhängen genau, gerecht und parteiisch, schmerzvoll, kritisch, hingebungsvoll, angstvoll und freudig, ironisch, aufsässig und liebend beschrieb, von jener Todeskarte getilgt werden und für gerettet gelten. Soll endlich einmal die Literatur der Deutschen nicht folgenlos bleiben; soll, was in den beiden deutschen Staaten die Literatur über drei Jahrzehnte lang an Trauer- und Freudenarbeit geleistet, soll die „Wahrheit des Diesseits“, der sie sich gestellt hat, doch einmal zu Buche schlagen und den beiden Ländern zugute kommen. Soll Literatur endlich einmal, dieses eine Mal, beim Wort genommen und herangezogen werden, um sichern zu helfen den Bestand des Irdischen.

Heller Wahnsinn, sagen Sie. Nun gut. So fehlt mir – in der Sprache der Psychiatrie – die Krankheitseinsicht, und ich gebe mich diesem hellen Wahnsinn hin, um nicht der finsteren Seite der Vernunft anheimzufallen. Vielleicht mag es wirklich einem Generalstab schwerer werden, über einer Stadt das Kreuz zu machen, die innig und genau beschrieben wurde, als über einer, die keiner kennt. Die niemandem so nahe ging, daß er sie als seine Kindheitsstadt, als Stätte seiner Demütigung oder seiner ersten Liebe beschreiben mußte.

Nun lächeln Sie über meine Naivität. Über meine Unvernunft. *Er schien ganz vernünftig, sprach mit den Leuten,* hieß es bei Lenz. *Er tat alles, wie es die andern taten; es war aber eine entsetzliche Leere in ihm, er fühlte keine Angst mehr, kein Verlangen, sein Dasein war ihm eine notwendige Last.*

Auch in jenem Land jenseits des Glaubens, gerade dort, wird, wenn auch leise, gesprochen werden. Ein Gespräch über Bäume, über Wasser Erde Himmel Mensch – ein Versuch, der mir realistischer vorkommt als die strikt wahnwitzige Spekulation auf den Weltuntergang. Nachdem die Wahrheit, die das Wort „verkehrt“ enthält, nach allen Seiten hin untersucht wäre, würden wohl andere Worte auftauchen, die wir nicht prahlerisch, sondern behutsam in den Mund nehmen wollten. Wüßten wir doch: Keines von ihnen, auch das redlichste nicht, wäre das letzte Wort. Hofften: Keines wäre das *letzte* Wort.

Auch diese Haut wird abgezogen werden und in Fetzen gehn.

Sommer 1980

Vierte Frankfurter Vorlesung

Ein Brief über Eindeutigkeit und Mehrdeutigkeit, Bestimmtheit und Unbestimmtheit; über sehr alte Zustände und neue Seh-Raster; über Objektivität

> Denn die Tatsachen, die die Welt ausmachen –
> sie brauchen das Nichttatsächliche,
> um von ihm aus erkannt zu werden.
>
> *Ingeborg Bachmann, „Der Fall Franza"*

Liebe A., wenn ich endlich, wie immer gegen Ende des Winters von Berlin nach Mecklenburg überwechselnd, meine Koffer ausgepackt, die Büchersäcke in jenem Arbeitsraum, der mir der liebste ist, ausgeschüttet habe – ein Raum, in dem es nach Holz riecht; von dessen einem „Ochsenauge" genannten Fenster ich auf unseren Grashof, die selbstgesteckten Weiden am Teichufer, auf den Teich, auf Nachbar O.s Misthaufen und Stallwand blicke, auf Ediths Wäsche (sie hat Haushaltstag), auf meine zwei Eichen, ineinandergeflochten, kahl und vielversprechend, und auf die Dorfhäuser, die später im Jahr durch das Laub dieser Eichen verdeckt sein werden; von dessen anderem Ochsenauge, vor dem, auf einem Holzpodest, mein Schreibtisch steht, ich jenen Ausblick habe, den ich in der Stunde meines Todes vor Augen sehen möchte: Die große Wiese, noch fahl, mitten darauf der mächtige Kirschbaum, vorfrühlingshaft, durchsichtig, umgeben von kleineren Apfelbäumen, Brombeergesträuch; P.'s rotes Büdnerhaus, dicht am Weiher, der sich beinah ganz hinter einer Bodenwelle verbirgt; und dann, weithin, bis zum niedrigen Horizont, flachwellig, Acker, Weide, Baumgruppen: dann fühle ich meine Erwartungen ansteigen. Von den Farben fange ich gar nicht erst zu reden an, auch von den Himmeln nicht – denn es obliegt mir noch, Dir am Ende des Satzes, der mit den ausgeschütteten Büchern begann, ein paar der Titel aufzuzählen, die, gut lesbar, auf dem Bücherberg obenauf oder, halb verdeckt, weiter unten liegen: „Am Anfang war die Frau“. „Mütter und Amazonen“. „Göttinnen“. „Das Patriarchat“. „Amazonen, Kriegerinnen und Kraftfrauen“. „Frauen – das verrückte Geschlecht?“. „Frauen in der Kunst“. „Götterzeichen, Liebeszauber, Satanskult“. „Männerphantasien“. „Weibliche Utopien – männliche Verluste“. „Weib und Macht“. „Das Geschlecht, das nicht eins ist“. „Das Geheimnis der Orakel“. „Utopische Vergangenheit“. „Außenseiter“. „Kulturgeschichtliche Spuren einer verdrängten Weiblichkeit“. „Mutterrecht“. „Ursprung der Familie, des Privateigentums und des Staats“. „Die wilden Früchte der Frau“. „Die weiße Göttin“. „Die imaginierte Weiblichkeit“. „Ein Zimmer für mich allein“. „Weiblichkeit in der Schrift“. Und doch gäbe Dir die Aufzählung, selbst wenn ich sie weiterführte, nicht den rechten Begriff von der merkwürdigen Mischung, aus der meine Lektüre seit einem Jahr besteht, denn die archäologischen, frühgeschichtlichen, klassischen Autoren stekken noch in einem andern Koffer.

Es fing harmlos an, nämlich mit einer Frage, die ich mir stellen mußte: Wer war Kassandra, ehe irgendeiner über sie schrieb? Und es hat, vorerst und unter anderem, dazu geführt, daß ich ein Gedicht der Bachmann, das ich seit langem kenne und liebe, eben jetzt, nicht zufällig während ich den Rasen harke, Beete saubermache, die Hecke im Vorgarten schneide, auf einmal auch zu verstehen glaube: Erklär mir, Liebe. Damit Du nicht suchen mußt: Es steht im ersten Band der Gesamtausgabe auf Seite hundertneun. Die vorletzte Strophe, wahrscheinlich kennst Du sie auswendig wie ich.

Erklär mir, Liebe, was ich nicht erklären kann:
sollt ich die kurze schauerliche Zeit
nur mit Gedanken Umgang haben und allein
nichts Liebes kennen und nichts Liebes tun?
Muß einer denken? Wird er nicht vermißt?

Vermißt – von wem? Vermißt – wobei? Bei diesen einfachen Tätigkeiten vielleicht, diesem Holz hereintragen, Wäsche aufhängen, Heringe braten, die mir nur hier Spaß machen? Die der Denkende zu meiden pflegt; die daher sein Denken nicht beeinflussen, nicht wenigstens färben können, denn sein Beruf ist Denken, von alters her. Nicht Anfassen. Nicht Tun. Das gehört ja zur Bestimmung des freien Polis-Bürgers – einer Minderheit im Staate, von der der Philosoph wiederum sich abspaltet: daß er nicht mit den Händen arbeitet. Wohl aber Zeit findet, den Rhapsoden zu lauschen, die, einander ablösend, unter anderm ein gewisses Epos eines gewissen Homer psalmodieren, das zwar vor allem den Zorn eines Heroen namens Achill besingt und den mörderischen Kampf zahlreicher andrer Vorzeit-Helden; in dem doch auch Namen von Frauen vorkommen, als Verführerinnen, als Gattinnen, Mütter (also natürlich in bezug zum Mann), und eben auch der Name einer Unglücksprophetin, Kassandra. Anfangend mit jenen frühen Denkenden, sich Bildenden, Dichtenden, seh ich durch die zweieinhalb Jahrtausende, da die Schrift uns ihre Namen überliefert hat, die beeindruckende Galerie denkender Männerköpfe. „Muß einer denken" soll vielleicht heißen: Muß einer – oder eine? – *so* denken? So – ausschließend? Die Liebe, das Liebe ausschließend: „... nur mit Gedanken Umgang haben und allein / nichts Liebes kennen und nichts Liebes tun ..." Erklär mir, Liebe: Wie liest Du das? Wen redet sie an? Die Liebe – personifiziertes Abstraktum – oder eine Frau, die sie „Liebe" nennt? Spricht sie als Frau, spricht sie als Mann? „Du sagst, es zählt ein andrer Geist auf ihn ..." Ist es der Geliebte, mit dessen Gedanken allein das Ich des Gedichts „Umgang haben sollt" – weshalb es „nichts Liebes kennen" kann, „nichts Liebes tun", ihn, den Denkenden, also vermißt? Ist es sie selbst, die, so denkend, sich vermissen muß und vermißt wird?

Ebenso vieldeutig ist das Du des Gedichts. „Dein Hut lüftet sich leis, grüßt, schwebt im Wind, / dein unbedeckter Kopf hat's Wolken angetan, / dein Herz hat anderswo zu tun, / dein Mund verleibt sich neue Sprachen ein": Wen redet sie an? Als „Du" sich selbst? Die, die sie später „Liebe" nennt? (Falls es eine „Die" ist . . .) Geht es Dir auch so? Je tiefer ich mich in das Gedicht hinablasse, auf seinen Grund, den ich aber nicht unter den Füßen spüre, je stärker nimmt mich selbst die Irritation gefangen, von der es zeugt und die aufzulösen es nicht unternimmt, in einander stützenden, einander höher treibenden und übersteigenden Bildern Liebesspiele in der Natur beschreibend („Der Pfau, in feierlichem Staunen, schlägt sein Rad"), Wasser, Welle, Stein sogar zu Zeugen rufend („Die Welle nimmt die Welle an der Hand" . . . „Ein Stein weiß einen andern zu erweichen!"), um abzusinken auf den eignen Mangel, den eignen unersetzlichen Verlust. „Sollt ich die kurze schauerliche Zeit . . ." – Was denkst Du bei dem Worte „schauerlich"? Mißbraucht werden von dem, von denen, die man am meisten liebt. Nicht ich, nicht du sein dürfen, sondern „es": Objekt sein fremder Zwecke. Nur mit Gedanken Umgang haben, die zweckgerichtet sind, nicht mit dem, der (an mich nicht) denkt. Du sagst, es zählt ein andrer Geist auf ihn . . . Der Geist der Liebe sicher nicht. Der Geist, der zählt und mißt und wertet und nach Verdiensten lohnt und straft.

Erklär mir nichts. Ich seh den Salamander
durch jedes Feuer gehen.
Kein Schauer jagt ihn, und es schmerzt ihn nichts.

Dies, scheint mir, will das Ich und das Du des Gedichts, die ich mir gern zusammen denke, als Preis für Unversehrbarkeit nicht zahlen: fühllos sein. Der denkt, gedacht hat, Hunderte von Jahren, um sich abzuhärten: Er wird nun vermißt. Die Brüderlichkeit, Natürlichkeit, Arglosigkeit, die er sich weggedacht, sie fehlen ihm nun doch. Merkt er noch, gestählt und gepanzert, wie er ist, ob es Feuer oder Kälte sind, durch die er geht?

Er wird Instrumente mit sich führen, die Temperatur zu messen, denn was ihn umgibt, muß eindeutig sein. Dies bedenkend, bedauernd, beklagend auch, gibt das Gedicht selbst ein Beispiel von genauester Unbestimmtheit, klarster Vieldeutigkeit. So und nicht anders, sagt es, und zugleich – was logisch nicht zu denken ist –: So. Anders. Du bist ich, ich bin er, es ist nicht zu erklären. Grammatik der vielfachen gleichzeitigen Bezüge.

Erklär mir, Liebe

Dein Hut lüftet sich leis, grüßt, schwebt im Wind,
dein unbedeckter Kopf hat's Wolken angetan,
dein Herz hat anderswo zu tun,
dein Mund verleibt sich neue Sprachen ein,
das Zittergras im Land nimmt überhand,
Sternblumen bläst der Sommer an und aus,
von Flocken blind erhebst du dein Gesicht,
du lachst und weinst und gehst an dir zugrund,
was soll dir noch geschehen –

Erklär mir, Liebe!

Der Pfau, in feierlichem Staunen, schlägt sein Rad,
die Taube stellt den Federkragen hoch,
vom Gurren überfüllt, dehnt sich die Luft,
der Entrich schreit, vom wilden Honig nimmt
das ganze Land, auch im gesetzten Park
hat jedes Beet ein goldner Staub umsäumt.

Der Fisch errötet, überholt den Schwarm
und stürzt durch Grotten ins Korallenbett.
Zur Silbersandmusik tanzt scheu der Skorpion.
Der Käfer riecht die Herrlichste von weit;
hätt ich nur seinen Sinn, ich fühlte auch,
daß Flügel unter ihrem Panzer schimmern,
und nähm den Weg zum fernen Erdbeerstrauch!

Erklär mir, Liebe!

Wasser weiß zu reden,
die Welle nimmt die Welle an der Hand,
im Weinberg schwillt die Traube, springt und fällt.
So arglos tritt die Schnecke aus dem Haus!

Ein Stein weiß einen andern zu erweichen!

Erklär mir, Liebe, was ich nicht erklären kann:
sollt ich die kurze schauerliche Zeit
nur mit Gedanken Umgang haben und allein
nichts Liebes kennen und nichts Liebes tun?
Muß einer denken? Wird er nicht vermißt?

Du sagst: es zählt ein andrer Geist auf ihn ...
Erklär mir nichts. Ich seh den Salamander
durch jedes Feuer gehen.
Kein Schauer jagt ihn, und es schmerzt ihn nichts.

Liebe A., es ist verhext: Seit ich begonnen habe – den Namen „Kassandra" vor mir hertragend als eine Art Legitimations- und Losungswort – mich auf jene Bereiche einzulassen, in die er mich führt, scheint alles, was mir sonst begegnet, „damit" zusammenzuhängen, bisher Getrenntes hat sich hinter meinem Rücken zusammengeschlossen, in vorher dunkle, ungewußte Räume fällt ein wenig Licht, darunter, davor (Orts- und Zeitbestimmungen fließen zusammen) sind, im Dämmer, weitere Räume zu ahnen, die Zeit, die uns bewußt ist, nur ein hauchschmaler heller Streif auf einem ungeheuren, größtenteils finsteren Körper. Mit der Erweiterung des Blick-Winkels, der Neueinstellung der Tiefenschärfe hat mein Seh-Raster, durch den ich unsere Zeit, uns alle, dich, mich selber wahrnehme, sich entschieden verändert, vergleichbar jener frühen entschiedenen Veränderung, die mein Denken, meine Sicht und mein Selbst-Gefühl und Selbst-Anspruch vor mehr als dreißig Jahren durch die erste befreiende und erhellende Bekanntschaft mit der marxistischen Theorie und Sehweise erfuhren. Wenn ich mir klarzumachen suche, was da geschieht und geschah, so ist es, auf den allgemeinsten Nenner gebracht, eine Erweiterung dessen, was für mich „wirklich" ist; aber auch das Wesen, die innere Struktur, die Bewegung dieser Wirklichkeit hat sich verändert und verändert sich beinahe täglich weiter, es ist nicht zu beschreiben, mein waches Berufsinteresse, das auf Beschreibung gerade zielt, muß sich zurückhalten, zurückziehen und hat lernen müssen, seine Niederlage selbst zu wünschen, selbst herbeizuführen. (Freude aus Verunsicherung ziehn – wer hat uns das denn beigebracht!) Er verstehe mich nicht, sagte mir ein kluger und gebildeter Dichter; warum wolle ich die Autorität der literarischen Gattungen nicht mehr gelten lassen? Die seien doch nun wirklich objektiver Ausdruck jener Gesetzmäßigkeiten – in jahrhundertelanger Arbeit herausgefiltert –, die in der Kunst gelten und an denen wir die Kunst erkennen und messen können. – Vor Verblüffung konnte ich ihm nicht antworten.

Ich nahm mir den Aristoteles vor. „Der nachahmend gestaltende Künstler stellt handelnde Menschen dar. Diese Menschen sind notwendig entweder gut oder schlecht." Dies entspricht in etwa, dachte ich überrascht, den Kriterien, die unsere meisten Zeitungsrezensenten auch heute noch an Bücher legen. Schnell ließ ich – und ich bitte Dich, das auch zu tun – meine Angehörigen, Freunde, Bekannten und Feinde, auch mich selbst, der Probe „gut" oder „schlecht" mich unterwerfend, vor meinem inneren Auge Revue passieren. Nach dem Maßstab des Aristoteles waren keine passenden Modelle für den nachahmend gestaltenden Künstler unter ihnen. Aber dieser weiß sich zu behelfen: „Homer zum Beispiel zeichnet die Menschen mit höheren Qualitäten als die Durchschnittsmenschen". (Während die „Komödie Menschen darstellt, die minderwertiger sind".) Ja, dachte ich, Homer. Und verkneife es mir nun nicht, die Stelle Dir zu zitieren, die ich mir im fünfzehnten Gesang angestrichen habe. Homer, mit Recht, mit großem Recht gerühmt wegen seiner Bilder und Vergleiche, schildert den Flug der Hera, der Gattin des Zeus, den sie auf dessen Geheiß zu den andern olympischen Göttern unternimmt, in folgender Weise:

Wie der Gedanke des Mannes umherfliegt, der,
da er viele
Länder bereits durchging, im sinnenden Herzen
erwäget,
dorthin möcht ich und dort, und mancherlei
Pfade beschließet,
also durchflog hineilend den Weg die Herrscherin
Here.

Der Sachverhalt – also der Mythos –, Hera betreffend, ist ja aber der folgende (ich bitte Dich, die vielleicht längere Abschweifung vom Aristoteles, die jetzt folgen wird, in Kauf zu nehmen): Wie die anderen Göttinnen, welche die Griechen schon zu Homers Zeiten, also im achten vorchristlichen Jahrhundert, als sie die Schrift von den Phöniziern (wieder) übernahmen, in ihren patriarchalisch strukturierten Pantheon aufgenommen haben, wie also Artemis, Aphrodite, Athene, hat auch Hera, die Gattin des Zeus, eine lange, nur matriarchalisch deutbare Vorgeschichte, die, wie ich glaube, auch in dem abstrus scheinenden Hexeneinmaleins von Goethes „Faust" noch durchschimmert:

Du mußt verstehn!
Aus Eins mach Zehn,
Und Zwei laß gehn,
Und Drei mach gleich,
So bist du reich ...

Denn Goethe, für den – wie für alle seine Zeitgenossen – die Geschichte da begann, wo die Griechen sie willkürlich angesetzt hatten, im Jahr der ersten Olympiade, 776 vor unserer Zeitrechnung: Goethe wußte von der Dreigestaltigkeit der alten Muttergöttinnen (der ersten Dreifaltigkeit überhaupt, von der alle späteren abgeleitet sind), in der „drei“ „gleich“ war, indem die eine Göttin, entsprechend der Dreistöckigkeit der Welt, in drei Erscheinungen auftrat: als helles, jugendliches, jagendes Mädchen der Lüfte (Artemis), als die Frauengöttin in der Mitte, Fruchtbarkeit spendend, über Land und Meer herrschend, eine erotische Gottheit (Demeter, Aphrodite, Hera, welche früher Era-Erde hieß, deren andere Namen Gaia und Rhea sind: die Große Erdmutter Kretas und des Vorderen Orients); und schließlich als Greisin, die in der Unterwelt wohnt, die Todesgöttin, die zugleich Wiedergeburt bewirkt (Io, die kretische Kuh-Göttin, ein Aspekt der Hera, und natürlich Hekate-Hekuba). Ihre Farben sind rot, weiß, schwarz, entsprechend den Phasen des Mondes, der ihr Symbol ist, dessen Göttin sie sind (merkst Du, wie man sich überwinden muß, wenn man von den vielen als von einer sprechen muß? Die Prägung unserer Gehirnwindungen, unser lineares Sprechen widerstehn dem Hexeneinmaleins). Und nun lies in Faust II nach, jene Stelle in der klassischen Walpurgisnacht, da Anaxagoras und Thales die Kräfte diskutieren, die die Welt im Innersten zusammenhalten; da Anaxagoras, der Katastrophentheorie anhängend, einen Berg entstehen läßt, bewohnt von Zwergenvolk, das sofort durch eignen Frevel und Rache in Bedrängnis gerät, so daß der Philosoph „nach einer Pause feierlich“ sich genötigt sieht, „sich in diesem Fall nach oben“ zu wenden.

Du! droben ewig Unveraltete,
Dreinamig-Dreigestaltete,
Dich ruf ich an bei meines Volkes Weh,
Diana, Luna, Hekate!
Du Brusterweiternde, im Tiefsten Sinnige,
Du Ruhigscheinende, Gewaltsam-innige,
Eröffne deiner Schatten grausen Schlund,
Die alte Macht sei ohne Zauber kund!

Diana ist die römische Form der griechischen Artemis, des jagenden Mädchens. Luna entspricht der griechischen Selene, der Mondgöttin, deren andere Aspekte Artemis und Hekate waren und die, laut Ledergerber, in einem merkwürdig schillernden Identitätsverhältnis zur mythischen (nicht literarischen!) Kassandra gestanden habe: indem das Zwillingsgeschwisterpaar Helenos-Kassandra ursprünglich eins, nämlich die argivische Mondgöttin Selene, gewesen seien, die zur troischen Helena und mit der griechischen Helena verschmolzen wurde; so daß, als Schwester des Paris und „unterscheidende Gräzisierung der troischen Helena", Kassandra übrigblieb: schön (wie Helena), mit der Sehergabe bedacht wie die griechische Helena und der troische Helenos – ein Sehertum übrigens, das einst in enger Beziehung zur Mondgottheit stand und nicht im Dienst des Licht- und Sonnengotts Apoll, der weit jünger ist als Hekabe, Selene, Helena, Helenos, Kassandra und schon zu den mythologischen Reflexen jener patriarchalischen Umwertung der Werte gehört, zu denen auch, eben im Bereich der Kunstgesetzgebung, die Poetik des Aristoteles zählt. Die nun gerade hatten Goethes Vorläufer und er selbst, der junge Bürger, mitsamt dem französisch-aristokratischen Regelkram außer Kraft gesetzt, ohne daß sie doch, soviel ich weiß, je gegen jene Stelle aus dem fünfzehnten Kapitel, Überschrift: Die Charaktere, polemisiert hätten, in der Aristoteles die Dichter zu beachten bittet, daß ihre Charaktere „sittliche Tüchtigkeit" besitzen. Er fährt fort: „Auch das Weib und sogar der Sklave können sittlich tüchtig sein, obgleich im allgemeinen das Weib ein geringeres Wesen als der Mann und der Sklave meistens geringwertig ist." Weshalb es folgerichtig war, daß keine Frauen, nicht einmal als Schauspielerinnen, der griechischen Tragödie beiwohnten. Iphigenie, Antigone, Klytaimnestra, Elektra, Medea, Hekate, die Troerinnen, alles Männer in Weibertracht, auf Kothurnen, zartgliedrig sicherlich, hübsch, womöglich homoerotisch – aber Männer. Dieses ganze erdhaft-fruchtbare Gewese und

Gewebe, dieses schwer zu bändigende Ineinanderübergehn, sich Ineinanderverwandeln, dieses schwer namhaft zu machende, kaum zu ordnende und zu zählende Frauen-, Mütter- und Göttinnengewimmel hatte man nach offenbar langen schweren Jahrhunderten, die man „die dunklen" nennt und die man vergaß, in die Hand bekommen, zusammen mit dem männlichen Erbrecht und mit dem Privatbesitz. Wovon man sich bedroht fühlt, lesen wir noch aus den Verboten. Aristoteles: „Gut ist zum Beispiel der Charakter, wenn ein Mann Tapferkeit besitzt; für ein Weib ist es indessen im allgemeinen nicht angemessen, daß sie tapfer und mannhaft sei oder sogar furchterregend." Furcht erregend? Ja wem denn – dem Mann? Der ihr jede Bildung, jede öffentliche Tätigkeit, selbstverständlich das Stimmrecht entzogen hat? Eben deshalb. Aus eigner Erfahrung wissen wir: Was man ausschließt und verbannt, hat man zu fürchten. So auch Goethes Anaxagoras, der, Du erinnerst Dich, leichtfertig die Mondgöttin angerufen hat und entsetzt erfahren muß: Sie kommt!

Und größer, immer größer nahet schon
Der Göttin rundumschriebener Thron,
Dem Auge furchtbar, ungeheuer!
Ins Düstre rötet sich sein Feuer . . .
Nicht näher! drohend-mächtige Runde,
Du richtest uns und Land und Meer zugrunde!

Ein Fels ist aus dem Mond gefallen und hat das Zwergengeschlecht zerquetscht. Und sollte doch ein Exempel sein für das Kundtun der „alten Macht" „ohne Zauber": Ein Vorgriff sicherlich auf die bedeutsame, schmerzliche Erkenntnis des alten Faust, die er angesichts der gespenstischen Nähe der „vier grauen Weiber" (Mangel, Schuld, Sorge, Not) ausspricht (wären es drei, die Analogie zu den drei Moiren, Parzen, Nornen, Schicksalsweberinnen wäre vollkommen):

Könnt ich Magie von meinem Pfad entfernen,
Die Zaubersprüche ganz und gar verlernen,
Stünd ich, Natur! vor dir ein Mann allein,
Da wär's der Mühe wert, ein Mensch zu sein.

Magie aber war einst die Kunst ausschließlich der Weiber (die, in die Lieb-losigkeit getrieben, nicht ohne Grund zu „Zaubersprüchen" zurückkehren): der Stammesältesten in den frühen Ackerbaugesellschaften, der Priesterinnen dann für lange, denen die ersten Priester das Ritual nur abspenstig machen konnten, indem sie sich in magischen Frauengewändern hineindrängten. Dies mit empörter Stimme zu vermerken, erschiene mir komisch, denn bei Magie und Zauberwesen hat es doch nicht bleiben können. Ob es aber dahin hat kommen müssen, daß nun wirklich der Mann, „allein", vor der Natur steht – ihr gegenüber, nicht in ihr – das frag ich mich und Dich.

Kürzlich, als ich in einer Runde jüngerer Naturwissenschaftler nicht nur die Neuzeit-Problematik ihrer Wissenschaft, auch die Geschichte der Frau des Abendlandes diskutierte, erklärte einer der jungen Männer – offensichtlich entschlossen, endlich Klartext zu reden –: Man solle aufhören, das Los der Frau in der Vergangenheit zu beklagen. Daß sie sich dem Manne unterordnete, ihn umsorgte, ihm diente – genau das war die Bedingung dafür, daß der Mann sich auf die Wissenschaft, oder auch auf die Kunst, konzentrieren und in beiden Gebieten Höchstleistungen vollbringen konnte. Anders war und ist der Fortschritt nicht zu haben, alles andre sei sentimentales Geschwätz. – Ein Gemurmel erhob sich im Raum. Ich fand, der Mann hatte recht. Die Art Fortschritt in Kunst und Wissenschaft, an die wir uns gewöhnt haben: ausgefallene Spitzenleistungen, ist nur so zu haben. Ist nur durch Ent-Persönlichung zu haben. Die Diskussionsteilnehmer hatten gerade meinen Vorschlag für unrealistisch erklärt, für die exakten Wissenschaften eine Art von hippokratischem Eid einzuführen, der es jedem Wissenschaftler verbieten würde, an Forschungen, die militärischen Zwecken dienten, mitzuwirken. Wenn nicht hier, dann anderswo würden diese Eide sowieso gebrochen, hielt man mir entgegen. Für Forschung dürfe es keine Tabus geben. Der Preis für die Art Fortschritt, die die Institution Wissenschaft seit längerem hervorbringe, sagte ich, sei mir allmählich zu hoch. –

Später hörte ich, einige der Teilnehmer an der Diskussion hätten mir eine Tendenz zur Wissenschaftsfeindlichkeit angemerkt. Ein absurdes Mißverständnis! dachte ich im ersten Moment, dann hielt ich inne: Einer Wissenschaft, die sich so weit von dem Erkenntnishunger entfernt hat, aus dem sie kommt und mit dem ich sie doch insgeheim noch immer identifiziere – konnte ich der denn „freundlich" gesinnt sein? – Ich glaube, wir müssen aufhören, die Etiketten ernst zu nehmen, die sie uns anheften.

Wo waren wir stehengeblieben? Bei Weibermagie, bei Goethe, bei der Frage, was heute „Fortschritt" wäre. Beim Gang zu den „Müttern". Bei der schönen Helena, nach der es Faust unsäglich verlangt, und die ihm Mephisto nicht, wie alles, wonach ihm bisher gelüstete, mit „Hexen-Fexen", mit „Gespenst-Gespinsten" herbeischaffen kann. „Doch gibt's ein Mittel."

FAUST:
Sprich, und ohne Säumnis!
MEPHISTOPHELES:
Ungern entdeck ich höheres Geheimnis. –
Göttinnen thronen hehr in Einsamkeit.
Um sie kein Ort, noch weniger eine Zeit;
Von ihnen sprechen ist Verlegenheit.
Die *Mütter* sind es!
FAUST (*aufgeschreckt*):
Mütter!
MEPHISTOPHELES:
Schaudert's dich?

FAUST:

Die Mütter! Mütter! -s' klingt so wunderlich!

MEPHISTOPHELES:

Das ist es auch. Göttinnen, ungekannt
Euch Sterblichen, von uns nicht gern genannt.
Nach ihrer Wohnung magst ins Tiefste schürfen;
Du selbst bist schuld, daß ihrer wir bedürfen.

Nach einem Versuch, die unbeschreibliche Leere zu beschreiben, das Nichts, durch das Faust hindurch muß (in dem er „das All zu finden" hofft), wird ihm ein Schlüssel ausgehändigt: „Folg ihm hinab! er führt dich zu den Müttern."

FAUST (*schaudernd*):

Den Müttern! Trifft's mich immer wie ein Schlag!
Was ist das Wort, das ich nicht hören mag?

Mephisto ist dazu da, dies Erschauern zu banalisieren – ein Erschauern, das Goethe nach eignem Eingeständnis an dieser Stelle und bei diesem Wort empfunden hat und zu dem Faust sich bekennt:

Doch im Erstarren such ich nicht mein Heil,
Das Schaudern ist der Menschheit bestes Teil;
Wie auch die Welt ihm das Gefühl verteure,
Ergriffen, fühlt er tief das Ungeheure.

Nicht genug staunen kann man, daß ein zum Alltagswort längst herabgezwungenes wie dieses – Mütter! – immer noch nicht seine Strahlung abgegeben, daß es immer noch ein mythisches, „ungeheures" Element mit sich führt, ein rational kaum erfaßbares, denn man *weiß* zur Goethezeit eigentlich nichts über seinen Hintergrund; man weiß nichts von Ausgrabungsfunden, Feldforschung, von den Zeit-Schichtungen der griechischen Mythologie, von ihren lokalen Ausprägungen. Man *weiß* nur von einem Göttergeschlecht, ausgehend von Uranos, der alle Söhne, die ihm die Urmutter Gaia gebar, im Schoß der Erde verbarg, damit sie ihm nicht zu Rivalen auf dem Thron werden konnten; von der Entmannung des Vaters durch seinen und Gaias Sohn Kronos, auf Gaias Anstiftung hin. Von der Verbindung zwischen Kronos und Rhea – einer Geschwisterehe, denn beide waren sie Kinder der Gaia, und das Inzesttabu ist erst viel später erfunden worden; von des Kronos Angst um die Macht, die ihn seine Söhne, auch Zeus, verschlingen ließ, „zu Rheas unsäglicher Trauer" (Hesiod). Um Zeus zu retten, der dazu bestimmt ist, der Vater der Menschen zu werden, gibt Gaia ihrem Sohn Kronos einen in eine Windel gewickelten Stein statt des Neugeborenen zu essen, woraufhin er mit dem Stein alle verschlungenen Kinder wieder herauswürgt: Keine Idylle, sicherlich; doch da der Gedanke, der Mythos könnte reale Kämpfe spiegeln, Goethes Zeitgenossen fernlag; da sie nichts wissen konnten von der Funktion des Heros in matriarchalischen Gesellschaften, der sich einmal im Jahr mit der Stammesmutter, der Priesterin, der Königin in einer „heiligen Hochzeit" zu verbinden hatte, um dann in feierlichem Zeremoniell geopfert zu werden – ein Vorgang, der, wie die Entmannung des Uranos, sehr wohl männliche Angst vor Weiberritualen begründen konnte –, da unsere deutsche Klassik in der griechischen in historisch begreifbarer, ja notwendiger Selbsttäuschung ein Beispiel geglückter Bindung des einzelnen (Mannes) in das Gemeinwesen sah („Sie sind, was wir waren; sie sind, was wir wieder werden sollen", Schiller): da alles dies einer Harmonisierung der griechischen Verhältnisse entgegenkam – woher dann, wenn nicht aus der eignen Erfahrung, dieser Angst-Reflex vor den „Müttern", der sich auch in der Medea-, der Amazonen-Überlieferung spiegelt und der die „Penthesilea" des Kleist dem Goethe besonders verhaßt machte . . .

Schauder ist zusammengesetzt aus Ehrfurcht und Furcht. Den Heutigen, denke ich oft, ist nur die Furcht geblieben.

Ich muß Dich bitten, nicht ungeduldig zu werden. Nicht, daß ich aus den Augen verloren hätte, wonach ich eigentlich frage: Wer war Kassandra, ehe man von ihr schrieb? (Da sie aber ein Geschöpf der Dichter ist; da sie nur durch sie spricht, nur in ihrer Sicht auf uns gekommen ist ... Auch eine der Fährten, die ich verfolge, bis eine andre von ihr abzweigt, der ich nachgehn muß, bis die nächste mich zwingt, die zweite fahrenzulassen.) Gern würde ich Dir das Gefühl vermitteln, das mich in diesen Zustand der Ruhelosigkeit versetzt, den dieser Brief wohl spiegelt: daß im Grund, vom Grunde her alles mit allem zusammenhängt; und daß das strikte einweg-besessene Vorgehn, das Herauspräparieren eines „Stranges" zu Erzähl- und Untersuchungszwecken das ganze Gewebe und auch diesen „Strang" beschädigt. Aber eben diesen Weg ist doch, vereinfacht gesagt, das abendländische Denken gegangen, den Weg der Sonderung, der Analyse, des Verzichts auf die Mannigfaltigkeit der Erscheinungen zugunsten des Dualismus, des Monismus, zugunsten der Geschlossenheit von Weltbildern und Systemen, des Verzichts auf Subjektivität zugunsten gesicherter „Objektivität". Dazu, *auch* dazu hat die deutsche Klassik die „Alten" gebraucht: Die „objektiven" ästhetischen Normen, die Goethe, noch nicht vierzigjährig, aus seiner Anschauung der Kopien griechischer Kunstwerke oder ihrer Originale in Italien entwickelt, sind ja doch auch Zeichen seines Scheiterns im öffentlichen, großherzoglich-weimarischen Leben: „Auf dieser Reise, hoffe ich, will ich mein Gemüt über die schönen Künste beruhigen, ihr heilig Bild mir recht in die Seele prägen und zum stillen Genuß bewahren. Dann aber mich zu den Handwerkern wenden, und wenn ich zurückkomme, Chemie und Mechanik studieren. Denn die Zeit des Schönen ist vorüber, nur die Not und das strenge Bedürfnis erfordern unsere Tage." Für mich spricht es nicht gegen seine Lehre von den Kunstformen, daß ein subjektiver Anteil, Goethes neues Lebenskonzept der Entsagung in politischen, teilweise auch in menschlichen Dingen, als Bedürfnis nach Gewißheit, Beständigkeit, Geschlossenheit und Sicherheit in sie eingegangen ist, eine Sehnsucht nach unverrückbaren „wahren“ Gesetzen und ihrer Erfüllung: „Diese hohen Kunstwerke sind zugleich als die höchsten Naturwerke von Menschen nach wahren und natürlichen Gesetzen hervorgebracht worden. Alles Willkürliche, Eingebildete fällt zusammen, da ist Notwendigkeit, da ist Gott.“ Da ist, auch noch in der Darstellung des Gräßlichen, Mäßigung, Beherrschtheit, Formenstrenge.

Schiller hat ja eine „Kassandra“ geschrieben, ein Gedicht, das so anhebt:

Freude war in Trojas Hallen,
Eh die hohe Feste fiel,
Jubelhymnen hört man schallen
In der Saiten goldnes Spiel.
Alle Hände ruhen müde
Von dem tränenvollen Streit,
Weil der herrliche Pelide
Priams schöne Tochter freit.

Dies ist eine Situation nicht aus der „Ilias“, sondern aus anderen Überlieferungen: Der Griechenheld Achill, ein Wüstling eigentlich, hat sich in Kassandras Schwester Polyxena verliebt, diese hat ihm das Geheimnis seiner Verwundbarkeit an der Ferse entlockt, außerdem das Versprechen, die Belagerung Troias zu beenden, wenn sie in die Ehe mit ihm willigt. Dieses Abkommen durch ein Opfer zu bekräftigen, kommt er, barfuß und unbewaffnet, in den Tempel des thymbraischen Apoll – dessen Priesterin Kassandra ja ist –, wo Paris seine Ferse mit einem vergifteten Pfeil durchbohrt. Von Hochzeit im eigentlichen Sinn ist also nicht die Rede, und das böse Ende dieses Tages vorauszusagen, brauchte es keine Seherin, da es ja geplant ist; Schiller verändert die Voraussetzungen, um Kassandra in Gegensatz zu bringen zu der allgemeinen Stimmung:

Freudlos in der Freuden Fülle,
Ungesellig und allein,
Wandelte Kassandra stille
In Apollos Lorbeerhain.

In sanft und gleichmäßig dahinfließenden Strophen erscheint eine Kassandra, die ihr Seherinnen-Los beklagt, eine Figur aus dem Zeitalter der Empfindsamkeit, die lieber gut bürgerlich verheiratet wäre, als andauernd unter der Last ihrer Gesichte stöhnen zu müssen:

Und sie schelten meine Klagen,
Und sie höhnen meinen Schmerz,
Einsam in die Wüste tragen
Muß ich mein gequältes Herz,
Von den Glücklichen gemieden,
Und den Fröhlichen ein Spott!
Schweres hast du mir beschieden,
Pythischer, du arger Gott!

Dein Orakel zu verkünden,
Warum warfest du mich hin
In die Stadt der ewig Blinden,
Mit dem aufgeschloßnen Sinn?
Warum gabst du mir zu sehen,
Was ich doch nicht wenden kann?
Das Verhängte muß geschehen,
Das Gefürchtete muß nahn.

Und so weiter. Die kaum übertreffbare Biederkeit dieser Kassandra-Auffassung, die der landläufig-spießigen Abscheu gegen Größe, besonders Größe bei einer Frau, nichts schuldig bleibt, ist sicherlich nicht nur Schillers Frauen-Wunschbild zu danken, sondern ebenso stark seinem Klassik-Ideal, das es nicht erlaubt, einer Heroine eine lange, widersprüchliche historische Entwicklung zuzumuten. Und da wäre ich wieder bei Goethes Müttern und des Mephisto Anweisung an Faust, einen Dreifuß von ihnen mit heraufzubringen.

Ein glühnder Dreifuß tut dir endlich kund,
Du seist im tiefsten, allertiefsten Grund.
Bei seinem Schein wirst du die Mütter sehn,
Die einen sitzen, andre stehn und gehn,
Wie's eben kommt. Gestaltung, Umgestaltung,
Des ewigen Sinnes ewige Unterhaltung.
Umschwebt von Bildern aller Kreatur,
Sie sehn dich nicht, denn Schemen sehn sie nur.
Da faß ein Herz, denn die Gefahr ist groß,
Und gehe grad auf jenen Dreifuß los,
Berühr ihn mit dem Schlüssel!
. . .
So ist's recht!
Er schließt sich an, er folgt als treuer Knecht;
Gelassen steigst du, dich erhebt das Glück,
Und eh sie's merken, bist mit ihm zurück.
Und hast du ihn einmal hierher gebracht,
So rufst du Held und Heldin aus der Nacht . . .

Der Dreifuß nun, mit dessen Hilfe Faust ganz richtig Helenas Erscheinung heraufbeschwört, ist ein uralter heiliger Gegenstand, wir sehen ihn auf kretischen Siegeln neben den Darstellungen ältester Göttinnen. Bei Kulthandlungen findet er Verwendung. Im Helena-Akt des „Faust" wird Phorkias-Mephisto ihn unter den Gegenständen aufzählen, die zur Vorbereitung eines Opfers gebraucht werden. Die berühmteste Orakelsprecherin Griechenlands, die Pythia in Delphi, hat bekanntlich auf einem Dreifuß gesessen, offenbar seit Urzeiten, nicht erst, seit der vielseitige Gott Apollon sich im Zuge der Patriarchalisierung auch der Kulte, auch der Mythen bemächtigte und dieses Heiligtum übernommen hatte: der erste Drachenbesieger. Mußte er doch den von der Gaia geborenen Drachen Python durch einen Pfeilschuß töten – was nichts anderes heißen kann, als die weibliche Genealogie der Orakelsprecherinnen zu entthronen (Vorläuferinnen der Kassandra), um seine männlichen, angeblich aus dem minoischen Kreta stammenden Orakelpriester zu installieren. Ganz zweifellos wurde dieser Apollon, Sohn der Leto, Bruder der Artemis (Phoibos, der Strahlende), aus den matriarchalischen Artemiskulten Kleinasiens allmählich herausentwickelt, sprang um 1000 vor unserer Zeitrechnung über Delos (wo er geboren sein soll, als Sohn des Zeus!) auf das griechische Festland über und schwang sich nicht nur zum höchsten, „klarsehendsten" Orakelgott, auch zum Musageten, dem Führer der Musen (wozu sein Attribut, die siebensaitige Lyra, ihn berechtigte) und zum Moiragetes auf, dem Führer der Moiren, der Schicksalsspinnerinnen, die ursprünglich, als „Moirai", jene älteren weiblichen Verwandten gewesen sein sollen, die als Hebammen dem Neugeborenen ins Leben halfen und ihm in seine ersten Tücher jene magischen Kennzeichen webten, die ihn von anderen unterschieden; an denen er allen Verwandten, Clan-Angehörigen, kenntlich blieb – so wie in unzähligen Märchen der ausgesetzte Königssohn an einem Zeichen erkannt wird. Faszinierend die Verwandlung dieser Ahninnen in Schicksalsgöttinnen (als der Clan zum Stamm, dieser zum Königtum sich entwickelte); ihre Verwandtschaft mit den kretischen Erinyen; ihr Übergehn in die Horen, die, da sie Gesetz und Ordnung, Frieden und Gerechtigkeit verkörpern, erst mit der Klassengesellschaft, mit der Bildung von Stadtstaaten aufgetaucht sind.

Noch Aischylos weiß, daß die Welt zu Anfang „von der Moiren Dreigestalt und der Erinyen Treu" beherrscht wurde. Auch Zeus – der als Vorstellung erst aufkommen kann, als es ein in männlicher Erbfolge befestigtes Königtum gibt – konnte sich lange nicht über die Beschlüsse der älteren Schicksalsgöttinnen, der Moiren, hinwegsetzen. Parallel zum Prozeß der Staatenbildung unterliegen die alten Stammesgöttinnen den neuen staatlich anerkannten Göttern. Und in diesen gleichen Jahrhunderten geschah es, daß aus dem Kult der Bergnymphe Daphnis („Lorbeer"), die, von der Erdmutter Gaia als Wahrsagepriesterin eingesetzt, in einer einfachen Hütte aus Lorbeerzweigen im zweiten Jahrtausend vor unserer Zeit in Delphi ihren Dienst tat (die Zeit der „historischen" Kassandra!) – daß aus dem rein matriarchalischen Kult von Priesterinnen, die mit Chorgesang, Tanz, Opferritualen und Orakelsprecherei jeden wichtigen öffentlichen Anlaß ihres Clans, ihres Stammes begleiteten; daß aus einem späteren „Tempel aus Wachs und Federn", der von Bienen gebaut worden sein soll (diesem Tier weiblicher Clans), schließlich im siebten Jahrhundert der erste große Bronzetempel in Delphi sich erhob, der, nun eindeutig dem Apoll geweiht, die „goldenen Sängerinnen" nur noch als Giebelfiguren getragen haben soll: sogenannte Keledonen, „rufende Frauen", die einmal monatlich zu den Kreuzwegen ziehn und den Mond anrufen – ein Kult, der an Demeter und Artemis, die Schwester des Apoll, geknüpft ist... Oben waren die Frauen in den Giebelfries des männlichen Gottes eingebaut. Unten aber, im Tempel selbst, saß die weissagende Pythia, die einzige Frau, die in dem sonst rein männlichen Orakelkult übriggeblieben war, und stieß, ein Medium nur noch in der Hand der mächtigen Priester, durch betäubende Dämpfe, durch Lorbeerkauen, vielleicht durch Autosuggestion oder Hypnose in Trance versetzt, stammelnd, sich windend ihre unzusammenhängenden Orakelworte aus, deren Deutung, deren zum Teil poetische Formulierung wiederum den Männern – Priestern, ersten Poeten – oblag. Das frühere Verhältnis: Männer identifizierten sich mit Frauen, ahmten mimetisch den Geburtsvorgang nach, entmannten sich, um Priester werden zu können (dies wird sogar von Apoll behauptet), schlichen sich in Frauenkleidern in das Priesterinnenamt (ebenfalls Apoll) – dieses Verhältnis ist nun mehr als umgekehrt, die Frau ein Werkzeug in der Hand der Männer. Am Dichter-, Seher-, Priesterberuf, der aus einer magischen Wurzel kommt, kann man am deutlichsten ablesen: Die Frau, einst Ausführende, ist entweder ausgeschlossen oder zum Objekt geworden.

Jahrhunderte sind darüber vergangen. An einer Nahtstelle dieser konfliktreichen Geschehnisse steht Kassandra. Tochter eines Königshauses, in dem die patrilineare Erbfolge gefestigt scheint, ohne daß deshalb die Königin, Hekabe, die, wie manche meinen, aus der matristischen Kultur der Lokrer kommt, schon zur Bedeutungslosigkeit herabgesunken wäre; in dem die Übergangsform des Prinzessinnenraubs durch den Freier (Paris-Helena), weil nur die Frau dem Manne den Thron übergeben konnte, durchaus noch bekannt ist. In dem die alten matriarchalen Kulte neben den jungen Kulten der neuen Götter gepflegt werden mögen, besonders wohl von der ländlichen Bevölkerung, besonders von den niederen Volksschichten. In dem eine junge Frau Priesterin werden kann, kaum noch Oberpriesterin. In dem sie, von Gesichten übermannt, „Seherin" sein, als solche gelten kann, nicht aber offizielle Orakelsprecherin: Männer sind es, die aus dem Flug der Vögel, aus den Innereien der geopferten Tiere die Zukunft herauslesen: Kalchas, Helenos, Laokoon. Eine Kultur vielleicht, die der strikt patriarchalischen der mykenischen Achaier, ihrem strikten Eroberungswillen nicht gewachsen war. Vielleicht war Kassandra „in Wirklichkeit" – ich bitte Dich, kein Einwand, es gab sie! – gar keine Apollon-Priesterin? Oder jedenfalls die Priesterin eines anderen Apollon als des „strahlenden", des „fernhintreffenden" aus dem klassischen griechischen Götterhimmel? Eines älteren Apoll, dem der Beiname „Loxias", der Dunkle, zukam; dessen wölfische Herkunft, dessen Doppelgängertum mit der Zwillingsschwester Artemis den Leuten noch gegenwärtig war. Wie auch Athene, die in einem anderen Tempel der Stadt verehrt wird, nicht die klassische Pallas Athene gewesen sein kann, sondern ein Kult-Symbol auf dem Weg von den chthonischen Ahninnen-Idolen zur jungfräulichen Herrscher-Göttin, die keiner Mutter Schoß, sondern dem Haupte des Vaters Zeus entsprang: Wie der Gedanke, dessen sich die Griechen-Männer, natürlich Intellektuelle, nun annehmen, um ihn in erstaunliche Höhen, in bewundernswerte Abstraktion zu treiben, und der ja auch keine Mutter hat, nur Väter. Scheint es Dir abwegig zu glauben, daß „das Denken", hätten Frauen seit über zweitausend Jahren an ihm mitgedacht, heut ein andres Leben führen würde? (Zu leicht vergessen wir: Die Frau als Intellektuelle gibt es in nennenswerter Zahl erst seit sechzig, siebzig Jahren. Geschichten von ihr, über sie kennen wir, doch ihre Geschichte – eine Geschichte unglaublicher Anstrengung und Tapferkeit, aber auch unglaublicher Selbstverleugnung und Entsagung gegenüber den Ansprüchen ihrer Natur wäre noch zu schreiben. Es wäre zugleich die Geschichte einer der Kehrseiten unserer Kultur.)

„Zurück zur Natur" also, oder, was manchen für das gleiche gilt, zu frühen Menschheitszuständen? Liebe A., das können wir nicht wollen. „Erkenne dich selbst", der Spruch des delphischen Orakels, mit dem wir uns identifizieren, ist eine Losung Apolls: Keiner Göttin einer undifferenzierten Epoche hätte dieser Satz einfallen können – nur daß dem Gott, der neben vielen anderen Beinamen auch den Namen „Hekatos", der ewig ferne, trägt, womit seine „strahlende Reinheit" und die „ewige Entfernung von den irdischen Dingen" gemeint ist – nur daß diesem Gott der edlen Geistesfreiheit, der von seiner Definition her mit der Erde nicht in Berührung kommt, die Selbsterkenntnis, nach der er strebt, verwehrt bleiben muß. Er erhält keine Gelegenheit, sich wirklich-praktisch zu erproben. Die dünnen Regionen, in die er, in die seine Jünger sich voll Berührungsangst zurückziehn – denkend, dichtend, ja –, die sind kalt. Sie brauchen nun Kunststückchen, um dem Kältetod zu entgehn. Eines dieser Stückchen ist ihr Bestreben, sich Frauen als Kraftquelle zu erschließen. Das heißt: Sie in ihre Lebens- und Denkmuster einzupassen. Sie, schlichter gesagt, auszubeuten.

Ich versage es mir nicht, zweieinhalbtausend Jahre überspringend, Dir ein paar Dialogsätze aus dem „Tiefseefisch" von Marie-Luise Fleißer abzuschreiben, zwischen Wollank, einem ehemaligen Fahrradstar, und Tütü, dem Haupt einer literarischen Clique. Zeit: Zwanziger Jahre. Ort: Die Reichshauptstadt Berlin.

WOLLANK: Furchtbar sind diese Frauen, die um Sie herumwimmeln und von denen jede in einer anderen Hilfeleistung erstirbt.

TÜTÜ: Ich sehe nicht ein, warum ich nicht nehmen soll, was ich haben kann. Ich habe daraus ein System gemacht. Alles, was mich anregen kann, wird an mich herangetragen, ohne daß ich einen Finger rühren muß. Alle Kleinarbeit, welche die Nerven unnötig verschleißt, bleibt mir erspart.

WOLLANK: Fürchten Sie sich nicht davor?

TÜTÜ: Wovor fürchten?

WOLLANK: Mann, Sie verkümmern dabei.

TÜTÜ: Ganz im Gegenteil, ich entwickle mich rascher. Die Höhepunkte drängen sich in meinem Leben zusammen, so daß ich es intensiver erfahre. Meine Kräfte werden freigemacht für das Wesentliche ... Meinen Instinkten, Einfällen, meinem Appetit auf das Tun kann ich mit ganzem Einsatz nachgehen.

Liebe A., glaubst Du, daß dies das objektive Denken ist, aus dem eine „objektive" Ästhetik entsteht? Sage Dir alle großen Namen der abendländischen Literatur auf, vergiß weder Homer noch Brecht, und frage Dich, bei welchem dieser Geistesriesen Du, als Schreibende, anknüpfen könntest. Wir haben keine authentischen Muster, das kostet uns Zeit, Umwege, Irrtümer; aber es muß ja nicht nur ein Nachteil sein. Wenige, sehr wenige Stimmen von Frauen dringen zu uns, seit um 600 vor unsrer Zeitrechnung Sappho sang:

Der Mond ist untergegangen
Und auch die Plejaden. Mitter-
Nacht ist's; vorbei geht die Stunde.
Ich aber schlafe allein.

oder:

Einer preist die Reiter, ein andrer Fußvolk,
Einer viele Schiffe als allerschönstes
Gut der dunklen Erde, doch ich: wonach ein
Liebender sich sehnt.

Zu jener Zeit war Lesbos eine der fünf Stätten in Griechenland, in denen es noch Schulen für Mädchen gab – Sappho stand einer von ihnen vor. Sie war eine selbständige berufstätige Frau. Das hörte dann auf, nach der Seherin verstummte, die ihre Nachfolgerin war, die Dichterin, jahrtausendelang. Männer allein übernahmen das ehemals weibliche Amt, besangen den Mond, die Liebe, beklagten die fortschreitende Kälte der Welt, mußten sich, nicht selten, von ihren wirklichkeitsnäheren Geschlechtsgenossen „rührselig", „sentimental", „weibisch" schelten lassen, „realitätsfremd" vor allem. Es wurde, glaube ich, immer schwerer, ein Mann zu sein. „Es ist gut, eine Frau zu sein, und kein Sieger" (Heiner Müller, „Quartett"), hören wir einige von ihnen heute glaubhaft sagen.

Andrerseits: Nur wer Konflikte kennt, hat etwas zu erzählen. Der Chorgesang der Priesterinnen, ganz und gar eingebettet in den Jahresablauf einer wenig differenzierten Menschengruppe, ist ein Hymnos, erzählt wird da nichts. Erst als Besitz, Hierarchie, Patriarchat entstehn, wird aus dem Gewebe des menschlichen Lebens, das die drei Uralt-Frauen, die Moiren, in der Hand hatten, jener eine blutrote Faden herausgerissen, wird er auf Kosten der Gleichmäßigkeit des Gewebes verstärkt: die Erzählung von der Heroen Kampf und Sieg oder Untergang. Die Fabel wird geboren. Das Epos, aus den Kämpfen um das Patriarchat entstanden, wird *durch seine Struktur* auch ein Instrument zu seiner Herausbildung und Befestigung. Vorbildwirkung wird dem Helden auferlegt, bis heute. Der Chor der Sprecherinnen ist verschwunden, vom Erdboden verschluckt. Als Heroine kann die Frau nun Gegenstand der männlichen Erzählung werden. Zum Beispiel Helena, die, zum Idol erstarrt, in den Mythen überlebt.

„Bewundert viel und viel gescholten, Helena" – zum letztenmal zitiere ich Dir den „Faust", leider nicht die ganze Rede der Helena, die – zurück in Sparta, von wo aus Paris sie einst entführte, nach dem Fall der Feste Troia, wieder in der Hand des Gatten Menelaos – sich selber nicht mehr kennt.

Ihr habt in sittelosem Zorn
Unsel'ger Bilder Schreckgestalten hergebannt,
Die mich umdrängen, daß ich selbst zum Orkus mich
Gerissen fühle, vaterländ'scher Flur zum Trutz.
Ist's wohl Gedächtnis? War es Wahn, der mich ergreift?
War ich das alles? Bin ich's? Werd ich's künftig sein,
Das Traum- und Schreckbild jener Städteverwüstenden?

Die Stationen ihrer Wanderschaft durch der Männer Betten werden memoriert, sie unbeteiligt, eine Sache, die man begehrt, verheiratet, entführt, umkämpft. Die Helena wird auf dem Theater immer falsch gespielt, die Regisseure sehen sie als die kokette Männerverderberin anstatt als Spielball; niemand liest, was Goethe sie selbst sagen läßt, und niemand scheint zu glauben, daß dies sein (und ihr) Ernst ist. Der letzte, der sich „inbrünstig" noch zu ihr gesellt hat, Achill.

HELENA:
Ich als Idol ihm dem Idol verband ich mich.
Es war ein Traum, so sagen ja die Worte selbst.
Ich schwinde hin und werde selbst mir ein Idol.

Idol von griechisch „eidolon" = Bild. Das lebendige Gedächtnis wird der Frau entwunden, ein Bild, das andre von ihr sich machten, wird ihr untergeschoben: der entsetzliche Vorgang der Versteinerung, Verdinglichung am lebendigen Leibe. Zu den Sachen gehört sie nun, zu den Res mancipi – wie Hauskinder, Sklaven, Grundstücke, Großvieh –, die der Besitzer durch die Mancipatio, ein Rechtsgeschäft, einem anderen überantworten kann, der seinerseits sie „manu capere", mit der Hand erfassen, der Hand auf sie legen kann. Die „emancipatio" aber, die Entlassung aus der Gewalt des Pater familias, war lange nur für Söhne vorgesehen, und als das Wort endlich, als „Emanzipation", auf Frauen angewendet wurde (heute noch häufig pejorativ: Du bist wohl eine Emanze?), da hat man – und Frau – diesen Begriff, dessen revolutionärer, radikaler Sinn störte und stört, im Sinn von „Gleichberechtigung" gebraucht, heruntergespielt und mißverstanden.

Nun, liebe A., dies ist ein weites Feld, doch bis zu seinem Rande mußten wir wohl kommen, wenn wir uns von dem Stichwort „Kassandra" leiten ließen. Ahnt man, ahnen wir, wie schwer, ja, wie gefährlich es sein kann, wenn wieder Leben in die „Sache" kommt; wenn das Idol sich wieder zu fühlen beginnt; wenn „es" die Sprache wieder findet? Als Frau „ich" sagen muß? Ein generationenbreites Gelände, in dem die schreibende Frau beinah oder wirklich noch verloren geht: an den Mann, an die Männer-Institutionen, Verbände, Kirchen, Parteien, Staat. Wir haben Augen- und Ohrenzeugenprotokolle, wie sie da miteinander reden. Nehmen wir den Mann Elnis, wieder aus dem „Tiefseefisch" der Fleißer, wie er zu der Frau Ebba spricht: Eine Frau, die einen Mann lieb hat, bringt alles fertig. – Innerlich bin ich so zart. – Meine Leiden sind deine Leiden. Wir sind ein Leib und ein Fleisch. – Du sollst keinen Willen haben. Du sollst nicht mehr du sein. Aufsaugen will ich dich doch. – Du mußt ganz hörig werden von mir, und ich muß ganz hörig werden von dir. – Ich habe dich mir gegriffen wie ein Tier sein Weibchen stellt. Ich verteidige meine Beute. Ich werde so scharf über dich nachdenken, daß es dich an meine Seite bannt. – Du wirst vergessen, daß du geopfert wirst. – Ich bin ein Zauberer. – Du mußt mir blind vertraun. Natürlich geht es nicht, wenn ich jemand neben mir habe, der zweifelt. – Mach ein Ende mit dir, wenn du dir leid tust. Häng dich auf, geh ins Wasser! Dann ist eine weniger. – Ich werde noch einen Menschen aus dir machen.

Und was sind, in diesem verlorenen Gelände, die Sätze der Frau? Was kann sie diesem an sich selber kranken Mann entgegenhalten? Etwas wie dies: Ich finde mich in meinem Dasein nicht mehr zurecht. Bin ich kein Mensch, der was spürt? – Du wirst nicht hörig, du nicht. – Es ist furchtbar. – Du würdest die Menschen nicht schinden, wenn du nicht schön wärest. – Ich bin eine Natur, die voraussieht. Ich kann mir was versagen. – Immer muß ich den Abgrund sehn. Ich könnte mir die Augen aus dem Schädel krallen. – Ich will ja anders werden. – Seine Augen klagen mich an. Ich könnte mich von der Erde vertilgen.

Gegen solche Sätze, liebe A., das weißt Du so gut wie ich, läßt sich nicht argumentieren – etwa mit anderen Sätzen, die mit einem „Aber" anfangen. Ich behaupte, daß jede Frau, die sich in diesem Jahrhundert und in unserem Kulturkreis in die vom männlichen Selbstverständnis geprägten Institutionen gewagt hat – „die Literatur", „die Ästhetik" sind solche Institutionen – den Selbstvernichtungswunsch kennenlernen mußte. In ihrem Roman „Malina" läßt Ingeborg Bachmann die Frau am Ende in der Wand verschwinden und den Mann, Malina, der ein Stück von ihr ist, gelassen aussprechen, was der Fall ist: Hier ist keine Frau.

Es war Mord, heißt der letzte Satz.

Es war auch Selbstmord.

Liebe A., ich habe Dir angekündigt, daß das Thema, um das meine Gedanken kreisen, sich schwer begrenzen läßt. Trotzdem, ich werde mich nicht hinreißen lassen, über „die Lage der Frau" zu sprechen, Beobachtungen auszuführen, aus Briefen zu zitieren. Dies müßte wohl einmal geschehen, und sei es, um zu legitimieren, was

Frauen über Frauen und über sich selber schreiben, und was Kritiker nicht wahrhaben wollen. Ich sehe natürlich, daß dieser Legitimierungswunsch immer noch mit der Zwangsidee, sich anpassen oder verschwinden zu müssen, zusammenhängt; auch, daß er zusammenhängt mit der Indoktrination durch den Ästhetikbegriff, dem wir unterliegen, und der nun allerdings hier zur Diskussion steht. Da kommt, nach diesen beinah dreitausend Jahren Stummsein, sporadischen Sprechens höchstens, eine Frau, um zu sagen: Ich sammle nur die Geschichten, die nicht bekannt werden, und nur Geschichten mit letalem Ausgang. – „Todesarten". Liebe A., ich kann es nicht beweisen – für einzelne wohl, aber was beweist der einzelne Fall für eine so summarische Behauptung, wie ich sie hier ruhig einmal aufstellen will: Die Ästhetik, soweit sie ein Gattungs- und Regelwerk, und besonders, wo und wenn sie bestimmte Anschauungen über den Gegenstand der verschiedenen Gattungen, also die „Wirklichkeit" vertritt (die, ich merke es selbst, aber kann mir nicht helfen, immer häufiger zwischen meine Anführungsstriche gerät): die Ästhetik, sage ich, ist, wie Philosophie und Wissenschaft, mindestens im gleichen Maß, zu dem Zweck erfunden, sich Wirklichkeit vom Leib zu halten, sich vor ihr zu schützen, wie zu dem Ziel, der Wirklichkeit näherzukommen.

Meinst Du, die Bachmann wußte nicht, wie Goethe, Stendhal, Tolstoi, Fontane, Proust und Joyce Romane schrieben? Oder sie hätte nicht voraussehn können, auf welche Art entgeistert ein Gebilde wie das, was sie als „Roman" unter die Leute brachte, an allen irgend dafür zuständigen ästhetischen Regeln und Kategorien – auch wenn man sie weitherzig auslegte, doch! – vorbeirauschen mußte und, von keinem einzigen noch so dünnen Netz gefangen, direkt zu Boden gehen? „Madame Bovary bin ich", das hat bekanntlich Flaubert gesagt, und wir bewundern dieses Wort seit mehr als hundert Jahren, und wir bewundern Flauberts Tränen, als er die Bovary sterben lassen muß, und seinen wunderbaren glasklar kalkulierten Roman, den er trotz der Tränen schreiben konnte, und sollen und werden ja auch nicht aufhören mit der Bewunderung. Aber Flaubert *war* ja eben nicht Madame Bovary, das ist doch letzten Endes auch bei all unserm guten Willen und Wissen um die geheime Verwandtschaft zwischen Autor und Kunstfigur nicht vollständig zu übersehen. Die Bachmann aber *ist* jene namenlose Frau aus Malina, sie ist jene Franza aus dem Romanfragment, die ihre Geschichte einfach nicht in den Griff, nicht in die Form kriegt. Die es einfach nicht fertigbringt, aus ihrer Erfahrung eine präsentable Geschichte zu machen, sie als Kunstgebilde aus sich herauszustellen. Talentmangel? Der Einwand entfällt, jedenfalls an diesem Beispiel. Es ist allerdings schwer begreiflich, daß ihr Rang als Künstlerin sich eben auch darin offenbart, daß sie die Erfahrung der Frau, die sie ist, nicht in „Kunst" ertöten kann. Ein Paradox, o ja. „Authentisch" – auch so ein Wort aus der Kunstsprache – nur sein können, indem sie auf den Abstand, den bestimmte Formen geben, verzichtet. Eine Besessenheit muß Worte finden, die sich an das Ritual, das bändigt, nicht halten kann, die sich an nichts halten kann, ungebändigt ist, wild. Eine wilde Frau, man kann nur ratlos die Arme heben; eine andre Art Logik (sie, die wie kaum eine das männliche Denken des Wenn-dann, Weil-darum, Sowohl-als-auch kennt), eine andre Art, Fragen zu stellen (nicht mehr das mörderische: Wer-wen?), eine andre Art Stärke, eine andre Art Schwäche. Andre Freundschaft, andre Gegnerschaft; da stürzen, wohin man blickt, wo man eine Seite aufschlägt, die Alternativen, die unsre Welt, die auch die Lehre vom Schönen und die von der Kunst, bisher gehalten und zerrissen haben, in sich zusammen, eine neue Art Spannung scheint da um Ausdruck zu ringen, in Entsetzen und Angst und in schlotternder Verstörtheit. Nicht einmal der Trost, daß dies noch formbar wäre; nicht im herkömmlichen Sinn.

„Dies"? Was denn? Das Opfer, das seiner Opfer-Funktion inne wird und den Dienst im Ritual verweigert, dessen Ekstase, da es den Schlächter verkannt, ihn geliebt und für den Geliebten gehalten hat, gleichwohl selbstzerstörerisch sein kann. Das Opfer, das ausbricht, anstatt das Angebot des Geliebten anzunehmen, ihm gleich, seine Mitarbeiterin zu werden; dabei aber möglichst anonym, in jedem Fall: Objekt zu bleiben. – Wodurch konnte sie so zerstört werden?, das ist die Frage, die im „Franza"-Fragment der Bruder sich stellt, das einzige männliche, das einzige menschliche Wesen, das die verstörte Schwester um Hilfe anrufen kann; es ist, soweit ich sehen kann, die den Stoff organisierende Frage, die aber leider, ja: leider, nicht objektiv, nicht auf alte oder neue, auch auf die allermodernste Romanweise nicht, zu beantworten ist. Keiner von beiden, nicht die zum Tode kranke Schwester, nicht der Bruder, der soviel begreift, daß er an ihrer Seite bleiben muß – keiner von beiden wird bis zum Ende klipp und klar Bescheid geben können – nicht in den Worten jedenfalls, die uns zur Verfügung stehen. Und auch wir werden eher einen Schrekken erfahren als eine Antwort, oder sollen wir darauf gestoßen werden, daß dieser Schrecken für diese unsre Zeit die Antwort ist, namenloses Entsetzen, und daß wir – Männer und Frauen – nicht fortschreiten, uns nicht lossprechen, uns nicht emanzipieren werden, wenn wir dieses Entsetzen nicht durchleben, wenn wir uns um dieses Grauen herumdrücken wollen?

„Es ist nur schwer zu erzählen", heißt es einmal, in Atemnot, und was dann, aus „Worten, die es nicht gibt", und „aus Worten, die es gibt, weil auf ihnen insistiert wird", was ja dann doch erzählt, zusammengetragen, miteinander verwoben wird, ist ein Gewebe aus den merkwürdigsten, zum Teil weit hergeholten Fäden, man kann es ahnen, wenn zwei Zeilen aus dem Gedicht „Isis und Osiris" von Musil zwischen den Geschwistern als Erkennungs- und Losungswort, auch als Versicherung unbedingter gegenseitiger Verläßlichkeit angeschlagen werden:

„Unter hundert Brüdern dieser eine,
und er aß mein Herz, und ich das seine."

„*Aller* hundert Brüder" heißt es bei Musil, und wer sich der Geschichte des ägyptischen Geschwisterkönigspaares erinnert, der Geschichte der Ausbreitung ihres Kults, der Bedeutung des rituellen „Essens" von Körperteilen menschlicher Opfer, der wird keine Bruder-und-Schwester-Idylle erwarten können. Und doch ist ihr Zusammensein, ihr brüderliches, schwesterliches Aufeinandereingehn, Einanderverfehlen die Gegenwart, die und in der erzählt wird, während das ganz andere, das Wahnsinnigmachende, Unerträgliche, doppeldeutig „Jordanische Zeit" geheißen, nicht miterlebt, höchstens, und auch das nicht gleich, nicht immer, erinnert werden kann. Professor Jordan, mit dem Franza verheiratet war, der berühmte Psychiater, eine höhere Moral, eine Instanz, ein Maßstab, den sie zu dem ihren machen wollte: Dies ist, in allen mir bekannten Systemen, genau der Punkt, an dem die Emanzipation der Frau halt zu machen hat – vor dem Zweifel an diesem Axiom. Der Mann, dem sie sich ergab („Was für eine Schande!"), „konnte keinen Menschen verlängert sehen, über die Grenze hinaus, die er ihm setzte". „Warum bin ich so gehaßt worden, nein, nicht ich, das andere in mir", er hat auch sie, wie alle Menschen, zerlegt, sie war unwissendes Objekt in einem „diabolischen" Versuch, „du sagst Faschismus, das ist komisch, ich habe das noch nie gehört als Wort für ein privates Verhalten", aber „irgendwo muß es ja anfangen", „ja, er ist böse, auch wenn man heute nicht böse sagen darf, nur krank", „er muß verrückt sein. Und es gibt niemand, der vernünftiger wirkt" ... „Ich war, von der Gesellschaft separiert, mit einem Mann, in einem Dschungel, inmitten der Zivilisation, und ich sah, daß er gut bewaffnet war und daß ich keine Waffen hatte." Er ließ sie die Notizen sehen, die er über sie machte, ein wissenschaftlicher Voyeur, so wie es die vielen Voyeurs unter Künstlern gibt. „Er hetzte mich hinein in einen Fall", in das, was sie (und gewiß auch er) ihr „Gehabe" nennt, Zwänge, denen sie mehr und mehr unterliegt, für die es, wie für alles in dieser Zivilisation, „Redensarten" gibt, wissenschaftliche Benennungen, die sie, wie alles, was der Intellekt des weißen Mannes ihr aufzwingen wollte, nun abwirft. „Ich rede über die Angst. Schlagt alle Bücher zu, das Abrakadabra der Philosophen, dieser Angstsatyrn, die die Metaphysik bemühen und nicht wissen, was die Angst ist."

Welchen Stellenwert, frage ich Dich nun, hat die Angst – nicht die Angst in den Lehrbüchern der Psychiatrie, die nackte, blanke Angst, mit der eine gliederschlotternd und schlaflos allein ist, die keiner ihr glaubt: Welchen Stellenwert hat diese Angst, die andauert, in den Lehrbüchern der Werke-Ästhetik, in denen es ja um Selbst- und Stoffbeherrschung geht?

Die Frau, die sich Franza nennt, muß erkennen, daß sie kolonisiert wurde, „ich bin von niedriger Rasse, ... er ist das Exemplar, das heute regiert, das heute Erfolg hat, das von heutiger Grausamkeit (ist), das angreift und darum lebt". Sie hätte es wissen können, aber da sie so lange ausgeschlossen war von seinen Tätigkeiten, trifft es sie, wenn sie nun als seine Kollegin, Mitarbeiterin, Partnerin, Rivalin, Konkurrentin auf den Plan tritt, doch unvorbereitet. Folgen jene Schlüsselsätze, die alle jene Frauen, von denen ich Dir schrieb – Seherin, Dichterin, Priesterin, Idol, Kunstfigur – zusammenbringen: „Man kann nur die wirklich bestehlen, die magisch leben, und für mich hat alles Bedeutung ... In Australien wurden die Ureinwohner nicht vertilgt, und doch sterben sie aus, und die klinischen Untersuchungen sind nicht imstande, die organischen Ursachen zu finden, es ist eine tödliche Verzweiflung bei den Papuas, eine Art des Selbstmordes, weil sie glauben, die Weißen hätten sich aller ihrer Güter auf magische Weise bemächtigt ...

Er hat mir meine Güter genommen. Mein Lachen, meine Zärtlichkeit, mein Freuenkönnen, mein Mitleiden, Helfenkönnen, meine Animalität, mein Strahlen, er hat jedes einzelne Aufkommen von all dem ausgetreten, bis es nicht mehr aufgekommen ist. Aber warum tut das jemand, das versteh ich nicht ..."

Die magischen Zutaten ihrer Welt, das sind zugleich die wirklichsten. Und indem sie diese Zutaten hereinholt in ihr Erzählen, in jenen Kapiteln, die magische, urgeschichtliche Welten heraufbeschwören, in Ägypten, in den der Magie durch die Weißen beraubten Grabkammern, ja, selbst bei ihrem fast magischen Tod durch Erschrecken, ihr zugefügt von einem, der selber krank ist, der das Zu-Tode-Erschrecken der Frau braucht: Der Wiederholungsfall, an dem sie stirbt; indem sie, sag ich, ihre unvernünftige, tödliche Trauer mit Worten umkreist, deren magische Bedeutung unverkennbar ist, nähert sie sich einer anderen Art zu erzählen. Die Weißen, sie sollen verflucht sein, das sind Franzas letzte Worte, und ich, liebe A., und Du wohl auch, wir glauben an die Wirkung solchen Fluchs und müssen alles tun, daß er aufgehoben werde. Schreibend, ja, aber wie denn unter dieser glühenden Vernunft-Sonne, in diesem rigoros bewirtschafteten, vermessenen und enträtselten Gelände, unsrer Güter beraubt, darunter unsrer Worte, die bannen könnten. Auch dies eine Frage, der sich nur weiter fragend näherkommen läßt. Wenn wir nur Zeit gewönnen. Was sagt Kassandra heute, verspottet natürlich, ungehört, für unnormal erklärt, ausgesetzt, dem Tod überantwortet? Sie sagt:

„Die Weißen kommen. Die Weißen gehen an Land. Und wenn sie wieder zurückgeworfen werden, dann werden sie noch einmal wiederkommen, da hilft keine Revolution und keine Resolution und kein Devisengesetz, sie werden mit ihrem Geist wiederkommen, wenn sie anders nicht mehr kommen können. Und auferstehen in einem braunen oder schwarzen Gehirn, es werden noch immer die Weißen sein, auch dann noch. Sie werden die Welt weiter besitzen, auf diesem Umweg."

1981

Kleists „Penthesilea“

Zärtlichen Herzen gefühlvoll geweiht!
mit Hunden zerreißt sie
Welchen sie liebet, und ißt, Haut dann
und Haare, ihn auf.

Heinrich von Kleist,
Dedikation der „Penthesilea“

Die „Penthesilea“ bleibt ein entsetzliches Schauspiel, selbst uns, die wir an Entsetzliches gewöhnt sind. An eine Wurzel des Grauens muß Kleist gerührt haben, daß ihm, über solche anderthalb Jahrhunderte, ein Vorgriff auf unsere nicht leicht zu bewegenden Gemüter gelang.

Wir vernichten, was wir lieben – das ist, auf eine allgemeine Formel gebracht, die Aussage der „Penthesilea“. Recht genau scheint diese Formel auf unsre Zeit zu passen. 1807, als sie doch mit dem Beginn der kapitalistischen Industrialisierung und der rigorosen Arbeitsteilung gerade erst zur Geltung kam, fand sich ein Dreißigjähriger, dessen Lebensformel sie war und dem nichts übrigblieb, als sie auszusprechen. „... der ganze Schmutz zugleich und Glanz meiner Seele ...“

Bezeichnenderweise wurde dieser Satz über mehr als hundertdreißig Jahre, durch verschiedene Kleist-Ausgaben hindurch „verlesen“. Kleists allzu kühne Selbstaussage aus dem Brief an seine vertraute Verwandte, Marie von Kleist in Potsdam, wurde in aller Unschuld veredelt: „Unbeschreiblich rührend ist mir alles, was Sie mir über die Penthesilea schreiben. Es ist wahr, mein innerstes Wesen liegt darin, und Sie haben es wie eine Seherin aufgefaßt: der ganze *Schmerz* zugleich und Glanz meiner Seele.“

Viel, viel lieber Schmerz als Schmutz, das Stück war problematisch genug. – Ein ähnliches Bekenntnis hat Kleist über kein anderes seiner Stücke abgelegt.

Kleist sehe ich beinahe jedes Jahr anders. Einmal gewonnene Nähe kann bis zur Distanzierung schwinden, je nachdem, welcher Zug seines Wesens mir gerade am deutlichsten hervortritt. Er liebte das Versteckspiel, die Mystifikation – falls „liebte“ das Wort dafür ist. Er hatte sie nötig. Der Spionageverdacht, dem er sich öfter ausgesetzt hat, ist vielleicht nichts anderes als ein unvermeidlicher Reflex seiner Umwelt auf seine Gewohnheit, Spuren hinter sich zu verwischen. Dabei muß der Geheimauftrag, in dem er zu reisen schien, nicht notwendig von einem preußischen Ministerium, er könnte sehr wohl von ihm selbst ausgegangen sein, ein innerer Zwang, die wahren Motive für seine Exkursionen, die Ausbruchsversuche sind, sorgsam zu verbergen. Er war im Wortsinn ein „unaussprechlicher Mensch“. Weil in jeder seiner Bewegungen beinahe gleich stark die Gegenbewegung war, brauchte er eine mehr als gewöhnliche Kraftanstrengung für jeden Schritt. Nie blieb er ohne bitterste Zweifel; nie ging er ohne scharfes Schuldgefühl.

Das mag seine Gelassenheit erklären, wenn ihm, und sei es durch unbequemste Umstände, jede eigene Entscheidung abgenommen ist: Als er, zum Beispiel, im Januar 1807 – ausgerechnet zu einem Zeitpunkt, da preußisches Königshaus und Heer gen Osten fliehn – mit zwei Kameraden unbefangen in der Gegenrichtung loszieht und, von Königsberg aus in Berlin eintreffend, alle drei als ehemalige preußische Offiziere den Verdacht der französischen Besatzer wecken, festgenommen, observiert und schließlich als Gefangene unter Spionageverdacht nach Frankreich expediert werden. Kleist habe sich, schreibt der höfliche französische Festungskommandant an die intervenierende Schwester Ulrike, „der Gefahr ausgesetzt, als Spion betrachtet zu werden, als er sich aus dem feindlichen Hauptquartier hinter die französische Armee begab“, deren Befehlshaber Napoleon ist, ebender Kaiser, den Kleist für einen bösen Dämon hält. Nun schreibt er – man muß seine anderen, oft tief unglücklichen Briefe als Gegenbeispiele zu diesem kennen! – von unterwegs an die Schwester: „Ob mich gleich jetzt die Zukunft unruhig macht, so bin ich doch derjenige von meinen beiden Reisegefährten, der diese Gewalttat am leichtesten verschmerzen kann; denn wenn nur dort meine Lage einigermaßen erträglich ist, so kann ich daselbst meine literarischen Projekte ebensogut ausführen, als anderswo. Bekümmere Dich also meinetwegen nicht übermäßig, ich bin gesunder als jemals, und das Leben ist noch reich genug, um zwei oder drei unbequeme Monate aufzuwiegen." Und dies, nachdem er in Königsberg, wieder einmal mit der aussichtslosen Vorbereitung auf ein Staatsamt beschäftigt, unter schweren gesundheitlichen Störungen gelitten und eben deshalb seine Entlassung erwirkt hatte: Die Gefangenschaft befreit ihn von Verantwortung und Rücksichten.

Unter den literarischen Projekten, die er erwähnt, ist, halb fertiggestellt, die „Penthesilea". Alle die Spielregeln, die, verblüffend für uns, damals zwischen den Offizierkorps gegnerischer Seiten noch gelten, sind in dem Stück, das er, auf Ehrenwort bewegungsfrei, in Châlons-sur-Marne zu Ende schreibt, außer Kraft gesetzt. Das Anstößigste, was sich denken läßt, hält ihn besetzt, Kannibalismus aus auswegloser Liebesleidenschaft. In der Geschichte der Amazonenkönigin, die nur lieben darf, den sie besiegt hat, findet Kleist das Material zu einer der vertracktesten Identifikationen, die ich kenne; die ja erst der Funke war, die kalte Glut hinter den Versen der „Penthesilea" zu entzünden.

Den Stoff mag Kleist schon früher gekannt haben, jeder Gebildete seiner Zeit war mit der Mythologie und den Heroengeschichten der alten Griechen vertraut. Der Umgang mit ihnen ist kanonisiert, die „Nachahmung der Alten" gilt als der „einzige Weg" für den zeitgenössischen Künstler, „groß", ja „unnachahmlich" zu werden. Winckelmann hat die Postulate aufgestellt, denen Goethe und Schiller beipflichteten und die eher ein

Harmoniebedürfnis der frühbürgerlichen Aufklärung in Deutschland als Einsicht in die Rolle der Kunst in der griechischen Polis spiegeln: „Das allgemeine vorzügliche Kennzeichen der griechischen Meisterwerke ist endlich eine edle Einfalt und eine stille Größe, sowohl in der Stellung als im Ausdrucke. So wie die Tiefe des Meeres allezeit ruhig bleibt, die Oberfläche mag noch so wüten, ebenso zeigt der Ausdruck in den Figuren der Griechen bei allen Leidenschaften eine große und gesetzte Seele."

Es ist als ob Kleist nicht erst die „Penthesilea", sondern schon den „Amphitryon" dagegen angeschrieben hat. Dem hatte Goethe bereits angemerkt, daß er nicht dazu beitragen würde, Antikes und Modernes zu vereinigen, sondern eher dazu, das Moderne vom Antiken zu trennen. Er dachte wohl nicht, daß Kleist das Ziel nicht anstrebte, an dem der Klassiker seine Produkte maß.

Was menschlich ist, kann man auf zweierlei Weise bestimmen: indem man möglichst viele, auch unheimliche, Erscheinungen des Menschlichen in den Begriff hineinnimmt oder indem man möglichst vieles aus ihm verbannt. Den letzteren Weg gingen die Griechen, und nach ihnen ging diesen Weg die abendländische Kultur; inselhaft, wie der freie Polisbürger, umgrenzt der griechische Philosoph und Tragiker, was zur menschlichen Gesittung gehört; jenseits dieses abgezirkelten Bereichs, der schon die griechische Frau nicht mehr aufnimmt, geschweige Sklaven und Angehörige anderer Völker, beginnt das Niedere, Barbarische. Beginnt der Herrschaftsbereich anderer Götter als der klar gegliederten Götterhierarchie des zwölfköpfigen Olymp. Eine Kenntnis über die allmähliche Verfertigung dieses Götterhimmels in jahrhundertelangen Auseinandersetzungen der Griechen mit einem vielgestaltigen Völkergemisch, das, aus sehr alten matriarchalischen Traditionen her, ganz andere Götter, meist nämlich Göttinnen, verehrte – eine solche Kenntnis können die Autoren um 1800 nicht besitzen. Auch Kleist ist angewiesen auf Quellen wie Benjamin Hederichs „Gründliches Lexicon Mythologicum", in dem er immerhin Varianten zu der Grund-Geschichte der Penthesilea fand: daß sie nach Troia kam, um mit ihrem Heer den Troern gegen die griechischen Belagerer beizustehn; daß zuerst sie es war, die den Griechenheros Achill tötete; daß der aber auf Bitten seiner Mutter, der Meeresgöttin Thetis, von Zeus wiedererweckt wurde und nun seinerseits die Amazonenkönigin erschlug; daß er sich in die Leiche der Frau, die sich ihm zum Kampf gestellt hatte, verliebte. – Daß er also – doch dies ist mein sarkastischer Kommentar – nur eine tote Frau lieben konnte, nicht eine, die ihm widerstand.

Kleist, weit entfernt von Ironie, womöglich noch weiter von Selbstironie, muß in diesen verschiedenen möglichen Enden der Geschichte blitzartig *seine* Lesart des Stoffes gesehen haben, jene Wendung, die ihm erlaubte, sich bis an die Grenzen seiner Natur zu entäußern und sich dabei zugleich hinter einem undurchdringlichen Fabelgeflecht zu verbergen. Ein weiteres, das bisher schärfste Instrument seiner Selbsterforschung, so beschaffen, daß es Intimes, Persönliches, zugleich aber Allgemeingültiges hervorbringen mußte. „Und gilt's den Meisterschuß ins Herz des Glückes, / So führen tück'sche Götter uns die Hand." Penthesilea? Kleist? Oder die Erfahrung einer ganzen Generation?

Die Klassiker wollen keine Götter glauben, die Lust daran hätten, ihre Geschöpfe zu quälen. Ebendies aber ist Kleists Bewußtsein; gutartige Widersprüche sind es nicht, in die er sich verstrickt sieht. Sicherlich hat er die griechischen Tragödien nicht so gelesen, wie wir sie heute nur noch lesen können: als Zusammenfassungen, vorläufige Endprodukte ungeheuerster jahrhundertelanger Kämpfe, in denen die Moral der Sieger formuliert ist, doch hinter der Fabel, die sie diktieren, die Bedrohung durch Älteres, Wildes, Ungezügeltes durchschimmert. Das 18. und frühe 19. Jahrhundert hat, aus unterschiedlichen Gründen, die Rechtfertigungs- und Abwehrmechanismen in den griechischen Tragödien nicht bemerken können; hat sich an ihre Überlieferung gehalten und nicht danach gefragt, wie weit die vom Bedürfnis eines Siegervolkes, einer Klasse innerhalb dieses Volkes geprägt war, was alles sie also ausschließen, verdrängen, verteufeln mußte. Warum zum Beispiel die griechischen Geschichtsschreiber die Amazonensage, die Geschichte von den wilden, wehrhaften Frauen, die an der Nordküste des Schwarzen Meeres – in den skythischen Regionen – und in Libyen Frauenreiche errichtet hätten, in denen Männliches entweder gar nicht oder nur in verkrüppelter und versklavter Form geduldet wurde, derart faszinierte; zwischen Furcht, Abscheu und Bewunderung hin und her gerissen, haben sie sie immer wieder in den verschiedensten Varianten kolportieren müssen. Ihnen war ja die Minderwertigkeit der Frau selbstverständlich, sie hatten ihre Frauen entrechtet, ins Haus verbannt, unschädlich und ungefährlich gemacht. Barbarisch, widernatürlich, angsteinflößend sind ihnen jene Frauen der grauen Vorzeit, von denen es heißt, daß sie sich die Männer, um mit ihnen Kinder zu zeugen, in Raubzügen jenseits der Grenzen ihres Reiches erobern; daß sie nur Mädchen aufziehen, denen die Mütter die rechte Brust ausbrennen, um sie zum Waffendienst mit Lanze und Pfeil und Bogen tauglicher zu machen; daß sie eine Menge Städte in Nordafrika und entlang der kleinasiatischen Westküste gegründet hätten und daß auch das berühmte Heiligtum der Diana in Ephesos von ihnen gestiftet sei. Die großartige Literatur der Griechen kann man auch als eine Literatur unaufhörlicher Verdrängung weiblicher Kultur, weiblicher Lebensansprüche im weitesten Sinne lesen. Die deutsche Aufklärung nun, zunächst begrenzt auf eine schmale Schicht gebildeter Männer, suchte in der Anlehnung an die Alten eine Bestätigung und Befestigung der eigenen Vernunftmoral, die sie über den unvernünftigen, unentwickelten deutschen Verhältnissen aufpflanzte: eine heroische Anstrengung. Daß unter diesen Befestigungen und Eindämmungen, welche Aufklärung und Klassik durch ihr

Ideal der Erziehung zu Humanität gegen das Barbarische, Untergründige, Unbeherrschte der menschlichen Natur aufrichten, ein Strom weiterläuft, von dessen Wildheit und Beschaffenheit sie kaum eine Ahnung haben, zeigt sich mit den Romantikern; zeigt sich an Figuren wie Kleist. Und zeigt sich, vor allem, scheint mir, an einem Stück wie der „Penthesilea".

Auch sie ist eine Aufnahme antiker Themen. Aber anders als in den Werken der Klassiker die Antike ans Licht gehoben wird, bricht hier der Strom, der so lange unterirdisch floß, hervor – reißend, zerstörerisch, zum Entsetzen der am klassischen Humanismusbegriff Gebildeten. „Ich bin nach dem Lesen der ‚Penthesilea' neulich gar zu übel weggekommen", sagt Goethe nach der Lektüre des neuen Stückes; und an Kleist schreibt er, kühl und höflich: „Mit der Penthesilea kann ich mich noch nicht befreunden. Sie ist aus einem so wunderbaren Geschlecht und bewegt sich in einer so fremden Region, daß ich mir Zeit nehmen muß, mich in beide zu finden." Und dies nach dem glühenden Dedikationsbrief Kleists an Goethe vom Januar 1808. „Es ist auf den ‚Knieen meines Herzens', daß ich damit vor Ihnen erscheine", so lautet der berühmte Satz in diesem Brief. Ein indirektes Zitat aus dem Gebet Manasse in den Apokryphen, das sich im Zusammenhang so liest: „Ich habe deinen Willen nicht befolgt und deine Gebote nicht gehalten ... Darum beuge ich nun die Kniee meines Herzens und bitte dich, Herr, um Gnade." Was heißt denn das. Erhebt Kleist den Adressaten des Briefes in Götternähe, nur um ihm im gleichen Atemzug seinen eigenen Ungehorsam gegen seine Gebote und Richtlinien ins Gesicht hinein zu vermelden? Während in der „Penthesilea", wo diese merkwürdig exaltierte Wendung ja auch vorkommt, die so Angeredete sich soeben in grauenhafter Weise vergangen hat; nach ihrer Untat an Achill ruft Prothoe, die Freundin, der Penthesilea zu:

O du,
Vor der mein Herz auf Knien niederfällt,
Wie rührst du mich!

Gibt es also auch ein heimliches Bestreben Kleists, Goethe mit der Gestalt der Penthesilea zu identifizieren? Manche Deutungen wollen in der „Penthesilea" ja nichts anderes sehn als einen Ausschnitt aus dem fortwährenden Zweikampf Kleists mit Goethe. Goethe, der dieses Stück auch als eine Zurücknahme seiner „Iphigenie" lesen mußte: sie, die imstande ist, zwischen den Ansprüchen zivilisierter Menschen und einer barbarischen Göttin zu vermitteln; das Menschenopfer zu verhindern; Aussöhnung zwischen unauflöslichen Widersprüchen zu bewirken: Alle menschlichen Gebrechen / Sühnet reine Menschlichkeit.

Aber Gebrechlichkeit ist Kleists Wort, nicht das des über fünfzigjährigen Goethe. Ach, wie gebrechlich ist der Mensch, ihr Götter! – Dieser Stoßseufzer der Oberpriesterin gehört zu den letzten Zeilen der „Penthesilea". Wie kann dieser Kleist sich die Aufgabe stellen, mit der Summe seiner zusammengerafften Gebrechen über die Summe der Stärken des anderen zu triumphieren? Sein Unglück ist: Er hängt ja an den Werten der Klassiker. Nur: Wenn er sich ihnen nähert, verändern sie sich ihm bis zur schauerlichen Fratze. Der Mensch, der sich an sie zu halten sucht, wird in peinlichste, sogar tödliche Verwirrung gestürzt, Gut und Böse, Recht und Unrecht sind nicht mehr zu unterscheiden, welche Wahl er auch treffen mag: Nach einer der Gesetzesreihen, die er anerkennt, muß er schuldig werden. Kleists Helden, flatternden Gewissens zwischen unsichere Gebote gestellt, die einander ausschließen, aber unbedingten Gehorsam beanspruchen, zerfleischen sich selbst. Kein schöner Anblick. Die Moderne beginnt. Schwer verständlich bleibt uns besserwisserischen Späteren, wie Kleist – ambivalent natürlich auch in seinem Verhältnis zu Goethe, maßlos verehrend, maßlos ehrgeizig ihn herausfordernd –, wie also Kleist auch nur eine Minute lang hoffen konnte, diese „Penthesilea" könnte den Beifall dieses Goethe finden; Goethe, der sein Lebtag nicht von dem Schock loskam, den die anmaßende und beunruhigende Figur des Jüngeren ihm verursacht hat; der noch 1826 über Kleist schrieb: „Mir erregte dieser Dichter, bei dem reinsten Vorsatz einer aufrichtigen Teilnahme, immer Schauder und Abscheu, wie ein von der Natur schön intentionierter Körper, der von einer unheilbaren Krankheit ergriffen wäre."

Ein Fall zwanghafter Verkennung von beiden Seiten, wie er in Kleists Stücken so häufig vorkommt.

Warum aber kann – oder muß – Kleist sein „innerstes Wesen" ausdrücken durch das Schicksal, durch den Mund einer Frau?

Kleist als Mann – dies wäre eine gesonderte Studie. Doch soll man ein so tief und absichtsvoll verschleiertes Geheimnis aufbrechen wollen? Denn, daran ist nicht zu zweifeln, es ist nicht zuletzt seine Sexualität, sein von den üblichen männlich-weiblichen Beziehungen schmerzvoll und auch wieder stolz abweichendes und abgesondertes Dasein, die ihn zu Mystifikationen treiben – ihn, den zugleich ein unwiderstehlicher Drang beherrscht, sich ganz auszusprechen. Dieser Widerspruch regiert, wenn mich nicht alles täuscht, die geheimen Motive zur Ausarbeitung der „Penthesilea": Kleists Ich in einer weiblichen Heldin. Kleist, der, wie manche Biographen für möglich halten, nie eine Frau berührte; der die offensten, sinnlichsten, werbendsten Liebesbriefe an Freunde schrieb; die frühe einzige Braut vor allem bilden und belehren wollte, und zwar nach einem abstrus philiströsen Weiblichkeitsideal; der diese Braut floh, als es unvermeidlich geworden wäre, ihr platonisches Verhältnis zu konkretisieren; der hinter seinem eignen Rükken die Auflösung dieser Verbindung betreibt, indem er sie mit unangemessenen Ansprüchen überfordert; der auch später gerne abreist, wo Frauenfreundschaft in

Frauenliebe überzugehen droht; der manche seiner Reisen mit der Schwester macht: Ulrike, die „Männin", angeblich ein Urbild der Penthesilea; Ulrike, die ehelos bleibt; über die er, das weiß er, verfügen kann, auch wenn seine literarischen Ambitionen ihr fremd bleiben; die in jener Königsberger Zeit um ihn ist, als er mit der „Penthesilea" beginnt – ebenso, seltsamerweise, auch die frühere Braut Wilhelmine, nun als Gattin des Philosophieprofessors Krug ein unverfänglicher Umgang für den oft und gern erscheinenden ehemaligen Bräutigam, der ihre gemütliche Häuslichkeit rein genießt.

Kleist, der im Jahr der „Penthesilea", 1807, von Châlons sur Marne aus seiner Schwester unbekümmert anträgt, sich doch einen kleinen Haushalt einzurichten, so daß er sich bei ihr in Kost begeben könne. „Du liesest den Rousseau noch einmal durch, und den Helvetius, oder suchst Flecken und Städte auf Landkarten auf; und ich schreibe." Folgt einer jener Sätze, deren ahnungslose Unbefangenheit ihre Unverfrorenheit noch steigern: „Vielleicht erfährst Du noch einmal, in einer schönen Stunde, was Du eigentlich auf der Welt sollst." Jedenfalls: „Wir werden glücklich sein! Das Gefühl, miteinander zu leben, muß Dir ein Bedürfnis sein, wie mir. Denn ich fühle, daß Du mir die Freundin bist, Du Einzige auf der Welt!" So steht es als bindende Verabredung in dem gleichen Brief, dessen Nachsatz ungeniert diese ganze Einrichtung wieder umwirft, da sich ihm der Weg nach Dresden, sein eigentliches Ziel, nun doch eröffnet hat. – Eine Frau ist es ja schließlich auch, die Kleist jenen Dienst erweist, den Männer ihm öfter abgeschlagen haben: mit ihm in den Tod zu gehn, indem sie einwilligt, sich von ihm erschießen zu lassen.

Kleist steht am Anfang jener Reihe Dichter, deren Genie sich ganz unbekümmert zur Erfüllung seiner Bedürfnisse und Zwecke der weniger talentierten Frau bedient. Und was sollte er sonst tun; beide, er und die Frauen, sind für diese Rollen zugerichtet. Er, ein wahrscheinlich wenig geliebtes sensitives Kind, früh der Kadettenanstalt ausgeliefert, eingebunden in Familie, Heer, Staat – in Preußen! –, an steilen Prinzipien und Idealen orientiert, früh sich aufreibend in ohnmächtigen Ausbruchsversuchen, in die Kunst nach zähem Widerstand buchstäblich hineingetrieben als der letzten einzigen Zufluchtsstätte – aber wie ungesichert ist die. Er, dem wie in einer ausgeklügelten Dramaturgie alle Alternativen nach und nach zusammenbrechen: Er unternimmt es, mit dieser Dramaturgie der Alternativlosigkeit vor die bestürzten Zeitgenossen zu treten, zerfressen von Ruhmsucht und Ehrgeiz, welche die Kehrseite maßlosen Liebesverlangens sind, immer wieder hoffend, er werde angenommen.

Gerade der Frau aber, die vorbehaltlos alles annimmt, was von ihm kommt, die „Kleisten" in Potsdam; der er über die „Penthesilea" schreibt: „Erschrecken Sie nicht, es läßt sich lesen; vielleicht hätten Sie es unter ähnlichen Umständen vielleicht ebenso gemacht"; die sich begeistert zeigt – gerade ihr muß er mitteilen (Komik unterläuft Kleist fast immer unfreiwillig), dieses Drama sei „für Frauen ... im Durchschnitt weniger gemacht als für Männer", und, seinem Einfall die Zügel lassend: „Wenn man es recht untersucht, so sind zuletzt die Frauen an dem ganzen Verfall unsrer Bühne schuld, und sie sollten entweder gar nicht ins Schauspiel gehen, oder es müßten eigne Bühnen für sie, abgesondert von den Männern, errichtet werden. Ihre Anforderungen an Sittlichkeit und Moral vernichten das ganze Wesen des Dramas, und niemals hätte sich das Wesen des griechischen Theaters entwickelt, wenn sie nicht ganz davon ausgeschlossen gewesen wären." Frappierend, wie Kleist in dieser Klage seine eignen Versuche, weibliche Wesen zu gezähmten Haustieren zu modeln, verdrängt hat; wie er nicht auf die Idee kommt, daß er Ursache und Wirkung verwechseln könnte: Man kann halt nicht über zweieinhalb Jahrtausende die abendländische Frau in eine rigorose und monströse Tugendgesetzgebung einsperren und dann von ihr moralinfreie Anregung der männlichen Kunst erwarten. Der Punkt ist erreicht, an dem die patriarchalischen Strukturen den Männern zum Hindernis werden.

Vor allem aber, beinahe erheiternd, jener Irrtum über die Motive der Griechen, Frauen als Akteure aus dem Trauerspiel zu entfernen: nicht weil sie zu sittsam waren, sondern weil sie einst, als wilde mänadenhafte Frauen bei den Dionysien, allzu ungezügelt einem alten Ritus angehangen hatten – ebenjenem, aus dem die Tragödie der Griechen sich entwickeln sollte –, mußte man sie eliminieren. Die Entstehung des griechischen Theaters, eine der großartigsten und erleuchtetesten Erfindungen, ist ein wichtiger Bestandteil jenes langen, kampf- und schmerzreichen Prozesses der Umwertung der Werte zu einer patriarchalischen Kultur. Kein anderes Stück, das auf uns gekommen ist, spiegelt diesen Prozeß direkter als die „Backchen" des Euripides, das Kleist natürlich gekannt hat und das, überraschenderweise, zu Goethes Lieblingsstücken gehörte. Es spiegelt die Furcht eines Mannes vor einem offenbar uralten Weiberritual: das jährliche Zerreißen und Aufessen des Gottessohnes, Dionysos, oder eben dessen Stellvertreters: eines Knaben, eines Jünglings, später eines gehörnten männlichen Tieres, durch rasende Frauen. Ein Fruchtbarkeitskult, der offenbar bei den Frauen jener von den Griechen kolonisierten Randvölker während der Kolonisierung ihrer Kulte als irrationaler Exzeß immer wieder durchbrach; den der Grieche Euripides aller ideologischer Verbrämung entkleidet und in seiner schauerlichsten Form: die Mutter ißt, in sinneverwirrende religiöse Raserei verfallen, den eigenen Sohn – zum nackten Mord erklärt. Die Gründe für die ausweglose Raserei der Frauen werden nicht erzählt, welche Lebensabschnürung sie zum Wahnsinn treibt, bleibt unsichtbar; fassungslos stehen sie bei Euripides vor einer unverstandenen entsetzlichen Schuld, die unsühnbar ist, aber bestraft werden muß. Bestraft durch den männlichen Gott und sein Gebot der Rationalität.

Was Kleist in der „Penthesilea" heraufholt, ist ein Reflex der alten Angst der Männer vor starken, unkontrollierbaren, verrückten Frauen: Dies ist aber nur ein Aspekt des Stückes; losgelassen ist, in diesen brennenden, doch gebändigten Versen die Angst eines Mannes vor der Entfesselung des Wahnsinns in ihm selbst – eine Art von Wahnsinn, die nach zweieinhalbtausend Jahren männlicher Kultur als „weiblich" erscheinen muß. Wie alle Werke Kleists, mehr noch als die anderen außer dem „Prinzen von Homburg", entspringt dieses Stück dem Schmerz über eine zuckende, niemals heilende Wunde: daß er nicht, wie er es braucht, geliebt wird; daß er nicht lieben kann.

Die „Penthesilea" ist ein Stück, unter dessen Oberfläche immer neue Schichten hervortreten, je nachdem, auf welche Tiefenschärfe wir unsere Augen einstellen. Auch wenn Kleists eigene Seelenlage uns unbekannt wäre – der Kampf der Amazone Penthesilea mit dem griechischen Heros Achill bleibt ein großer Vorwurf. Daß er nicht in Kleists Zeit, daß er nur in der Antike zu finden war, verstand sich von selbst: zwei gleichgestellte, im gleichen Maße handlungsfähige Menschen, Mann und Frau, in Liebe einander verfallen, doch jeder von beiden an das Gesetz seines Volkes gebunden, das zugleich das Gesetz seines Geschlechtes ist: Sie muß – und darf nur – lieben, den die Schlacht ihr zutreibt und den sie besiegt. Ihm ist natürlich, daß die Frau ihm bedingungslos folgt; nur zum Schein kann er sich ihr für kurze Zeit ergeben, und schon dieser Vorsatz macht ihn in den Augen der Gefährten toll. Das Mißverständnis, die Verkennung regieren mit Notwendigkeit die Dramaturgie; als sollten Nord- und Südpol zueinanderkommen, als sollten die beiden Enden eines Magnets zusammengebogen werden: In der Art einer verheerenden Naturkatastrophe entladen sich die unvereinbaren Gegensätze. So gesehen, ist die „Penthesilea" eine Metapher für die hoffnungslose Trennung von Mann und Frau. Eine zweite, nahebei liegende Lesart könnte den Kampf einer

Frau um ihr Recht auf individuelle Liebe hervorheben. Aber natürlich ist das Stück auch, tritt man nur einen Schritt zurück und läßt es als allgemeingültiges Muster auf sich wirken, ein geschlossenes Modell für die Verstrickung eines Menschen in unvereinbare Bedürfnisse und Pflichten, die ihn, mag er sie vernachlässigen oder strikt erfüllen, so oder so zugrunde richten müssen.

Kleists Fall. Aus der Amazonenüberlieferung der Griechen, an sich schon ein Zeugnis für ein patriarchalisch beeinflußtes Verkehrtbild, macht Kleist ein weiteres Negativ, entsprechend einer neuen Stufe männlicher Entfremdung in der ökonomisch produktiver, das heißt: arbeitsteiliger werdenden männerzentrierten Gesellschaft. „Krank"? Mag sein. Doch war es die Zeitkrankheit, an der Kleist mehr litt als andere. Er, im Zentrum seiner Lebenskraft von der Entfremdung betroffen, dem Schreiben verfallen als dem einzigen schmalen Rettungshorizont; äußerste Entfremdung darstellend, deren Opfer er zugleich ist.

Impotenz ist ein nie aussprechbares Stichwort zu den Automatismen, die zwischen den Liebenden ablaufen. Das Noli me tangere – es kann nicht gesagt werden, in Handlungen, die dem Unbewußten direkt entspringen, wird es errichtet. *Wollen* diejenigen, die ihrer Vereinigung derart unüberwindliche Hindernisse entgegenstellen, diese Vereinigung überhaupt? *Können* sie sie wollen? Wird nicht durch die Un*möglichkeit* die Un*fähigkeit* ausgedrückt – eine jener Offenbarungen des „innersten Wesens", die zugleich in tiefster Verborgenheit geschützt bleiben? Viel Schuldgefühl schwingt hinter der Selbsttötung der Penthesilea. „Küsse, Bisse, das reimt sich ..." Freilich in einem anderen, nicht der Norm entsprechenden Liebeskanon als dem, auf den die Frauen und die Männer des beginnenden 19. Jahrhunderts hindressiert sind. Kleist kennt die Aufschwünge und Zusammenbrüche der Penthesilea. Heillos steht sie zwischen zwei Moralsystemen, die für sie ein gleiches Gewicht haben: So auch er. Er kennt ihre Sterbenssehnsucht und Todesentschlossenheit. Und er muß es erfahren haben, wie in dem Augenblick, da man hoffnungslos zwischen den Fronten steht, als ein Irrsinnssignal das Wort „frei“ in einem aufblitzt. Der Penthesilea schleudert es die Oberpriesterin, welche die Ideologie der Ahnin Tanaïs vertritt, wie einen Fluch entgegen:

Frei, in des Volkes Namen sprech ich dich;
Du kannst den Fuß jetzt wenden, wie du willst . . .

Aber noch kann Penthesilea diese Freiheit nicht verwenden. Noch schnürt ihr die Furcht, ihrem Volk zu schaden, jeden Ausweg ab: „Ich will in ew’ge Finsternis mich bergen.“ Freiheit – die Art Freiheit, die hier noch zu haben ist – gewinnt sie erst durch die Untat. Daß sie, zur Raserei getrieben, das Liebste selbst vernichtet hat, reißt ihr die Augen auf. Da sieht sie – nichts. Alles, was sie glaubte, war ein Wahn. Der Göttersturz hat die Welt verwandelt. Himmel und Hölle gibt es für sie nicht mehr. Keine Fessel, kein Glaube, kein Spruch binden sie noch. Vom Gesetz der Frauen, das sie als Person vernichten mußte, sagt sie sich los. Und frevelhafter als alles, was sie tun konnte, so grell, bizarr, pervers es war, ist dann am Schluß ihr stiller glaubensloser Satz: „Der Tanaïs Asche, streut sie in die Luft!“

Also kein Ausweg, keine Möglichkeit, keine Hoffnung? So ist es: Nichts davon. Trauer.

Und eben darum ist der Vorwurf der Barbarei gegen die „Penthesilea“ nicht gerechtfertigt. Wenn die Abschaffung des Menschenopfers, wenn seine Ersetzung im Ritual durch Tieropfer, Zeichen und Symbol, die Loslösung von dem abergläubischen Bedürfnis nach einem Sündenbock ganz gewiß ein, vielleicht *der* Maßstab für Kulturfortschritt in menschlichen Gemeinschaften sein mag, so zeigt ein Stück wie Kleists „Penthesilea“ an, wie bedroht eine auf Einzwängung errichtete Vernunft durch den Wahn ist; wie hauchdünn die Wand ist zwischen fragloser Gesetzestreue und hemmungsloser Gesetzesverletzung – in Gesellschaften, in denen „Aufklärung" eine Verabredung unter Privilegierten, Gebildeten bleibt und Massen von Menschen ein sinnentleertes Leben führen. Das „Unschöne, das Beängstigende", mit dem sich nach Goethes Überzeugung „die Dichtung weder befassen noch aussöhnen könne", verschwindet ja nicht, indem man sich weigert, es wahrzunehmen. Schockierend ist es freilich, auch für uns noch, ein strenges Denk-Tabu, den Kannibalismus unserer Kultur, als Gegenstand der Kunst zu sehen. Die Klassiker, die sich, weil sie es nötig brauchten, ihr humanes Griechenland erfanden, wollen dem ruchlosen Gedanken nicht nachhängen, dem nach Sittlichkeit strebenden Menschen könne einmal der Ausweg verlegt sein. Kleist weiß es. Heute müßte für blind und unempfindlich gelten, wer es leugnen wollte. Unser Jahrhundert hat aus jenen seelischen Hohlräumen, welche Aufklärung und Vernunft nicht berührt haben, Extremismen und Exzesse herausgepreßt, Wahndenken und Wahnsinnstaten, vor denen ein einzelner gräßlicher Mord aus auswegloser Liebesraserei verblaßt.

Goethe hielt dafür, daß keine Position, welche die Kultur errang, je wieder aufgegeben werden dürfe. Bedeutet nun aber die Faszination durch den Mythos, die Wiederheraufholung mythologischer Themen, die Ergriffenheit vom Doppelsinn des Wortes „sacra", das „heilig" wie „verflucht" heißen kann, in der Kunst unweigerlich eine Rückkehr oder auch nur eine Sehnsucht nach früheren, ungegliederten Zuständen? Nach Primitivismen, Atavismen, Barbarismen? Bei Kleist, scheint mir, bedeutet das Penthesilea-Motiv all dieses nicht. Die Untat, der Rückfall in die Barbarei, wird in vollkommener Geistesabwesenheit verübt und trennt die Unselige, als ihr Realitätssinn wieder erweckt ist, für immer von ihrer Umgebung und von sich selbst. Eine Ernüchterung zum Tode, der mit einer Ästhetik scheinhafter Alternativen nicht beizukommen ist. Dieser Penthesilea, diesem

Kleist ist auf Erden nicht zu helfen. „Daß die Poesie das glückliche Asyl der Menschheit bleiben wird", ist, wir wissen es nur zu genau, ein frommer Wunsch des alten Goethe geblieben. Für unser Auge tritt, so seh ich es, aus Kleists Trauerspiel ein Mensch hervor, leidenschaftlich und unbedingt, gebrechlich und verletzlich, mutig und ohnmächtig, fehlbar und der Hilfe bedürftig, verkörperter Schrei nach einer realen Möglichkeit für eine lebbare Existenz.

August 1982

Rede auf Schiller

Schiller? dachte ich, als ich erfuhr, für dieses Jahr sei mir der Schiller-Gedächtnis-Preis zuerkannt. Wie kam ich zu Schiller? Wie kam Schiller zu mir? Jener hagere, überfleißige, über lange Zeit kranke Mann, den ich mir immer als zu groß für die Stuben des Schillerhauses in Weimar an der Esplanade vorstellen mußte; dessen Ferdinand, ebenfalls ein sehr langer Mensch, mit Riesenschritten auf der Bühne meiner Heimatstadt umhergerannt war und dabei lauthals geschrieen hatte; da war ich dreizehn, vierzehn. „Kabale und Liebe" war, nach den Weihnachtsmärchen und der Operette „Frau Luna", das erste richtige Stück, das ich sah. Die Kulissen wackelten, ich kicherte. Ob ich mir, fällt mir eben ein, den Dichter seitdem nach diesem Schauspieler vorgestellt habe? Auswendig lernten wir natürlich die „Glocke" und die Balladen – auch deren Verballhornungen, mit denen sich Generationen von Schülern gegen die tödliche Langeweile der Deutschstunden wehrten. Schiller muß uns als *der* deutsche Dichter offeriert worden sein, denn ich entsinne mich meiner empörten Ungläubigkeit, als nach dem Krieg eine neue Deutschlehrerin in einer anderen Stadt uns sagte, Schillers „Don Carlos" – der erste Text, den wir nun durchnahmen – sei in den letzten Jahren des „Dritten Reiches" nicht nur von den Spielplänen der deutschen Theater, auch aus den Lehrplänen der deutschen Schulen getilgt worden. Sire, geben Sie Gedankenfreiheit.

Meinen Aufsatz über diesen Carlos fand diese Lehrerin, mit Recht, „gestelzt". Ich hatte das Kunststück versucht, auf dem Umweg über Schiller sie zu kritisieren; ähnliches hatten schon andere probiert, die auch nicht offen sprechen wollten oder konnten, unter ihnen Friedrich Schiller; ich kannte sie damals nicht, ich wußte nicht, daß die Methode der indirekten Kritik einen geschliffenen, schneidenden, auch raffinierten Stil hervorbringen kann, aber eben auch einen umständlichen, dunklen, gestelzten. – Während einer langen Krankheit lernte ich dann viele Gedichte von Goethe auswendig, von Schiller nur wenige, unter ihnen das „Lied an die Freude". Fünf, sechs Jahre später lebte ich selbst in Leipzig/Gohlis und sah das Häuschen, in dem er dieses Lied, all seine Freundschafts- und Freudesfähigkeit zusammennehmend, gedichtet haben soll. Ich lernte „Das Ideal und das Leben", skandierte:

Zwischen Sinnenglück und Seelenfrieden
Bleibt dem Menschen nur die bange Wahl.

Solche Antinomien kamen mir gerade recht. Auch hochfliegende Appelle wollten mir einleuchten, wie der an die „Künstler":

Der Menschheit Würde ist in eure Hand gegeben –
Bewahret sie!
Sie sinkt mit euch! Mit euch wird sie sich heben!

Hochfahrende Augenblicke, der Dichter hatte sie zu liefern. Zu fragen, warum dieser deutsche Dichter so deutlich, so häufig auf Beschwörungen im Reich der Ideen angewiesen war, hatte ich noch nicht gelernt. Viele Generationen deutscher Lehrer aber, fürchte ich, entnahmen ihr endgültiges Bild vom „Dichter" genau dieser Ideenakrobatik, die politisch folgenlos blieb und bleiben mußte; die eben, weil sie keinen Boden hatte, derart halsbrecherisch, auch schön und kunstvoll ausfiel. Mir wurde Schiller für Jahre fremd.

Auf der Universität in Jena lasen wir in einer Übung zur Sprecherziehung Thomas Manns Novelle „Schwere Stunde", die mich eigentümlich fesselte, doch nicht so sehr Schillers wegen, wie ich mir schon damals eingestand, sondern wegen der heimlich-unverhohlen betriebenen Identifizierung des einen Autors mit dem anderen. „Das Talent selbst – war es nicht Schmerz?" Ich glaube, die Frage war mir in all ihrer Rhetorik neu. Wurde nicht, empfand ich dagegen, hier eine Absonderung und Erhöhung des Schriftstellers vom Schiller-Typus über „das Gemeine" vorgenommen? „Größe! Außerordentlichkeit! Welteroberung und Unsterblichkeit des Namens! Was galt alles Glück der ewig Unbekannten gegen dies Ziel?" Wie konnte man so undemokratisch fragen? Mir schien es nicht recht, das Glück der ewig Unbekannten gering zu achten. Nein, ich glaube nicht, daß diese steile Sprache mich erwärmen konnte.

Aus den Fenstern jenes Universitätsraumes, in dem wir saßen, blickten wir über die Straße hinüber zum botanischen Garten, ehemals Garten jenes Hauses, in dem Schiller die „schwere Stunde", mit dem spröden Stoff des „Wallenstein" ringend, erlebt haben sollte. Bewundern konnte ich diesen außerordentlichen Menschen – ja. Auch lieben? Thomas Mann hat ihm seine große Rede zum Todesjahr 1955, die er in beiden deutschen Staaten gehalten hat, „in Liebe" gewidmet. Wer es ihm nachsprechen könnte, dachte ich, immer noch mit den Vorüberlegungen zu dieser Dank-Rede beschäftigt, die ich hier würde halten müssen.

Ich will nicht fortfahren, Ihnen meine Begegnungen mit Schiller zu unterbreiten; es ist an der Zeit, zu berichten, daß allein durch den Ort, an dem diese Preisverleihung stattfindet: Stuttgart, immer wieder ein anderer Name als Signal in mir aufleuchtete und sich neben, ja vor den des Gefeierten, Schiller, drängte. Auf die Frage, wen ich zu dieser Feierstunde am liebsten eingeladen sähe, hätte ich zu gerne seinen Namen genannt, den eines langjährigen guten Freundes, des Stuttgarters, der außer Schiller, Hölderlin und ihresgleichen in mir das Bild des Schwaben prägte; und wie gut, dachte ich, kommen die Schwaben dabei weg! Diebisch hätte es ihn gefreut, hierher mitzukommen, mich zu seinem Elternhaus in Untertürkheim in der Annastraße zu führen, zu dem ich nun alleine gehen werde und, wenn ich diese Rede vortrage, gegangen bin. „Gegangen sein werde", hätte er mich korrigieren können, denn die Lust an der Sprachakribie teilte er mit seinen berühmteren Landsleuten; kein Plusquamperfekt, kein Futur II würde er sich ersparen, mir, uns keines schenken; mit den kleinen Ungenauigkeiten, fand er, beginnen oftmals die ganz großen Schweinereien. –

Gut, dachte ich. Da er nun einmal nicht mit mir reisen kann, denn er liegt seit vier Jahren in einem kleinen Ort bei Potsdam begraben; da es mir aber doch ganz unnatürlich vorkäme, aus einem Anlaß wie diesem ohne ihn nach Stuttgart zu fahren, werde ich dort wenigstens von ihm reden. Und Schiller? Keine Bange, sagte ich zu mir selber. Diese beiden Toten werden sich schon finden. Ich müßte versuchen, dem einen, dem Dichter, jene Fragen zu stellen, die dem anderen, meinem toten Stuttgarter Freund, zeitlebens auf der Haut gebrannt haben; diese Wendung ist keine Metapher, sondern wörtlich zu nehmen; als dieser Mann, von dem ich rede, die Klassiker, auch Schiller, las, saß er im Zuchthaus und diskutierte mit seinen Genossen die Gründe für ihre Niederlage. Es waren die Jahre vierunddreißig, fünfunddreißig, sechsunddreißig. Ich weiß nicht, ob es ihnen bewußt war, daß sie auch die Erben jener unreifen Konstellationen waren, mit denen einst der Dramatiker Schiller sich abgeplagt hatte: als Dramatiker; bis hin zu seiner vergeblichen Suche nach einer Zentralfigur, einer nationalen Heldengestalt, die der Darstellung würdig gewesen wäre; bis hin zur Stoffwahl, die fast niemals „deutsch" sein konnte, aus den gleichen Gründen; bis in die Struktur seiner Stücke hinein, für die er künstliche Lösungen finden mußte, da ja das Volk, das seinen Part im Machtspiel der Großen übernommen hätte, das, zum Beispiel, im Schauspiel einen *natürlichen* Chor abgegeben hätte, zu Schillers Lebzeiten in den deutschen Kleinstaaten schlechterdings nicht sichtbar wurde; da es dem, der das Zeug dazu hatte, der große Dramatiker der Deutschen zu werden, durch Abwesenheit das Konzept verdarb. Soviel weiß ich: Nie wäre meinem Stuttgarter Freund der Gedanke gekommen, daß ein Mann wie Schiller vielleicht nach einem Mann wie ihm, wären sie Zeitgenossen gewesen, gierig gegriffen hätte: als Protagonist. So wie er selbst, da er doch einen Anhaltspunkt brauchte, eine Figur, in der er sich erkennen könnte, auf den Joß Fritz der Bauernkriege zurückgriff. Diese Schwierigkeiten bei der Identitätsfindung machen mich nachdenken über die Zeit-Brüche in der deutschen Geschichte: Allzu oft fehlt den Helden die Gegenwart.

Einmal allerdings, gleich beim ersten Stück, heißt es bündig bei Schiller: „Der Ort der Geschichte ist Teutschland". Und einmal gibt es Volk auf der Bühne, Schwaben, behaupte ich: als Räuberbande. In nächtlichen Stunden brütet das der sehr junge Dichter aus, während die Kameraden schlafen, im großen Schlafraum der Karlsschule, wo vor dem vergitterten Fenster weiße Lilien blühen, die der Eleve Schiller gesetzt hat. Diese ganze Einrichtung ist schon zu aufdringlich, als daß ich Lust hätte, sie symbolisch zu nennen. Da sitzt der angehende Regimentsmedicus, immer unausgeschlafen, immer überarbeitet, schreibt Sätze wie diesen: „Stelle mich vor ein Heer Kerls wie ich, und aus Deutschland soll eine Republik werden, gegen die Rom und Sparta Nonnenklöster sein sollen." Zwei Wörter stechen aus diesem Ausbruch Karl Moors heraus: „Deutschland" und „Republik". In den Verhältnissen, unter deren Druck der junge Schiller aufgewachsen ist, gibt es kein „Deutschland", sondern das Herzogtum Württemberg; da gibt es keine „Republik", sondern den Herzog Karl Eugen, der sich selbst zum Vater seiner gepreßten Karlsschüler ernannt hat; da gibt es das Reglement, das Lernen, den Drill, die

Strafen; die Absonderung von den Familien, von der Natur, von den Mädchen; da gibt es die Freundschaftsbünde und -schwüre unter den so genannten Jünglingen. Da gibt es die Bücher. Nation? Freiheit? Republik? Alles Sehnsucht, alles Utopie. Alles (immerhin schon) Literatur.

Mein Stuttgarter Freund war, anders als der frühe Schiller, kein Liebhaber von idealistischen Konstruktionen; er würde, könnte er hier sein, eine Analyse der Verhältnisse liefern, aus denen, ein Jahrzehnt vor der Französischen Revolution, die Idee von einer deutschen Republik herausgepreßt werden *mußte*, ein Phantom, das Phantomschmerz erzeugte. Er würde, pfiffig, vergnügt und vergnüglich, genau, aber nicht pedantisch, beweiskräftig, aber nicht rechthaberisch, seinem Landsmann brüderlich-kollegial die ökonomischen, politischen, ideengeschichtlichen Grundlagen für seine respektlosen Träume unter die Füße geschoben haben, damit er nicht so sehr unbequem in der Luft hängen müßte – hätte hängen müssen – mit seinem gewagten Entwurf vom edlen Räuber. Doch, wie gesagt, die beiden trafen sich nicht. Erst ein und einviertel Jahrhundert nach den „Räubern" konnten in Deutschland Revolutionäre geboren werden, die, wären sie rechtzeitig und umfassend wirksam geworden, der deutschen Geschichte dieses Jahrhunderts einen anderen Verlauf gegeben hätten. Hätten geben können – wahrhaftig, mir geht der Sinn der komplizierten Zeitkonstruktionen in unserer Grammatik auf, indem ich auf dem Fernsehschirm die neuen Scharen in den schwäbischen Wäldern lagern sehe, die man sich wohl nur deshalb nicht „Räuberbanden" zu nennen traut, weil es zu viele sind. Und die, füge ich hinzu, heute in die Wälder gehen müssen, weil die von Luther zu Räubern und Mördern erklärten aufständischen Bauern überall in Deutschland, auch hier in Schwaben, unterlagen: An welchem Faden man auch zieht, es rührt sich das ganze Gewebe.

Schwäbisch-Gmünd ist ja übrigens ein Ort aus Schillers Biographie, wenige Monate nur wohnte die Familie dort, als Friedrich sehr klein war; aber nahebei, in Lorch, ist er aufgewachsen, und sein Nachfolger, denke ich mir, könnte heute unter jenen Scharen sein, auf Schloß- und Marktplätzen, auf den Straßen der Städte; er wird, der heutige junge Schiller, seine ersten Stegreif-Stücke mit Laien inszenieren, die sich, zum Beispiel, auf sein Signal hin nacheinander auf die Straße legen, wie niedergemäht von einer Druckwelle. Oder er wird seinen Mit-Spielern Texte geben, welche die Existenzfragen der heute Lebenden aussprechen, wie der junge Schiller es tat, mit den Existenzfragen seiner Generation: „Über die verfluchte Ungleichheit in der Welt!“ sagt Räuber Moor in der ersten Fassung des Stücks, die Schiller für die Uraufführung in Mannheim zurechtstutzen mußte.

Merkwürdig genug, daß sein Zorn sich nicht gegen die Väter richtet; wahrscheinlich sitzen dem Jüngling seine beiden gestrengen Väter, der eigne und der angemaßte, Herzog Karl Eugen, zu drückend auf der Brust, er konnte und konnte keinen bösen Vater zeichnen. Einen schwächlichen, wankelmütigen, leicht zu hintergehenden Vater brachte er hervor, einen Spielball in den Händen seiner Söhne. Die aber machte er, indem er einen ganzen Mann in der Mitte hindurchhieb, so daß nach jeder Seite eine Hälfte niedersank, die eine gut, die andre böse: die feindlichen Brüder. Karl: „Warum sind Despoten da? Warum sollen sich tausende, und wieder tausende unter die Laune eines Magens krümmen, und von seinen Blähungen abhängen?“ So beginnen die Deutschen zu buchstabieren: Gleichheit, Freiheit – aber eben nicht das Volk, ein Selbsthelfer ist es, der das Alphabet anstimmt – „Das Gesetz hat noch keinen großen Mann gebildet, aber die Freiheit springt über die Palisaden des Herkommens, und brütet Kolosse und Extremitäten aus“ –, ein Kraftgenie: der gute Räuberhauptmann, den man sich ja nun auch in einem Rührstück vorstellen könnte. Da aber zeigt der Realist Schiller seine Instrumente; und auch wenn er sich ins eigne Fleisch schneiden muß, wenn seine Operation an der Figur ihn selbst am meisten schmerzt – unterwegs, mitten im Stück, wandelt er diesen edlen Räuber um in einen Bandenchef: Sein Haufen prägt die Taten, die sie gemeinsam tun. Karl Moor kann nicht gerettet werden; er kann ebensowenig davonkommen wie sein als schurkisch, verschlagen gesetzter, durch Benachteiligung rasend gemachter Bruder Franz, der vom Herr-Sein besessen ist: „Ich will alles um mich ausrotten, was mich einschränkt, daß ich nicht Herr bin." Auf dem Prüfstein der Dramaturgie des Stückes erweist sich das Selbsthelfertum des Sturm und Drang als keine ausreichende Alternative zum Despotismus. Das bringt der junge Schiller heraus. Er läßt alle Personen sterben. Nichts geht mehr. Ein bedeutender Stückeschreiber.

Sein Publikum aber jubelte den Absichten und Reden des Karl Moor zu, und übersah seine Taten; zuallererst jenes Publikum aus Mit-Schülern von Karl Eugens Pflanzschule und Sklavenplantage, die die nächtliche Ruhestörung durch den murmelnden, rappelnden und stampfenden Dichter großzügig ertragen hatten und nun, von einem gemeinsamen Zwangsspaziergang entwichen, im Wald, auf eine Lichtung gelagert, erregt und begeistert dem Ergebnis so unruhiger Nächte lauschen. Ihre Namen sind überliefert, und einer dieser Namen lautet zu meiner unaussprechlichen Genugtuung: Schlotterbeck. Sohn eines Maurers, auch das gab es auf Karl Eugens Musterschule. Was sollte mich hindern, diesen jungen Mann zum direkten Vorfahren meines Stuttgarter Freundes zu machen, ungeachtet der Häufigkeit dieses Namens in Schwaben: denn auch er hieß Schlotterbeck, Friedrich Schlotterbeck, genannt Frieder. Sohn eines württembergischen Metallarbeiters. Jener, der Maurersohn, soll ein tüchtiger Maler und Kupferstecher geworden sein; dieser wurde Tischler und Schriftsteller. Dafür könnte ich mich verbürgen: Auch er hätte sich damals in die Büsche geschlagen, verlockt von der Aussicht, verbotene Literatur zu hören. Ganz andere Gefahren hat er für verbotene Lektüre auf sich genommen, Frieder Schlotterbeck, tief überzeugt von der Wirksamkeit der Worte. Für Flugblätter, auf denen die Wahrheit über Hitler stand, hat er sein Leben riskiert, und in dem Hochverratsprozeß, der gegen ihn anhängig war und ihm zuerst drei Jahre Zuchthaus, dann fast sieben Jahre Konzentrationslager einbrachte, hätte er sich am liebsten mit ganzen Passagen aus Goethes „Faust" verteidigt.

„Die Besten müssen springen in den Riß der Zeit" – diesen Spruch hat er bei der Schulentlassung zur Jugendweihe bekommen; Dutzende, vielleicht Hunderte von Malen mag er in den verzweifeltsten Lagen in ihm aufgeblitzt sein; er hat sich, im Doppelsinn des Wortes, an ihn gehalten. „Lern erst die Tiefe des Abgrunds kennen, eh du hineinspringst", sagt Räuber Moor warnend zu einem neuen Kandidaten für seinen Haufen. „Du trittst hier gleichsam aus dem Kreise der Menschheit – entweder mußt du ein höherer Mensch sein, oder du bist ein Teufel."

Diese falschen Alternativen immer, die direkt aus den unentwickelten Verhältnissen hervorgehn. Frieder Schlotterbeck hatte keine Wahl; er konnte den Abgrund nicht ausmessen, in den er springen mußte, damit er *nicht* aus dem Kreise der Menschheit hinausgeschleudert werde; die Alternative zwischen „höherer Mensch" und „Teufel" war diesem Arbeiter und Kommunisten fremd. Aber ein Erbe seiner schwäbischen Vorläufer war er schon; mehrfach in seinem Leben hat er vor entsetzlichen Alternativen gestanden wie der, zum Verräter zu werden an seinen Überzeugungen, seiner Klasse, dem Sinn seines Lebens, oder, indem er selbst sich dem Zugriff der Gestapo entzog, das Leben seiner Angehörigen aufs Spiel zu setzen. Bis zu diesem tragischen Punkt haben die unerledigten Konflikte, die immer nur halb ausgetragenen Kämpfe, die immer nur halb bereinigten Gegensätze der deutschen Geschichte einen „einfachen" Mann getrieben, einen Mann aus dem Volke, aus jenen Schichten, die endlich einmal in dem Drama, das auf ihre Kosten ausgetragen wurde, nicht durch Abwesenheit glänzen wollten. Kein schwacher Vater hemmte ihn. Ein entschlossener, klassenbewußter Arbeiter brachte ihn auf den Weg, dem er übrigens 1969 hier in Stuttgart-Untertürkheim in der Sängerhalle bei einer Gewerkschaftsfeier die Gedächtnisrede hielt. Er sagte von ihm: „Er war überzeugt, daß es keine kleinen Leute gibt, sondern daß sie klein gemacht werden, daß niemand einfach ist, sondern jeder Mensch einmalig und unverwechselbar." – Kein feindlicher Bruder hat ihn auszuschalten versucht: sein jüngerer Bruder Hermann hat, getreu der Familientradition, im Widerstand gearbeitet wie er selbst; und weil der ältere in die Schweiz entkommen konnte, wurde er für ihn umgebracht. „Alle, die Schlotterbeck hießen oder unter diesem Namen geboren waren und einige ihrer vertrautesten Freunde mußten sterben." Vater, Mutter, Bruder, Braut. Die deutsche Sprache, an ungeheuerlichen Vorgängen geübt, versagt. Frieder Schlotterbeck schickt den Toten Worte nach, die er bei Schiller gelesen haben könnte: „Die Toten hier starben für die Würde des Menschen, für sein Recht auf Persönlichkeit, um ein bißchen Freiheit."

Da schien die deutsche Klassik endlich angekommen; da wurde der Beweis für ihre Wirksamkeit erbracht: Im Volk wurde gestorben für die Werte, die sie aufgerichtet hatte. Eine späte, makabre Begegnung zwischen Geist und Ohnmacht. Leute, die ein Schiller gar nicht kennen konnte, brauchten ihn. Der Menschheit Würde war in *ihre* Hand gegeben. Kein Feiertagsgeschenk. Als Ausgestoßene und Verfolgte hatten sie sie zu verteidigen. Immer wieder habe ich in Frieder Schlotterbecks Autobiographie die Schilderung seiner illegalen Wege durch das Leipzig des Jahres 33 gelesen; da mag er die lange verwitterten Spuren eines Dichters gekreuzt haben, dem hier eine vielleicht unsterbliche Zeile eingefallen war. Freude, schöner Götterfunken. Kein Gedanke daran. „Fröstelnd stampfe ich den Schneematsch. Wo bleibe ich heute nacht?"

Jetzt fange ich an zu fabulieren, entwerfe eine rückwärtsgerichtete Utopie. Hätte es zu Karl Moors Zeit etwas anderes als diesen Räuberhaufen gegeben als Betätigungsfeld für seinen Freiheitsdrang; wäre da auch nur die mindeste Chance gewesen, aus dem Studentenulk und -grobianismus der Roller, Spiegelberg, Schweizer, Schusterle und Razmann eine Studenten*bewegung* zu entwickeln – dann wäre Karl Moor kein Räuber geworden in den böhmischen, sprich schwäbischen Wäldern; sondern, zum Beispiel, der Kopf einer bürgerlich-republikanischen Partei; immer noch gefährdet, natürlich, an Leib und Leben; keineswegs gerettet. Aber jedenfalls kein Außenseiter, den seine verquere Übermenschenideologie zum Ungeheuer machte: „Da steh ich am Rand eines entsetzlichen Lebens und erfahre nun mit Zähneklappern und Heulen, daß zwei Menschen wie ich den ganzen Bau der sittlichen Welt zugrund richten würden." Was bleibt? Das Opfer, wie so oft im deutschen Trauerspiel. Geopfert wird die Frau, Amalie, dann opfert der gescheiterte Held sich selbst, befangen in dem verhängnisvollen Irrtum, so „die beleidigten Gesetze versöhnen" und die „mißhandelte Ordnung wiederum heilen" zu können. Geht und gibt sich in die Hände eines armen Tagelöhners, der „elf lebendige Kinder" hat und sich durch die Auslieferung des Räubers Moor das Geld verdienen soll, das auf dessen Kopf gesetzt ist. *Auch* eine Lösung der sozialen Frage! *Auch* ein Zusammenschluß der Unterdrückten und Geknechteten! *Auch* eine Form der Solidarität! – Wenn das kein deutscher Stückschluß ist . . .

Ad infinitum, möchte man manchmal denken. Immer wieder der Riß. Immer wieder eine genialische, oder rebellische, oder einfach junge, wache, nachdenkende Jugend, sich spaltend, soweit sie bürgerlich ist, in den braven und den bösen Bruder, neuerdings auch in die brave und die böse Schwester. Immer wieder wird ihrem Unbedingtheitsstreben vom Establishment der Weg in die von ihr nicht als sittlich empfundene bestehende Weltordnung verlegt. „Wißt ihr auch, daß man uns auskundschaftet?“ muß schon Roller, kurz eh er Räuber wird, die Mitstudenten fragen. Und immer mal wieder – beim Fehlen einer starken revolutionären Bewegung – die Abstoßung, Ausgrenzung, die Flucht in die Sekte, Gruppe, Bande. Der Bruch mit der überkommenen Moral, die, das kann nicht bestritten werden, eine Doppelmoral ist; mit den ihnen schrecklich werdenden Vätern. Immer mal wieder der edle Terrorist. Greuel, Untaten und die Strafe dafür. Stuttgart-Stammheim, steinernes Zeugnis von Alternativlosigkeit.

Aus den Ortsnamen, die Friedrich Schlotterbeck in seinem Erinnerungsbuch nennt, ließe sich eine Karte der Zuchthäuser, Gefängnisse, Konzentrationslager um Stuttgart herum anlegen: Welzheim, Bad Cannstatt, Rudersberg, Ludwigsburg und selbstverständlich auch der Hohe Asperg, auf dem zur Zeit des jungen Schiller der Dichter Schubart einsitzt und wo es, kurz eh Schiller unter falschem Namen als Flüchtling sein Vaterland, Württemberg, verläßt, zu einer traurig-farcehaften Begegnung zwischen den beiden deutschen Schriftstellern kommt. Den einen hat sein Herzog ins Gefängnis entführen lassen. Dem andern gibt er den entscheidenden Stoß zum Verlassen seiner Heimat, indem er ihm das Publizieren verbietet. Der „naturwidrige Beischlaf der Subordinaten mit dem Genius“ hat ein Ende.

Schillers Stück hatte, wie Literatur in Zeit-Brüchen immer, mit lange und sorgfältig verdrängten Tabus aufgeräumt; es enthält aber auch jenen Hauch von Zukunftsvorwegnahme, ohne die kein Stück überdauern würde. Nehmen Sie nur den folgenden kurzen Dialog zwischen zwei Todgeweihten, die sich durch Übertreibungen und Prahlerei Mut machen müssen:

Karl Moor: Es fehlt doch an Pulver nicht?
Schweizer: Pulver genug, die Erde gegen den Mond zu sprengen!

Wenn dies nun aber ein realistischer Wortwechsel zwischen praktisch denkenden Männern über die Verwendung eines real existierenden Potentials geworden ist, mag es höchste Zeit sein, an neue Stücke zu denken. Deren Dramaturgie kann nicht mehr, scheint mir, auf dem „Ich oder Du“, dem „Entweder – Oder“, auf Überwindung oder Tod des einen der feindlichen Brüder durch den anderen angelegt sein; sie sollte eher acht geben auf jene Kräfte, die zwischen den Stiefeln der Kämpfenden aufzukeimen beginnen und meist von ihnen zertreten werden.

In Schillers erstem Stück kommt die arme, zwischen den Männern hin- und hergezerrte Amalie nicht aus, ohne in dem einen der Brüder Moor den Leibhaftigen, im anderen ihren Gott zu sehen: unfreiwillig gibt sie so preis, was ihr fehlt, die eigne Mitte.

Mein Freund Frieder Schlotterbeck, Ihr Landsmann, der mit Haß und gegen ihn gerichteter Feindschaft, ja Vernichtungswut Erfahrungen gemacht hat, die ich nicht einmal andeutungsweise zu beschreiben wage, hat nie die Versuchung in sich gespürt, seine Feinde zu verteufeln. In Hitler und seinen Mannen hat er nie den Teufel und Teufelsbrut gesehen. Er hat sich auch keinen der Götzen geschaffen, von denen die Bewegung nicht frei blieb, der er angehörte: auch sie gezeichnet durch die Geschichte der Deutschen, deren Produkt sie ja ist, anfällig zu Zeiten für irrationale Handlungen, deren eine Frieder Schlotterbeck wiederum, diesmal durch die eigenen Genossen, unter falschen Anschuldigungen ins Gefängnis brachte. Auch das, besonders das, hat er bis in seine letzten Tage hinein zu analysieren versucht, nie hat er sich dazu hinreißen lassen, historische Vorgänge zu dämonisieren. Heute weiß ich, woher er diese uns Jüngeren oft unglaubliche Freiheit nahm: Er hatte keine Angst mehr, auch nicht vor möglichen Überraschungen durch sich selbst; er kannte sich. Und: Nicht eine Spur von dem, was er bekämpfte, war in ihm; an diesem Mann hatte der deutsche Faschismus keinen Anteil.

Nichts, was er in sich selbst niederhielt, war er gezwungen, als Teufel aus sich herauszustellen; er war durch und durch Mensch, geschichtliches Wesen, ganz und gar entdämonisiert. Konflikt- und friedensfähig. Heute ginge er wohl mit dieser neuen Kraft, die sich Friedensbewegung nennt.

Wenn jemals, liegt der „Riß der Zeit" jetzt für jedermann offen, und er geht, nicht zufällig, wie ich anzudeuten versuchte, durch das ehemalige Deutschland. Müssen „die Besten" wieder einmal „springen"? Oder sollten sie versuchen – vorsichtig, behutsam, in kleinen Schritten –, ihre Landsleute vom Abgrund zurückzuführen? Wobei darauf zu achten wäre, daß der Entzug der Droge „Verteufelung des Feindes", womit ja zu beginnen wäre und wozu, wie Sie bemerkt haben, diese Rede einen kleinen Beitrag liefern möchte – daß dieser gewiß anstrengende und beunruhigende Entwöhnungsvorgang nicht *zu* anstrengend, *zu* beunruhigend würde . . . Daß nicht die Faszination durch den Abgrund die lästige Mühe, nüchtern und rational die Fülle der unerledigten Probleme anzugehen, überwältigte.

Denn: Paradiese sind, wenn dieser nächste, so umsichtig, sorgsam, umfassend und zielstrebig vorbereitete Krieg verhindert wird, an seiner Stelle nirgends zu versprechen. Die Zukunft, auch ohne Krieg, nicht strahlend. Keine schnellen Veränderungen. Also der Status quo als das allein Wünschbare?

Sein deterministisches Denken, der „morastige Zirkel der menschlichen Bestimmung", den er für erwiesen halten will, gibt Franz Moor das Recht auf seinen platten Egoismus: „Der ist ein Narr, der wider seine Vorteile denkt". Wenn aber das nackte Vorteilsdenken der einen Seite nicht nur den Untergang der anderen, auch den eigenen Untergang hervorbringt, hat es sich erledigt. Vorteilhaft ist dann nur noch ein Denken, das den wohlverstandenen Vorteil aller Seiten im Auge hat. Und vorteilhaft, scheint mir, also realistisch handeln diejenigen, die zwischen den zum Zerreißen gespannten feindlichen Polen unbefangen (aber welch Wunder ist heute Unbefangenheit!) ihren Lebenswillen demonstrieren und dabei und dadurch ihre Lebens*fähigkeit* erzeugen: vorteilhaft auch für die anderen, die jene heute noch ignorieren, bespötteln, verdächtigen, verfolgen, einsperren. Auch für die, zu ihrer Rettung proben sie doch, indem sie Widerstand leisten, jene neuen Formen eines Miteinanderseins, die, so flüchtig und schnell zerstörbar sie sind, allein imstande scheinen, den status quo zu verändern und etwas wie Hoffnung in die eiserne Logik, die festgefahrenen Strukturen des Dilemmas „Geschichte" einzuschleusen. Ich hätte Lust, mich auf die Dramaturgien einzulassen, die sie uns vorschlagen. Ein Leben, das sich nicht auf *Über*leben reduzieren ließe; zu dem Schreiben, Reden gehören. Daß Franz Moors schauerlicher Satz nicht zur Prophezeiung werde: „Es war etwas und wird nichts – heißt es nicht ebensoviel als: es war nichts und wird nichts und um nichts wird kein Wort mehr gewechselt."

November 1983

Essays und Reden
II

Ein Besuch

1

> Ich habe weiß blühende Nelken mit Blütenstaub von rot blühenden befruchtet und umgekehrt; die Samenkörner, die ich daraus gezogen habe, brachten mir Nelken von gemischter Farbe.
>
> *Giorgio Gallesio, 1816*

Darin soll also eine Lebensarbeit bestehen: jahraus, jahrein Hunderttausende von Pflanzen in die Hand nehmen und mit geschultem Blick oder mühsam durch Zählung winziger Bestandteile diejenigen erkennen und aussondern, die in irgendeiner Hinsicht anders sind als die anderen Glieder ihrer Familie?

Der Mann, dem ich gegenübersitze, lächelt. Bei mir, sagt er, war es meistens *Antirrhinum majus*, das gewöhnliche Gartenlöwenmaul. Mein Lehrer hat es mir als Versuchsobjekt vermacht, wenn Sie so wollen. Es mutiert so schön, wissen Sie. Jedenfalls kann man es dazu bringen.

Ich sage gleich, daß ich nichts von Genetik verstehe. Nun ja, die Mendelschen Gesetze, von der Schule her: Wenn man weiß blühende und rot blühende Erbsenpflanzen miteinander kreuzt, tauchen unter den Nachkommen weiß, rot und rosa blühende Individuen in einem bestimmten Zahlenverhältnis zueinander auf.

Also fragen Sie, sagt mein Gegenüber. Genetik? Vererbungslehre. Das Gen ist eine – übrigens ziemlich kleine – Einheit der lebenden Substanz, die sich fortpflanzen, sich also selber abbilden kann.

Ich bin nicht sicher, ob anderer Leute unwissende Fragen ihn wirklich interessieren können. Noch weniger kann ich sagen, was mich hierhergetrieben hat, in das große, holzgetäfelte Direktorzimmer mit den drei riesigen Tischen und den Wänden voller Bücher. Bei mir wird es wohl die Neugier sein, die gewöhnliche Neugier, auf gut deutsch gesagt. Der lateinische Fachausdruck, den es natürlich für sie so gut gibt wie für das schlichte Löwenmäulchen, der hat sich nicht eingebürgert. Die Einteilung der menschlichen Leidenschaften, die immer mal wieder versucht worden ist, hat sich nie so lange halten können wie des ordnungsbesessenen Schweden Linné solide Systematik der Natur. Wie sauer mag es dem aber angekommen sein, seinen sicheren, selbstgewissen Jugendsatz im Alter unter Zweifel stellen zu müssen: „Wir zählen so viele Arten, wie verschiedene Formen von Anbeginn geschaffen wurden."

Die Biologie ist eine dramatische Wissenschaft, an Tragödien reich, von unglücklichen Zufällen durchsetzt. Mehr als einmal mußte in kritischer und gefährlicher Lage das Galileische *Und sie bewegt sich doch!* um der einfachen wissenschaftlichen Wahrheit willen gesprochen werden. Der Sprecher fand sich immer, letzten Endes. Aber wie viele vergebliche, wie viele steckengebliebene Anfänge! Wie viele Irrwege und Fehldeutungen! Welch zähes Festhalten an einer irrationalen Wunschvorstellung, der Schöpfungsgeschichte, Symbol für die geheime Hoffnung der Menschen, daß es ihnen erlaubt werde, im verantwortungsfreien Stadium der Unmündigkeit zu verharren. Nichts könnte deutlicher den Schrecken und die Angst des Mannes zeigen, der nicht mehr umhinkonnte, die Fakten aus der Naturbeobachtung richtig zu deuten, als die Tatsache, daß er zwanzig Jahre lang sein umwälzendes Wissen für sich behielt: Darwin. Und nie ist dieser Mann, der Entdecker der Evolution, der doch nicht genau wußte, wie „Gottes schöpferische Hand" wirklich eingreift, auf seinen Zeitgenossen Gregor Mendel getroffen, obwohl sie beide zu gleicher Zeit in London waren.

Gregor Mendel, der in Erkenntnis, daß anders kein Aufschluß zu gewinnen sei über „die Entwicklungsgeschichte der organischen Formen", ein Versuchs- und Forschungsprogramm auf sich nahm, zu dem nach seinen eigenen Worten „allerdings einiger Mut gehörte"; der jahrelang die so glücklich gewählten Erbsen miteinander kreuzte, das Wiederauftreten oder Verschwinden genau festgelegter Merkmale in den Tochtergenerationen beobachtete, auszählte und schließlich voraussagen konnte: da formulierte er seine Gesetze. Gregor Mendel, der Stiftskapitular und Oberrealschullehrer: statistische Gesetze für die Vererbung einzelner Merkmale, womit behauptet war, daß der Organismus in Merkmale und Eigenschaften sich zerlegt, die auch einzeln vererbbar sind – die Grundlage moderner experimenteller biologischer Forschung. (Heute wissen wir: Viele tausend Gene hat ein Individuum wie die Drosophila oder Taufliege; alle verschieden, jedes zusammengesetzt aus Tausenden von Atomen; jedes in der Lage, viele Merkmale zu beeinflussen; und andererseits: Viele Gene beeinflussen *ein* Merkmal. Auf weniger komplizierte Weise hat das komplizierte organische Leben sich wohl nicht entwikkeln können.) Gregor Mendel – welch ein Leben! –, der vor beinahe genau hundert Jahren seine kostbare Schrift einem Kollegen zuschickt: „Die anerkannten Verdienste, welche Ew. Wohlgeboren um die Bestimmung und Einreihung wild wachsender Pflanzenbastarde erworben haben, machen es mir zur angenehmen Pflicht, die Beschreibung einiger Versuche über künstliche Befruchtung an Pflanzen zur gütigen Kenntnisnahme vorzulegen." Diese Schrift findet man später unaufgeschnitten in der Bibliothek des dem Außenseiter Mendel wenig geneigten Kollegen. Die gütige Kenntnisnahme findet nicht statt, nicht zu Lebzeiten des Abtes Mendel, der in Kirchenkämpfe verwickelt wird und einsam und bitter stirbt.

Mendels Schicksal werde ich dargestellt finden, nüchtern und sine ira et studio, in der „Kurzen Geschichte der Genetik", die der Mann geschrieben hat, dem ich gegenübersitze. Jetzt, während es in seinem Arbeitszimmer erst dämmrig, dann dunkel wird, während ich mit Genugtuung registriere, daß die Spatzenschüsse draußen auf den Institutsfeldern endlich abgestellt sind – die Spatzen gewöhnen sich offenbar schneller an den rhythmisch wiederholten trockenen Knall als wir Menschen –, jetzt fällt mir nach vielen Jahren wieder meine blonde, schüchterne, leicht errötende Biologielehrerin ein, die Worte wie „Pollen", „Samen", „Befruchtung" kaum über ihre sorgfältig geschminkten Lippen brachte, der es aber nichts ausmachte, uns an Hand überdeutlicher Schautafeln die naturgewollten Vorzüge der nordischen vor jeder anderen, vor allem der semitischen Rasse einzuimpfen und uns Abscheu vor jeder Rassenmischung beizubringen ...

Mir wird Wein angeboten. Wieder fällt mir auf, daß der Mann, mit dem ich spreche, nicht notwendig Wissenschaftler sein müßte; als Landwirt, als Züchter, als Förster kann man ihn sich vorstellen – was er alles war oder ist –, als einen Menschen jedenfalls, der sich viel im Freien aufhält und zu dem es paßt, daß er die Morgen- und Abenddämmerung als unentbehrliche Quellen der Inspiration lobt – wenn man die Ruhe und die Geduld habe, sie immer wieder wirklich zu erleben. Er kennt die Reihenfolge der Farben, wie sie am Morgen auftreten und am Abend verschwinden. Man begreift: Naturgefühl ist ihm nicht verschwommene Stimmung, sondern Genuß aus exakter Beobachtung und Kenntnis.

Die unbestimmte Hoffnung, die mich hierhergeführt hat, ist wichtig genug, daß sie auf jede mögliche Weise genährt und, wenn möglich, genauer bestimmt wird. Also werde ich lernen müssen, manche Wörter zu verstehen, mit denen dieser Mann umgeht, werde über Hybriden und Nukleinsäuren und genetischen Code und Evolution und Mannigfaltigkeitszentren lesen, über dominante und rezessive Erbanlagen und die befremdenden, wenig einleuchtenden Vorgänge der Mutation.

Fragen aus der Entwicklungsgeschichte des menschlichen Denkens werden noch einmal auftauchen. Sind die schwarzen Menschen Afrikas von der Sonne verbrannte weiße Menschen? Was wußte Goethe über die Vererbung, als er schrieb:

Vom Vater hab ich die Statur,
des Lebens ernstes Führen,
vom Mütterchen die Frohnatur,
die Lust zu fabulieren.

Welche Erfahrung hatte eigentlich der schlaue Jakob aus dem ersten Buch Mose (dem alles Gesprenkelte aus der Herde seines Schwiegervaters Laban zufallen sollte), daß er Labans Vieh gesprenkelte Stäbe in die Tränke legt, über der die weiblichen Tiere empfangen, auf daß sie gesprenkelte Junge zur Welt brächten? „Aber in der Spätlinge Lauf legte er sie nicht hinein. Also wurden die Spätlinge des Laban, die Frühlinge des Jakob." So wurde, wenn die Bibel die Wahrheit sagt, Jakob ein reicher Mann. Und so manche schwangere Europäerin glaubt noch im 20. Jahrhundert an die bösen Folgen des „Versehens" auf ihr ungeborenes Kind ...

Man kann den Eindruck nicht loswerden, daß die Erkenntnisse um so zögernder sich einstellen, je stärker sie uns selbst betreffen, je dichter sie uns auf den eigenen Leib rücken (oder auf die eigene Seele). Da war die gewiß tief unbequeme Relativitätstheorie schon gesichert, die den gewohnten dreidimensionalen Raum auf unerhört neue Art mit der vierten Dimension, der Zeit, verknüpfte, als man immer noch im unklaren darüber war, mit Hilfe welcher konkreten, materiellen Trägerkörper die Tochter der Mutter ähnlich wird. Die *Großen Fragen*: Woher kommen wir? lösen sich unterderhand in hundert kleine Fragen auf: Wie geht von den Ausgangspunkten der Entwicklung in der Zelle die Differenzierung zu Merkmalen und Eigenschaften vor sich? Der Sturm auf die Barriere, die vor das Mysterium der Vererbung gesetzt zu sein scheint, ist mühsames Vordringen in winzigen Schritten. Vielleicht, daß ein unbewußter innerer Widerstand die letzten Schritte verzögert hat – Schritte, vor denen diese Wissenschaft nun steht: Eingriffsmöglichkeit in das so und nicht anders gewordene Individuum, das uns durch Tradition und Erziehung als

Innerstes, Eigenstes, Unantastbares und Unberührbares vorkommt, als das Tabu aller Tabus.

Mir scheint, sehr gerne sprechen auch die Biologen nicht davon. Auch der Mann nicht, der mich aufgefordert hat, ungehemmt zu fragen. Ja, sagt er zögernd. Was erfindbar ist, wird erfunden werden. Erfundenes wird mit Sicherheit angewendet. – Also doch: gezielte Eingriffe in die menschliche Erbmasse? – Die Frage ist ihm zu direkt. Soweit sei man noch lange nicht. Eines Tages allerdings . . . Ja. Es werde dahin kommen.

Ich sehe ihn noch einmal genauer an. Ein Landwirt? Züchter? Förster? Ein fünfundsechzigjähriger Mann, dem gewisse Erfahrungen ins Gesicht geschrieben sind? Ich bin froh über sein Zögern. Mit einem, der nicht weiß, was er da in der Hand hat, der nicht davor erschrickt, ließe sich kaum darüber reden.

Da fällt mir das Wort wieder ein, das mich neugierig machte, damals bei jenem ersten Besuch, der zufällig war. Das Wort, das nie am nüchternen Tag, auf einem Versuchsfeld oder in einem Labor zum Vorschein gekommen wäre; aber nachts gegen zwei, als wir alle genug getrunken hatten, sagte der Gastgeber, der Direktor des Instituts für Kulturpflanzenforschung in Gatersleben, der Älteste in unserem Kreis – sagte also auf eine fast nebensächliche Frage jenes beinahe unpassende Wort: *Abenteuer*. Da war es, daß eine vage Hoffnung in mir aufkam, die ich noch nicht beim Namen nennen kann, und der Zwang, ihr nachzugehen, im buchstäblichen Sinn des Wortes, bis sie womöglich formulierbar wird. So versuche ich, sie mit Fragen einzukreisen, die mir selbst zu oberflächlich sind, aber mit einem Zipfel muß man immer anfangen: Herr Professor – ging es Ihnen mit diesem Institut eigentlich von Anfang an um die Verkörperung einer Idee?

Ja, sagt Hans Stubbe. Von Anfang an. Einer Idee, die mir schon lange zu schaffen machte.

2

> Im Gegentheil, es bestehen Thatsachen, und zwar sehr überzeugende, welche beweisen, daß in der That infolge irgendwelcher unbekannter Umstände sich aus der befruchteten Eizelle trotz dem Gesetze der Vererbung ein seinen Eltern so unähnlicher Organismus entwickeln kann, daß wir ihn, sowohl der Gesamtheit seiner äußeren Merkmale nach, als auch mit Rücksicht auf sein Vermögen, dieselben erblich zu übertragen, für eine besondere Art halten können.
>
> *S. Korschinsky, 1901*

Gatersleben. Oase im alten deutschen Saatzuchtzentrum am Ostrand des Harzes. Hinter Magdeburg verläßt man bei Kroppenstedt die Fernverkehrsstraße einundachtzig und kommt unter die . . . leben-Dörfer: Zeugnis für die Wanderungen und Siedlungsgründungen nordgermanischer Stämme. Wenige Kilometer vor Quedlinburg, so nahe dem romantischen Mittelgebirge, biegt die Straße nach Gatersleben ab. Obstbäume links und rechts, dahinter Rüben- und Kartoffelfelder, große Schläge von Produktionsgenossenschaften und Volkseigenen Gütern, tiefer Horizont, mehr Himmel als Erde. Flachwellige Gegend, nach Norden vom alten Braunkohlengebiet begrenzt. Nicht, daß das Herz gerade höher schlüge, aber es stimmt zu. Nüchtern, nützlich, notwendig – Landschaften, wie sie seit eh und je ganze Völkerschaften ernähren.

Von dem Flüßchen Selke hat man nie gehört, auch nicht von den Scherbenfunden im Selketal aus der Zeit der Band- und Schnurkeramiker; noch weiß man nichts von den mehr als tausend Jahre alten Kulturschichten, auf denen Burg und Dorf Gatersleben errichtet sind. Von Wissen und Vorurteil unbelastet, fährt man an Institutsschild und Pförtnerhäuschen vorbei. Da man im Leben selten der Verkörperung einer Idee begegnet, erkennt man diesen Glücksfall nicht gleich, wenn er doch einmal eintritt. Die angenehme Empfindung, die man registriert, kommt von dem schönen Sommertag, von gepflegten Grünanlagen zwischen hellen modernen Gebäuden.

Erst auf den Versuchsfeldern wird man aufmerksam, wenn man allmählich begreift, daß hier jeder Halm, jedes Pflänzchen die Ehre genießt, von Doktoren und Professoren der Biologie persönlich gekannt zu werden. Man wundert sich ein bißchen: Ausgerechnet für diese merkwürdige Tomatenpflanze mit den kirschgroßen Früchten, extra für jene paar hundert Stengel kurzgranniger Gerste scheinen die Wissenschaftler sich diese ganze schöne, großzügige Anlage ausgedacht zu haben: die Baumgürtel und Heckenstreifen, die den Nordostwind abhalten und das Mikroklima der Gegend verändert haben, die Straßen, Wege und Pfade, die bis zu dem kleinsten Feldviereck führen, die ganze glückliche Veredelung und Verwandlung auf den früheren Getreidefeldern der ehemaligen Domäne Gatersleben.

Schon anders sieht man nun die Wohnsiedlungen, die zum Institut gehören und deren Straßen nach Darwin oder Haeckel oder Correns heißen. Ihre Häuser sind nicht älter als zehn, fünfzehn Jahre. (Die Pioniere aus den Gründerjahren haben primitiv im alten Gutshaus gewohnt, aber die neuen Mitarbeiter können, wenn sie nicht im Ledigenheim bleiben wollen, nach ein, zwei Jahren mit einer Wohnung rechnen.) Gespannter wirft man nun durch die Mikroskope einen Blick auf Bakterien, die so freundlich sind, sich für die Erforschung ihres genetischen Materials besonders gut zu eignen. Aufmerksamer verfolgt man in der Kantine Diskussionen der jungen Wissenschaftler: Ob zum Beispiel der Name ihres Instituts überhaupt noch zu Recht bestehe; was denn die mikrobiologischen Experimente des einen, die zytologischen Untersuchungen des anderen um alles in der Welt mit „Kulturpflanze“ zu tun hätten? Jemand malt eine Spirale in die Luft, die sich nach unten verengt: so wurde die genetische Forschung auf immer winzigere Objekte geleitet, von ganzen Organismen zu Zellen, Mikroben, Bakteriophagen und Viren . . .

Wenn Fachleute sehr nüchtern bleiben, geraten Laien leicht in Vibration. Es reizt uns, sie aus der Reserve der wissenschaftlich allzu gut begründeten Überlegenheit zu locken, wir bekommen Lust auf Provokationen. So wächst zum Abend hin die Spannung, die Gesprächen günstig ist – jener Abend, an dem wir, Autoren und Wissenschaftler, zusammensitzen und die seltene Gelegenheit nutzen, einander zu „ergänzen". Jener Abend, an dem schließlich, zu vorgerückter Stunde, jenes ungebräuchliche Wort „Abenteuer" fallen soll. Vorher aber erledigen wir in großzügiger Laune die Menschheitsfragen, an erster Stelle natürlich die ungeheuren Probleme der *Vierten Großen Naturwissenschaft*, der Biologie. Unwidersprochen lassen wir die Biologen ihre Disziplin neben die Schrecken und die Wunder der Menschheit stellen, neben Atomphysik und Astronautik. Gegen Wunder sind wir ja alle etwas abgestumpft, sind zu sicher geworden, daß sich schon erfüllen wird, was man uns an Wunderbarem prophezeit. Wie sollten auch die Biologen tatenlos zusehen, daß in Zukunft ein bedeutender Teil der explosiv wachsenden Menschheit an Nahrungsmittelmangel zugrunde geht? Sie werden gewiß zur rechten Zeit die unerhört ergiebigen Weizensorten aus ihrer Wunderkiste holen. So schwer kann das schließlich nicht sein, wer hätte nicht in seiner Schulzeit von der Umwandlung von Sommer- in Wintergetreide gehört, wer seine Phantasie nicht an der „Erziehung der Hirse" entzündet?

Das sehe uns ähnlich. Fehlte bloß noch, daß wir ihnen mit der Vererbung erworbener Eigenschaften kämen. – Einer kam ihnen damit. Der Streit brach aus, ein milder, harmloser Nachhall der erbitterten und gefährlichen Auseinandersetzungen um die Lyssenkoschen Theorien in den fünfziger Jahren. Wir waren sogar etwas verstimmt. Wie gelegen wäre es uns gekommen, wenn die unübersehbare Mannigfaltigkeit des organischen Lebens schön planmäßig auf ein Ziel gerichtet durch Anpassung an die Umwelt hervorgebracht worden wäre ... Statt dessen belehrt man uns, daß man zuerst nicht über die Veränderlichkeit, sondern über die Kontinuität der biologischen Formen zu staunen habe; über den komplizierten Mechanismus, der es den Genen ermöglichte, sich immer wieder selbst zu reproduzieren, und der bis vor kurzem noch unbekannt war. Übrigens funktioniere er nicht immer, wie er solle. Fehler passierten, Ungenauigkeiten, winzige Abweichungen: *Mutationen*, ihrerseits erblich. Unter ihnen wählt die Umwelt (im weitesten Sinne verstanden) die ihren Bedingungen günstigsten, lebensfähigsten, angepaßtesten Individuen aus: dies ist Darwins *natürliche Auslese*, die am Ende doch den Schein von Planmäßigkeit erweckt, weil sie zu biologischer Vervollkommnung führt.

Wir begriffen, daß Darwin schwankte: Dies sollten die einzigen Triebkräfte jenes gewaltigen Vorgangs sein, den er Evolution genannt hatte? Wir begriffen, daß man es lange nicht glauben wollte und nach vernünftigeren Erklärungen suchte. Eine Wissenschaft mit einem so außerordentlichen Grad an Unwahrscheinlichkeit... Von den seltenen Zufällen sollte die Vielfalt des Lebens herrühren, von den Abnormitäten, den Abweichungen vom Gewöhnlichen?

Und das alles in derart kurzen Zeiträumen! sagt einer der jungen Biologen in einem Ton, als habe er selbst diese unglaubliche Technik erfunden. Diese lumpigen zwei Milliarden Jahre, die das Leben auf der Erde gebraucht hat, um sich zu entwickeln! Ja, zum Glück: Die Natur macht Sprünge!

Da geht mir auf, was die Gaterslebener reizt. Da ahne ich den Grund ihrer fast übertriebenen Fürsorge für diejenigen unter ihren Zöglingen, die es sich glücklicherweise einfallen lassen, aus der Reihe zu tanzen; für dasjenige unter tausend garantiert gleichartigen Pflänzchen, das plötzlich keine Lust zeigt, dem Gesetz zu folgen, nach dem es angetreten: das Weizenhälmchen, das sich überraschend unempfindlich gegen den Befall mit Mehltau zeigt, das Löwenmäulchen, das auffällig mehr Samen produziert als seine Geschwister, die Tomate, die kräftigere Stengel entwickelt als ihre Mit-Tomaten vom gleichen Stammbaum. Sich selbst und der natürlichen Auslese überlassen, würden sie sich durchsetzen oder auch nicht – jedenfalls würden sie viel Zeit brauchen. Hier, auf den Feldern von Gatersleben, werden sie mit Genugtuung entdeckt, sorgfältig ausgesondert, ihre Samen werden wie Kostbarkeiten gesammelt und neu ausgesät, die Tochterpflanzen werden gepflegt und vor Fremdbestäubung geschützt, peinlich genau, hoffnungsvoll und mißtrauisch werden sie beobachtet: Wird Ihre Majestät *die Mutante* Charakter zeigen? Halten, was sie in der Elterngeneration versprach? Auf ihren neuen Merkmalen bestehen? Ausgangsmaterial werden vielleicht für eine neue, gegen Mehltau resistente Weizensorte? Für die lang gesuchte, auf großen Feldern anbaufähige Buschtomate, die man nicht Pflanze für Pflanze mühsam hochbinden muß? Oder sollte der Glücksfall vorliegen, daß die Zufallsmutation Schlüsse auf den genetischen Stammbaum einer hochgezüchteten Kulturpflanze zuläßt, deren Wild- und Frühformen man in ihrer ganzen Mannigfaltigkeit durch gut überlegte Rückkreuzungen vielleicht wieder hervorbringen könnte? Wie es, das sagt man uns, mit der Gerste geschah, zwischen deren Dutzenden von Formen verschiedenster Entwicklungsstadien wir eben noch nichtsahnend spazierten. Oder – was der unscheinbaren Lupine in den letzten dreißig Jahren passierte: wird doch noch einmal die Möglichkeit auftauchen, aus einer Wildform durch sorgfältige Auswahl und Züchtung günstiger Mutanten in kurzer Zeit eine gezähmte, hoch kultivierte, hoch nützliche Kulturpflanze zu konstruieren?

Ich will neue Pflanzen schaffen! Wann mag dieses Ziel in dem Mann aufgetaucht sein, der als Direktor des Instituts in denselben Eifer verfällt wie seine jungen Mitarbeiter? Wann mag er es in dieser fast vermessenen Form für sich formuliert haben? Erinnert er sich daran? An den Stoß, den es ihm versetzt hat? Er sagt es nicht an jenem Abend. Man weiß nicht, ob er an die von ihm geschaffenen Pflanzen manchmal denkt. Wir aber sagen skeptisch, auch, weil Wissenschaftler eher reden, wenn man ihnen mit Skepsis kommt: *Natur nach Maß!* – Na und? Was denn sonst? Wer auf der Welt könne es sich denn noch leisten, diese schneckenhaft langsame, oft in Sackgassen sich verrennende Natur sich selbst zu überlassen!

Wir haben sie soweit, die Biologen lassen sich hinreißen. Sie hören auf, in hochmütigen Chiffren mit uns zu reden („... in den spezifischen Reihenfolgen der Stickstoffbasen entlang dem DNS-Faden im Chromosom liegt ein hoher genetischer Informationsgehalt ..."). Sie gehen aus sich heraus, es wird lauter, das kalte Büfett vertrocknet, sie bringen schließlich, wenn auch ironisch, wenn auch abwinkend, Wörter hervor wie dieses: *Das biologische Zeitalter.* Nie davon gehört? Aber es breche an, sagen sie gegen Mitternacht. Unaufhaltsam. Frage sich nur: Ist die Menschheit bereit, es zu empfangen, ohne Schaden zu nehmen an Leib und ... Jetzt hätt ich beinahe *Seele* gesagt. Aber die ist ja zum Glück Ihr Revier. Da geht der Streit von neuem los: Hie Materie – da Seele; hie Wissenschaft – da Kunst; hie meßbare Ergebnisse, Ökonomie, Macht – da Unwägbares, Überflüssiges, vielleicht Unnützes.

Ich denke mir, sagt der Mann, der wohl schon eine Weile neben mir sitzt, daß es schwierig sein mag: nie was beweisen können; immer von Meinungen, Geschmäckern, Subjektivitäten abhängig sein. Tatsächlich: das *Und sie bewegt sich doch* spricht sich leichter, wenn man *gesehen* hat: sie bewegt sich.

Was ist das mit Ihren verrückten Mikroben? frage ich. – Nun ja, die lassen schon allerhand mit sich anstellen. Wenn Sie so direkt fragen: Man ersetzt zum Beispiel gewisse Segmente ihres genetischen Materials durch andere. Man repariert schadhafte Stellen. Man überträgt Erbgut von einem Stamm auf einen anderen – das heißt: man schafft willkürlich, gezielt neue Organismen.

Und weiter?

Was wollen Sie hören? Daß man sich bemüht, diese Ergebnisse an höherentwickelten Individuen zu wiederholen? Natürlich. Das tut man.

Gelassenheit und Ungeduld. Lebenslange Beschäftigung mit der Biologie erfordert einander widersprechende Eigenschaften. Gelassen mit Jahrmillionen rechnen, ungeduldig sein mit den unvollkommenen Resultaten dieser Millionen Jahre. Ehrfurcht und Vermessenheit. Fehlte eins von beiden oder wäre es zu schwächlich, man würde müßig anbetend vor dem Gegebenen stehen oder den Gegenstand der Wissenschaft – Bios, das Leben – dreist als willkürlich manipulierbares Objekt nehmen. Was liegt dazwischen? Der Wunsch, sich selbst, den Menschen, ein bißchen ins Spiel zu bringen? Ein bißchen Lieber Gott sein wollen? Ein bißchen mehr Tempo, Vollkommenheit, Nützlichkeit und Verwendbarkeit in die große, aufreizende Gleichmut der Natur einzuschmuggeln?

Was liegt dazwischen, Herr Professor? – Was man so fragt.

Mein Gott, sagt er. Was schon. Eine Erfahrung vielleicht. Daß es nie aufhört, ein *Abenteuer* zu sein – nicht?

3

> Das entscheidende Merkmal wissenschaftlicher Forschungsarbeit: der Vorstoß in das Neue, nicht Voraussehbare, die schöpferische Entdeckung.
>
> *Hans Stubbe, 1963*

Früher, sagte Hans Stubbe, führte ich ein Büchlein mit mir, in das ich Einfälle, Ideen, Pläne eintrug: mehr, als ich je hätte verwirklichen können . . .

Je bedeutender ein Wissenschaftler ist, um so genauer weiß er, daß er als einzelner heutzutage selten etwas Endgültiges finden wird, erst recht nicht ganz und gar Neues, was seiner Wissenschaft eine unerwartete, bestürzende Richtung gibt – obwohl auch unser Jahrhundert für diesen Vorgang Beispiele liefert. Doch hat jeder Wissenschaftler eine Vision davon, ein Vorgefühl, auf welchen Platz in der Front, die gegen das noch Unbekannte vorrückt, er sich stellen will (oder kann, oder muß): dorthin, wo der Zusammenprall zwischen dem Menschengeist und der durchaus ungeistigen Natur am heftigsten, die Gefahr, sich zu irren, dabei draufzugehen, am größten ist; ins Mittelfeld, wo die großen Brokken von vorn weiter untersucht, zerkleinert und handhabbar gemacht werden; oder dahin, wo es ans Ordnen, Benennen, Katalogisieren und Auswerten geht: „wissenschaftliche Gewerbetreibende", eine Spezies, auf die mein Gastgeber nicht gut zu sprechen ist, deren anscheinend unaufhaltsame Ausbreitung er mit Zorn sieht. Hat das etwas zu tun mit der fast unvermeidlichen Ungerechtigkeit des reifen, erfahrenen Wissenschaftlers gegenüber den jungen?

Er scheint nicht der Mann zu sein, den die Vorstellung, daß in der Gaterslebener Wohnsiedlung eine Straße einst seinen Namen tragen wird, im mindesten beschwichtigen könnte. Er steht am Fenster seines Arbeitszimmers, hat hinter sich die Bücherwände mit den Namen von Autoren, von denen er viele kennt, viele ihn kennen und schätzen; er hat ein Fach mit eigenen Arbeiten: man könnte den Stapel fast in Metern messen; er ist kein ewig Unzufriedener, aber seine Beklommenheit ist echt. Er sagt: Gewisse Quellen in mir sind durch jahrelange Verwaltungsarbeit verschüttet; es gibt keine Garantie dafür, daß sie wieder aufspringen werden. – Er trauert jenem schlichten Büchlein nach, das er nicht mehr in der Tasche trägt. Er weiß schon genau, was er machen wird, wenn er dieses Institut, das ohne ihn nicht da wäre, einem Jüngeren übergeben hat. Aber er kennt auch den Preis – wer, wenn nicht er, sollte ihn kennen? –, den der Forscher an den Wissenschaftsorganisator zahlt. Mindestens seit zwanzig Jahren hat er in einer Spannung gelebt, die andere müde gemacht hätte. Die Vision, die er von seinem Leben hatte, muß stark gewesen sein: sie hat überdauert. Zufällig treffe ich ihn zu einer Zeit, da er sich fragt, wie er mit seiner Vision umgegangen ist (denn, wie er weiß: solche Visionen sind nicht dazu da, vollständig verwirklicht zu werden, sondern dazu, immer Stachel zu bleiben, uns immer weiterzuführen).

Der Direktor bittet seine Sekretärin, *das Album* zu bringen. Wir blättern zu dritt. Die ersten Bilder überzeugen mich: Hier war früher nichts. Dreck, Lehm, Mondlandschaft. Der Institutsleiter und die Sekretärin erinnern sich an jede Phase des Schöpfungsaktes. Warum aber gerade hier, in einer Gegend, die heute noch fernab vom Verkehr liegt, so daß unter den Frauen der Wissenschaftler das unschöne Gespenst „Inselkoller" umgeht? War das Zufall? – Eine Kette von Zufällen, sagt der Direktor, die schon verdächtig an Nicht-mehr-Zufall erinnert. Das Institut, oder jedenfalls sein Vorläufer, war seit 1943 zuerst in Wien. Da wurden wir gegen Kriegsende zu stark bombardiert. Wir mußten unsere wichtigen Samenbestände verlagern. Als merkwürdiger Treck, einer von vielen, zogen wir im Frühjahr fünfundvierzig quer durch Europa. Warum ausgerechnet hierher? Zufällig kannte ich in dieser Gegend einen Züchter, der uns Unterkunft angeboten hatte, vor allem Gewächshäuser. Die lagen in Quedlinburg und gehörten zu den Forschungseinrichtungen der Saatzuchtfirma Gebr. Dippe AG. Wir, die Menschen, erwarteten in einem Gasthof das Kriegsende. Die Besatzungsmächte wechselten in dieser Gegend. Seit 1. Juni 1945 hatten wir in Sachsen-Anhalt sowjetische Besatzung.

Da Sie auf Zufälle versessen sind: nun ja, zufällig saß ein Biologe in der sowjetischen Militäradministration von Halle, Schüler eines berühmten sowjetischen Genetikers. Es war nicht schwer, ihn für uns zu gewinnen, er verstand ohne viele Worte, was wir vorhatten. Er hatte ein Interesse daran, daß unsere Forschungen in Gang kamen. Zufällig war diese gottverdammte Domäne Gatersleben noch nicht aufgeteilt – hätte sie nicht wenigstens ein bißchen näher an der nächsten Eilzugstation liegen können? Jedenfalls kriegten wir sie und fingen endlich an, unsere Samen auszusäen.

Später wurden wir der Akademie der Wissenschaften angeschlossen. Wir konnten ein paar entscheidenden Leuten in der Regierung unsere Idee plausibel machen: ein Institut, das die wichtigsten Disziplinen der Biologie – Systematik, Ökologie, Genetik, Zytologie, Physiologie, dazu Biochemie und Biophysik – sozusagen unter einem Dach vereint; das allen diesen Forschungsgebieten die großen, wertvollen Samensortimente zur Verfügung stellt, die wir nun mal haben (1945 fingen wir mit dreitausendfünfhundert Kulturpflanzensippen an, heute haben wir es auf etwa zweiunddreißigtausend gebracht: das zweitgrößte Sortiment der Welt, nebenbei gesagt). Ein Institut, das Grundlagenforschung sinnvoll mit praxisbezogener Forschung für die Landwirtschaft verbindet; das, zu guter Letzt, die Wissenschaftler der verschiedenen Richtungen zur Gemeinschaftsarbeit zusammenführt und sie von den Nachteilen zu enger Spezialisierung und Isolierung weitgehend befreit. Dies war die Idee, nach der Sie immerzu fragen.

Nach und nach bekamen wir die Mittel, die zur Verwirklichung nötig waren. Jetzt hieß es: bauen. Wenn eine solche Sache ins Rollen kommt, kriegt sie ihr eigenes Gewicht. Jahrelang mußte ich, ob ich wollte oder nicht, mehr Bauherr als Biologe sein.

Na – und da haben wir es nun, das *Institut*!

Aber auf unseren Fotos sind wir noch beim alten Gutshaus. Da wohnten die Samenvorräte und die Wissenschaftler unter einem Dach, und die Mikroskope, soweit es welche gab, standen in provisorisch geweißten Räumen, die man zu Labors ernannte. Auf den Dienstbesprechungen zerbrach man sich den Kopf über den Gemüse- und Obstanbau – für die Mitarbeiter an einer verrückten Idee, die sich hartnäckig „Institut“ nannte. Wenn ich recht unterrichtet bin, verarbeitete man die Wolle der großen Schafherden dieser Gegend sogar zu

Textilien für frierende Biologen und Laboranten und deren Familienangehörige ...

Auch hier verändern sich die Stimmen, wenn sie auf *jene Zeit* zu sprechen kommen, die Pionierzeit, die Anfangszeit, die herrlich schwere Zeit, die mit Recht geliebt wird. Nichts war fertig, nichts besaß man außer Opfermut – so stellt es sich heute dar. Dabei, sagt der Institutsleiter, handelten wir weniger heldenhaft als zweckmäßig und taten das Nächstliegende: Was blieb uns denn anderes übrig, als erst Gewächshäuser, dann Wohnungen zu bauen! Wenn die Lage ist, wie sie bei uns nun mal war, tut man am besten, eine gewisse Freiheit durch Einsicht in die Notwendigkeit zu erwerben. Auf den Fotos wiederholt sich immer wieder das Motiv: Baugruben. Aber die Hintergründe ändern sich, wie mit Zeitlupe belichtet. Plötzlich wachsen da Grünstreifen, wo früher Feld war, Pflanzungen, die es früher nicht gab, sind hochgekommen, zugleich mit Gebäuden, die auch neu sind. Das hier – ist das eigentlich noch die Systematik? Aber nicht doch, Herr Professor: das muß schon die Genetik sein. – Richtig. Wir Genetiker hatten an uns zuletzt gedacht.

Der Institutsleiter, zwanzig Jahre jünger, im Gespräch mit dem Architekten. Fünfzehn Jahre jünger bei einer Richtfestrede. Zwölf Jahre jünger beim Umtrunk mit den Bauarbeitern. Joppe, Knickerbocker, Jägerhut. Wie wir die Seiten umblättern, schmilzt die Zeit hinweg. Das Wort jenes Abends, das Wort „Abenteuer" habe ich in Stubbes Arbeiten vergeblich gesucht. Ein anderes fand ich dafür, fast ebenso ungebräuchlich: *Leidenschaft*. Ich vergleiche das Wort mit den nüchternen Vorgängen auf den Bildern. – Meine Güte, sagt der Mann neben mir, haben wir Ärger gehabt! – Ärger? sagt seine Sekretärin, in dem Ton, in dem langjährige Sekretärinnen mit ihrem langjährigen Chef sprechen: Haben Sie es denn anders gewollt? – Er schickt sie weg und klappt das Album zu.

Und die Mitarbeiter? frage ich. Sollten sie von alleine zugelaufen sein? Da kriege ich merkwürdige Lebensläufe zu hören. Die Zeit hat sich kräftig in die reine Naturwissenschaft eingemischt. Der eine, sagt der Direktor, hat mich von Wien aus begleitet und ist geblieben. Den zweiten habe ich in einem Gefangenenlager hinter dem Ural aufgestöbert. Der dritte saß im Westen und mußte stark überzeugt werden ... Wer kam, wurde genommen, zimperlich konnten wir nicht sein. Mit der Zeit rüttelt sich das alles zurecht. – Was er nicht erzählt, sehe ich vor mir: das Zurechtrütteln. Die endlosen Sitzungen mit der Kaderleitung in irgendwelchen wahrscheinlich noch primitiven, verqualmten Räumen, Aussprachen mit Unzufriedenen, Mahnungen an Nachlässige, zähes Verteidigen von Leuten, auf die man baut und die einen dann doch enttäuschen, Vorurteil gegen andere, die sich dann ordentlich halten. Dazwischen immer wieder: Aufbegehren. Was bin ich denn nun eigentlich: Wissenschaftler oder Seelsorger, oder was? – Geschichten könnte ich Ihnen erzählen!

Dann kommen die Jungen. Einer von ihnen kommt 1951/52 unter der Bedingung, daß er hier endlich in großem Stil seine Tomatenpfropfungen durchführen kann, mit denen er Lyssenkos Anschauungen beweisen will, für die er, der Junge, glühend eintritt und die sein Lehrer, der Institutsleiter, entschieden ablehnt: daß nämlich an einer oder an beiden Komponenten der durch Pfropfung vereinigten Pflanze gesetzmäßig erbliche Veränderungen auftreten müßten. – Bitte sehr, der Junge sollte pfropfen. Seine Ergebnisse überzeugen ihn davon, daß nicht Lyssenko, sondern sein Lehrer Hans Stubbe recht hat. Wenn diese Aufzeichnungen veröffentlicht sind, wird der damals Junge, der heute selbst Professor ist, den Älteren in der Leitung des Instituts abgelöst haben. In seiner Antrittsrede hat er sich ihrer ersten „Zusammenarbeit“ lachend erinnert. (In dieses Kapitel gehören einige Sätze aus einem Rechenschaftsbericht des Institutsleiters zum zwanzigjährigen Bestehen des Instituts, die erwähnen, daß in Gatersleben während der fünfziger Jahre die „Lyssenkoschen Vorstellungen zur Genetik, insbesondere zur vegetativen Hybridisation und zur Artumwandlung, kritisch überprüft" wurden. „Wir haben den Eindruck", heißt es da, „daß die zu diesem Problem in Gatersleben durchgeführten Arbeiten zur Überwindung der für die Biologie kritischen Situation wesentlich beigetragen haben." – In dieses Kapitel gehört der Ausdruck meiner Hochachtung für gewisse Arten von Lakonismen und eine Erwähnung der betonten Herzlichkeit, mit der die Biologen aus Gatersleben heute von den sowjetischen Genetikern aufgenommen werden.)

Wir haben, sagt der Institutsdirektor, heute einundsechzig wissenschaftliche Mitarbeiter. Da Sie nach unseren Erfolgen fragen: Wir haben unser Pflanzensortiment durch Reisen in die Mannigfaltigkeitszentren und andere Gebiete – Griechenland, Albanien, Kreta, China, die Mongolei, Kuba, Jugoslawien, Armenien – wesentlich erweitert. Wir konnten den Züchtern Gersten- und Weizensippen übergeben, die gegen alle in Mitteleuropa verbreiteten Rassen von Mehltau und Rost resistent sind. Wir erschließen neue Nutzpflanzen für pharmazeutische Zwecke, arbeiten gut mit der Industrie und Universitätsinstituten zusammen. Wir haben an einzelnen Pflanzensorten den Prozeß der Evolution stufenweise experimentell nachgeahmt. Wir arbeiten weiter an der künstlichen Auslösung von Mutationen, zur Erhöhung der natürlichen Variabilität einer Pflanze. Wir wollen Methoden erarbeiten, die uns in die Lage versetzen, zu unserem Nutzen Eingriffe in die biologischen Grundvorgänge bei Pflanze, Tier und Mensch vorzunehmen.

Züchtung ist vom Willen des Menschen gelenkte Evolution.

4

> Es scheint, als ob die physische Beschaffenheit zukünftiger Generationen unter der Hand des Züchters fast so formbar wäre wie Lehm. Es ist meine Absicht, zu zeigen, ... daß die geistigen Qualitäten ebenfalls kontrollierbar sind.
>
> *Francis Galton, 1865*

Das Leben eines Wissenschaftlers, sosehr es bestimmt scheint von dem Stand und dem allgemeinen Fortschreiten seiner Wissenschaft in den vierzig, fünfzig Jahren, die ihm bestenfalls für seine Arbeit gegeben sind – das Leben eines Wissenschaftlers hat doch auch, wie jedes bewußt gelebte Leben, seine eigene Struktur. In Hans Stubbes Lebenslauf gibt es auffällig viele Anfänge, aber keinen einzigen Bruch – so, als wäre jeder neue Anfang nötig gewesen oder doch jedenfalls dazu genutzt worden, das eigentliche Ziel neu und nun erst recht anzugehen.

Denn nie hätte doch der junge Mann, Sohn eines Berliner Naturwissenschaftlers, aufgewachsen teils in der Großstadt Berlin, teils in dem Dorf Bestensee bei Königs Wusterhausen, wo die Familie alle Ferien, jedes Wochenende verbringt – nie hätte er doch nach dem ersten Weltkrieg als Berufswunsch angeben können: Genetiker. Zwar waren gerade zur Zeit seiner Geburt, um die Jahrhundertwende, die Mendelschen Gesetze wiederentdeckt worden, von einem Holländer, einem Deutschen und einem Österreicher, unabhängig voneinander (auch seine Wissenschaft hat mehrere Anläufe gebraucht auf ihr Ziel zu, das ihr nicht immer recht klar gewesen ist oder zu dem sich zu bekennen sie nicht wagen konnte); der Holländer, de Vries, hatte den Mut, auszusprechen, daß in der Natur selbst in reinen Linien gelegentlich ohne Vorbereitung neue Merkmale auftreten, die sich dann weitervererben: *Mutationen* (wenn er auch seine richtigen Schlüsse aus größtenteils mißverstandenen Beispielen ableitete...). Es deuten sich also Probleme an, die dann noch jahrzehntelang heiß umstritten sein und auch den Genetiker Stubbe beschäftigen werden: Konnte, mußte Darwins Theorie von der Entstehung der Arten wirklich zusammengebracht werden mit dieser neuen Entdeckung, die schließlich nicht mehr zu leugnen war? Viel zu spezielle Fragestellungen für einen jungen Menschen, bei dem ein allgemeines Interesse für die Natur vorliegt, eine Liebe zu allem Lebendigen, eine Begabung, zu beobachten, genau zu sehen, sich über Gewöhnliches zu wundern, der Wunsch, der Natur näherzukommen: noch ungerichtet, diffus, oder vielmehr auf alle ihre Erscheinungen gerichtet. Morgen- und Abenddämmerung sind Grunderlebnisse ebenso wie die Jagd, die Tierwelt, die märkische Flora. Dazu eine Neigung zur Arbeit im Freien, Geschick zu praktischer Tätigkeit, die Gelegenheit, sich auf dem Lande einzuleben. Hans Stubbe studiert Landwirtschaft.

Viel, viel später sagt er, indem er einen sehr verehrten Lehrer zu würdigen gedenkt: „Eng verbunden der heimatlichen Landschaft, entwickeln sich die Anlagen, die den erwachsenen Mann in seinem Denken und Handeln bestimmen. Aus der stillen Beobachtung des einzelnen erwächst die Gesamtschau alles Lebendigen, aus der Kenntnis bäuerlicher Arbeit und der Härte bäuerlichen Lebens bildet sich ihm die tiefe Liebe zur Landwirtschaft, formt sich später der Wille, alle Wege mit zäher Beharrlichkeit zu nutzen, um das im Experiment als gültig Erkannte dem Landwirt zu vermitteln."

Den Landwirt wird er nie mehr ganz los. Lange Jahre ist Hans Stubbe in der Deutschen Demokratischen Republik Präsident der Landwirtschaftsakademie. Eines der jüngsten Unternehmen, das er gefördert hat, ist die Melioration einer großen Bodenfläche in Zingst, in unmittelbarer Küstennähe. Darüber spricht er mit der gleichen Wärme wie über die Experimente eines LPG-Bauern, der glaubte, eine einfache und sichere Methode der Geschlechtsbestimmung für Küken an Hühnereiern gefunden zu haben. Zweimal ermöglichte Professor Stubbe ihm Versuche mit größeren Eiermengen, bis feststand:

der Bauer hatte sich geirrt. Aber wenn er recht gehabt hätte! Seine Entdeckung wäre von ökonomischer Bedeutung gewesen. Und man soll doch nichts, so absurd es zunächst auch aussehen mag, von vornherein für unmöglich halten ...

Die zwanziger Jahre sind ein günstiger Zeitpunkt, zur Biologie zu kommen. Seit 1927 weiß man, daß Strahlen und Chemikalien die Häufigkeit der Mutationen steigern können. Erst in diesem Jahrhundert sind dem Biologen Mittel in die Hand gegeben – Elektronenmikroskope zum Beispiel –, welche die Ahnungen genialer Vorläufer zu sichtbaren Gewißheiten verdichten. Lange ist die züchterische Praxis der auswertenden, begreifenden Theorie vorausgeeilt. Jetzt scheint die Stunde gekommen, da man mit dem Experiment das theoretische Verständnis wichtigster, geheimster Naturvorgänge selbst beschleunigen kann. Ein Zustrom neugieriger, begabter, unternehmungslustiger Leute zur Biologie, speziell zur Genetik, setzt ein – ähnlich wie zur Atomphysik, aber unbemerkt: die Ergebnisse der genetischen Forschungen haben sich nicht, aller Welt sichtbar, in ungeheuren Explosionen manifestiert.

Wohin sie die Forscher führen würden, konnte man in den zwanziger Jahren nicht *wissen*, man mußte es wohl vorausfühlen, mit einer Phantasie, vor der man vielleicht selbst erschrak. Der junge Landwirt und Biologe hatte das Glück, einen großen Lehrer zu finden – Erwin Baur, Leiter des ersten deutschen Instituts für Vererbungsforschung in Berlin-Dahlem (das Lehrer-Schüler-Verhältnis ist eines seiner Grunderlebnisse, oft spricht er mit Bedauern davon, wie selten es geworden ist). Eine junge, stürmisch vorwärtsgehende Wissenschaft führt auch unerfahrene Praktikanten an aufregende Probleme heran: Hier tritt nun das *Antirrhinum majus* auf den Plan, Baurs klassische Versuchspflanze, die er seinem Schüler vermacht hat. Die künstliche Erzeugung von Mutationen am Löwenmaul. Wahrscheinlich gibt es zu jener Zeit kaum interessantere, weiter vorwärtsführende Aufgaben im Bereich der genetischen Forschung. Es läßt sich zeigen, daß die durch Mutationen hervorgerufenen Evolutionsschritte nicht immer winzig klein und nur in ihrer Summierung bedeutend sein müssen: künstlich lassen sich auch die größeren Sprünge der Natur nacherzeugen. In der Unzahl von Mißbildungen, die durch Strahlungen oder Chemikalien ausgelöst werden, finden sich immer auch erwünschte Neubildungen, die erkannt und ausgewählt sein wollen („das Zweckmäßige präpariert sich aus dem zufälligerweise entstehenden Unzweckmäßigen heraus"). Erregung und Intensität der Arbeit, Hingabe und Besessenheit sprechen aus jeder Zeile, die der später bekannte Forscher jener Zeit widmet.

Wenn ich es richtig verstehe, ist es der Biologen Beruf, Befremden zu zeigen über das Selbstverständliche, besonders über die vielen verschiedenen Erscheinungen, die der normale Mensch zwar nicht missen möchte, aber doch unter dem Sammelnamen *Natur* eher verschwinden läßt als zur Kenntnis nimmt. Dafür hat der Biologe ein dauerndes Kopfschütteln aufzubringen: Wo, um Gottes willen, kommt dies alles bloß her? Und warum ist es so und nicht anders? Eine Ratlosigkeit, die er verbirgt, bis er zu Formeln vorgestoßen ist, denen man kein Schwanken mehr anmerkt und die so sicher und genau sind, wie der Laie sich die Wissenschaft vorstellt: Die erbliche Konstitution der Organismen, bestehend aus vielen Einzelelementen, bildet in steter Neukombination und unter dem Einfluß der Umwelt die Grundlage für die große Mannigfaltigkeit der Merkmale und Eigenschaften. So wird es der erfahrene Biologe viel später ausdrücken, da weiß er schon: So ist es. Vorher, viele Jahre lang, sieht man ihn, wie ein Freund ihn beschreibt: auf Versuchsfeldern in verschiedenen Gegenden, mal in Müncheberg bei Berlin, mal in Gatersleben, umgeben von Assistentinnen, Mutanten suchend und auswertend: einmal vom Löwenmaul, das andere Mal von der Tomate. (Zuletzt ist es ihm zu seiner eigenen Überraschung gelungen, durch sorgfältige Selektion und

Kreuzung der Mutanten die Ahnenreihe unserer Edeltomate lückenlos wiederherzustellen: Das war sie also, die wir bei unserem Spaziergang sahen, die Ausgangsform mit den johannisbeergroßen Früchten, die wir verbotenerweise gekostet haben und deren bitterer Nachgeschmack uns bewußt machte, daß der Eva im Paradies kaum ein großer, wohlschmeckender, verführerischer Apfel zur Verfügung gestanden haben kann.)

1936 entläßt man Hans Stubbe aus dem Institut für Züchtungsforschung wegen antinazistischer Betätigung. Der Staat, den er ablehnt, hat viele seiner Freunde aus dem Land getrieben, und er mißbraucht, das wird immer deutlicher, mit Hilfe charakterloser Dilettanten tendenziös verfälschte Ergebnisse der biologischen Forschung, um seinem monströsen Rassenwahn eine scheinwissenschaftliche Grundlage zu geben. Zu gleicher Zeit werden Inseln freier Forschung noch geduldet – höchst fragwürdig in den Voraussetzungen ihrer Existenz, aber doch Zuflucht für manchen: Hans Stubbes dritter Anfang findet im Kaiser-Wilhelm-Institut für Biologie in Berlin-Dahlem statt. „Die sieben wichtigsten Jahre für meine Arbeit." Seltsamer Widerspruch: Unbemerkt zu bleiben liegt in seinem persönlichen Interesse, ihn nicht zu befördern im Interesse der übergeordneten Dienststellen. Gerade das, was den gesellschaftlichen Menschen unerfüllt und unbefriedigt lassen muß: die Unmöglichkeit politischen Handelns, die Muße, der Zwang zur Konzentration, fördert die Arbeit des Wissenschaftlers. Es gibt Gleichgesinnte, mit denen man offen sprechen kann, die, ohne sich groß darüber verständigen zu müssen, das Eindringen faschistischer „Theorien" in ihren Arbeitsbereich stillschweigend zu verhindern wissen. Es gibt hier und da die Möglichkeit, praktisch zu helfen: Unter den von den Deutschen aus Holland verschleppten Arbeitskräften sind auch Biologen, Wissenschaftler und Studenten, die von den Mitarbeitern des Instituts so lange beharrlich als Hilfskräfte angefordert werden, bis sie aus den Arbeitslagern freigegeben sind und neben ihnen an den Labortischen stehen. Oder man benutzt seine Stellung als Leiter einer Arbeitsgruppe zur Abwehr amerikanischer biologischer Kriegsführung dazu, Kollegen vom Einsatz an der Front freizubekommen.

Dies mag die Zeit gewesen sein, da meine junge blonde Biologielehrerin uns vom Kampf ums Dasein erzählte, der gleichermaßen für Mensch und Tier gelte und in dessen Verlauf der Stärkere siege, indem er den Schwächeren töte. Oder sterilisiere. – Die Zeit, da ich meine Tante heimlich weinen sah, weil ihre geisteskranke Zwillingsschwester, die körperlich ganz gesund gewesen war, plötzlich an einer Lungenentzündung in der psychiatrischen Klinik verstorben sein sollte. – Die Zeit, da ich im „Schwarzen Korps" die Beschreibung eines sogenannten Mütterheims der SS fand, einer Einrichtung, in der ausgesucht nordische Bräute mit ausgesuchten SS-Männern zusammengeführt wurden zum Zwecke der Zucht und Vermehrung wertvoller Erbmasse. – Ich dachte daran, als ich in dem großen Arbeitszimmer des Direktors von Gatersleben saß, die Kälte von damals kam wieder in mir auf, aber ich sagte nichts.

Hans Stubbe erlebt nach dem Krieg seinen vierten Anfang: Gatersleben.

Nachdem die Hauptlinien der Evolution erkannt worden waren, begann sich das Interesse der Wissenschaftler ihrem Mechanismus zuzuwenden. 1953 wird entdeckt, daß im Nukleinsäuremolekül die Basenanordnung in einer unregelmäßigen, aber sinnvollen Folge besteht und daß man eben diese Anordnung als eine Art Schrift aufzufassen habe, die die genetischen Informationen an den Organismus weitergibt. Diese Entdeckung hatte die gleiche Bedeutung für die Biologie wie die Formulierung der Mendelschen Gesetze. Mechanismen, deren stoffliche Grundlage und deren Funktionieren bekannt sind, bieten der eingreifenden Hand des Menschen kein prinzipielles Hindernis.

Folgen den schlaflosen Nächten der Atomphysiker nun die schlaflosen Nächte der Biologen?

5

> Der Mensch kann ... vorläufig nur negative Mutationen erzeugen. Es ist aber nicht ausgeschlossen, daß er in der Zukunft Besseres leisten kann; doch die Methode, die eine Umwälzung der Wissenschaft und der Menschheit herbeiführen wird, muß erst noch entdeckt werden ... Auf diesem Gebiet können wir manches erhoffen und müssen uns vor vielem fürchten.
>
> *Etienne Wolff, 1961*

Der Wein, den wir trinken, ist gut.

Z = *Zukunft*, werde ich über das letzte Kapitel schreiben, Herr Professor. – Da seien Sie vorsichtig. Sie kennen doch Huxleys „Brave New World"? Das deprimierende, optimistisch-schicksalslose Gewimmel dieser vollständig in ihre Produktionszwecke eingepaßten Homunkuli? – Muß man alles akzeptieren, was man kennt? – Ganz im Gegenteil. Ich jedenfalls lehne sie ab, diese Wahnsinnsidee des *Homo technicus*, dieses Wesens von menschlicher Gestalt, das auf die Welt gesetzt wird, um in möglichst reibungsloser und technisch perfekter Weise materielle Güter zu schaffen. Ich *muß* das ablehnen, als Anhänger der Evolution: Nur das Unvollkommene hat die Chance, sich zu entwickeln. – Und ich muß es auch ablehnen, als Anhänger der Literatur. Denn jene finsteren biologischen Visionen von dem beliebig manipulierbaren menschenähnlichen Monstrum zerstören auch die Kunst. Keine Entscheidungsmöglichkeit – keine Konflikte; keine Auseinandersetzung mit den Grenzen der eigenen Natur – kein Schicksal. Ende des historischen Menschen. Keine Geschichte mehr und keine Geschichten. – Ja, sagt mein Gesprächspartner. Auch die Literatur würde zugrunde gehen. Identität, Verantwortung, Schicksal – die Dimension der Tiefe im menschlichen Leben ...

War ich nicht mit einer Hoffnung gekommen? Immer noch zu früh, sie zu artikulieren. Ein paar Fragen noch anbringen, obwohl längst klar ist, daß ich nichts Gewisses über diesen Mann erfahren kann, mit dem ich jetzt die dritte Stunde zusammensitze. Auch wenn ich noch andere über ihn ausfragen, mich in seine Arbeiten vertiefen werde. Ahnungen und Vermutungen, die wesentlicher als Fakten sein können, behält man für sich, wenn sie Menschen betreffen, die unter uns leben. Und in eine Wissenschaft, die man nicht studiert hat, wirklich einzudringen – das kann man sich ja nicht vornehmen. Diese Wissenschaft noch dazu, die immer mehr Nachbargebiete sich einverleibt – Physik, Chemie –, die ins Kleine und Kleinste hineinkriecht – Bakteriophagen, nun das Eiweißmolekül –, die uns eines Tages darüber unterrichten wird, welchen Vorgängen wir unser Dasein, die Entwicklung und den Fortbestand unserer Art verdanken. Diese Aufklärung wird allerdings in Gestalt komplizierter chemischer Formeln vor uns hintreten, und ich zweifle, daß ich sie bis ins letzte verstehen werde.

Warum also bin ich hierhergekommen?

Weil ja geredet werden muß, frage ich irgend etwas. Warum, Herr Professor, warum sind Sie hiergeblieben?

Diese Frage versteht bei uns jeder Mensch eines gewissen Alters ohne weiteres, aber nicht jeder ist bereit, prompt und wahrheitsgemäß darauf zu antworten.

Sie werden lachen, sagt Hans Stubbe, in den ersten Jahren habe ich ja nicht im Traum daran gedacht, daß die Teilung Deutschlands endgültig wäre. Später konnte von Weggehen keine Rede mehr sein.

Forschungsmöglichkeiten hätten Sie woanders auch gefunden?

Mit ziemlicher Wahrscheinlichkeit.

Was haben Sie für Sorgen?

Sorgen? fragt er zurück. Ach, wissen Sie ... Die Verbindung zwischen Wissenschaft und Praxis ist gut auf unserem Gebiet. Ich halte es zum Beispiel für möglich, daß wir 1980 die beste Landwirtschaft Europas haben werden. – Sorgen ... Ja, viele. Fangen wir mit den alltäglichen an. Sollte nicht jeder Wissenschaftler – wie vermutlich auch jeder Schriftsteller – jeden Tag wenigstens eine Stunde in aller Ruhe spazierengehen können? Nicht nur, um den Kreislauf intakt zu halten, sondern um einen klaren Kopf spazierenzutragen, erste Voraussetzung für Einfälle. Zweitens: Wie das tägliche Brot braucht der Wissenschaftler den ungezwungenen Kontakt mit Kollegen, Gespräche vom Hundertsten ins Tausendste, bei denen Berge von Gedankengeröll bewegt werden für das berühmte eine Milligramm Uran. Aber wo treffen wir uns denn? Auf Sitzungen mit fester Tagesordnung. Für Gespräche haben wir doch gar keine Zeit mehr. Die Organisation der Wissenschaft, die natürlich nötig ist und immer nötiger wird und unsere Hilfe braucht – sie müßte schneller und reibungsloser gehen und uns weniger belasten.

Ich habe eine Liste angelegt: Ausdrücke, die Stubbe in seinen Arbeiten bevorzugt. Einige von ihnen führe ich an: Glück, steht da. Verehrung, Bewunderung, Freundschaft, Begeisterung. Das Ideal des *Homo nobilis*. „Der edle Mensch sei hilfreich und gut ..." Auf die Gesellschaft bezogen, finde ich: Veränderung, Vernunft, schöpferische Tätigkeit, Freiheit, Menschlichkeit. Finde Sätze wie diesen: Wissenschaftliche Arbeit als innere Verpflichtung, im Dienste einer großen Idee.

So sprechen die Jungen nicht mehr, das weiß er auch.

Sie wollen wissen, warum ich hiergeblieben bin? Eine Zeitlang mußte ich mir sagen – wahr oder nicht –, daß wahrscheinlich kein anderer das gemacht hätte, was ich für nötig hielt. Man bleibt, wo man am meisten gebraucht wird. Man bleibt nicht derselbe. Ändernd ändert man sich. Ich las Marx, Engels. Ja, das kam einer tiefen Sehnsucht in mir entgegen, den Begriff der Freiheit nicht immer nur negativ definieren: Freiheit wovon; sondern positiv: Freiheit zur Entfaltung unserer menschlichen Fähigkeiten. Ein großes Vorhaben. Ich blieb, wo die radikal veränderten Eigentumsverhältnisse die Grundlagen dafür schufen.

Sie fragen mich, ob ich Sorgen habe. Reden wir also

offen. Lassen wir die kleineren Sorgen beiseite. Reden wir von der großen Sorge um die Zukunft. Reden wir ein bißchen von *Verantwortung.*

Also, frage ich nun doch, folgen den schlaflosen Nächten der Kernphysiker nun die schlaflosen Nächte der Biologen?

Die lebenswichtigsten Probleme der heutigen Welt, sagt der Biologe, haben mit Biologie zu tun. Vor hundert Jahren, als sie aufbrach, stellte sie sich die Frage: Woher kommen wir? Je mehr sie fortschreitet, scheint sich ihr eine Frage aufzudrängen, die doch gar nicht in ihr Fach gehört: *Wer sind wir?* Oder, schlimmer noch: *Wer wollen wir sein?*

Heiß, heiß, rufen die Kinder, wenn der Suchende sich dem versteckten Gegenstand auf Armeslänge nähert. Ich erkenne das kribbelnde Gefühl wieder. Ich frage: Herr Professor – glauben Sie, daß der Naturwissenschaftler Phantasie nötig hat?

Und wie ich das glaube! Mehrere Sorten sogar. Die Kernphysiker haben es ja offen zugegeben: wie sie ihre nachschaffende Phantasie anstrengen müssen, um die Vorgänge am Atom zu erahnen, denen gegenüber sie noch sprachlos sind. So auch wir: wir tasten uns heran an modellhafte, immer genauere Vorstellungen von jener Ordnung, die aus zufälliger Anhäufung kleinster Materieteilchen eine lebende Zelle macht . . . Aber das wäre ja erst die „Fachphantasie", jene Fähigkeit, die über Talent oder Genie eines Wissenschaftlers entscheidet. Er glaube an die Notwendigkeit einer *gesellschaftlichen Phantasie.* Er glaube, sie sei heute unentbehrlicher denn je.

Dann zeigt er mir das Buch eines Amerikaners: „Der nackte Affe." Einer der jüngsten westlichen Bestseller. Der Mensch, von Instinkten dirigiert, organisiertes Triebbündel, blind seinen archaischen Antrieben ausgeliefert; die Vernunft ein fadenscheiniges Mäntelchen, das er benutzt, seine Blöße zu bedecken. Vollendeter Biologismus. Der Mann ahnt wohl nicht, daß er seinen Kindern oder Enkeln den Totenschein ausschreibt.

Warum das?

Weil ich sicher bin: Mit dem Menschen, dessen Zeit auf Erden ein halb vom Tausend der gesamten Lebensgeschichte beträgt, mit dem unerhörten Prozeß seiner geistig-seelischen Differenzierung ist etwas Neues in die Natur eingetreten. Nicht straflos kann man diesen Prozeß stoppen oder zurückdrehen: die Erhaltung unserer Art ist an ihn geknüpft. *Humanismus* war keine Erfindung nur für die Epoche, da die Tötung größerer Menschenmassen den Bestand der noch spärlichen Gattung Mensch gefährdet hätte. Ich glaube nicht, daß die Ethik, die wir unserer tierischen Natur mühsam genug abgerungen haben, nichts sein soll als alter, unnützer Plunder. Hier ist nun ein Wesen, zu dessen Definition es gehört, daß es nicht nur entwickelt wird, sondern, Erfahrungen nutzend, sich selbst entwickelt, Zukunft planend, sich nach vorn zieht: fortschreitet.

Fortschreitet – wohin?

Das ist es eben. Die Frage: Sollen wir weiterforschen? ist müßig. Wir *werden* weiterforschen. Was erfindbar ist, wird erfunden werden. Aber wir werden unsere eigenen Erfindungen nur *als Menschen* überleben, als vernunftbegabte Wesen in vernünftig organisierten Gesellschaften – oder gar nicht. – Stellen Sie sich die Fähigkeit, Manipulationen an der menschlichen Erbmasse vorzunehmen, in der Hand faschistischer Regierungen vor . . .

So lehnen Sie jede Art von Eugenik auch für die Zukunft ab?

Das ist nicht möglich, angesichts der Zunahme von Erbkrankheiten auf der Erde – trotz des tiefen Unbehagens, das uns Deutschen noch aus der Zeit des Mißbrauchs der Eugenik im Dritten Reich in den Gliedern sitzt. Freiwillige Eugenik müssen wir anstreben. Genetische Beratungsstellen in jedem Bezirk. Menschen, die eine schwere Erbkrankheit mit großer Sicherheit an ihre Kinder weitergeben würden, dringend den Verzicht auf Nachkommen nahelegen. Auch eine Antwort auf die

Frage: Wie wollen wir sein? Von der negativen Seite her...

Wir können uns nicht drücken vor dieser Frage. Aber jeder Versuch, sie biologisch zu lösen – zum Beispiel, indem man die bei Pflanzen und Tieren übliche Methode der Selektion auf den Menschen überträgt –, führt zu ungeheuerlichem Irrsinn.

Und der vielbesprochene Eingriff in die Erbmasse des Menschen?

Ja: wenn seine Erbgesundheit schwer gefährdet ist. Wenn man schwere Erbkrankheiten im Gen lokalisieren kann, soll man versuchen, sie durch Reparaturen an der Erbmasse zu beseitigen: Bluterkrankheit, Veitstanz, gewisse Formen von Blindheit, Geistesgestörtheit und Taubheit zum Beispiel.

Wenn man es nun aber fertigbrächte, dem menschlichen Erbgut hoch erwünschte Eigenschaften einzugeben? Die Fähigkeit etwa, besser, schneller zu lernen? Würde das nicht das Gespenst der Wissensexplosion weniger gefährlich machen? Und den Fortschritt ungeheuer beschleunigen?

Wer weiß. Den Fortschritt von Wissenschaft und Technik – vielleicht. Aber auch die Reife der Menschheit? – Es gibt eine Hypothese, nach der die Insekten fähig sein sollen, in unglaublich kurzer Zeit die wichtigsten für sie lebenserhaltenden Techniken sich einzuprägen, zu „lernen". Sie haben sich seit dreißig oder vierzig Millionen Jahren nicht entwickelt. Wer sagt uns, daß wir nicht gerade die Anstrengung brauchen, die das Lernen jedes menschliche Individuum kostet, um Intelligenz und Persönlichkeit zu entwickeln?

Persönlichkeit? Aus dem Munde eines Biologen?

Mein Leben hat mir viel Gelegenheit gegeben, darüber nachzudenken: Welches ist die Grenze, über die man sich, so stark äußere Mächte sein mögen, um keinen Preis drängen lassen darf? Ich glaube, das Ideal vom Subjekt, von der entfalteten Persönlichkeit ist immer noch nützlich und unerläßlich. Die Bilder, die wir uns von uns selber machen, werden doch immer wichtiger, je näher wir dem Zeitpunkt kommen, da es vielleicht in unserer Hand liegt, sie zu verwirklichen.

Jetzt weiß ich: Das zu hören, bin ich hergekommen. Die Kunst, die sich selber ernst nimmt, arbeitet also auf ihre Weise daran mit, daß die Menschen den ungeheuerlichsten Entdeckungen der Wissenschaft gewachsen sein können? Indem sie die Persönlichkeit stärkt? Indem sie, als Organ ihrer Gesellschaft, Bilder vom Menschen entwirft und die Möglichkeit erweitert, sich selbst zu sehen und zu erkennen?

Ja, sagt mein Gesprächspartner. Die Visionen, die Wissenschaftler und Künstler haben und die in früheren, undifferenzierteren Epochen sich deckten, sollten sich wieder einander nähern. Sie sollten jedenfalls nicht zu sehr auseinanderklaffen: etwa unhistorisch und technisch die einen, rückwärtsgewandt und romantisch verstiegen die anderen. Schließlich wird es dieselbe Zukunft sein, in der wir alle leben.

Weit sind wir abgekommen vom Antirrhinum majus, dem schlichten Gartenlöwenmaul. Der Wein ist ausgetrunken, draußen ist Nacht. Ich finde allein zum Wohnheim des Instituts, in dem ich übernachte. Die Wege sind grundlos und aufgeweicht, ich treffe keinen Menschen. Vereinzelt brennt noch Licht. Radiomusik dringt bis auf den Flur, bricht plötzlich ab.

Morgen werde ich mit der Bahn von Aschersleben aus zurückfahren. Unterwegs werde ich in Schriften blättern, die Hans Stubbe mir mitgegeben hat. Ich werde auf einen Satz stoßen, den ich mir anstreichen werde, um ihn einmal, falls es dazu kommt, an das Ende der Beschreibung zu setzen, die ich von meinem Besuch geben soll. Der Satz heißt: *Unsere Erde, dieser einmalig kostbare Planet, Geburtsstätte und Heimat des Menschen . . .*

1969

Krankheit und Liebesentzug

Fragen an die psychosomatische Medizin

Ein „Festvortrag"? So hätten wir etwas zu feiern? In dem Augenblick, da ich diese Sätze schreibe, kommt es mir nicht so vor, eher fühle ich mich unter Druck. Nicht nur, nicht in erster Linie unter Termindruck. Wenn mich mein Berufsleben etwas gelehrt hat, so ist es dies: Immer, wenn mich ein besonders starker, besonders hartnäckiger und zugleich diffuser Widerstand daran hindert, zu einem bestimmten Thema „etwas zu Papier zu bringen" – immer dann ist Angst am Werke, meist die Angst vor zu weitgehenden Einsichten oder/und die Angst vor der Verletzung von Tabus.

Soweit es mir bewußt ist, gründete sich meine spontane Zusage, hier zu sprechen, vor allem auf zwei Impulse: auf dem eitlen Wunsch, Gutes zu tun, und auf der simplen Neugier. „Gutes tun" durch Zuspruch wollte ich der kleinen Arbeitsgruppe für psychosomatische Gynäkologie, deren Existenz mich so sehr überrascht hat: Ich hatte sie nicht für möglich gehalten; ich wollte sie unterstützen. Neugierig war ich auf die Männer und Frauen – aber vor allem auf die Männer –, die sich dieser Arbeitsgruppe angeschlossen hatten oder die jedenfalls zu dieser Tagung kommen würden und damit, so sah ich es, doch wohl einen Zweifel anmeldeten an der Unfehlbarkeit und Allgemeingültigkeit jener machtvollen und zweifellos sehr erfolgreichen Institution „naturwissenschaftliche Medizin": ein Mythos, den anzutasten schon ganz andere Leute Angst hatten als Sie und ich.

Die Überlegung, auch Sie könnten anfangs Angst gehabt haben, auch Sie habe es wahrscheinlich Überwindung gekostet, Ihrem Chefarzt oder einem Ihrer Kollegen gegenüber das Wort „Psyche“ in den Mund zu nehmen, tat mir kindischerweise wohl. Ist geteilte Angst halbe Angst? Wäre dies schon eine „therapeutische Frage“ für einen Psychosomatiker?

Übrigens: Warum „Psyche“, warum niemals „Seele“? Wo man doch für „Soma“, „Physis“ eher auch mal „Körper“ hören kann. Ist nicht „Psyche“ im griechischen Mythos die Gemahlin des Eros, des Gottes der Liebe? Übersetzt sich nicht das griechische Wort „Psyche“ mit „Atem, Seele“? Gut. Also wie erklärt nun das „Wörterbuch der deutschen Gegenwartssprache“, Akademie Verlag, Berlin 1976, diese beiden Begriffe?

Seele, die: Gesamtbereich des Empfindens und Erlebens, besonders der Gefühlsregungen. Unter den Beispielen wird ein Satz von Musil zitiert: „Eine große, edle, feige, kühne, niedrige Seele zu haben, das läßt sich noch behaupten, aber schlechtweg zu sagen, meine Seele, das bringt man nicht über sich.“ – Aha, dachte ich. Auch er.

Und nun, im gleichen Wörterbuch, die Psyche.

Psyche, die: Gesamtheit der an ein Subjekt gebundenen Erscheinungen der Widerspiegelung der Umwelt durch die höhere Nerventätigkeit. – Nun, das hört sich schon anders an! Und als Beispiele finde ich: „Verständnis für die kindliche Psyche haben.“ – „Die Psyche der Frau.“ – „Die weibliche Psyche.“ – „Die Psyche der Eingeborenen. ... so sagt man ja im europäischen Jargon“ (Stefan Zweig). Ferner: „Der Dichter erweist sich in seinem letzten Roman als großer Kenner der menschlichen Psyche (Seele).“ – Die Psyche des Mannes scheint nicht vorzukommen, oder nur in einer Abart des männlichen Menschen: „Man muß die Psyche des Schauspielers ganz genau kennen, um ...“ und so weiter. Wird aber nicht der Schauspieler häufig als ein mit weiblichen Zügen – der Neigung zum Demonstrativen etwa und zur Hysterie – ausgestatteter Mann gesehen? Und wie kommt es, daß

„der Dichter", als Kenner der Psyche auftritt, nicht aber ein einschlägig in Frage kommender Wissenschaftler?

Aus dem Sprachgebrauch glaube ich ablesen zu können: „Psyche", „psychisch" sind den Naturwissenschaften, dem naturwissenschaftlichen Weltbild nähere Wörter, eher zu akzeptieren als das altmodische, kampflos den Künsten überlassene „Seele"; beide aber, Psyche und Seele, werden als nicht, oder sagen wir: als wenig „männlich" betrachtet. Während ja die Naturwissenschaften nach immer noch wirksamen Klischeevorstellungen sehr „männlich" sind. Nämlich: unbeirrt vom Störfaktor „Emotionen"; auf dem Experiment basierend, und auf dem Beweis, möglichst schlagend durch Zahl (Statistik) und/oder Formel: möglichst frei von den Unreinheiten der wirklich vorkommenden und verwirrend vielfältigen Prozesse: den Zufall meidend; Widerspruchsfreiheit anstrebend; abgelöst von den Werten, die in der unwissenschaftlichen Menschenwelt sonst gelten mögen.

Diese Aufzählung ist weder ironisch noch abwertend: was ich mir dabei denke, ist nur: Alles zu seiner Zeit, alles an seinem Ort. Mir jedenfalls kommt es so vor, als hätte ich schon immer gewußt und als müßte auch jeder andere schon immer gewußt haben, daß all diese Merkmale, mögen sie für die Berechnung von Sternenbahnen oder Atombewegungen gelten, auf Krankheiten von Menschen nicht zutreffen, und *eine* meiner Hemmungen, hier zu Ihnen zu sprechen, lag und liegt daran, daß ich eine *rein* naturwissenschaftlich-physiologisch orientierte medizinische Haltung einfach nicht verstehe. Mir ist leichter, da ich dieses Geständnis gemacht habe, und ich nehme an, daß viele von Ihnen darin mit mir übereinstimmen. Ich versuche in meinem Leben zurückzudenken, wann ich zum erstenmal den Zusammenhang zwischen einer Krankheit und den Lebensumständen eines Menschen deutlich empfunden habe. Ich muß acht, neun Jahre alt gewesen sein, und eines Nachts, da ich mit ihr allein war, hatte meine Mutter eine Fehlgeburt, und ich, die ich offiziell überhaupt keine Ahnung haben durfte von Empfängnis, Schwangerschaft und Geburt, verstand alles, und die Handlungen und Bilder jener Nacht gruben sich mir deshalb so tief ein, weil ich auch begriff, daß und warum meine Mutter kein weiteres Kind haben „wollte" – was immer die Diagnose des Gynäkologen gewesen sein mag.

Diese Art Wissen, das nicht durch naturwissenschaftliche Methoden zu erwerben und in der Sprache der Wissenschaften nicht auszudrücken ist, hat sich mir immer mehr verfestigt, hauptsächlich durch einfache Selbstbeobachtung. Ich frage mich also, frage auch Sie, ob es eigentlich zweckmäßig ist, daß bis heute der Mediziner nicht nur die Technik der Selbstbeobachtung nicht erlernt – nein, daß ihm geradezu abverlangt wird, seine Erfahrung mit sich selbst, mit seinen Krankheiten, mit seiner Gesundheit aus dem Spiel zu lassen, zugunsten eines Fetischs, der sich „Objektivität" nennt. Und ob nicht dieses Sich-aus-dem-Spiel-lassen-Können, frage ich Sie und mich weiter, das zwingendste Motiv war und ist für die beinahe ausschließliche Konzentration der Schulmedizin auf die Entwicklung von immer neuen Apparaten, technischen Methoden, Pharmaka, nun auch noch von Computern – die hier, daran darf es keinen Zweifel geben, alle ausdrücklich *auch* gepriesen sein sollen; gerade in der Frauenheilkunde haben ihre Erfindungen ganze Bibliotheken voller weiblicher Tragödien – zum Beispiel der vom Typ der Gretchen-Tragödie – einfach gegenstandslos gemacht. Ob nicht, frage ich trotzdem – vielleicht ein wenig zu direkt, aber ich habe ja nicht viel Zeit! –, ob nicht die Arbeitsteilung: die Vereinnahmung aller Männer in dieser oder jener Abteilung der Arbeitswelt; die Versachlichung des Denkens und die damit immer stärker verbundene Ausschaltung, Unterdrückung der Gefühle ein meist unbewußtes Bedürfnis geschaffen haben, auch beim Arzt, sich den Patienten, die Patientin vom Leib zu halten und seine Zuflucht vor der hautnahen und seelennahen Begegnung mit ihm oder ihr zu den scheinbar objektiven Aussagen und Leistungen seiner Apparate zu nehmen.

Unter den vielen Frauen, die durch Erzählung, Briefe, Literaturhinweise, Kritik bereitwillig an diesem Vortrag mitgearbeitet haben, sind auch Ärztinnen. Eine von ihnen – keine Gynäkologin – schreibt mir: „Ohne Wissen von der Natur geht es in der Medizin nicht – das wäre also Naturwissenschaft: Aber, was ist das eigentlich." Ich frage mich, füge ich hier ein, ob die absurde Trennung von Körper, Geist und Seele nicht durch die Terminologie immer weiter bestärkt wird; „naturwissenschaftliche Medizin" – wieso bezeichnet man so die Medizin, die ihr Objekt, den Patienten, am ehesten als eine biologische Maschine sieht. Zu fragen wäre aber, ob nicht die „Natur" des Menschen eben darin besteht, daß – bei aller Spezialisierung der einzelnen Organe, auch des Gehirns – selbst die letzte Zelle noch, die man unter dem Mikroskop isoliert, die Zelle einer ganz bestimmten *Person*, um nicht zu sagen: *Persönlichkeit* ist und sich danach verhält. „Wir kommen ohne die Apparate nicht aus, sie können uns viel helfen", schreibt die Ärztin, die ich schon zitierte, „nur in die Zusammenhänge, in das innerliche ‚geheimnisvolle Weben' Einblick verschaffen – das können sie nicht."

Wen wundert es, daß mein Assoziationsapparat mir da ein Zitat aus Goethens „Faust" zutreibt: die Szene, in der, von Faust auf magische Weise herbeizitiert, der Erdgeist auftritt:

In Lebensfluten, im Tatensturm
Wall ich auf und ab,
Webe hin und her!
Geburt und Grab,
Ein ewiges Meer,
Ein wechselnd Weben,
Ein glühend Leben,
So schaff ich am sausenden Webstuhl der Zeit
Und wirke der Gottheit lebendiges Kleid.

Und danach Faustens, des Naturforschers, Selbstreflektion auf die Untauglichkeit der Mittel, auf die er so große Hoffnung setzte:

Ihr Instrumente freilich spottet mein
Mit Rad und Kämmen, Walz' und Bügel:
Ich stand am Tor, ihr solltet Schlüssel sein;
Zwar euer Bart ist kraus, doch hebt ihr nicht die
 Riegel
Geheimnisvoll am lichten Tag
Läßt sich Natur des Schleiers nicht berauben,
Und was sie deinem Geist nicht offenbaren mag,
Das zwingst du ihr nicht ab mit Hebeln und mit
 Schrauben.

Auch nicht, erdreiste ich mich hinzuzufügen, mit Geburtszange und mit Spekulum. – Jene Ärztin, die ich noch einmal zitieren muß, berichtet, wie es ihr in einer krisenhaften Situation ihres Lebens geholfen hat, daß sie lernte, auf ihre Träume zu achten. „Erkenne dich selbst!" schreibt sie, „das ist natürlich leicht gesagt. Aber im Traum ist es anscheinend manchmal einfacher als am Tag. Nur daß ich noch vor Jahren nie den Mut gehabt hätte, als Mediziner und Naturwissenschaftler zu sagen, daß ich unter anderem auch an Träume glaube – ich hätte manches, was sicher meine stärkste Begabung ist, einfach schamhaft verschwiegen, weil ich mit Sicherheit dann mit dem Etikett ‚hysterisch' abgestempelt worden wäre. Dumm, ja? Man unterdrückt krampfhaft einen Teil von sich – nur, weil man vielleicht ein Negativ-Etikett dafür bekommen könnte!"

Gewiß. Nicht nur „hysterisch" wäre sie genannt worden und würde sie auch heute von vielen noch genannt, denen sie bekennen würde, daß sie sich in stillen Stunden das „Bild" dieses oder jenes Patienten in einer Zusammenschau vorzustellen sucht, und daß dies nützlicher für sie ist, als wenn sie sich stundenlang den Kopf zerbreche: Man würde sie wohl schlicht „verrückt" nennen – verrückt in dem Sinne, daß sie Phänomene sieht, die es gar nicht gibt. Denn: Kritikwürdig, ja bedenklich scheint mir an der naturwissenschaftlich-technischen Seh- und Denkweise nichts zu sein außer der Tendenz, nur noch diejenigen Fakten, die sie zutage fördert, für „real" zu halten; nur noch, was sie bezeichnen kann, für existent. Faust kämpfte nach zwei Richtungen: gegen die Scharlatanerie der Magie und gegen einen neuen Mythos „Wissenschaft", den er heraufziehen sieht. Das neunzehnte, das bürgerlich-kapitalistische Jahrhundert, hat den Nährboden abgegeben, daß er sich hypertroph entwickeln konnte: unser Jahrhundert hat diesen Mythos, mit der Technik gekoppelt, an die Stelle vieler „veralteter" Werte gesetzt. Die Gynäkologie nun aber ist, so scheint mir, nicht nur ein Spiegel der Versachlichungs- und Verwissenschaftlichungstendenzen innerhalb der Medizin: in ihrer Geschichte spiegelt sich außerdem eine lange, tief sitzende Tradition der Frauenverachtung, Frauenfeindlichkeit innerhalb der Geschichte des Abendlandes.

Immer, wenn ich über unser Thema nachzudenken begann, wurde ich von Assoziationen überschwemmt. Und merkwürdigerweise ließ sich besonders eine dieser Assoziationen nicht abweisen; immer wieder fiel mir jener Taxifahrer ein, der mir vor kurzem mit allen Anzeichen der Empörung erzählte, wie ungern er und seine Kollegen am Abend des 8. März Fahrdienst machen, wenn sie die „außer Rand und Band" geratenen Frauen von ihren Frauentagsfeiern nach Hause fahren müssen. Letztes Mal habe ihn doch tatsächlich eine dieser Frauen von hinten ins Genick gekniffen. Und vor eindeutig-zweideutigen Anträgen könnten er und seine Kollegen sich an diesem Abend kaum retten.

Aha! dachte ich. Die heutige Variante der „Verkehrten Welt". Dann leuchtete in mir das Signal auf: „Die wilde Frau", und ich sah – sehr tief unten im „Brunnen der Vergangenheit" – bei den dionysischen Festen Frauen ihre ekstatischen, orgiastischen Rituale zelebrieren, auf deren Höhepunkt ein Mann gejagt, zerrissen, verschlungen werden konnte (wie Euripides es in den „Backchen" beschreibt) – ein Reflex jenes langwierigen, wahrscheinlich sehr gewalttätigen Geschichtsprozesses in dessen Verlauf die Frauen besiegt und das Patriarchat installiert wurden. „Der Umsturz des Mutterrechts war die weltgeschichtliche Niederlage des weiblichen Geschlechts. Der Mann ergriff das Steuer auch im Hause, die Frau wurde entwürdigt, geknechtet, Sklavin seiner Lust und bloßes Werkzeug der Kindererzeugung" – Friedrich Engels „Ursprung der Familie, des Privateigentums und des Staates". Seitdem scheint es diese wilden Ausbrüche der sonst unterdrückten Frauen zu geben und die Angst der herrschenden Männer vor den ungezügelten Affekten der Frauen, die sich nirgends deutlicher ausdrückt als in der Amazonensage, in der scheu gemiedenen Figur der Penthesilea, die in Raserei – Liebesraserei? – den Geliebten, Achill, der sich ihrem Gesetz nicht unterwerfen will, von Hunden zerreißen läßt und selber mit den Hunden ein gräßliches Mahl hält. Aus dem Zusammenleben der Geschlechter wurde der Kampf auf Leben und Tod: Nur einer kann siegen, auf allen Gebieten, auch in der Heilkunst. Ich erinnere mich an Medaillons der kretisch-minoischen Kultur, auf die Abbilder der Göttin eingeritzt sind und Bilder jener Frauen, die mit ihrer Hilfe Heil-Handlungen vornehmen – Geburtshilfe vor allem, die Tausende von Jahren ganz und gar in den Händen der Frauen lag: Die Schlange, die sich um den Äskulap-Stab windet, ist ein urweibliches Symbol, und noch Jahrhunderte lang, als die herrschende Medizin längst eine rein männliche Medizin geworden war, betrieben Frauen eine Naturheilkunde als Hebammen, Kräuterfrauen. Auch die Geheimnisse der Schwangerschaftsunterbrechung wurden – hinter dem Rücken der auf unbedingte Fortpflanzung gerichteten institutionellen Medizin – generationenlang durch sie weitergegeben. Viel, vieles hatten Männer, hatten auch männliche Ärzte an Angst und Wut und Ressentiments gegenüber Frauen zu verdrängen. Ja, die Geschichte der Gynäkologie ist nicht ohne Reiz. Sie hängt zusammen mit dem männlichen Philosophieren über das Phänomen „Frau“. Wenn wir heute gemeinsam über manche Früchte dieses Grübelns lachen können – um so besser. Nur: Die Irrtümer weisen alle in die gleiche Richtung.

Platon zum Beispiel. Für ihn entsteht – genau wie für die Bibel – die Frau aus einem (männlichen) Menschen, der für ein unrechtes Leben in seiner nächsten Inkarnation durch Behängung mit einem Uterus bestraft wurde. Aristoteles meinte, gemessen am Ziel aller Zeugung, dem Mann, sei die Frau nur eine Mißgeburt, ein „impotenter Mann“. Dies ist interessant, weil diese Behauptung eine ganze Reihe späterer Versuche einleitet, den Anteil der Frauen an der *Fortpflanzung*, auf die sie doch reduziert wurden, möglichst zu leugnen oder gering zu halten. In dieser Monstrosität verrät sich der Ursprung dieses Männlichkeitswahns aus einer Psychose: der Abwehr einer Bedrohung, die das Patriarchat immer noch von der inzwischen ganz und gar gezähmten, zu einem Produkt seiner Kultur hergerichteten und deformierten Frau spürte. Was man unterdrückt, wird einem unheimlich: den Männern die Frauen; den Kolonisatoren die Eingeborenen; uns allen gewisse nicht zugelassene Triebe und Strebungen in uns selbst, unvernünftige Sehnsüchte, wilde Wünsche, die wir nicht ausleben, die aber unser scheinbar emotionsloses, sachliches, objektives, wissenschaftliches Denken und Handeln viel stärker beeinflussen, als wir zu glauben bereit sind.

Nicht uninteressant erscheint es mir, daß jedes Zeitalter der Frau genau dasjenige abspricht, was ihm das Wertvollste war oder ist. Dem mittelalterlichen Christentum fehlte an ihr die Fähigkeit zum rechten Glauben (das Wort schon, „femina“, zeige es an: „fides“ und „minus“ – weniger Glaube); an der Frage, ob das Weib überhaupt eine Seele habe, entzündet sich der Streit der Gelehrten. (Heute, wo die Seele kein wertvoller Besitz mehr ist, wird sie *nur* dem Weib zugeschoben.) Später war es der Intellekt, heute ist es die Fähigkeit zum reibungslosen Funktionieren, was Frauen vermissen lassen. Immer aber scheint es das gleiche gewesen zu sein, was die Welt, besonders die der männlichen Gelehrten, am Weibe zu viel fand und daher fürchtete: die weibliche Sexualität. Daß zu Beginn der Neuzeit Frauen in einer Zahl verbrannt wurden, die manchen Autoren den Vergleich mit den Judenvernichtungen dieses Jahrhunderts aufdrängt – das weiß man wohl. Aber kennt man auch die Begründung, welche zwei maßgebende Inquisitoren im berüchtigten „Hexenhammer" niederlegten? Die Frauen, eigentlich „unvollkommene Tiere", heißt es da, seien der „fleischlichen Begierde" vollkommen ausgeliefert, „die bei ihnen unersättlich ist. ... Darum haben sie auch mit Dämonen zu schaffen, um ihre Begierde zu stillen. ... Kein Wunder, wenn von der Ketzerei der Hexer mehr Weiber als Männer besudelt gefunden wurden." Und die Bedrohung, die von diesen Frauen ausging, müssen Männer als unmittelbar gegen ihre Potenz gerichtet empfunden haben: Sie könnten ihnen, heißt es, auch „sexuelle" Störungen anhexen. (In einem westdeutschen Zeitungsausschnitt, Bericht über ein gynäkologisches Symposium, findet sich die Feststellung, daß die zunehmenden sexuellen Aktivitäten von Frauen, ausgelöst durch die wirtschaftliche Emanzipation und die Anwendung sicherer Verhütungsmittel, bei Männern Ängste und Konflikte auslösten; bei verunsicherten Männern habe die Impotenz zugenommen.)

Ich glaube, daß die Impotenz-Angst von Männern innerhalb einer männlich-zentrierten Kultur, die ihnen Über-Potenz abverlangt, sehr ernst zu nehmen ist und eine der Quellen der wachsenden Gewalttätigkeit und Zerstörungslust in unserer männlich geleiteten Welt sein mag. Heute, fünfhundert, vierhundert, dreihundert Jahre nach den massenhaften Hexenverbrennungen, bekennen weibliche Autorinnen sich zu ihrer Hexen-Natur, und eine von ihnen (Renate Apitz in „Hexenzeit") läßt ihre Protagonistin dem Mann, mit dem sie sich (und der sich mit ihr) zu ungeahnten sexuellen Höhenflügen aufgeschwungen hatte, in aller Form eine sexuelle Impotenz anhexen, als er sie um seines Spießerwohlseins willen verläßt: ich nahm mir vor, Sie zu fragen, ob dergleichen nicht auch – oder sogar hauptsächlich – als Maß für Fortschritt gelten könnte. Nur daß die Gewinnung weiblichen Selbstbewußtseins *auf Kosten* des männlichen wiederum problematische Folgen hat – aber dies ist, um mit Fontane zu sprechen, ein weites Feld und nicht exakt unser Thema.

Zurück in die Geschichte. Eines der Bilder, das ich – wie das des verwirrten Taxifahrers und das der wilden Frauen – sofort „sah", ist das folgende: Einige Frauen der Romantik sitzen beisammen und lesen Schillers „Glocke", und die Caroline Schlegel fällt vor Lachen vom Stuhl, als sie bei der Stelle angelangt sind: „Und drinnen waltet die züchtige Hausfrau." Doch dann kommt die Zeit der Karlsbader Beschlüsse: Reaktion, Demagogenverfolgung, Biedermeier, und drinnen waltet die züchtige Hausfrau. Da mag den Frauen das Lachen vergangen sein. Sie erfanden neue Krankheiten, und die Medizin, die es lernte, immer feiner den menschlichen Körper zu sezieren, entdeckte die Nerven und erfand die Benennung für ihre „Zustände": Reihenweis wurden die Frauen „nervenkrank". „Hysterisch". Erscheinungsbilder, die heute kaum noch vorkommen, wurden im 19. Jahrhundert für typisch weiblich gehalten, weil „nur das unreife, unentwickelte Nervensystem, wie es die Frau hat", zu „hysterischer Reaktionsweise neigt". Ein Herr Kraepelin, Nervenarzt seines Zeichens, „stellt die Hysterie nun in ‚enge Beziehung zu den natürlichen, dauernden Eigentümlichkeiten des weiblichen Geschlechts', nämlich als eine ‚Erkrankungsform des unentwickelten, naiven Seelenlebens'." (Esther Fischer-Homberger, „Krankheit Frau") Und was das Jahrhundert am meisten bewundert, der Intellekt, die Ratio, kommt bei Frauen leider nur in einer Schrumpfform vor. Der Wissenschaftler Paul Julius Möbius, dessen Lehrsatz lautet:

„Der Umfang des . . . Kopfes wächst . . . mit den geistigen Kräften", mißt mit Hilfe eines Hutmacherinstrumentes Kopfumfänge und veröffentlicht unter der Überschrift „Geschlecht und Kopfgröße" imponierende Kopfumfänge berühmter Männer, neben denen die kleinen, anonymen „Weiberköpfe" geradezu kümmerlich wirken. „Physiologischen Schwachsinn" leitet Möbius als Diagnose für die Frau aus diesem Befund ab.

Das war die Zeit, in der die schwache, ahnungslose, unmündige, bürgerliche Frau verfertigt wurde, die alle nasenlang in Ohnmacht fiel und sich durch die absurdesten Launen an ihrem Gefangenenwärter, dem Ehemann, rächte; in der die Medizin zu einem Kontrollorgan der Gesellschaft über Frauen sich entwickelte, strenge Vorschriften über den Verlauf von Krankheiten, über richtiges Verhalten bei Schwangerschaft und Geburt, bei der Säuglingspflege zu gelten begannen; die Klinik in ihrer heutigen Daseinsweise die organbezogene, spezialisierte Medizin durchsetzen half; die Chefarztvisite allen Ernstes als Erkenntnismittel gelten konnte. Es war auch die Zeit, in der eine ganz bestimmte, „wissenschaftlich" benannte Denkweise als allein realitätsbezogen angesehen wurde und, als unvermeidliche Folge, das wissenschaftliche und das künstlerische Denken je andere Ausformungen annahmen, zwei Wahrheiten sich ausprägten. (Nicht zuletzt, weil mir das scharf bewußt ist, weil ich weiß, daß wir nicht die gleiche Sprache sprechen; weil ich erlebt habe, wie ein Naturwissenschaftler eine Abhandlung nachträglich in ein unverständliches Kauderwelsch umschrieb, damit sie unter Kollegen als „wissenschaftlich" gelten konnte; weil aus jedem meiner Sätze meine Inkompetenz Sie geradezu anspringen muß, widerstand mir dann die Arbeit an diesem Vortrag.) Aber es haben all die Zeit über Schriftsteller, ungerührt ihren Beobachtungen und Erfahrungen trauend, den Zusammenhang zwischen der Lebenssituation einer Frau, ihrem Wesen und der Art ihrer Erkrankungen immer wieder beschrieben.

Nehmen wir zum Beispiel Flaubert, nehmen wir aus „Madame Bovary" nicht Emma selbst, nehmen wir die lakonische Beschreibung des Endes ihrer Vorgängerin im Ehebett des Provinzarztes Charles Bovary, Héloise, einer alternden Witwe, die Charles ihres Geldes wegen geheiratet hat, ein kleines Vermögen, das sie verliert, das sich als unerheblich herausstellt.

„Die gute Dame hatte also gelogen? In seiner Wut zerschmetterte Vater Bovary einen Stuhl auf den Fliesen und beschuldigte seine Frau, den Sohn unglücklich gemacht zu haben, indem sie ihn an eine solche Schindmähre gespannt habe, deren Geschirr weniger wert sei als ihre Haut. Sie kamen nach Tostes. Man sprach sich aus. Es gab Scenen. Héloise warf sich schluchzend in die Arme ihres Gatten und beschwor ihn, sie gegen seine Eltern in Schutz zu nehmen. Charles wollte für sie eintreten. Die Eltern wurden wütend und reisten ab.

Aber der Hieb saß. Acht Tage später, als sie im Hof Wäsche aufhängte, wurde sie von einem Blutsturz überrascht, und am anderen Morgen, als Charles ihr gerade den Rücken zukehrte, um den Vorhang zu ziehen, sagte sie: ‚Ah, mein Gott', stieß einen Seufzer aus und verlor das Bewußtsein. Sie war tot! Wie seltsam."

Wie seltsam, daß Flaubert der Zusammenhang zwischen Kränkung und Krankheit so deutlich war. Emma selbst, die das Unglück hat, eine lebenshungrige Frau zu sein und in die beengtesten Provinzverhältnisse gesperrt zu werden, fällt über einen langen Zeitraum, wie in quälender Zeitlupe, von Stufe zu Stufe, gibt sich am Ende selbst den Tod – wie Anna Karenina; wie, auf dem Umweg über eine Tuberkulose, Effi Briest aus Preußen. „Was sollen diese zügellosen Leidenschaften!" haben, mit einer der Gestalten Tolstois, damals viele Leser und Rezensenten ausgerufen. – „Er liebt mich?" hatte Anna Karenina von ihrem Mann gedacht. „Als ob er lieben könnte!" – Monologsätze von Frauen, über Jahrzehnte hin in endloser Wiederholung wieder und wieder gesprochen. Sie durchziehen die Literatur der Zeit. Ich führe sie hier an, weil sie, oft ohne es selbst zu wissen, Krankheitsursachen benennen.

Ich möchte diesen Sätzen einen nicht-literarischen Satz einer heutigen Frau hinzufügen: einen „authentischen" Ausspruch. Sie, die lange im Krankenhaus liegen mußte, wo man ihr den Eiter abzog, der sich auf ungeklärte Weise immer wieder in Zysten in ihrem Bauchraum sammelte, fragte eines Tages ihre Freundin: „Kann Liebesentzug krank machen?"

Nun können Sie fragen: Ja – und wenn? Vorausgesetzt, wir Ärzte würden nicht bestreiten, daß Liebesentzug; daß die unterdrückten Leidenschaften; daß die verdrängte Lebenslust zum Beispiel das Immunsystem dieser Frau zusammenbrechen ließ; daß all dies auch viele andere Frauen auf je andere Weise „krank macht" – was änderte dies an unserer Therapie? Würden, dürften wir deshalb ein anderes Medikament anwenden, etwa in weniger starker Dosierung? Könnten wir denn – dies ist wohl die ausschlaggebende Frage – das Leben dieser Frauen ändern?

Ich weiß, daß es auf diese Frage keine befriedigende Antwort gibt, aber ich möchte darüber nachdenken – wiederum, wie Sie es nun gewöhnt sind, mit Hilfe von unwillkürlichen Assoziationen. Als erstes möchte ich Ihnen entgegenhalten: Wenn die Krankheit dieser Frau nicht ein immer wieder aufbrechender Eiterherd wäre, sondern vielleicht eine lebensbedrohende Depression, dann würden nicht Sie, aber Ihr Kollege von der psychiatrischen Fakultät würde es wenigstens versuchen, die Art und Weise zu beeinflussen, wie jene Frau ihr Unglück – Liebesentzug – erlebt; wie problematisch das ist; wie schwierig; wie selten gelingend – dies alles zugegeben. Worauf es mir ankommt, ist: Dieser Psychiater soll sich von seinem Berufsbild her auf die Sprache, die Welt, die Erlebensweise dieser Frau einlassen, er wird sie zu verstehen und ihr zu helfen suchen, den selbstzerstörerischen Zirkel zu durchbrechen, in den sie geraten ist. Der Arzt dagegen – sei er ein Gynäkologe –, der ihre körperliche Krankheit mit den allermodernsten Mitteln diagnostiziert hat und sie mit den allerfortschrittlichsten Mitteln bekämpft, der sie bei jeder Visite nach ihrer Temperatur, ihrem Appetit, nach Stuhlgang und Allgemeinbefinden fragt, dieser vielleicht hervorragende Spezialist und diese Frau, die da liegt und sich fragt: Kann Liebesentzug krank machen?, sie leben in verschiedenen Welten. Sie existieren nicht in der gleichen Wirklichkeit. Für den echten Naturwissenschaftler ist die Welt der Gefühle unerheblich, irrational, irreal, und was auf sie Bezug nimmt, Irrationalismus. Für diese Frau existiert nur die Angst um ihren Mann, der sich ihr entzieht. Die Frage: Kann der Arzt ihr Leben ändern, die sicherlich zu ehrgeizig gestellt war, reduziert sich also auf eine andre, scheinbar oder wirklich bescheidenere Frage: Wie können diese Frau und ihr Arzt zu der gleichen Sprache kommen; wie können sie sich in der gleichen Wirklichkeit begegnen.

Vorausgesetzt, Sie wären mit mir der Meinung, daß dies wünschenswert und wahrscheinlich von therapeutischem Nutzen wäre, so hätten wir hier wohl eine der Ansatz-Fragen für die psychosomatische Medizin, welche, wenn ich sie recht verstehe, die Trennung von Körper und „Psyche“, die ja nicht wirklich, sondern nur in den Köpfen existiert, nicht länger durch Spaltung der Therapie auf Internist oder Gynäkologen einerseits und Psychologen andererseits verfestigen will.

Wir nähern uns der Gegenwart, wie Sie bemerkt haben werden – nicht auf einer Geraden, sondern auf einem verschlungenen, mäanderreichen Weg. Es ist keine Frage, daß die meisten Assoziationen, die mich überfielen, ehe und während ich an diesem Vortrag arbeitete, dieser Gegenwart angehörten; einige von ihnen erwähnte ich: den Taxifahrer, die Frau mit ihrer Frage nach der Wirkung von Liebesentzug. Eine dritte: der halbstündige Vortrag eines österreichischen Sexualwissenschaftlers in Graz, wo der traditionelle „Steirische

Herbst" vor wenigen Jahren unter dem Thema „Männersprache – Frauensprache" stand. Der Wissenschaftler hatte österreichische – ich weiß nicht mehr, ob auch westdeutsche – Gynäkologen und deren Mitarbeiter befragt, welche umgangssprachlichen Ausdrücke sie über die Frau und ihre Genitalien kennen; ihm war reichlich Antwort geworden. Zwanzig Minuten oder länger traktierte er uns mit vulgären, obszönen, herabsetzenden Bezeichnungen für die Frau und jene Organe, denen – als Therapeuten! – das besondere Interesse jener Gynäkologen zu gelten hatte. Ich entsinne mich noch, wie dem Publikum, das aus etwa zweihundert meist jüngeren Männern und Frauen bestand, im Verlauf dieses Beitrags allmählich das Lachen verging; wie es immer stiller und verlegener wurde und am Ende betreten schwieg.

Dies ist eine der möglichen Antworten auf die Frage – ich weiß nicht: Stellt sie sich jemand? –, warum im Wartezimmer des Gynäkologen diese spezifische Atmosphäre von Beklemmung, ja Angst herrscht: Viele Frauen, die nichts von der Geschichte der Medizin, nichts von der Geschichte der Frauenfeindschaft im Abendland wissen (unter diesem Aspekt wird Geschichte nirgends gelehrt), fürchten doch gerade hier eine Erneuerung ihrer Ur-Erfahrung: daß sie zum Objekt männlicher Verachtung, Abwertung und womöglich gar Rohheit gemacht werden könnten. Das ist der oft unbewußte Grund dafür, daß manche Patientinnen Frauen als Gynäkologinnen vorziehen. Daß sie das heute überhaupt können, bezeichnet an einem wichtigen Beispiel die tiefgreifenden Umwälzungen, die sich in der Lebenszeit einer Generation von Frauen vollzogen haben und die, was genauso wichtig ist, selbstverständlich geworden sind. Wo neunzig Prozent der Frauen berufstätig sind, werden wir kaum noch einer Liesbeth – oder einer Karin – begegnen, wie sie Tag für Tag verloren durch die Straßen einer Provinzstadt läuft. Hinweggefegt sind die noch gar nicht so alten Gutachten und Gegengutachten von Psychologen und Biologen, ob oder daß die Frau dem Mann „gleichwertig" ist. Wenn sie – unter den Bedingungen, welche die auf den leistungsfähigen Mann zugeschnittene Arbeitswelt diktiert – imstande und willens ist, das gleiche zu leisten wie der Mann, dann wird ihr, bis auf Ausnahmen (die höchsten Ämter in fast allen Institutionen zum Beispiel), heute bei uns ermöglicht, diese über die traditionellen Frauenberufe hinausgehenden Leistungen auch zu erbringen. Maßstab und Muster aber ist und bleibt im Berufsleben der Mann. Die „Besonderheit" der Frau: daß sie imstande, ja wohl auch verpflichtet ist, die biologische Reproduktion der Gesellschaft zu sichern – ist, an diesem Wertesystem gemessen, eine Schwäche und bedarf eines besonderen Schutzes: des Mutterschutzes. Und der nun wieder, durch die gewiß nötigen langen Schonzeiten für Frauen nach Entbindungen, verhindert, daß diese Frauen in den Naturwissenschaften etwa in erheblicher Zahl zu Spitzenleistungen und Spitzenpositionen kommen können, wenn sie nicht auf Kinder verzichten wollen.

Da fällt mir das Gesicht einer jungen Frau ein, mit der ich nur wenige Minuten sprach. Sie kam nach einer Lesung zu mir und fragte, ob sie mir schreiben könne. Sie suche jemanden, um sich ihm mitzuteilen. Sie sei Wissenschaftlerin, Chemikerin; das sei ihr Traumberuf gewesen, und sie habe alles erreicht, was sie in ihrem Fach erreichen könne. Und nun, sagte sie: Diese Kälte. Diese Leere. – Leider hat sie mir nicht geschrieben. Aus Briefen anderer Frauen könnte ich zitieren, um eine, wie ich glaube, erst allmählich sich deutlicher ausformende Konfliktsituation wenigstens anzudeuten, die gerade die am weitesten vorgedrungenen Frauen betrifft, diejenigen, die die „männlichsten" Berufe, die Wissenschaftlerberufe, ergriffen haben. Eine Frau, heute dreiundvierzigjährig, beschrieb mir ihren Werdegang zur Wissenschaftlerin, der, da sie zwei Kinder bekam, nicht ohne Mühen war. „Mittlerweile war ich durch wohlwollende Frauenförderung und auch eigene Anstrengung respektabler Leiter mit Erfahrung und Erfolgen. Konflikte der Anpassung und Probleme der Erstarrung nagten längst an mir. Der Ausbruchsgedanke, durch den Nachkömmling verstärkt, ließ sich nicht mehr verdrängen." Sie gab ihre wissenschaftliche und Leitertätigkeit auf und „setzte neu an" in „ihrem praktischen ersten Beruf". „Dieses konkrete und unmittelbar nützliche Handwerk tut mir gut. Ich finde mehr Möglichkeiten, kreativ zu arbeiten. Jetzt, wo die Last, innerhalb eines Rasters zu arbeiten, geringer geworden ist, denke und fühle ich unvoreingenommener, spontaner und vergnüglicher." Ich weiß nicht, ob diese Frau in der Zeit, ehe sie sich für einen neuen Lebensansatz entschieden hatte, mit Krankheitssymptomen zu einem Gynäkologen oder zu einem anderen Arzt gehen mußte. Von anderen Frauen in ähnlicher Lage weiß ich es. Ist es das, muß ich denken, was Dr. Franke zu hören erwartet hat, als er mich in seinem Lockbrief ermunterte, hier zu sprechen über „die Frau in der Gesellschaft (die ja maskulin- und leistungsorientiert ist)", oder über „Konflikte der Frau im Hier und Heute" – über etwas jedenfalls, „was mit der sich wandelnden weiblichen Rolle und dem Selbstverständnis der Frau zu tun hat"?

Statistisch gestützt und geschützt ist da nichts. Über die Doppelbelastung der meisten Frauen kann man Erhebungen anstellen durch Studien an ihrem zweiten Arbeitsplatz, dem Haushalt. Die Ergebnisse sind ernüchternd. Wie Sie alle wissen, sind häufig Überlastungssyndrome die Folge. Beschreibungen des Alltags berufstätiger Frauen haben schreibende Frauen inzwischen in wünschenswerter Konkretheit geliefert. Ich erinnere mich an den Widerstand, der Anfang der siebziger Jahre einer Anthologie entgegengestellt wurde, in der einige Autoren und einige Autorinnen *ihre* Vorstellung eines Geschlechtertauschs beschrieben. Ich erinnere mich, und die meisten von ihnen werden sich erinnern, welches Aufsehen um die Mitte der siebziger Jahre Maxie Wander mit ihren Frauenprotokollen machte: da ließen sich Frauen nicht mehr abhalten, die neuen Probleme, die auftreten, gerade *wenn* sie sich emanzipieren; *wenn* sie sich in das Berufsleben integrieren, offen auszusprechen. Ich weiß noch, daß Maxie Wander mir von ihren ersten Lesungen erzählte: Wie sie auf eine starke männliche Abwehr stieß, die wieder besonders die sexuellen Ansprüche der Frauen betraf.

Eine junge Soziologin, mit der ich auch wegen dieses Vortrags sprach, nannte die Lage vieler Frauen heute eine „Zwickmühle". Das erinnerte mich an eine Formulierung in einem berühmten Essay von Virginia Woolf, „Drei Guineen", die im Jahr 1938 – das gleiche Jahr, in dem Dr. Leitner Hitler-Deutschland verlassen muß – darüber nachgrübelt, was Frauen dazu tun können, den Krieg, den auch sie heraufziehen sieht, noch zu verhindern. Dieser Essay ist noch heute, bei allen umwälzenden Veränderungen in den Lebensbedingungen der Frauen, wegen der Radikalität seiner Fragestellung eine aufregende Lektüre. Wahrscheinlich war es der frühestmögliche historische Augenblick für ihre Fragen, weil sich genug Material über berufstätige Frauen angesammelt hatte. Denn nur der Eintritt in das Berufsleben – das findet auch Virginia Woolf – gibt den Frauen jene „Waffe Unabhängigkeit" in die Hand, die ihnen helfen kann, einen eigenen Willen und eigene Vorstellungen zu entwickeln. Aber dann hält sie inne. Steht auf der Themsebrücke in London. Verfolgt die Prozession der berufstätigen Männer; konstatiert, daß beruflich erfolgreiche Männer anscheinend ihre Sinne verlieren; ihre Sprache; ihre Gesundheit. Wagt zu fragen, ob die Eigenschaften, die beruflich erfolgreiche Männer statt dessen entwickeln müssen, nicht geradenwegs zum Krieg führen. Findet, daß die „beträchtliche Kompetenz der gebildeten Männer keinen allgemein erstrebenswerten Zustand der Dinge in der zivilisierten Welt zur Folge gehabt hat. . . . Es ist einfach so", sinniert sie weiter, „daß wir Töchter der gebildeten Männer uns zwischen Scilla und Charybdis befinden („Zwickmühle"!). Hinter uns liegt das patriarchale System: . . . vor uns liegt die Welt der Öffentlichkeit, das Berufssystem. . . . Es ist eine Wahl zwischen zwei Übeln. . . . Wie können wir in das Berufsleben eintreten und trotzdem zivilisierte Menschen bleiben; das heißt Menschen, die den Krieg verhindern wollen.“

Sie fand damals keine Antwort, die nicht ins Aus geführt hätte. Der Krieg hat stattgefunden. Nach seinem Beginn hat Virginia Woolf sich umgebracht.

Es muß, es muß auf ihre Frage eine Antwort geben, die nicht ins Aus führt. Ich stehe auf der Weidendammer Brücke, laufe die Friedrichstraße hinunter, das Stück zu den Linden. Ich sehe den Strom von Männern und Frauen, denen das Arbeitsleben anzusehen ist. Ich sehe Mädchen, die von hinten wie junge Männer aussehen; Jungen, die auf mich „weiblich“ wirken. In den Nachmittagsstunden die Mütter, die ihre Kinder ungeduldig hinter sich herzerren. Vor einem Hotel auf einer Bank ganz in sich versunken ein junger Vater, der seinem Kind, einem kleinen Säugling, die Flasche gibt. Es scheint, daß bestimmte Verhaltensweisen nicht mehr eindeutig und ausschließlich einem bestimmten Geschlecht zugeordnet sind, und ich kann nicht umhin, darin, mindestens genauso wie in progressiven Ehe- und Familiengesetzen, einen Fortschritt zu sehen. Ist aber die Frage von Virginia Woolf dadurch aufgehoben?

Ich glaube nicht. Tausende von emanzipierten Frauen stellen sich heute diese Frage, jede einzeln. Einzeln fragen sie sich, ob sie undankbar sind, halbe Monster. Oft sucht der Widerspruch, in dem sie, unbewußt, halbbewußt, leben, sich ihren Körper aus, um sich auszudrükken. Was mir Frauen für Träume erzählen! Eine junge Frau, die ihr zweites Kind erwartete, träumte, sie habe dieses Kind schon zur Welt gebracht; der Atomkrieg habe begonnen; alle Menschen, auch ihre Kinder, haben Verbrennungen, Strahlenschäden, sind todgeweiht. Da sie kein anderes Mittel hat, ihre Kinder von ihrer Qual zu erlösen, erschlägt sie sie mit einem Hammer. Dann sucht sie mit ihrem Mann ein Instrument, auch sich zu töten. Aber es steht nicht einmal mehr ein Hochhaus, von dem sie sich herunterstürzen könnten.

Ich weiß nicht, ob es jetzt sinnvoll wäre, darüber zu streiten, wie „wirklich" Träume sind; daß sie die realen Ängste eines Menschen spiegeln können, scheint unbestreitbar; auch die realen Hoffnungen. Ohne sie, ohne die ganze Skala der Gefühle und Leidenschaften, blieben vielleicht noch funktionsfähige, eigentlich aber tote Körper zurück. Ich weiß nicht, wie lange der historische Moment noch andauern wird, da Frauen, weniger eingeübt in die Techniken der Anpassung und der Abtötung ihrer Gefühle als viele schärfer gedrosselte Männer, ihren Gefühlen noch freien Lauf lassen. Vor kurzem erschien bei uns ein Buch, in dem ein Autor eine Frau schildert – eine Ärztin übrigens – die sich, um Leid und Schmerzen zu vermeiden, auf ein Nicht-mehr-Fühlen heruntergeschraubt hat (Christoph Hein, „Der fremde Freund"). Vor über hundertfünfzig Jahren sagte eine Frau, Rahel Varnhagen, sie sei „geschaffen, die Wahrheit in dieser Welt zu leben". *Noch* werden Frauen anscheinend häufiger, direkter oder jedenfalls anders krank, wenn sie das nicht können. Es liegt eine Chance darin, glaube ich – für Mann *und* Frau. Wenn wir sie nicht nutzen würden – was dann?

Mute ich Ihnen zuviel zu? Vielleicht. Aber ich habe nicht die Absicht, mit irgendeiner Art von Appell zu schließen. Ich frage mich nur, ob in der Sprechstunde auch des Gynäkologen (oder der Gynäkologin) häufiger eine Begegnung zwischen Arzt und Patientin möglich wäre, bei der nicht, und sei es durch Routine, Distanz geschaffen wird, nicht die alten Muster von Besserwissen und Sich-Unterordnen bedient werden, sondern eine Beziehung entstünde, die beide Seiten, beide daran teilhabende Personen, beträfe. Die nicht verstellt wäre durch den selektiven, naturalistischen Blick des Arztes *nur* auf die Organe der Frau. Auch nicht – auch das braucht Zeit! – durch das so lange eingeübte Bedürfnis vieler Frauen nach einem Helden, Retter, Gott. Ob man diese Beziehung, aus der im Idealfall die Therapie sich entwickelte und die natürlich keine der modernsten medizinischen Entdeckungen ausschlösse, dann „psychosomatische Medizin“ nennen würde, oder irgendwie anders – das wäre schon, finde ich, von zweitrangiger Bedeutung.

Oktober 1984

Gespräche

Unruhe und Betroffenheit

Gespräch mit Joachim Walther

Joachim Walther: Christa Wolf, eingangs ein paar Fragen zu äußeren Dingen. Welche Arbeitsbedingungen brauchen Sie zum Schreiben?
Christa Wolf: Ich bin nicht sehr abhängig von äußeren Bedingungen. Es gibt aber einige Voraussetzungen, die unerläßlich sind. Ich brauche eine nicht zu fremde Umgebung, weil ich mich nicht leicht konzentriere und fremde Umgebungen ablenken. Auf Reisen beispielsweise mache ich nur Notizen, aber ich schreibe nicht. Eine äußere Bedingung: einigermaßen ausgeschlafen sein, was allerdings, wenn man gerade sehr intensiv schreibt, oft nicht der Fall ist. Dann würde dazugehören: ein verhältnismäßig regelmäßiger Tagesablauf, möglichst früh anfangen, möglichst ungestört vormittags vier Stunden arbeiten können und nachmittags noch mal ein bißchen, zwei bis drei Stunden, wenn es irgend geht. Nicht zu viele Ablenkungen. Aber keine besondere Abhängigkeit von Stimmungen oder auch Stimulantien, also nichts sehr Aufregendes.
Joachim Walther: Nehmen Sie sich vor, regelmäßig zu schreiben, stellen Sie sich ein bestimmtes Pensum pro Tag?
Christa Wolf: Regelmäßig ja, das nehme ich mir unbedingt vor. Ein Tag, an dem ich nicht geschrieben habe, erscheint mir meist als verloren. Aber ein bestimmtes Pensum nicht, weil ich doch inzwischen gelernt habe, daß ich es nicht einhalten kann und man nur unzufrieden mit sich wird, wenn man es über längere Zeit nicht

einhält und es sich trotzdem fest vornimmt. Natürlich wäre es eine Idealvorstellung, eine Seite am Tag zu schreiben. Das ist aber nicht durchzuhalten. Man würde ja in einem Jahr einen Roman schreiben können: das ist absurd. Es gibt Perioden, wo man's schafft . . . Aber man sollte jeden Tag arbeiten, das schon.

Joachim Walther: Welche Eigenschaften sollte ein Schriftsteller unabdinglich haben?

Christa Wolf: Das ist eine dieser Fragen, die man überhaupt nicht generalisierend beantworten kann. Sie haben da sicher auch im Hintergrund die Heimtücke, daß jeder das sagt, was er glaubt an Eigenschaften mitzubringen. Sagen wir mal – an Basiseigenschaften (die natürlich auch andere Berufe brauchen) müßten dasein: Ausdauer, Unabhängigkeit von Stimmungen, Fleiß, Gründlichkeit. Es kommt dazu: ein sehr starkes, sich immer erneuerndes, nie erlahmendes Interesse an Leuten, an gesellschaftlichen Beziehungen, an Entwicklungen innerhalb einer Gesellschaft. Ein großes Maß an Neugier. Starke Sensibilität. Und eine verhältnismäßig niedrige Schmerzschwelle. Natürlich ist bei hoher Sensibilität eine niedrige Schmerzschwelle unbequem. Ich kenne Leute, die nur in bezug auf sich selbst empfindlich sind. Mir kommt es so vor – es wäre gut, wenn ein Autor die Erfahrungen anderer Leute fast wie eigene erleben kann und die eigenen fast wie fremde. Zu den „Eigenschaften" gehört auch eine gewisse innere Freiheit – aber da sehen Sie schon, daß man mit der Frage nach „Eigenschaften" nicht sehr weit kommt. Nach Verhaltensqualitäten sollte man fragen, die sich auf bestimmte soziale Prozesse beziehen und selbstveränderlich sind. Schonungslosigkeit zum Beispiel – die ich fordern würde, ist als produktives Verhalten nur denkbar in produktiven Gesellschaften, sonst wird sie zerstörerisch . . . Dann ist aber Kunst nicht möglich, die ja etwas zum „Gegenstand" machen, also schonungslos von sich abrücken muß, was einem bis jetzt sehr naheging.

Joachim Walther: Es bleibt ein Problem: Wenn man sensibel für die Leiden anderer ist und jemanden sieht, dessen Leiden man praktisch lindern könnte, dürfte man in dieser Zeit nicht schreiben. Hilft man dem einen, zeigen sich daneben gleichermaßen Leidende und folglich Hilfebedürftige – man ist in Gefahr, zum Samariter zu werden, das Schreiben aber zugunsten der Praxis aufzugeben.

Christa Wolf: Ja, das ist der alte Widerspruch zwischen Leben und Schreiben, Betrachten und Handeln. Wenn dieser Widerspruch vor einem steht, dann zeigt sich durch die Praxis, was jeweils stärker ist. Ich kenne das sehr gut: dieses Bedürfnis, den Zwang fast, bei jenen Gelegenheiten, da ich sehe, daß man direkt helfen kann, dies auch zu tun. Ich tue es auch. Andererseits ist es doch die Frage, ob der Zwang zum Schreiben so stark ist, daß er sich gegen alle Arten von Ablenkung durchsetzt. Das ist ein schwieriger Balanceakt. Zwischendurch gibt es so etwas: Beziehungen zu Menschen, die mich vorübergehend mehr beanspruchen als das Schreiben. Aber seit geraumer Zeit ist das Schreiben der hauptsächliche und der dauerhafteste Antrieb, den ich kenne.

Joachim Walther: Meinen Sie, daß man im Schreiben Leben kompensieren kann? Es gibt bei Cocteau die Äußerung, daß der männliche Künstler keine Frau brauche, da er im schöpferischen Prozeß Weibliches und Männliches vereinige.

Christa Wolf: Ich habe beobachtet, daß männliche Schriftsteller „weibliche" Elemente, weibliche Schriftsteller „männliche" Elemente im herkömmlichen Sinn mit zeigen. Aber das ist nicht, was Sie meinen. Ich brauche sehr stark menschliche Beziehungen, die mir das Schreiben nicht ersetzen kann. Manchmal bin ich geradezu menschensüchtig; ich bin sehr neugierig auf Menschen und brauche immer wieder neue Begegnungen oder die Fortsetzung von alten. Die Beziehung zu anderen in ihren Variationen – Liebe, Freundschaft, Kameradschaft, Arbeitsgemeinschaft – ist mir ein Lebensproblem. Es ist aber nicht so, daß ich Leben und Schreiben miteinander verwechsle, daß ich das Leben als „Stoff" betrachte. Mir kommt nie die Idee, wenn ich mit jemandem zusammen bin: Das könnte mal eine Figur werden, oder: Das ist aber eine interessante Situation, die müßte man mal benutzen. Das würde ich als Blasphemie betrachten ... Nein, Schreiben ist etwas Abgeleitetes, allerdings im ersten Grade. Schreiben ist Verarbeiten von Erfahrung, nicht Ersatz dafür. Geschriebenes aber kann auch – auf Grund der besonderen Rolle unseres zweiten Signalsystems – zu ursprünglicher Erfahrung werden.

Joachim Walther: Können Sie eine Idee zurückverfolgen, ihre Herkunft orten?

Christa Wolf: Manchmal kann ich es, manchmal weiß ich noch den Moment und sogar die räumlichen Umstände, wenn ich formulieren konnte, worum es gehen mußte. Oft vergesse ich es auch und finde später überrascht eine Notiz darüber. Mir scheint eine Grundbedingung vorher zu sein: eine innere Unruhe, eine Ansammlung von Unruhe, die zunächst ziemlich diffus und ungerichtet ist. Es ist ja nicht so, daß man irgendwo sitzt und wartet: Wann kommt denn nun endlich ein Einfall? Man ist ja dauernd beschäftigt. Innerhalb dieser allgemeinen Beschäftigung zieht sich dann diese Unruhe irgendwie (man weiß ja nicht, wie) auf ihren Kernpunkt zusammen, und die Idee ist „da". Das ist einer der schönsten Momente. Neulich sagte ich am Ende eines Traumes mir selbst laut die Idee für ein Kapitel, an dem ich arbeitete – ein Satz, den ich beim Erwachen noch wußte und akzeptieren konnte.

Joachim Walther: Glauben Sie, daß man einen Einfall bewußt herbeiführen kann, indem man durch Beobachten und Studien etwas in sich anreichert und also, nicht untätig, aber doch auf den Sprung wartet?

Christa Wolf: Das ist eine andere Art von Einfall. Ich sprach eben von einem Einfall zu einer Sache, von der man vorher nichts weiß, nehmen wir mal an: zu einer Geschichte. Aber auch später noch ist man ja abhängig von der Gnade des Einfalls, das ist ja das Schreckliche.

Nehmen wir an, ich weiß, worüber ich schreiben will, ich habe den Stoff. Dann kann ich natürlich einiges tun; dann werde ich anfangen, Material zu häufen. Ich mache zum Beispiel sehr viele Notizen, lese Bücher, Dokumente. Das ist übrigens eine sehr schöne Zeit, weil man denkt, es wird alles noch so, wie man es sich vorstellt, und man stellt sich immer etwas sehr Schönes vor. Auf Grund dieser Arbeit mit Material und Notizen stellen sich Einfälle ein, die sonst nicht kommen würden: Einfälle über einzelne Kapitel oder Figuren oder eine Erzählweise, über ganz bestimmte Anwendungen von Mitteln. Diese Einfälle kann man durch Arbeit provozieren, das stimmt. Der erste Einfall aber wird allein dadurch provoziert, daß man engagiert lebt. Danach kommt das Stadium, daß alles, was man tut, liest, hört, sieht und denkt, sich auf den Stoff bezieht, an dem man arbeitet. Der Stoff entwickelt eine Art von Radioaktivität, die alles, auch scheinbar Gleichgültiges, ebenfalls „aktiv" macht.

Joachim Walther: Sie kennen sicher diese Mystifikationen, die den Schriftsteller als Mundstück eines nebulösen Geistes begreifen. Nicht der Autor spricht, sondern es spricht etwas durch ihn, es raunt in ihm . . .

Christa Wolf: Eigentlich haben wir diese mystische Vorstellung schon erledigt. Ich glaube nicht, daß einer von uns auf die Idee käme, Mundstück für „irgend etwas" zu sein. Es ist schon eine ganze Menge, wenn man das Gefühl gewinnt, daß man an einer Sache hängt . . . Die Ingeborg Bachmann hat das genannt: am Starkstrom Gegenwart hängen. Man hängt an einer Sache, die einen nicht mehr losläßt, die man machen muß, die aber gleichzeitig, wie man hofft in diesem Moment, von allgemeinerem Interesse ist. Wobei man sich aber ständig bewußt bleibt, daß man selbst es ist, der schreibt, was man selbst sieht, hört oder empfindet; daß man selbst und nicht ein Geist diese oder jene Gedanken und Ansichten hat.

Joachim Walther: Wird diese Mystifikation vielleicht da-

durch genährt, daß man verblüfft sein kann über das selbst Geschriebene? Es steht etwas da, worüber man nie bewußt reflektiert zu haben glaubt . . .
Christa Wolf: Das ja. Das gehört zu den Grunderfahrungen bei jedem schöpferischen Prozeß. Aber das ist nichts Mystisches, das ist etwas, was in meinem Gehirn, ohne daß ich davon weiß, entstanden ist. Wahrscheinlich beginnen irgendwelche Nervenenden miteinander zu kommunizieren. Man merkt, wenn man träumt, daß alle Schichten des Bewußten und Unbewußten ergriffen sind. Das ist ja das, was ich mit Unruhe meine. Das fängt dann zu gären und zu zingern an; dies ist wie eine Ladung, die im günstigen Fall auch etwas Annehmbares produziert. Im übrigen habe ich zunehmend den Eindruck beim Schreiben, daß es nicht darum geht, etwas neu zu schaffen, sondern etwas, was als Struktur vorhanden ist, freizulegen: etwas nicht zu beschädigen, sehr behutsam vorzugehen, nicht mit Hammer und Meißel zu arbeiten. Aber die Tatsache, daß die in unserem Gehirn vorgehenden materiellen Prozesse der Kreativität zu den schwierig zu erforschenden Gegenständen gehören, macht, daß der Mystizismus sich hier so lange hält.
Joachim Walther: Schreiben ist vergleichbar mit hypothetischem Arbeiten. Nun wird aber die Hypothese nicht im letzten Satz eines Buches bestätigt oder aber verworfen, der Knoten schürzt sich nicht in einer Pointe. Wodurch wird das Interesse beim Schreiben bis zuletzt aufrechterhalten?
Christa Wolf: Ich weiß die ganze Zeit und versuche auch nicht, es dem Leser zu verheimlichen, wie der „Held“ endet. Das interessiert mich nicht so sehr. Mich interessiert, wie er zu dem Punkt gelangt, den ich von Anfang an kenne. Das ist nie eine Frage während der Arbeit, daß ich überlege: Was mache ich am Schluß? Den äußeren Zustand kenne ich. Interessant ist, wie ich es machen werde, wie ich mich dazu stellen werde, in welche Beziehung ich mich zu meiner Figur bringe, was ich

mit ihr und was sie mit mir anfangen wird. Ich verändere mich, indem ich sie verändere. Wichtig: Ob ich es fertigbringe, mich von ihr zu befreien oder nicht, was hieße, daß die Aktion mißlungen ist, daß etwas zurückgeblieben ist, was ich nicht habe ausdrücken können. Die äußeren Handlungselemente sind untergeordneter Art; das weiß man, das regt nicht auf. Als Kind schon habe ich mich bei Karl May gelangweilt und Lessings Stücke gelesen: Warum brachte der Vater Emilia um?

Joachim Walther: Wenn Sie die äußeren Handlungselemente kennen, kann nicht trotzdem folgendes geschehen: Daß Sie durch die dazugeschriebenen inneren Bezüge eine andere Handlung schaffen, weil aus einer Bestimmung eine nächste folgt?

Christa Wolf: Das könnte sein, wenn man völlig frei wäre in der Behandlung seiner Figuren. Aber wenn man Figuren hat, bei denen man sich absichtlich selbst an ganz bestimmte authentische Vorfälle gebunden hat, dann kann es nicht passieren. Für mich ist ja augenblicklich ein wichtiges Problem beim Schreiben eben die Verbindung von Authentischem – den gegebenen Fixpunkten einer Figur – mit dem, was ich an Freiheit dazugewinne, indem ich über sie schreibe, also die Möglichkeiten zur Veränderung in die Räume zwischen jene Fixpunkte lege. Das kommt mir produktiv vor und realistisch. Es geht immer darum, Vergangenheit aufzuarbeiten; Prozesse, deren äußeren Ablauf man kennt, so daß Spannung nicht darin liegt, was passiert, sondern wie es passiert und warum so gehandelt wird. Ich habe bis jetzt keinen Anhaltspunkt dafür, daß ich von äußeren Handlungselementen getrieben oder in meiner Intention geändert wurde. (Oder doch? Ist der Tod eines Menschen ein „äußeres Handlungselement"?) Natürlich hat man beim Schreiben das Gefühl (und es ist schön, wenn man es hat): Es wächst, sozusagen von selbst. Das muß wohl so sein. Aber ich vergesse doch nie, daß ich es bin, in dem es wächst, der an der Maschine sitzt und es vorantreibt. Ich gerate nicht in eine Art von Trance, ich verliere auch nicht die Selbstkontrolle. Auch nicht die Kontrolle über meine Helden.

Joachim Walther: Ich vermute, daß Sie jemand ungeheuer mögen müssen, nämlich Büchner mit seiner Lenz-Novelle.

Christa Wolf: Ja! Unbedingt! Das ist mein Ur-Erlebnis in der deutschen Literatur. Bei mir setzt die deutsche Prosa mit Büchners Lenz-Novelle ein. Das ist absolut mein Ideal von Prosa. Dann kommen große Pausen ... Für moderne Prosa unerläßlich halte ich, daß man durch das, was geschildert wird, durch die Fiktion, durch die Täuschung (ohne die Literatur nicht auskommen kann und auch nicht will) hindurch die Stimme des Autors hört und sein Gesicht sieht. Das ist keine bequeme Forderung. Es ist wahrscheinlich leichter, sich eine Geschichte zu bauen. Vielleicht – ich weiß es nicht, ich sag es von mir aus. Ich weiß noch, wie das früher war; da wurde Stunden über Fabeln diskutiert: Aber nein! Der darf die nicht heiraten, der muß erst mal in den Betrieb gehen, und dann muß er die kennenlernen, und dann muß er zum Parteisekretär, und dann muß der ihm sagen, daß er doch zu der zurückgehen soll und so weiter ... Das aber hat überhaupt nichts mit Kunst zu tun, das wissen wir ja alle inzwischen. Der Autor muß sich stellen. Er darf sich nicht hinter seiner Fiktion vor dem Leser verbergen; der Leser soll ihn mitsehen.

Joachim Walther: Bedeutet diese Verlagerung des Schwerpunktes in das innere Geschehen nicht sogleich einen Verlust an Rezeptionsmöglichkeiten? Daß man nämlich damit die Leser verliert, die Geschichten haben wollen?

Christa Wolf: Ja. Ich bin der Meinung, daß sich diese Leser in zunehmendem Maße durch Film und Fernsehen schadlos halten, also ich spreche überhaupt nicht dagegen; ich habe keinerlei – sagen wir – hochmütige Haltung dazu. Aber das hat damit nichts zu tun, daß wirkliche Prosa etwas anderes ist. Sie sollte das machen, was nur sie machen kann, was übrigens nicht unbedingt

„Verlagerung in inneres Geschehen“ sein muß: Wozu ist denn ein Autor da, wenn er verschwindet, wenn er sich auflöst in einer im Grunde sehr abstrakten und sehr mechanistischen Fiktion von Widerspiegelung? Denn das hat es ja nie gegeben, daß ein Autor die Wirklichkeit „widergespiegelt“ hat, nicht? Spiegeln ist ja ein physikalisch-mechanischer Vorgang. Ein Widerspiegeln in diesem Sinne gibt es in der Kunst nicht, sondern es handelt sich da um ein Verwandeln, um eine Aneignung der Wirklichkeit. Für mich ist sehr aufhellend gewesen, was Heiner Müller in einem seiner Stücke geschrieben hat: Tödlich dem Menschen ist das Unkenntliche. Das glaub ich auch. Ich denke, daß das, was nicht benannt und beschrieben ist, im gesellschaftlichen Bewußtsein nicht vorhanden sein kann. Und daß Prosa tun sollte: Das Unkenntliche kenntlich machen, das vom Menschen noch nicht Gesehene oder Erlebte oder noch nicht bis zum Ende Durchdachte zeigen, benennen, durchdenken. Ihm möglich machen, es sich anzueignen. (In diesem Sinne: „Produktivkraft“ Literatur!)

Joachim Walther: Besteht nicht ein Merkmal für gute Literatur darin, daß sie mehrere Rezeptionsebenen hat? Daß der, der Kolportage sucht, sie auch findet, daß auch der, der Motivationen und Reflexionen will, sie ebenfalls bekommt?

Christa Wolf: Ich will nicht bestreiten, daß dies ein Ideal sein kann. Es kann aber auch sein, daß eine Zeit kommt, wo eine große Zahl von Lesern nicht unbedingt die starke Handlung verlangt, sondern vielleicht etwas anderes. Ich habe keinen Widerspruch zu dem, was Sie sagen, daß ein Buch so vielschichtig sein sollte, daß jeder auf seine Kosten kommt. Nur scheint es mir in der Praxis sehr selten vorzukommen – jedenfalls in der zeitgenössischen Literatur und der zeitgenössischen Rezeption der Literatur. Ich könnte mich nicht hinsetzen und mir sagen: Dieser Stoff müßte jetzt von dir so behandelt werden, daß du sowohl diejenigen erreichst, die eine Fabel suchen, als auch diejenigen, die eine intellektuelle

Verarbeitung erwarten! Volkstümlichkeit in großen Helden und großen Gestalten, in großen, einfachen Vorgängen, ist aus den zeitgenössischen Verhältnissen nicht so leicht zu gewinnen wie aus gewissen archaischen Grundmustern oder aus Verhältnissen, die turbulente Ereignisse, schärfere äußere Konflikte hervorbrachten, sagen wir: Kriegszeiten oder die Zeit des Faschismus, Klassenkämpfe eben, wo eine Polarisierung von Einstellungen und Handlungen da war, ihre Bewertung unzweideutig ist und es noch dazu um Tod und Leben ging. Während heute die Entscheidungen und Konflikte sich eigentlich in der Ebene der gesellschaftlichen Moral abspielen, obwohl natürlich vorbereitet in konkreten gesellschaftlichen Bewegungen. Ein Mensch, der innerlich stirbt – das ist meist nicht sehr spektakulär, man „sieht" es nicht; es gibt da manchmal Knotenpunkte, an denen man es auch äußerlich sichtbar machen kann, aber der Prozeß ist schleichend, schwer beschreibbar durch äußere Handlungselemente. Einführung von Reflexion ist bei solcher Art Material also nicht Willkür des Autors.

Joachim Walther: Kann ein hoher Grad von Reflektiertheit nicht in Einfachheit umschlagen? Es gibt das Simplizianische, aus dem Kompliziertes steigt, ohne daß es genannt wird.

Christa Wolf: Das will ich als Möglichkeit nicht bestreiten. Im Moment jedoch sehe ich nicht, daß man unsere Gesellschaft und unsere Zeit über ein naives Bewußtsein reflektieren könnte, über einen Ton wie bei Grimmelshausen etwa. (Brecht hat die bürgerliche Gesellschaft auf Formeln bringen können, als sie schon sehr weit fortgeschritten war.) Aber es wäre denkbar, daß bei größerer Reife der Entwicklung, bei einem höheren Standpunkt der Autoren wieder eine Chance auftaucht, die Zeit ins Gleichnis zu bringen, wieder einfach zu werden, „es" auf eine Formel zu bringen – alles das, was einem jetzt kompliziert und verwickelt erscheint und was infolgedessen auch in der Literatur kompliziert erscheinen mag. Ich bin überhaupt nicht dafür, in der Literatur etwas künstlich zu komplizieren. Meine Hoffnung ist: Wenn ich das, was ich denke oder was mir zu dem Stoff einfällt (den ich gründlich geprüft habe, nicht nur auf persönliche, auch auf gesellschaftliche Bedeutsamkeit), so genau und so gut gearbeitet wie möglich aufschreibe, wird es eine Reihe von Lesern geben, die bereit und zweifellos in der Lage sind, den Prozeß, der mich zu einer gewissen Schreibtechnik und Form geführt hat, mitzugehen. Dieses Vertrauen hat sich bestätigt. Die Kompliziertheit einer Erzählweise aber ist und bleibt ein Problem. Man kann nicht alles einfach sagen.

Joachim Walther: Woraus entspringen beim Schreiben Unlustmomente, woraus die Lust?

Christa Wolf: Eine Grundlust und eine Garantie dafür, daß ich immer weiter schreiben werde, ist wahrscheinlich die Erfahrung, daß ich mir auf diese Weise am ehesten den mir gemäßen Lebensraum schaffe. Na schön: Selbstverwirklichung ist ein abgegriffenes Wort; aber hat nicht der Schriftsteller und jeder andere Künstler einen Vorteil vor anderen – auch vor den meisten Wissenschaftlern heutzutage –, daß seine Arbeit an seine Person gebunden ist und von keinem anderen gemacht werden kann. Dazu: Ein Riesenspaß am Diagnostizieren gesellschaftlicher Prozesse auf Grund von Symptomen. Das sind Grundantriebe, die hoffentlich bleiben werden. Dann kommen natürlich bei der Arbeit an den einzelnen Sachen viele einzelne Lustmomente dazu. Ich habe gerade eine Periode von enormen Unlustmomenten hinter mir, Schreibhemmungen. Es kommt vor, daß man wochenlang zwar schreibt, aber genau spürt, man tritt auf der Stelle. Ich weiß dann, daß es sich um Hemmungen handeln muß, die in mir liegen, die ich mir aber in dem Moment nicht bewußtmachen kann; daß Widerstände in mir sind, wirklich das herauszufinden, wonach der Stoff drängt. Denn natürlich hat man beim Schreiben auch Angst vor dem, was herauskommen wird. Niemand setzt freiwillig Angst frei. Das muß man aber, indem man bis an die Grenze des Stoffes geht. Man muß diesen Zustand überwinden, und das geht im Grunde nur schreibend. Das sind die Zeiten, wo ich starke Unlustgefühle habe und natürlich auch starken Selbstzweifel. Es geht dann um Dinge, die man eigentlich wissen muß, aber nicht wissen oder wahrhaben will. Man hört auf andere, vielleicht auf die Mehrheit, und traut seinen Augen nicht. Es geht doch darum, daß wir immer tiefere Schichten des Bewußtseins freilegen und daß wir die Grenzen dessen, was wir von uns wissen, was die Gesellschaft von sich weiß, aber auch, was ich von mir weiß, immer weiter hinausschieben. Das ist anstrengend, aber auch befreiend.

Joachim Walther: Liegt darin nicht auch die Gefahr, krank an sich selbst zu werden? Indem man nämlich immerzu maßlos zu sich selbst ist, immer mehr will, als man erreicht hat, also immerzu noch nicht Gedachtes denken will, kann man die eigenen Möglichkeiten so weit überziehen, daß das anvisierte Ziel selbst bei allen Glücksfällen und bei aller Anstrengung nicht erreichbar ist. Bei sogenannt kluger Beschränkung auf seine Möglichkeiten ist die Wahrscheinlichkeit größer, etwas Rundes zu schaffen, die Gesundheit wird geschont, und lähmende Unzufriedenheit wird vermieden. Ist das eine Temperamentfrage, oder wie würden Sie das sehen?

Christa Wolf: Das ist eine Sache der individuellen Arbeitserfahrung. Wie gut sich einer kennt. Ich meine, man kann auch schreiben, wenn man krank ist. Um gesund zu werden. Schreiben kann auch eine Therapie sein. Wobei ich nicht für eine Literatur des Abseitigen plädiere, der Neurosen (aber man darf sich auch vor der Darstellung der Neurosen nicht scheuen). Denn ich glaube nicht, daß das Aussprechen von krankmachenden Sachverhalten zerstört, sondern daß es heilt. Natürlich nur, wenn man es mit der nötigen Behutsamkeit macht, nicht mit Brachialgewalt.

Joachim Walther: Wie stehen Sie zu öffentlichen Anerkennungen?

Christa Wolf: Öffentliche Anerkennung hat mindestens

zwei Seiten. Die eine ist die, daß jeder normale Mensch dafür nicht unempfänglich ist. Bei einem Autor aber steht sofort die Frage, ob die Anerkennung wirklich für das folgt, was er gemeint hat, oder aus einem Mißverständnis heraus: Daß man also an ihm keine Anerkennung, sondern eine Verkennung vornimmt. Im übrigen kann man auch bei Nicht-Anerkennung nichts anderes tun, als weiter das zu machen, was man machen muß und kann. Man kann selbst bei dauerndem Mißfallen, das man erregt, aus sich keinen anderen Menschen machen und etwas anderes oder anders schreiben, das kann man nicht.

Aber man verwechselt oft die dauernde öffentliche Nennung eines Namens mit gesellschaftlichem Vorhandensein. In einer Zeit, da einer nicht dauernd genannt wird, kann er gerade sehr intensiv leben und gerade so seine Gesellschaft kennenlernen, von einer Seite, die ihm vorher vielleicht nicht zugänglich gewesen ist. Wenn man sich allerdings davon abhängig macht, daß man immer in aller Munde ist, dann ist man verloren. Das ist eine Art von Abhängigkeit, die ganz bestimmt verbiegt. Wirkenwollen, aber nicht Wirkenkönnen ist bitter. Nur ist es eine Erfahrung, die ja aus der Gesellschaft kommt, in der einer lebt, die ihn also, wenn er sie richtig verarbeitet, an bestimmte Gründe und Hintergründe seiner Gesellschaft führt, die er auf Erfolgsschwingen schwebend gar nicht erfahren hätte. – Es ist doch nicht so, daß man schreibt, um Erfolg zu haben. Es kann noch heute in der Literatur Leistungen geben, die unbemerkt bleiben. Das ist, was die Literaten den Erfolgsmenschen auf anderen Gebieten so suspekt macht. Es kann aber auch umgekehrt sein: Man kann beobachten, daß das Selbstbewußtsein von Schriftstellern heutzutage durch diesen Zwang zum Erfolg, den man ihnen eingeredet hat, sehr labil geworden ist, daß ein nicht sofort eintretender Erfolg sie ungeheuer nervös macht, daß sie Minderwertigkeitskomplexe bekommen, daß sie Angst haben, ohne Ruhm überhaupt nicht dazusein. Literatur kann langsamere und stillere, aber um so tiefere Wirkungen haben, ohne diese äußeren Attribute von Erfolg.

Joachim Walther: Das setzt aber ein gerüttelt Maß von Selbstvertrauen, wenn nicht gar einen Glauben an eigenes Sendungsbewußtsein voraus ...

Christa Wolf: Nein! Überhaupt nicht! Ich kann mir nicht vorstellen, wie heute ein Autor zu einem Sendungsbewußtsein kommen könnte. Es setzt nur ein stabiles – was fast niemand unserer Generation hat, ich übrigens auch nicht – Verhältnis zu sich selbst, eine nüchterne Selbsteinschätzung, voraus, aber überhaupt nicht das Gefühl, einer von den Großen zu sein. Das ist natürlich ein wirkliches Problem: Nicht große Schriftsteller können sich nicht darauf verlassen, daß das heute von ihnen nicht Erscheinende in den nächsten Jahren überhaupt noch wichtig ist. Da liegt der Hund begraben. Das ist der Punkt, an dem die Nervosität einsetzt und der Wunsch, möglichst schnell gedruckt zu werden, wobei Nervosität die Qualität der Literatur nicht verbessert.

Joachim Walther: Liegt das Übel vielleicht darin, daß man sich ständig ins Verhältnis setzt, und zwar immer nach oben?

Christa Wolf: Eben, ja, sicher, das ist wie bei kommunizierenden Röhren. Das geht unwillkürlich vor sich. Ich glaube aber, es ist ganz natürlich, wenn man das zeitbedingte Auf- und Abschnellen der Erfolgssäulchen verhältnismäßig nüchtern beurteilt, nicht mit falscher Bescheidenheit, aber natürlich auch nicht mit Hybris. Im übrigen zeigt sich ja seit einigen Jahren besonders deutlich, daß wir einen stabilen Bestand an Autoren haben, die unbeirrt immer besser werden.

Joachim Walther: Wie würden Sie die Aufgaben der Literatur unter sozialistischen Bedingungen benennen? Gibt es überhaupt neue? Oder bleiben jahrhundertealte Aufgaben gültig und müssen nur auf die jeweilige historische Situation konkretisiert werden?

Christa Wolf: Ich glaube nicht, daß sich die Aufgaben der

Literatur alle fünf Jahre ändern. Wahrscheinlich wird ein Schriftsteller mit der Zeit immer schärfer erkennen, was seine Aufgaben sind. Eine andere Sache ist, daß die Gesellschaft, in der er lebt, ihm Aufgaben geben kann, die er nicht erfüllen kann, weil sie nicht literaturgemäß sind, oder aber ihn befördern kann, indem sie ihm Mut macht, genau die Probleme anzupacken, die er selbst als seine Sache empfindet. Ich würde wünschen, daß die Literatur die Bedingungen untersucht, in denen sich der Mensch als moralisches Wesen selbst verwirklichen kann. Das ist ja Bobrowskis Thema gewesen: Wie muß die Welt für ein moralisches Wesen beschaffen sein? Diese Aufgabe würde ich für sozialistische Autoren sehen, nicht nur als eine unter anderen, sondern als ihren Beitrag zu den Grundbedingungen, die nötig sind, damit die Menschheit sich nicht selber in die Luft sprengt oder sich auf andere Weise zerstört. Der Autor müßte also ohne Rücksicht auf augenblickliche Schwierigkeiten, die ihm dabei entgegentreten mögen, diese Bedingungen untersuchen und seine Figuren, die er gefunden hat oder erfindet, in solche Bedingungen bringen und mit ihnen experimentieren. Was er da sieht und findet, müßte er ohne Scheu sagen, aufschreiben und nicht fürchten müssen, daß das der Gesellschaft, in der er lebt, schadet, sondern davon ausgehen, daß alles, was wahrheitsgemäß gesagt ist, ihr nutzt, weil die Gesellschaft sich selbst dieses Ziel gestellt hat, und daß andere da sind, ihn zu korrigieren, wenn er sich irrt. Das ist ja die Übereinstimmung im Grundsätzlichen, daß auch die sozialistische Gesellschaft das Ziel der Selbstverwirklichung ihrer Mitglieder hat wie die sozialistische Literatur. Dabei kann sie – vorübergehend – einen moralistischen Zug bekommen, auch Belehrung wird nicht ausbleiben können. Anzustreben aber wäre Heiterkeit und Souveränität in der Behandlung des Materials und der Techniken. Nichts Langweiliges jedenfalls.

Joachim Walther: Wie ist das bei Ihnen mit der Dauerhaftigkeit von Einstellungen? Können Sie heute noch für etwas beim Wort genommen werden, was Sie vor Jahren geschrieben haben?

Christa Wolf: Einstellungen dauern nicht länger als die Verhältnisse, denen sie entspringen. Beim Wort kann man aber immer genommen werden, das ist eine der Tücken dieses Berufs. Ich habe früher Texte geschrieben, die ich heute anders schreiben würde, denn ich hab auf Grund anderer Erfahrungen eine andere Einstellung zu dem Gegenstand. Es handelt sich weniger um literarische Arbeiten, die sowieso abhängig sind vom Reifeprozeß des Autors, sondern mehr um Artikel und Rezensionen, die von einer gewissen damals verbreiteten Einstellung zur Literatur ausgingen, von einer unschöpferischen, rein ideologisierenden Germanistik. Das sind natürlich Aufsätze, die ich heute nicht wieder gedruckt sehen möchte, aber ich will und kann sie nicht verleugnen, sie gehören zu meiner Entwicklung. Entscheidend ist, daß man es zu der Zeit ehrlich gemeint hat, daß es sich um einen ehrlichen Irrtum gehandelt hat (der dadurch nicht gerechtfertigt ist) und nicht um Produkte des Opportunismus. Dann ist natürlich alles verdorben.

Joachim Walther: Was ist Ihr zentrales Anliegen?

Christa Wolf: Mich interessiert die Entwicklung, die die Menschheit heute nimmt, um sich ihr Überleben zu sichern, und möglichst mehr als das Überleben. Die Spannungen, die zwischen sozialen Gruppen und einzelnen in diesem Prozeß entstehen. Wie man sie endlich zur Produktion von Menschlichkeit verwerten kann und nicht zur Zerstörung.

Joachim Walther: Und Sie meinen, dies wird wesentlich von der Moral abhängen?

Christa Wolf: Nein. Moral ist keine für sich existierende Institution. Aber es wird davon abhängen, ob die Menschen sich Bedingungen schaffen, um zu sich selbst zu kommen; ob sie an sich selbst wieder ein solches Interesse finden (Interesse im Sinne von Teilnahme, gereinigt natürlich von Mystifikationen), daß sie sich selbst so wichtig und so spannend und so wertvoll werden, daß sie alle Anstrengungen machen, um sich zu retten. Bis jetzt ist das nicht entschieden, glaub ich. Die Literatur ist eine der Möglichkeiten, dieses Interesse des Menschen an sich selbst wachzuhalten oder wieder wachzurufen. Wobei für den Prosa-Autor nun die Frage kommt: Woran, an welchem Gegenstand? Und da ist es bei mir, wahrscheinlich noch für eine ganze Weile, die Problematik meiner Generation, die mir natürlich naheliegt. Also die Anläufe dieser Generation, die Leistung, aber auch ihr Versagen und das, was ihr versagt wird; was man ihr schuldig bleibt, aber auch, was sie anderen schuldig bleibt; natürlich auch, wonach sie sich sehnt oder wozu sie imstande ist, im guten und im schlechten. Dann – sehr wichtig! – interessiert mich, wie sie sich selber sieht, was eben den Nachweis brächte, ob diese Generation in ihren bewußten und wichtigen Repräsentanten zur Reife gelangt ist oder ob sie sich in einem bestimmten Stadium von Unreife gehalten hat und dafür nach Selbstentschuldigungen sucht. Also: wie es um das Gewissen dieser Generation bestellt ist. Das ist anstrengende Befragung und Selbstbefragung. Ich denke nicht, daß meine Generation wichtiger ist als andere vor ihr oder nach ihr. Nur glaube ich, kein Älterer und kein Jüngerer wird erzählen können, was für unsere Generation die wichtigen Punkte gewesen sind. Und natürlich hofft man, daß das eigene Generationserlebnis interessant auch für andere Generationen ist.

Joachim Walther: Ein paar Fragen zum Stil: Sie verwenden zunehmend weniger Epitheta, wenn ich es richtig sehe. Epitheta aber schränken die Allgemeinheit des Begriffs ein und erzeugen so mehr Anschaulichkeit. Seltsamerweise schränkt das weitgehende Fehlen von Epitheta bei Ihnen die Anschaulichkeit nicht ein: wieso? Setzen Sie anstelle äußerer Beschreibungen so etwas wie innere Stimmigkeit, die dann Äußeres anschaulich macht?

Christa Wolf: Mir ist nicht bewußt, daß ich weniger Epitheta verwende. Wenn Sie es sagen, sehe ich, daß es stimmt. Es liegt wahrscheinlich daran, daß ich zunehmend weggekommen bin vom Beschreiben im Sinne des Objektschilderns: Milieu, in dem nur irgendwelche Handlungen oder Gespräche stattfinden. Ich möchte auch die Umgebung, alles das, was räumlich zu den Personen gehört, ihnen aneignen. Es nicht nur durch ihren Blick sehen; aber es doch in irgendeiner Form mitwirken lassen, so daß es sich also nicht um aufgesetzte und dazugetane Details handelt, um Staffage oder Kulisse. Es kann sein, daß sich daraus ein vorsichtigerer Gebrauch von Eigenschaftswörtern ergibt, zu dem man sich übrigens auch erzieht, wenn man bemerkt, daß eine Häufung von Eigenschaftswörtern den Stil nicht unbedingt anschaulicher macht. Das ist das, was ich davon weiß. Ein Begriff, der an sich sehr allgemein ist, sagen wir: Himmel, muß nicht unbedingt näher erläutert werden mit einer Farbe oder Stimmung, sondern aus der Szene oder Situation, in der das Wort Himmel fällt, sollte sich ein Zusammenhang bilden, der dem Wort Himmel einen ganz bestimmten Gefühls- oder Stimmungswert, also einen ästhetischen Wert zuweist, auch wenn der eine Leser sich den Himmel grau, der andere blau vorstellen mag.

Joachim Walther: Auch Ihre Dialoge sind sehr sparsam geworden. Vermeiden Sie die bewußt?

Christa Wolf: Ja, ich habe mich mehr auf indirekte Rede gelegt – wobei ich nicht jeden Dialog vermeide –, eine indirekte Rede und einen Stil, der im ganzen getragen ist von einer bestimmten Redeweise, von der Redeweise des Autors, die überhaupt nicht verleugnet wird; der Autor, der auch anredet, alle möglichen Beziehungen mit den Personen eingeht, und der dadurch viel mehr Möglichkeiten hat, als wenn er angewiesen wäre auf dieses: er sagte, sie sagte. Mir kommt es so vor, als ob in der modernen Prosa der Autor verpflichtet ist, den Leser teilhaben zu lassen an der Entstehung der Fiktion und ihm nicht die Fiktion als zweite Wirklichkeit vor die Wirklichkeit zu stellen. Darüber redet es sich übrigens am schwersten, weil einem am wenigsten davon bewußt ist. Diese Haltung zum Stoff und zum Leser prägt weitgehend den Stil.

Joachim Walther: Welche Bedeutung geben Sie dem Detail? Es gibt die Tschechowsche Forderung, daß eine an die Wand gehängte Pistole auch losgehen müßte, und zwar in der Geschichte. Meinen Sie, daß jedes Detail eine Funktion haben muß, eine ablesbare und direkte? Oder ist das Zufällige in einer Geschichte nicht auch funktionell?

Christa Wolf: Ich habe schon gesagt, daß ich sehr gegen die Konstruktion bin. Wenn der Zufall ausgesperrt bleibt, ist das absolut unkünstlerisch. Das wird sogar in den Naturwissenschaften nicht gemacht. Natürlich gibt es eine Unmenge von Details, die sich als reine Beschreibungselemente aufdrängen könnten: Da trifft man seine Auswahl, denn alles kann man nicht aufzählen. Insofern scheint mir, ist hier eine andere Art von Zufall am Werk, beim Weglassen oder beim Hineinnehmen von Details. Da würde ich allerdings sagen: Es ist nicht zufällig, was man nimmt, was man also für bemerkenswert, für bedeutsam hält. Das ist nicht so, daß man das bewußt macht, aber zufällig ist es auch nicht, die Auswahl ist unbewußt. Es ist ja ein fundamentaler Irrtum, zu denken, Literatur sei gleich Natur: Man nimmt ein Stück von ihr heraus und setzt es auf die Seiten des Manuskripts. Es ist immer eine subjektive Auswahl.

Joachim Walther: Nach welchen Kriterien beurteilen Sie die Qualität von Literatur?

Christa Wolf: Es ist schwer, dafür ein Wort zu finden. Letzten Endes läuft es doch immer wieder darauf hinaus, daß man dieses Gefühl von Zeitgenossenschaft hat. Daß einer mit bloßen Händen – besser mit den geeigneten Instrumenten – diesen radioaktiven Stoff anfaßt. Daß der Funke überspringt, daß der Punkt in mir als Leser berührt wird, der auch radioaktiv ist. Es ist also nichts Formales, es ist das Wie des Ergreifens dieser Welt, von der man dann wieder ergriffen wird. Das geht natürlich nur vonstatten, wenn es auch gut gemacht ist.

Joachim Walther: Von Ihnen wird gesagt: Die Wolf bohrt immer dort, wo es weh tut, auch wenn es sie selbst schmerzt.
Christa Wolf: Wenn es stimmen sollte, wäre es nichts, was ich ändern könnte, was ich mir vornehmen oder nicht vornehmen könnte. Es handelt sich darum, daß es mir immer um den wunden Punkt geht, der für mich im Moment der wunde Punkt ist. Und es kann sein, daß es auch andere so empfinden – das ist der Glücksfall. Dann setzt natürlich der Streit darüber ein, ob man das soll; ob man die wunden Punkte ruhen lassen soll, damit sie besser heilen, oder ob sie im Gegenteil schmerzen sollen, um in der Gesellschaft Kräfte zu mobilisieren, die dem Heilungsprozeß zu Hilfe kommen. Das ist der Streit, der niemals zu Ende sein wird, der immer dann, wenn jemand einen wunden Punkt trifft, aufs neue aufflammen wird. Das halte ich für ganz normal. Aber für mich und meine Arbeit habe ich diesen Streit entschieden.
Joachim Walther: Sie haben in Ihrem Essayband geschrieben, daß der erzählerische Raum vier Dimensionen habe, drei fiktive der erfundenen Figuren und eine, die Sie mit Engagement und Tiefe umschreiben, das Betroffensein des Autors von seinem Stoff, die Fast-Identität von Er und Ich. Könnte nicht hier das Rätsel des Poetischen liegen: Die vierte Dimension ist dem Menschen nicht vorstellbar.
Christa Wolf: Was ich zu wissen glaube, ist: Daß in dem Moment, wo der Autor sich nicht selbst mit hineingibt in das, was er schreibt, und zwar mit der ganzen Person und ohne Vorbehalt, daß da wahrscheinlich Poetisches nicht entsteht. Aber was ich nicht behaupten kann: Daß es nur auf diese Weise entsteht oder auf diese Weise allein entsteht. Es muß noch vieles andere sein, was zu diesem nebulösen Begriff des Poetischen beiträgt, der schwer zu definieren, aber doch ganz wirklich ist. Es würde etwas Flächiges entstehen, wenn man sich beschränken würde auf die drei Ebenen der erfundenen Personen in einer erfundenen Handlung. Die Tiefe –

gemeint ist eigentlich: poetische Wirksamkeit – einer Arbeit entsteht dadurch, daß der Autor seine Zeit und sein Engagement als vierte Dimension dazugibt. Das ist vielleicht nicht sehr gut ausgedrückt, aber da entsteht dann so etwas Undefinierbares, was man sofort spürt.

Joachim Walther: Ist es nicht schon ein elementarer poetischer Vorgang, wenn ein Kind Dinge benennt, die sein Fassungsvermögen übersteigen?

Christa Wolf: Das kann durchaus sein. Wenn man Kinder beim Spielen beobachtet, wie sie sich auszudrücken suchen, indem sie ein Spiel erfinden, das sie gerade brauchen, um mit einem Wirklichkeitsvorgang fertig zu werden, der sich im Spiel verarbeiten läßt, der im Spiel für sie erlebbar wird – das ist wahr, da fängt es wahrscheinlich an. Wenn ein Kind Namen nennt, aus bekannten Worten etwas zusammensetzt oder ganz neue findet, ist das auch ein poetischer Vorgang. Es ist nicht nur ein Erkenntnisvorgang; Poesie ist auch Erkenntnis, nur eben nicht in rationalistischer Form.

Joachim Walther: Man hat's damit sicher nicht – das Poetische, aber man könnte sich durch Analogie nähern: Könnte man sich nicht jederzeit im Verhältnis zum noch nicht Benannten als Kind begreifen?

Christa Wolf: Das wäre eine Möglichkeit, man müßte darüber nachdenken. Was Sie meinen, ist eben, was ich auch denke: Daß in jedem poetischen Schaffen überhaupt ein schöpferischer Vorgang liegt, daß es nicht unbedingt darum geht, daß man zur Tonne Tonne sagt, also diese Übereinkunft und dieses Schema der Benennung widerspruchslos übernimmt. Für ein Kind kann eine Tonne ein Zelt sein oder irgend etwas anderes. Es hat also dadurch etwas geschaffen, was vorher nicht da war. Auf alle Fälle gehört das dazu. Es ist nicht alles, aber der Anfang vielleicht. Aber gerade das: Unbefangen zu sehen, fällt uns Erwachsenen ja sehr schwer.

Joachim Walther: Haben Sie die Vision von etwas, was Sie erreichen möchten?

Christa Wolf: Ja, die hab ich. Es ist vielleicht sehr allgemein ... Im Grunde ist mein Wunsch, daß die Literatur oder das, was ich in der Literatur sagen könnte, mich ohne Rest aufzehrt. Daß die Erfahrungen und Erkenntnisse und die eigene andauernde Veränderung, der eigene andauernde Versuch der Standortbestimmung in dieser Zeit am Ende vollkommen ausgedrückt wären, ohne den gewöhnlichen Überhang von Ungesagtem und Unsagbarem. Unerreichbar, natürlich.

Oktober 1972

Subjektive Authentizität

Gespräch mit Hans Kaufmann

Hans Kaufmann: Dein Essay „Lesen und Schreiben“ enthält einen Abschnitt („Tabula rasa“), in dem du versuchst, dir die Rolle von Büchern – genauer: von „Prosa“ (darauf möchte ich gleich zurückkommen) – dadurch klarzumachen, daß du dir vorstellst, es hätte in deinem Leben kein Buch gegeben; weder „Grimms Märchen“ noch „Gullivers Reisen“ noch „Wilhelm Meister“ noch „Anna Karenina“ hätten für dich je existiert. „Ich, ohne Bücher, bin nicht ich“, schließt diese Betrachtung. Du suchst damit durch Überprüfung eigener Erfahrung ein sozusagen empirisches Argument gegen die zuvor – im Abschnitt „Lamento“ – erörterte Befürchtung, in unserer Zeit könnten das Vordringen der Wissenschaften, entwickelter Nachrichtentechnik, Film, Funk und Fernsehen die Literatur, vielmehr die Prosa, funktionslos machen. Schließlich erinnere ich noch an den Abschnitt „Kleiner Entwurf zu einem Autor“, in dem du den sozialen Status des „literarischen Einzelproduzenten“ in unserer Gesellschaft besprichst, ihn von der Situation des Schriftstellers im Kapitalismus abgrenzt und gleichzeitig auf die moralischen Risiken verweist, mit denen die Daseinsweise eines vom Schreiben lebenden Menschen verbunden ist. Übrigens wird meiner Meinung nach über dieses Thema in unseren öffentlichen Literaturdiskussionen zuwenig gesprochen.

Christa Wolf: Das beginnt sich, wie du weißt, zu ändern, und zwar dadurch, daß Autoren in neueren Büchern ethische Fragen ihres Berufs zur Diskussion stellen:

Günter de Bruyn, Jurek Becker, Erwin Strittmatter, Anna Seghers . . .

Hans Kaufmann: Ist es ungefähr richtig, diese in dem Essay angestellten Überlegungen (andere, historische, literaturtheoretische, erkenntniskritische Fragen, die dort ebenfalls eine Rolle spielen, lasse ich beiseite) dahingehend zusammenzufassen, daß du die Überzeugung vom Sinn des Prosaschreibens überhaupt dem Zweifel aussetzen mußtest, um sie zu erhärten, und auf diesem Wege gleichzeitig eine spezifische, dir damals oder auch heute noch angemessen erscheinende Art zu schreiben als sinnvoll und notwendig zu begründen?

Christa Wolf: Ich kann nur über etwas schreiben, was mich beunruhigt. Als ich den Aufsatz „Lesen und Schreiben" verfaßte – es war 1968, „Nachdenken über Christa T." war seit einem Jahr beendet, aber noch nicht erschienen (aus ersten kritischen Äußerungen dazu konnte ich mir die Richtung der öffentlichen Kritik an diesem Buch vorstellen) –, damals also beunruhigte mich nicht etwas so Hochtrabendes und Allgemeines wie „das Schicksal des Romans". Der würde zweifellos auch ohne mich und unabhängig davon, was ich über ihn dachte, seinen Weg gehen. Ich sah auch keinen Anlaß, mich für irgend etwas zu rechtfertigen. Aber ich hatte das Bedürfnis, die Erfahrung aufzuarbeiten, die ich beim Schreiben dieses Buches gemacht hatte, indem ich sie zu artikulieren suchte und mich gleichzeitig fragte, was daran nur für den Einzelfall eines Buches bedeutsam, was verwendbar war für spätere Arbeiten. Insofern unterscheiden sich bei mir die einander ablösenden (oder einander durchdringenden) prosaistischen und essayistischen Äußerungen nicht grundsätzlich voneinander. Ihre gemeinsame Wurzel ist Erfahrung, die zu bewältigen ist: Erfahrung mit dem „Leben" – also der unvermittelten Realität einer bestimmten Zeit und einer bestimmten Gesellschaft –, mit mir selbst, mit dem Schreiben – das ein wichtiger Teil meines Lebens ist –, mit anderer Literatur und Kunst. Prosa und Essay sind unterschiedliche Instrumente, um unterschiedlichem Material beizukommen, zu verschiedenen, doch nicht einander entgegengesetzten oder einander ausschließenden Zwecken.

Und in jedem Fall, in jeder Gattung arbeitet man ohne Vorgabe. Man geht nicht in eine Arbeit wie der Igel in den Wettlauf mit dem Hasen mit dem tröstlichen Bewußtsein, daß des Igels Frau am Ziel hocken und krächzen wird: Ick bün all doar! – Ob sich mir der Sinn des Prosaschreibens erhärten würde, wüßte ich nicht, als ich anfing, die Gattung „Prosa", nachdem ich sie mir definiert und als die mir am meisten gemäße Ausdrucksform erkannt hatte, einem Test zu unterwerfen: ob sie eigentlich zeitgemäß ist oder es wenigstens sein kann. (Ich gebe zu, auf Dauer stand nicht in Frage, daß ich weiter schreiben würde, wie immer der Test ausfiele – nur vielleicht anders als vorher.) Zu einer derartigen Befragung gehört eine gewisse Schonungslosigkeit, auch gegenüber feststehenden, einem selbst liebgewordenen Axiomen, deren eines besagt, ein sozialistischer Autor habe sich über den Bestand des Romans keine Sorgen zu machen, er solle diese Sorgen seelenruhig den Kollegen überlassen, die sich, eingespannt in den kapitalistischen Literaturbetrieb, mit den Endprodukten des bürgerlichen Romans herumschlagen müssen.

Warum eigentlich? Da ich doch als Leser unter unseren Romanen selten einen finde, der mich trifft? Da ich doch stark befürchte, daß unsere Prosaliteratur die Lebensprobleme vieler Menschen, ganzer Schichten in unserem Land gar nicht zur Sprache bringt? Dabei: Gut Geschriebenes, sauber Gearbeitetes, kunstvoll Gemachtes finde ich immer häufiger. Aber ein Buch, das mich brennen würde, wie das Leben mich brennt – das nicht.

Da aber beginnen und enden alle Diskussionen über Leben und Tod des Romans. Soll er doch sterben, wenn er nicht mehr fertigbringt, mich aufzuregen! – Gerade die Abschnitte in dem Aufsatz, die du erwähnst, untersuchen ja, unter welchen Bedingungen die Gattung

Prosa am Leben bleibt – auch, indem sie Territorien benennen, die sie im Laufe ihrer historischen Entwicklung „verloren“ hat. Nun ist aber die Geschichte der Kunst keine Geschichte von Kriegen, ihre Verluste und Gewinne lassen sich mit einem Generalstabsvokabular nicht beschreiben, ihr Terrain bemißt sich nicht nach Quadratmeilen, und es gibt keine Apparaturen, ihre Wirkungen zu registrieren. Auf diese einfachen und unbestreitbaren Einsichten reagieren Autoren meiner und der folgenden Generation merkwürdigerweise mit schlechtem Gewissen. Das äußert sich spätestens in der Art und Weise, wie sie sich verteidigen (eine mir wohlbekannte Art und Weise übrigens), indem sie nämlich den falschen Denkansatz ihrer Angreifer übernehmen, beteuern, sie wollten dasselbe wie jene (was ja nicht stimmt), und ihre Nützlichkeit gerade in Bereichen zu beweisen suchen, in denen Literatur nichts verloren, daher auch nichts zu leisten hat. So wollte ich also in dem Aufsatz nebenbei auch noch meine Meinung darüber ausdrücken, was Prosa kann und soll.

Hans Kaufmann: Können wir hier etwas Biographisches einschalten? – Einem Brief, den dir Louis Fürnberg 1956, ein Jahr vor seinem Tode, schrieb, entnehme ich, daß du ihm deine Absicht, künstlerisch zu arbeiten, gestanden und zugleich Skrupel und Zweifel geäußert hast. Fürnberg hat dich leidenschaftlich zu ermutigen versucht (vgl. Fürnberg-Lesebuch). Kannst du etwas über die Beweggründe und Anlässe sagen, die dich zur künstlerischen Produktion veranlaßten?

Christa Wolf: Ich habe schon lange „geschrieben“, früher meist Tagebücher, aber auch Märchen, „Erzählungen“, sogar Entwürfe zu „Stücken“. Das Studium der Germanistik hat mich – so sehe ich es heute – zunächst irritiert und in eine kritisch-theoretische Richtung gedrängt: ich schrieb Literaturkritiken. Vielleicht war mir eine gewisse Unmittelbarkeit im Kontakt mit der Realität abhanden gekommen, auch die Unbekümmertheit, die ja doch auch in dem wahnwitzigen Entschluß steckt, dem Unmaß an Geschriebenem nun auch ein eigenes Scherflein noch beizusteuern. Jedenfalls gab es starke Barrieren, die nur durch starke Erschütterungen durchbrochen werden konnten und einen Zwang zum Schreiben auslösten. – Louis Fürnberg war ein Mensch, der wunderbar ermutigen konnte, auch dann, wenn ihm eigentlich nichts Ermutigendes vorlag. Ich denke manchmal an ihn, wenn mir jemand, der zu schreiben anfängt, ein Manuskript zeigt. Übrigens scheint man Prosa heutzutage nicht in sehr jungen Jahren zu schreiben ...

Hans Kaufmann: Zum Thema „Prosa". Gestatte zunächst eine philologische Fachsimpelei. Du nennst, Thomas Mann zitierend, den „Prosaautor" den „raunenden Beschwörer des Imperfekts". Thomas Mann nennt aber so den „Erzähler", den er in einem verhältnismäßig „traditionalistischen" Sinn versteht. Ist dieser Unterschied für dich belanglos? – Dann können wir die Frage fallenlassen. Ich vermute jedoch, daß du in deinem Essay absichtlich nicht von „Erzählliteratur", „Epik" oder dergleichen sprichst, sondern von der „Gattung Prosa". Du gibst für sie als allgemeines Merkmal an, daß sie von einzelnen verfaßt (dieses Schicksal teilt sie wohl mit der Masse der Lyrik, in beträchtlichem Maß auch mit der Dramatik) und von einzelnen gelesen werde (was sicher für die Prosaliteratur in besonderem Maß gilt). Nun hast du 1961 die „Moskauer Novelle" veröffentlicht, ein kleines Werk, das schon im Titel eine Genrebezeichnung führte; „Der geteilte Himmel" (1963) hieß eine „Erzählung"; dem Buch „Nachdenken über Christa T." (1968) hast du keine Genrebezeichnung gegeben. Trifft es zu, daß das Wort „Prosa" einerseits – nämlich soweit es um kritische Betrachtungen allgemeiner Art geht – mehr oder minder alle Arten erzählender Literatur erfassen soll, daß der Begriff aber andererseits – soweit er eine Zielvorstellung umreißt – eine sehr spezielle Darbietungsweise meint, die du nicht gern mit dem Wort „erzählen" verbinden möchtest, weil sie (vergleiche „Nachdenken über Christa T.") eine Verbindung von vergegenwärtigtem biographischem oder autobiographischem Detail, kritischer Erörterung und Dokumentation darstellt und eigentlich von der Reflexion her konstituiert ist?

Christa Wolf: Du hast recht: Ich merkte bei der Arbeit an dem Essay, daß der Unterschied zwischen „Erzähler" und „Prosaautor" für mich nicht belanglos ist. Nicht zufällig reibe ich mich an der gewiß bewundernswürdigen Formulierung vom „raunenden Beschwörer des Imperfekts", nicht ohne Grund mußte ich eine mir näherliegende Aussage, die meine eigene Schreiberfahrung aus früheren Arbeiten zu bestätigen schien, in Frage stellen: Ich meine Anna Seghers' Bemerkung: Was erzählbar geworden ist, ist überwunden. Ich hatte nämlich erfahren – ich kann wohl sagen: überraschend und gegen meinen eigenen beträchtlichen Widerstand –, was es bedeutet, erzählen zu müssen, um zu überwinden; hatte erlebt, daß der Erzähler (aber ist das Wort noch am Platze? der Prosaautor also) gezwungen sein kann, das strenge Nacheinander von Leben, „Überwinden" und Schreiben aufzugeben und um der inneren Authentizität willen, die er anstrebt, den Denk- und Lebensprozeß, in dem er steht, fast ungemildert (Form mildert aber immer, das ist ja eine ihrer Funktionen) im Arbeitsprozeß mit zur Sprache zu bringen, künstliche Kategorien fallenzulassen, Hohlformen, in die sich das noch rohe Material, durch den Autor fast schon unbewußt gelenkt, in erschreckender Zwangsläufigkeit ergießt.

Mache ich mich verständlich? Wie froh wäre ich, wenn man in meinen Überlegungen und Auskünften keinen Rückfall in irgendwelche Ekstasen, keine Ausflucht in unkontrollierbare Winkel des sogenannten künstlerischen Arbeitsprozesses sehen wollte. Aber der Durchbruch einer neuen, fast schon für immer verloren geglaubten Spontaneität war ein derart realer und befreiender Vorgang, daß ich wohl schlecht beraten wäre, wenn ich ihn geringschätzen oder gar ängstlich zurücknehmen würde. (Was ja einschließt, daß man selbst sehr bald imstande sein kann, das Kritikwürdige an dem Ergebnis dieses Arbeitsprozesses zu erkennen.)

Dabei weiß ich ganz gut, daß „innere Authentizität" keine literarische Kategorie ist, unter der sich jedermann etwas vorstellt, wie „positiver Held" oder „Konflikt" oder „das Komische" oder gar erst „die Fabel" – die übrigens früher die Bedeutung von „Gerede" hatte im Gegensatz zum „wahrheitsgetreuen Bericht". In diesem Sinne kann sie (muß vielleicht nicht: kann) ein Hindernis sein bei der Herstellung eben jener inneren Authentizität („Echtheit, Glaubwürdigkeit"), die man, so schwer sie genau zu bestimmen ist, jedem Stück Prosa sofort anmerkt und die jedenfalls jener positivistischen Haltung entgegengesetzt ist, welche den Autor und seinen Gegenstand voneinander trennt und einander gegenüberstellt: Der Autor, um seine Kunst vorzuführen, ist gehalten, sich eine Handlung zurechtzudrehen, eine Art Lasso, mit der er dann den bedauernswerten Gegenstand einzufangen und zu interpretieren sucht. Er, der Autor, kann zu Fuß oder beritten sein, ein tolpatschiger Cowboy oder ein Meister in seinem Fach, lässig oder fleißig – doch bleibt er, wenn er am Ende seinen Fang vorweist, derselbe, der er war. Von den Lesern aber wagt er zu hoffen, sie mögen sich durch die Lektüre seines Buches „verändern"!

Ein Freund riet mir neulich, mich nicht gegen die „Fabel" in eine Polemik zu verrennen, die genauso dogmatisch werden könnte wie ihre Verherrlichung. Da hat er recht: Das ist nicht der Kernpunkt des Streites. Jetzt laß mich vorsichtshalber Erasmus von Rotterdam zitieren: „Alles, was ich sage, sei Gespräch. Nichts davon sei ein Rat. Ich spräche nicht so kühn, wenn man mir folgen müßte." – Soll heißen: Von mir und allein für mich spreche ich, wenn ich bekenne, daß in jener Art zu schreiben ein Element von Unredlichkeit mir aufstieß und mich zunehmend störte: die fatale Möglichkeit des Autors eben, sich hinter seinem „Material", seinem „Thema", „Stoff", „Werk" zu verschanzen; ein Objekt aus ihm – dem Werk – zu machen, mit dem er nach Belieben umspringen kann (wodurch er auch mit seinen Lesern als mit Objekten umspringt); in das soundso viele Arbeitsstunden eingegangen sind, das technisch reproduzierbar und dann als Ware verkäuflich wird. (Diesen Warencharakter geistiger Arbeit wird eine entwickeltere sozialistische Gesellschaft in Frage stellen müssen.)

Nützlicher scheint es mir, das Schreiben nicht von seinen Endprodukten her zu sehen, sondern als einen Vorgang, der das Leben unaufhörlich begleitet, es mitbestimmt, zu deuten sucht; als Möglichkeit, intensiver in der Welt zu sein, als Steigerung und Konzentration von Denken, Sprechen, Handeln. Ein Vorgang, der auch gewisse Teil-Ergebnisse hervorbringt, die man drucken kann (und von denen – last not least – der Autor leben kann), materialisierte Zeugnisse einer Produktivität, die sich hauptsächlich nicht auf etwas Materielles, wohl aber auf etwas hoch Reales und Bedeutsames richtet: nämlich auf die Hervorbringung neuer Strukturen menschlicher Beziehungen in unserer Zeit.

Dies ist durchaus „eingreifende“ Schreibweise, nicht „subjektivistische“. Allerdings setzt sie ein hohes Maß an Subjektivität voraus, ein Subjekt, das bereit ist, sich seinem Stoff rückhaltlos (das sagt man so hin; jedenfalls so rückhaltlos wie möglich) zu stellen, das Spannungsverhältnis auf sich zu nehmen, das dann unvermeidlich wird, auf die Verwandlungen neugierig zu sein, die Stoff und Autor dann erfahren. Man sieht eine andere Realität als zuvor. Plötzlich hängt alles mit allem zusammen und ist in Bewegung; für „gegeben“ angenommene Objekte werden auflösbar und offenbaren die in ihnen vergegenständlichten gesellschaftlichen Beziehungen (nicht mehr jenen hierarchisch geordneten gesellschaftlichen Kosmos, in dem Menschenpartikel auf soziologisch oder ideologisch vorgegebenen Bahnen sich bewegen oder von dieser erwarteten Bewegung abweichen); es wird viel schwerer, „ich“ zu sagen, und doch zugleich oft unerläßlich. Die Suche nach einer Methode, dieser Realität schreibend gerecht zu werden, möchte ich vorläufig „subjektive Authentizität“ nennen – und ich kann nur hoffen, deutlich gemacht zu haben, daß sie die Existenz der objektiven Realität nicht nur nicht bestreitet, sondern gerade eine Bemühung darstellt, sich mit ihr produktiv auseinanderzusetzen.

Übrigens: Ich rede nicht von „Wahrhaftigkeit“, wenn ich „Authentizität“ sage – das heißt, ich moralisiere nicht. Wahrhaftigkeit muß vorausgesetzt werden, ohne sie gibt es überhaupt keine Literatur. Das gilt unerbittlich und in einem weiten Sinn: auch sich künstlich blind und unwissend halten und aus einem begrenzten Gesichtskreis heraus „wahrhaftig“ sein wollen, mißlingt zum Provinzialismus. Auch der Rückzug, der zu verhindern sucht, daß die Brennpunkte der Epoche sich mit den eigenen inneren Brennpunkten decken, bringt die Produktivität zum Welken und fördert Kunstgewerbliches, dem nichts Übles nachzusagen ist, außer daß niemand seine Notwendigkeit spürt – auch und vor allem nicht sein Produzent.

Hans Kaufmann: Ich möchte gern auf den Begriff der Erfahrung zurückkommen. Natürlich sehe ich auch, daß der Künstler nicht beliebige Dinge oder Vorgänge gestalten kann, zu denen er keine Beziehung hat, daß er als besonderer Mensch ein persönliches Weltverhältnis im Werk vergegenständlicht und keine subjektlose Welt hinstellt. Auf etwas Ähnliches zielst du, wenn du auf die Erfahrung pochst. Auf der anderen Seite ist nicht zu übersehen, daß der Begriff dehnbar und verschwommen und deshalb philosophisch nicht viel wert ist. Es liegt immer die Gefahr nahe, daß „Erfahrung“ empiristisch verstanden oder mißverstanden wird – in dem Sinne, daß man sich allein auf das beruft, was die sinnlich greifbare Umwelt dem Individuum vermittelt. Deshalb will ich daran erinnern, daß man in der Literatur um die Jahrhundertwende zu entdecken begann, daß die ausschlaggebenden Determinanten des individuellen Lebens nicht oder nicht mehr von der (empirischen) Erfahrung her ins Bild zu setzen sind, daß sie, wie Rilke hilflos sagte, „im Unsichtbaren" liegen. Brecht gab später der Diskussion die entscheidende realistische Wendung, wenn er gegen das „Milieu" ankämpfte und an dessen Stelle den „sozialen Kausalnexus" gesetzt wissen wollte. Gesamtgesellschaftliche, sich der sinnlichen Erfahrung nicht darbietende, aber höchst reale Faktoren sind einzubeziehen, um die Dialektik von Determination und Handlungsmöglichkeit des Menschen bewußt zu machen. (In diesem, aber vor allem in diesem Sinn ist auch die Abgrenzung vom Realismus des 19. Jahrhunderts berechtigt und notwendig.) Anders wird, denke ich, auch heute – bei einem in mancher Hinsicht veränderten, aber nicht außer Kraft gesetzten Kausalnexus – die Individualität in ihrer Wirklichkeit und ihren Möglichkeiten nicht zu fassen sein.

Christa Wolf: Dein Einwurf betrifft einen so zentralen Punkt, daß wir ihn deutlich herausarbeiten müssen, gerade wenn er zwischen uns strittig bleiben sollte. – Offenbar fürchtest du bei meinem „Pochen auf Erfahrung" doch ein Hereinlassen des Idealismus durch die Hintertür: Hier stehe ich, ich kann nicht anders, Gott helfe mir, amen. So will ich der Deutlichkeit halber ausdrücklich wiederholen, was ich öfter – auch in „Lesen und Schreiben" – gesagt habe: daß die marxistische Philosophie zu meinen Grund-Erfahrungen gehört und sowohl die Auswahl als auch die Bewertung neuer Erfahrungen entscheidend mitbestimmt; daß ein Autor in Zeiten, in denen er seine Lebensweise frei wählen kann, eine Verantwortung für den Inhalt seiner Erfahrung hat; und daß aus Erfahrung schreiben nicht bedeutet: sich immer nur selbst beschreiben (obwohl meist auch Selbstbeschreibung mit einfließen wird und soll). Das heißt: Es bedeutet alles das eben nicht, was man „schrankenlosen Subjektivismus" zu nennen pflegt und was anstatt zu einer Erhellung der Realität – von welcher der Autor ein Teil ist – zu ihrer Verschleierung führen kann.

Aber: Ist dir schon einmal bewußt geworden, welch

hemmungslosen Subjektivismus alle jene Empfehlungen ausstrahlen, die dem Autor zumuten, von Wunschbildern und Konstruktionen anstatt von seiner Erfahrung auszugehen? – Nein: Es geht immer noch und immer mal wieder um den Realismus, und immer noch muß um ihn gekämpft werden. Und dieser Kampf, der Brecht zu seiner Zeit (und für eine gewisse Periode) veranlaßte, die sozialen Bindungen zu betonen, in denen das Individuum steht und die Wechselwirkung zwischen diesen sozialen und individuellen Faktoren (eine Hervorhebung, zu der ich keinen Widerspruch habe): dieser Kampf bringt es mit sich, daß wir heute – denn ich bin es nicht alleine – mit einem gewissen Genuß, der dich vielleicht gerade bedenklich stimmt, auf eine so lange verkannte, unterschätzte, ja verdächtigte Kategorie pochen, wie es eben „Erfahrung" ist; daß wir die Binsenweisheit nicht scheuen, die da lautet: nicht die „Welt", die „Realität" oder ein ähnlich unendliches und mir nicht faßbares Ding kann von dem Autor „schöner" Literatur beschrieben werden: Er ist kein Naturwissenschaftler, und die Literatur ist kein Zweig der Philosophie. (Anna Seghers: „Der Schriftsteller, eigenartige Umschlagstelle vom Objekt zum Subjekt und wieder zum Objekt.") Das Reservoir, aus dem er schreibt, ist seine Erfahrung, sie vermittelt zwischen der objektiven Realität und dem Subjekt Autor, und es ist hoch wünschenswert, daß es sich um gesellschaftlich bedeutsame Erfahrung handle, deren Determinanten nicht „im Unsichtbaren" liegen.

Etwas anderes könnte ich nicht sagen, selbst wenn „Erfahrung" in der Philosophie ein derart suspekter Begriff wäre, wie du annimmst; das würde nicht gegen die Verwendung dieses Begriffes auf einem Arbeitsgebiet sprechen, das sich unter anderem gerade durch sein subjektives Moment von Naturwissenschaft und Philosophie unterscheidet (eben darin lag und liegt ja ein Kernpunkt des Streites zwischen marxistischen Autoren und ihren marxistischen Kritikern seit nun schon über vierzig Jahren). Jedoch: Die Naturwissenschaften und jene marxistischen Philosophen, die sich mit Naturwissenschaften beschäftigen, nehmen ja die Kategorie „Erfahrung“ wieder sehr ernst. In der Molekularbiologie zum Beispiel steht die Frage, ob ein molekulares System „Erfahrungen“ sammeln, das heißt lernen könne, im Brennpunkt der Diskussion.

Fürchte nicht, daß ich den Vergleich zwischen den Regulationsmechanismen der bewußtseinslosen, an biologische Gegebenheiten gebundenen Zelle und den Lernprozessen des bewußt in geschichtlichen und gesellschaftlichen Zusammenhängen lebenden Individuums strapazieren will. Aber gerade die historische Bedingtheit, mit der jeder Autor heutzutage wohl vertraut sein sollte, zwingt ihn, nach dem Handlungsspielraum von Individuen zu fragen: zum Beispiel nach ihrer Verantwortung und Schuld am Nichthandeln in extremen Terrorzeiten. Gerade Brecht hat von dem „Prüffeld gesellschaftlicher Kausalität“ gesprochen – ein Feld, in dem Kräfte wirken, und eine von ihnen sei das Individuum, das nicht durch die Beschreibung objektiv-ökonomischer Faktoren (die es vollständig zu determinieren scheinen) gelähmt werden dürfe. – Wenn Brecht den Akzent für seine Untersuchungen zeitweise stärker auf die Herausarbeitung der sozialen Determinanten, heutige marxistische Autoren ihn stärker auf die Erforschung der Rolle des Individuums in diesem „Kausalnexus“ legen – sollte man nicht auch dies mit Hilfe historisch-materialistischen Denkens erklären können?

Hans Kaufmann: Die Auseinandersetzung mit dem Faschismus hat aus naheliegenden Gründen in der gesamten Entwicklung der DDR-Literatur eine wichtige Rolle gespielt. Wenn jetzt nicht nur Schriftsteller der älteren und mittleren Generation, sondern auch solche, die zur Zeit der Befreiung noch Kinder waren, über den Faschismus schreiben, welche Beweggründe kann es dafür geben, und welche Bedeutung für den heutigen Leser kann dies haben, welche für uns heute wesentlichen neuen Momente dieses Themas sind da literarisch zu entdecken?

Christa Wolf: Diese Frage hängt für mich eng mit den vorigen zusammen, weil ich mich gerade mit – ja, soll ich nun sagen: dem „Thema Faschismus"? – auseinandersetze. Wir müssen uns nur selbst beobachten: Eine Vergangenheit wie diese kommt in Wellen über uns, wenn wir ihr nicht einen Riegel in uns vorgeschoben haben (was eine häufig geübte Abwehrmaßnahme ist). Aber kein Mensch kann den Wirkungen entgehen oder sich von den Einflüssen trennen, die von seiner Kindheit und Jugend her in sein späteres Leben dringen – auch und gerade, wenn diese Kindheit unter Einflüssen stand und Verhaltensweisen in ihm erzeugt hat, die er am liebsten vergessen und leugnen möchte, zuerst vor sich selbst. Es ist ein großes Thema, den Reifeprozeß dieser meiner Generation zu verfolgen, auch die Gründe zu suchen, wenn er ins Stocken kam. Für diejenigen, die in der Zeit des Faschismus aufwuchsen, kann es kein Datum geben, von dem ab sie ihn als „bewältigt" erklären können. Die Literatur hat dem Vorgang nachzugehen, was heißen kann: ihm voranzugehen, ihn vielleicht mit auszulösen: Eine immer tiefere, dabei auch immer persönlichere Verarbeitung dieser im Sinn des Wortes ungeheuren Zeit-Erscheinung.

Übrigens fällt das sehr schwer, und gerade dieser Widerstand (den auch die Beobachtung signalisiert, daß bestimmte mit unserer Kindheit zusammenhängende Themen in Gesprächen fast niemals berührt werden) deutet darauf hin, wie radioaktiv dieser Stoff noch ist. Haben wir uns nicht vielleicht deshalb angewöhnt, den Faschismus als ein „Phänomen" zu beschreiben, das außerhalb von uns existiert hat und aus der Welt war, nachdem man seine Machtzentren und Organisationsformen zerschlagen hatte? Haben wir uns nicht eine Zeitlang Mühe gegeben, ihn als Vergangenheit an „die anderen" zu delegieren, um uns selbst allein auf die Tradition der Antifaschisten und Widerstandskämpfer zu berufen? (Auch das ließe sich, glaube ich, in den verschiedenen Stadien der literarischen Behandlung dieses Themas nachweisen – besonders deutlich, wenn man Film- und Fernsehdramatik mit heranzöge.) Dabei hören wir immer häufiger von jungen Menschen, sie verstünden „trotz allem“ nicht, wie Leute wie wir, ihre Eltern, in dieser Zeit leben und vielleicht nicht einmal vom Gefühl eines andauernden Unglücks niedergedrückt sein konnten, und: wie wir danach weiterleben konnten. „Trotz allem“ – das heißt: trotz aller Bücher, die sie darüber lesen, trotz aller Filme, die sie gesehen haben, trotz aller Belehrung im Geschichtsunterricht über die Voraussetzungen für die Machtergreifung eines Hitler. Aber sie haben ein Recht, das zu verstehen, und wir haben die Pflicht, ihnen etwas darüber zu sagen – soweit wir können.

Ich will hier nur andeuten, daß ein solches Vorhaben – abgesehen wieder von mehr psychologischen Schwierigkeiten, die ihm entgegenstehen und die anscheinend erst nach so vielen Jahren überhaupt überwindbar sind – auch methodische Probleme aufwirft. Wieder geht es darum, eine Schreibweise zu finden, die den höchsten Grad an Realismus für diese spezielle Unternehmung ermöglicht, am besten erzwingt: daß Gegenwart und Vergangenheit – wie sie es in uns Menschen ja andauernd tun – auch auf dem Papier sich nicht nur „treffen“, sondern aufeinander einwirken, in ihrer Bewegung aneinander gezeigt werden können. Man muß also Schreibtechniken finden (und zu erkennen geben, daß und warum man sie sucht), die es fertigbringen, die fast unauflösbaren Verschränkungen, Verbindungen und Verfestigungen, die verschiedenste Elemente unserer Entwicklung miteinander eingegangen sind, doch noch einmal zu lösen, um Verhaltensweisen, auf die wir festgelegt zu sein scheinen, zu erklären und womöglich (und wo nötig) doch noch zu ändern. Es ist ein ziemlich anstrengendes Unterfangen.

Hans Kaufmann: Mir ist aufgefallen, daß in einigen neueren Büchern Geschichten aus früheren Jahren, zum

Beispiel aus der Zeit vor oder um 1945, mit Talent erzählt werden, während es den gleichen Autoren offenbar schwerer fällt, das Wechselverhältnis von Handlungsbedingungen und -möglichkeiten realer Menschen in der Gegenwart zu zeigen. Das Individuum, dessen wachsende Bedeutung theoretisch heftig proklamiert wird, bleibt eigentümlich blaß und schemenhaft. Parallel damit beobachte ich, daß in poetologischen Äußerungen, in Sentenzen und dergleichen bei dem Versuch, die eigene Situation und das eigene Schaffen begrifflich zu fassen, Elemente idealistischen Philosophierens auftreten (und zwar bei Schriftstellern, deren sozialistische Überzeugung nicht in Frage steht). Auch bei dir, meine ich, gibt es so etwas. Ich frage mich, ob nicht beide Momente damit zusammenhängen, daß es Schwierigkeiten bereitet, die eigenen, nicht selten mit Konflikten, auch mit Enttäuschungen und Krisen verbundenen Erfahrungen zur Gesamtsituation und -entwicklung in Beziehung zu setzen. Natürlich ist das nicht nur eine Angelegenheit des einzelnen, es hängt – darauf komme ich gleich – mit dem Selbstverständnis unserer Gesellschaft zusammen. Dennoch ist es nicht unwichtig, in welchem Maß und in welcher Weise der einzelne sich dessen bewußt wird; ob er sich das Ziel stellt, die Krisenmomente historisch konkret, in ihrer wirklichen Beschaffenheit vor Augen zu führen, oder ob er das nicht vermag oder gar nicht darauf ausgeht. Wo dies – aus welchen Gründen immer – nicht gelingt, kommt es teils zu jener eigentümlichen Leere, wenn es um die letzten Jahre geht, teils zu jenen Selbstinterpretationen mit idealistischem Einschlag. (Ich rede, nebenbei bemerkt, von einigen auffälligen Erscheinungen, nicht etwa von der Gesamttendenz unserer gegenwärtigen Literaturentwicklung.)

Christa Wolf: Mit Vergnügen höre ich dich über „Erfahrung" und die Bedeutung reden, die die individuelle Bewältigung von Erfahrung hat ... Im übrigen hast du wohl recht: Vermeidung von Widersprüchen wird auch

in der Literatur diese Leere erzeugen, weil ja nichts Konkretes mehr wirklich bewegt und nur Scheinbewegungen behauptet werden.
Hans Kaufmann: Worauf ich hinauswill, ist, daß die Erfahrung, um bewältigt zu werden, ergänzt werden muß. Auf dem VIII. Parteitag und danach wurde eine wichtige theoretische Arbeit geleistet, um – in Übereinstimmung mit den Hinweisen von Marx und Lenin über die Phasen des Kommunismus – die entwickelte sozialistische Gesellschaft und ihren historischen Standort zu bestimmen. Wir haben, scheint mir, noch zuwenig darüber nachgedacht, welchen Gewinn dieser „Realismus" in der wissenschaftlichen Selbstverständigung und in der politischen Praxis, von dem Erich Honecker in diesem Zusammenhang sprach, für den Realismus in der Literatur erbringen kann. Beispielsweise ist für die Art und Weise, in der im Kunstwerk das Verhältnis von Ideal und Wirklichkeit in Erscheinung tritt, die Einschätzung der Entwicklungsetappe, in der wir leben, wesentlich, ja maßgebend. Im Rahmen einer Vorstellung und Praxis, die den Sozialismus als in sich abgeschlossene Gesellschaftsformation betrachten und behandeln, hat das Kritikwürdige, auf das nicht nur der Schriftsteller, aber auch er, unvermeidlich bei der Beobachtung und Bewältigung unseres Lebens stößt, keinen historischen Stellenwert, sondern kann nur als rein zufällig, abnorm, untypisch angesehen werden. Oder es wächst – als spontane Reaktion darauf – die Versuchung, jeden Stein des Anstoßes als „Gegenbeweis" zu dem zu betrachten, was die Gesellschaft ihrer Definition nach ist. So oder so wird die Dialektik der gegenwärtigen Entwicklung verfehlt. Ideal und Wirklichkeit erstarren dann leicht zu einer ewigen Antinomie, die emotional, moralisch und ästhetisch aufgeladen wird.

Eine ganz andere Art, die einzelne Erscheinung in ihrer allgemeinen Bedeutung zu sehen und zu werten, ergibt sich, wenn wir unsere Gesellschaft entsprechend dem Entwicklungsgrad der Produktivkräfte und Produktionsverhältnisse sowohl (dies vor allem) in ihrer Offenheit zum Kommunismus hin als in jenen Momenten sehen, in denen der im Prinzip überwundene Klassenantagonismus noch seine Schatten auf uns wirft. Die Spannung von Ideal und Wirklichkeit löst sich auch dann gewiß nicht in Harmonie auf. Sie verhilft vielmehr zum Verständnis der geschichtlichen Bewegung, wird damit zu einer subjektiven Triebkraft und so ein Element dieser Bewegung selbst. Die vom Standpunkt sozialistischer Ziele negativ zu bewertende Erscheinung fällt nicht aus dem „System" heraus, verliert ihren abnormen, monströsen, letztlich unerklärbaren Charakter, sondern wird geschichtlich relativiert und dadurch in ihrer Überwindbarkeit kenntlich. Die Steine des Anstoßes können in ihrer relativen allgemeinen Bedeutung begriffen werden, ohne den Charakter eines abstrakt Allgemeinen, einer dem subjektiven „guten Willen" entgegenstehenden „schlechten Wirklichkeit" anzunehmen. Könnte dann nicht auch das Bedürfnis entfallen, den manchmal komplizierten eigenen Erfahrungen in Anspielungen, Antithesen, Allusionen und Gleichnissen eine bisweilen problematische Allgemeingültigkeit zuzusprechen? Vielleicht sollten wir mit Heinrich Heine sagen:

Laß die heil'gen Parabolen,
Laß die frommen Hypothesen,
Suche die verdammten Fragen
Ohne Umschweif uns zu lösen.

(das war ein langer Exkurs von mir, es soll der einzige in diesem Gespräch bleiben.)
Christa Wolf: Meinen Respekt vor Heine, dem ich allerdings gerne ein paar von unseren „verdammten Fragen" aufblättern würde, um dabei seine Physiognomie zu beobachten . . . Im übrigen leugne ich das Problem nicht, das du andeutest, und es ist mir seit längerem, manchmal bis zur Verzweiflung, bewußt. „Die Furcht vor der Abweichung wirkt entrealisierend" – da hat Anna Se-

ghers schon vor fünfunddreißig Jahren in ihrem hochaktuellen Briefwechsel mit Georg Lukács recht gehabt. Ja, es ist wahr: Wenn man über längere Zeit daran gehindert wird, es öffentlich zu tun, kann man überhaupt verlernen, die – verdammten oder nicht verdammten, jedenfalls bedeutsamen – Fragen, die keineswegs immer gleich „zu lösen" sind, wenigstens ohne Umschweif zu stellen, und sei es zunächst nur sich selbst. Das betrifft nicht nur die Literatur, aber sie trifft es im Kern. Der Mechanismus der Selbstzensur, der dem der Zensur folgt, ist gefährlicher als dieser: Er verinnerlicht Forderungen, die das Entstehen von Literatur verhindern können, und verwickelt manchen Autor in ein unfruchtbares und aussichtsloses Gerangel mit einander ausschließenden Geboten: daß er realistisch schreiben soll zum Beispiel und zugleich auf Konflikte verzichten; daß er wahrheitsgetreu schreiben soll, aber sich selbst nicht glauben, was er sieht, weil es nicht „typisch" sei. Ein Autor, der sich dieses Vorgangs nicht schärfstens bewußt bleibt und sein eigener unerbittlichster Kontrolleur ist, wird nachgeben, ausweichen, anfangen zu „wischen": das kann er im Zeitroman so gut oder so schlecht wie in der Parabel oder der Utopie – die Gattung macht es nicht.

Es ist nicht unnütz, auch heute noch darüber zu reden: Eingeschliffene Mechanismen wirken nach, und nicht umsonst fragte Volker Braun neulich nach unseren „Reserven an Realismus" ... Woran denkst du bei mir, wenn du von Elementen idealistischen Philosophierens sprichst?

Hans Kaufmann: Ich halte es für möglich – aber ich bitte, das als Frage zu verstehen, nicht als Behauptung –, daß die Art, auf den Faschismus und seine Nachwirkungen in unserer Generation zurückzublenden, Wurzeln in den von mir zuvor genannten ungelösten Problemen der letzten Jahre hat, und ich habe den Verdacht, daß sich da Elemente „geistesgeschichtlicher" Betrachtung einschleichen. Aber vielleicht sollten wir diese Frage, die ein im Entstehen begriffenes, mir also noch unbekanntes Buch betrifft, lieber weglassen?

Christa Wolf: Warum? – Versuchen wir, deinen Bedenken und Einwänden auf den Grund zu gehen. Vielleicht kann ich sie durch genauere Formulierung mildern oder entkräften, ohne daß ich im voraus zuviel über meine gegenwärtige Arbeit sagen muß. Die Fragen sind allgemein genug gestellt.

Du vermutest so etwas wie „Geistesgeschichte" bei meiner Behandlung des Themas Faschismus, einen bloßen Bezug auf psychologische, moralische Bewußtseinsvorgänge, und möchtest davor warnen, daß man den eigentlichen Sachverhalt hinter ihnen verschwinden läßt. Ich stimme dir darin zu, daß dies nicht geschehen darf. Nun hat es aber ein Autor, der heute über den Faschismus schreibt, bereits mit einem anderen Sachverhalt zu tun als die antifaschistischen Schriftsteller in der Emigration oder kurz nach dem Krieg: Die Zeit – unsere Lebenszeit seitdem – gibt jeder, besonders aber dieser Periode unserer Geschichte fortlaufend eine neue Dimension, so daß der Sachverhalt, der sich mir als Stoff anbietet, nicht mehr ist: Faschismus (seine sozialökonomischen Wurzeln, die Eigentumsverhältnisse, aus denen er entstehen konnte usw.), sondern: die Struktur der Vergangenheitsbeziehungen meiner Generation, das heißt: Bewältigung der Vergangenheit in der Gegenwart. Das ist etwas ganz anderes, als ein allerdings wirklich unzulässiges Analogisieren es wäre. Ich denke nicht daran, Schwierigkeiten in der literarischen Bewältigung der Gegenwart ersatzweise dadurch zu „überwinden", daß ich sie – reale, aus einer konkreten gesellschaftlichen Situation entstandene Widersprüche – in allgemeine psychologische Kategorien auflöse und in ihnen verstecke.

Das Gegenteil ist der Fall: Die historisch konkrete Behandlung der Vergangenheit soll mir einen Zugang zur Gegenwart eröffnen. 1953 schreibt Brecht: „Wir haben allzu früh der unmittelbaren Vergangenheit den Rücken zugekehrt, begierig, uns der Zukunft zuzuwenden. Die Zukunft wird aber abhängen von der Erledigung der Vergangenheit." Vielleicht wirst du mit mir darin übereinstimmen, daß Brechts Überlegung über die dialektische Beziehung zwischen Vergangenheit und Zukunft heute noch genauso zutrifft.

Hans Kaufmann: Nicht genau wie 1953, was das Verhältnis zum deutschen Faschismus angeht. Unveränderte Bedeutung hat der Schlußsatz, zweifellos.

Christa Wolf: Mir jedenfalls wurde im täglichen handelnden und reflektierenden Umgang mit diesen Problemen und vor allem mit den Menschen, die die Probleme schaffen – darunter auch mit mir selbst –, ganz unabhängig natürlich von diesem Brechtzitat, die Lücke in der „Erledigung der Vergangenheit" sehr fühlbar. Was unsere Generation erlebt hat, wird nie wieder eine Generation erleben: in der einen Gesellschaft aufzuwachsen, erzogen, geprägt zu werden und in der anderen – in unserer – die Möglichkeit zu einer an die gesellschaftlichen Wurzeln gehenden Kritik und Selbstkritik zu haben, zum Denken, Verstehen, Handeln zu kommen, dabei in neue, gewiß nicht einfache Widersprüche und Konflikte gestellt zu sein, mehr: diese Widersprüche selbst mit herzustellen und an ihrer Überwindung mitzuarbeiten, und dabei doch Verhaltensmuster nicht verleugnen zu können, die Kindheit und Jugend bestimmten. Wenn das kein widersprüchliches Kontinuum ist! Aber eben doch ein Kontinuum, denn es ist ein und derselbe Mensch, der das alles erfahren hat – aber ist er es noch? Die Stunde Null jedenfalls, die ihn zu einem anderen machte, hat es nie gegeben . . .

Das ist wohl unser Thema „Faschismus". Und sollte es nicht zulässig, ja geboten sein, sich ihm ernsthaft zu stellen und dabei ruhig vorauszusetzen, was an Literatur mit anderer Fragestellung dazu schon geschrieben ist und seinen Wert und seine Gültigkeit behält? Das heißt: von den Leistungen der vorigen Generation, deren beste man klassisch nennen kann, ausgehen und sie nicht zu wiederholen suchen? Auch ausgehen von den ökonomischen, historischen Analysen, die unsere Kinder in der Schule lernen und die für uns damals Offenbarungen waren?

Ich glaube nicht, daß mein Bezugspunkt zu diesem Thema meine privaten Gefühle oder gar Ressentiments sind; vielmehr scheint es mir ein elementares gesellschaftliches Interesse zu sein, den fast verlorengegangenen Bezug zwischen diesem Abschnitt unserer persönlichen Geschichte und der Gegenwart wiederherzustellen. Da wird man zwar auch über Eigentumsverhältnisse reden, wird sich aber nicht scheuen, auch psychische Mechanismen zu untersuchen. Wird die so durch und durch „bekannte" Geschichte noch einmal mit einem großen Staunen und – das kann ich bezeugen – mit großem Erschrecken angehn. Wird Scheintotes wieder beleben, zum abstrakten Phänomen Versteinertes aufbrechen müssen. „Historisieren" heißt überraschenderweise hier einmal nicht: „verfremden", sondern: diese historische Periode, weggeschoben und in ein Kampffeld anonymer gesellschaftlicher Kräfte verwandelt, wieder heranzurücken, die agierenden oder nicht agierenden Individuen – uns – noch einmal sichtbar zu machen und auf ihre Motive, ihre Verantwortlichkeit zu befragen ... Geistesgeschichte? Mitnichten. Aber entschiedene Bejahung des „eingreifenden Denkens", das wiederum Brecht schon 1933 forderte: „Notwendigkeit einer Kritik des Faschismus als eines Komplexes von Verhaltensweisen durch das eingreifende Denken. Kritik auch der Vorstellungen, wo sie eingreifende Verhaltensweisen darstellen." Und: Antwortversuch auf die neuen, neuartigen Fragen eines neuen, in einer anderen historischen Umgebung lebenden Publikums.

Hans Kaufmann: Mit Gerhard Wolf zusammen hast du ein Drehbuch zu einem Film über Till Eulenspiegel geschrieben. Eulenspiegel ist darin in die Kämpfe am Vorabend des deutschen Bauernkrieges versetzt. Im Volksbuch ist das bekanntlich anders. Dort scheint die mittelalterliche Ständegesellschaft stabil, und der Held wirkt als vorweggenommenes bürgerliches Individuum, weil er sich als einzelner radikal aus ihr ausgliedert, praktisch und geistig (Gott, das Jenseits, sein Seelenheil existieren für Eulenspiegel nicht). Auch von dieser Seite her wäre eine zeitgemäße Sicht auf den berühmten Schelm denkbar. Dir ist jedoch die – im Verlauf der Handlung mehrmals wechselnde, widerspruchsvolle – Beziehung dieser Gestalt zum Bauernkrieg wichtig, den Marx „die radikalste Tatsache der deutschen Geschichte" nannte. Wenn wir davon ausgehen, daß man heute als „radikalste Tatsache der deutschen Geschichte" die Errichtung einer sozialistischen Gesellschaft auf deutschem Boden ansehen kann, so deutet sich der tiefgreifende Bezug beider Zeitalter an.

Christa Wolf: Ganz sicher kann man den Till Eulenspiegel in verschiedene Zeiten legen (von Brecht gibt es eine Konzeption, die den alternden Eulenspiegel in die Zeit nach dem Bauernkrieg versetzt, eine Figur, die die Geschlagenen und Enttäuschten sammelt und ermutigt). Man könnte ihn auch zeitlos sehen: der Narr (als Rolle, als Funktion) im Räderwerk der Geschichte ... Uns interessierte von Anfang an eine Gestalt, die, aus naiven, gläubigen Anfängen sich durch Lebenserfahrung herausarbeitend, am Ende die Machtverhältnisse und Konventionen ihrer Zeit durchschaut und, bis auf den Grund ernüchtert, aber nicht resigniert, mit ihnen umzugehen, ja zu spielen weiß. Eine Vorläufer-Figur, beileibe kein Revolutionär. „Damit die bestehenden gesellschaftlichen Verhältnisse angetastet werden konnten, mußte ihnen der Heiligenschein abgestreift werden", sagt Friedrich Engels im „Deutschen Bauernkrieg". Genau das ist aber das Metier des Narren, und die ins Wanken geratenen Ordnungssäulen dieser Zeit – Kirche, Ständeordnung, Zunftwesen usw. – geben dem Außenseiter, der er ja ist, reichlich Gelegenheit, sich zu betätigen. Übrigens sind wir nicht in penibler Weise historisch getreu vorgegangen, Gestalt und Zeithintergrund tragen auch legendäre Züge ...

Ein historischer Stoff, der für mich nicht während der Arbeit einen Zeitbezug hätte, würde mich langweilen. Da war zuerst die ursprüngliche Vermutung: dieser Mann, wie wir ihn gleich sahen, geht uns etwas an. Ich hatte ein Gesicht vor Augen, das im Wechsel der Lebensalter härter, aber auch menschlicher wird, und Haltungen eines Menschen, der es lernt, unter schwerem Druck und in schwerer Bedrängnis souverän seine Mittel einzusetzen – nicht nur, um sich zu wehren, sondern um den Raum für reale Freiheiten für sich und seinesgleichen (er ist ja Plebejer) zu erweitern. Uns reizt diese Volksfigur, dieser intelligente, schlaue Bursche, der auch im übertragenen Sinn auf dem Seil tanzt. Übrigens ist ja die Renaissance die Epoche, in der der Mensch der Neuzeit geboren wird, also bestimmte Haltungen zu beobachten sind, die wir unmittelbar verstehn und nachempfinden können. Zugleich aber rücken wir sie so weit von uns weg, daß unser eigenes Verwickeltsein in die unmittelbaren Zeitereignisse uns nicht hindert, sie unvoreingenommen zu betrachten. Eine Art von Verfremdung also, die uns auch erlauben sollte, Probleme und Konflikte zu bearbeiten, die wir aus verschiedenen Gründen historisch konkret für die Gegenwart noch nicht aufwerfen oder aufwerfen können. Denn nicht immer entspricht der radikalsten Tatsache der deutschen Geschichte – nämlich der Veränderung der alten Gesellschaft von ihren Wurzeln her in Richtung auf den Sozialismus – die Radikalität unserer (historischen, ökonomischen, soziologischen, moralischen, künstlerischen) Fragestellungen an diese unsere Gesellschaft. Dies aber ist ein weites Feld ...

Hans Kaufmann: Ist es Zufall oder liegt es – wie ich vermute – in der Logik deines Sujets, daß der Handlungsablauf des Drehbuches mehr von traditioneller Epik an sich hat, als du deinem Essay nach für gut hältst? – Eulenspiegel ist bei dir mehrfach intensiv in die Kämpfe der anschwellenden bäuerlichen und plebejischen Bewegung zu Anfang des 16. Jahrhunderts verwickelt; er wird

geprägt durch diese Kämpfe, in denen er handelt und leidet, auf Grund seiner Erfahrungen wandelt und entwickelt er sich. Die Begebenheiten sind kausal miteinander verbunden, auch die bekannten Streiche, von denen einige bei dir vorkommen, erhalten zum Teil ihren Sinn erst in bezug auf andere Szenen. Kurz: Daß die Verbindung Eulenspiegels mit einer aufsteigenden revolutionären Bewegung einen vom Volksbuch völlig verschiedenen Figuren- und Handlungsaufbau nach sich zieht, ist einleuchtend. Aber steht eine solche Struktur nicht im Widerspruch zu deiner in „Lesen und Schreiben" vorgetragenen Theorie vom mechanischen Weltbild und seiner Entsprechung in der „traditionellen" epischen Fabel? Führt dich nicht gerade das Bemühen, die Dialektik von historischer Bewegung und Individualität zu erfassen, zu der angedeuteten Gestaltungsweise? – Nun ist zwar ein Drehbuch keine Prosa; aber deine These zielt so generell auf das Verhältnis von Weltbild und Struktur, daß nicht von vornherein einsehbar ist, warum ein Filmdrehbuch davon unberührt bleiben sollte. Oder liegt die Differenz darin begründet, daß das Sujet einer weit zurückliegenden, abgeschlossenen Epoche angehört, die in ihren Resultaten leichter überschaubar ist als die Gegenwart? Liegt es daran, daß du in diesem Fall nicht dich selbst innerhalb des Geschehens mitdenken und mitsehen mußtest und dir die Erkenntnis- und Objektivierungsmöglichkeit deshalb nicht zum Problem wurde? So gesehen, würde uns der „Eulenspiegel" wieder an die vorher erörterten Fragen heranführen.
Christa Wolf: Ich könnte es mir einfach machen. In „Lesen und Schreiben" findest du die Bemerkung, Prosa (wie sie mir vorschwebt) sollte nicht verfilmbar sein. Und tatsächlich ist diese „Erzählung für den Film" aus einem veritablen Szenarium hervorgegangen und in diesem Sinne keine Prosa, die ja gerade die unsichtbaren, nicht mit der Kamera einzufangenden Realitätsbezüge zur Sprache bringen soll. Das bedeutet nicht – und ich habe das nicht behauptet –, historische Dialektik sei in

einer Fabel nicht einzufangen. Abgesehen von der Gattung Film, die natürlich dazu zwingt, die Bewegungen des Figurenensembles sichtbar zu machen: Tatsächlich kann es sein, daß auch der Rückgriff in die Historie, in eine Zeit, über die Information mitgeliefert werden muß, bestimmte Gestaltungsmittel erzwingt. Hauptsächlich aber, das deutest du richtig an, kann und muß hier jene vierte Dimension der modernen Prosa fehlen, die ich die Dimension des Autors nenne und in den vorigen Fragen als subjektive Authentizität umschrieben habe. (Das gibt mir gleich Gelegenheit, anzumerken, daß das persönliche Engagement in solch einem historischen Stoff nicht geringer ist und sein muß.) Ob meine augenblicklichen Bemühungen in der Prosa eine Durchgangsphase darstellen und auf bestimmte Schwierigkeiten bei der Objektivierung und Erkenntnismöglichkeit hindeuten, das weiß ich noch nicht. Jedenfalls könnte es sich wahrscheinlich auch später nicht um eine „Umkehr" zu den Voraussetzungen bestimmter, sagen wir: konventioneller (obwohl ich ungern Pejorative gebrauche) Schreibweisen handeln, die mir ganz fremd geworden sind.

Vor allem aber: Diese vierte Dimension ist bei einem Szenarium ja dem Regisseur und den Schauspielern überlassen, sie müssen Raum und Gelegenheit haben, ihre eigene Haltung zu dem Stoff auszudrücken. Genau darin unterscheidet sich für den Autor die Arbeit für den Film und die Arbeit am Prosatext. Derselbe Stoff (es wäre dann ja schon nicht „derselbe") in einem Prosastück sähe ganz anders aus.

Hans Kaufmann: Stofflich sozusagen „supermodern" ist die in Sinn und Form 2/1973 erschienene Erzählung „Selbstversuch", deren Handlungsvoraussetzung unterstellt, daß durch medizinische Einwirkung eine Frau sich in einen Mann verwandelt. Wie bist du darauf gekommen?

Christa Wolf: Du wirst lachen – „Selbstversuch" ist eine Auftragsarbeit. Edith Anderson rückte eines Tages mit der Idee zu einer Anthologie heraus, in der je fünf schreibende Männer und ebenso viele schreibende Frauen sich zu dem Thema äußern sollten: Als ich eine Frau bzw. Als ich ein Mann war. Mir gefiel die Sache, sooft ich sie dann bei der Arbeit auch verwünscht habe. Bei dieser Themenstellung bot sich ja die utopische Mimikry an (überhaupt lese ich gerne utopische Bücher – wenn die meisten nur besser wären!), und die Idee, eine Wissenschaftlerin zu zwingen, im Namen des wissenschaftlichen Fortschritts an ihrer eigenen Umwandlung mitzuarbeiten, hatte ich sofort. Psychologie, wissenschaftliche Arbeitskollektive, Medizin liegen sowieso in meinem Interessenbereich, da hatte ich Kenntnisse parat, andere konnte ich erwerben. Schwierig war – und problematisch bleibt – bei dieser Arbeit der traktathafte Ausgangspunkt, die Methode, eine Idee mit Fleisch und Blut – „erfüllen“ zu sollen, das illustrative Element. Ich habe mir damit zu helfen gesucht, daß ich es deutlich hervorhob. Die Form – ein wissenschaftlicher Arbeitsbericht, der immer mehr zu einem subjektiven Bekenntnis entgleitet – hat natürlich einen ironischen Zug, wie das Ganze überhaupt ...

Hans Kaufmann: Die Erzählung bedient sich einiger Requisiten der wissenschaftlichen Utopie – nicht sehr vieler übrigens. Denn das Anliegen ist offensichtlich nicht ein utopischer Entwurf. Die Science-Fiction-Elemente sind vielmehr nur ein Instrument der Analyse sehr gegenwärtiger Probleme: Es geht um das Verhältnis der Geschlechter zueinander. Den Befund siehst du, wenn ich richtig verstanden habe, als nicht sehr befriedigend an: Die Menschen schaffen eine immer sinnreicher aufgebaute materielle Umwelt, sie verändern sogar mit Erfolg ihre biologische Natur, aber die Veränderung ihrer gesellschaftlichen, menschlichen Natur haben sie vernachlässigt. In der Geschlechterbeziehung tritt das zutage: Die Norm dieser Beziehung wird nach wie vor vom Mann diktiert, und – das stellst du mit einer gewissen Schärfe heraus – die Frauen akzeptieren dies unre-

flektiert; die Norm ist in ihnen interiorisiert. – „Selbstversuch“ wurde zusammen mit Günter de Bruyns Erzählung „Geschlechtertausch“ abgedruckt, die auf das gleiche zielt. In der theoretischen Auffassung des Problems gibt es zwischen euch wahrscheinlich keinen prinzipiellen Unterschied, wohl aber in der künstlerischen Verwirklichung, im Pathos. De Bruyn behandelt das Thema überwiegend satirisch-komisch, in Einzelheiten auch einfach humoristisch (was nicht sagen soll, daß er es nicht ernst nähme), während bei dir eine gewisse Besorgtheit, ja Bitterkeit unübersehbar ist. Läßt man Unterschiede in der Schreibweise zweier Schriftsteller beiseite, so könnte man folgern: *Ihr* ist in dieser Sache weniger nach Scherzen zumute als *ihm*. Trifft das zu?
Christa Wolf: Jetzt werde ich mich zügeln müssen, denn wir kommen auf eines der Themen, bei denen mir leicht die Galle überläuft, eben weil der radikale Ansatz, von dem wir ausgegangen sind („Befreiung der Frau“), stekkenzubleiben droht in der Selbstzufriedenheit über eine Vorstufe, die wir erklommen haben und von der aus neue radikale Fragestellungen uns weiterbringen müßten. Fragestellungen der Art (wie ich sie gerade mit dieser Erzählung provozieren will): Ist es denn das Ziel der Emanzipation, kann es überhaupt erstrebenswert sein, daß die Frauen „werden wie die Männer“, also dasselbe tun dürfen, dieselben Rechte wie sie bekommen und immer mehr auch wahrnehmen können, wo doch die Männer es so sehr nötig hätten, selbst emanzipiert zu werden?

Ich habe diese Geschichte absichtlich in vielen Lesungen ausprobiert und die Reaktion genau beobachtet, die sie auslöste – auch und gerade die nicht-verbale. Das ungläubige Gelächter von Frauen, manchmal das Kichern junger Mädchen, als erzähle man ihnen einen obszönen Witz; die heruntergezogenen Mundwinkel von Männern, ihre steife Schulterhaltung. Aber dann auch plötzlich das Aufbrechen von Gesichtern (bei Männern und Frauen), ihre Erregung, ihre heftige Gestik beim

Versuch, eigene Erfahrungen zu formulieren. Der Ernst, mit dem die Gelegenheit wahrgenommen wurde, einen Zustand oder Zustände, an die man gewöhnt war, einmal in Frage zu stellen: Je mehr wir in der Lage sein werden, die materiellen Voraussetzungen für gleiche Startbedingungen beider Geschlechter sicherzustellen (dies ist ja die erste Stufe und muß sie sein), um so akuter wird das Problem werden, beiden Geschlechtern die Möglichkeit zur Differenzierung zu geben; anzuerkennen, daß sie unterschiedliche Bedürfnisse haben und daß nicht der Mann das Modell für den Menschen ist, sondern Mann und Frau. Auf diese Idee kommen die meisten Männer überhaupt nicht, aber auch nur die wenigsten Frauen versuchen, ihrem permanent schlechten Gewissen (weil sie einfach nicht schaffen können, was ihnen abverlangt wird) einmal auf den Grund zu gehen: Der Grund wäre ihre eigene Identifikation mit dem auch in sich überholten Männlichkeitsideal. Du siehst: Schon wieder ist mir der Humor vergangen. Obwohl doch auch in meiner Geschichte gewisse komische Züge sind, falls man es als komisch bezeichnen kann, daß die Frau ihre eigene Verwandlung in einen Mann betreibt, um eines Mannes willen, den sie liebt ... Es geht um nicht mehr und nicht weniger als die Überwindung von Entfremdung, nicht wahr? Wir sollten nicht zu früh denken, wir hätten das hinter uns. Die Handhabung wissenschaftlicher Forschung zum Beispiel, die ja in dieser Erzählung auch befragt wird, gewisse positivistische Denkweisen, die, hinter dem sogenannten naturwissenschaftlichen Denken verbarrikadiert, humane Bezüge ignorieren – ich glaube schon, daß das unsere Aufmerksamkeit verdient. Darüber gibt es interessante Diskussionen mit Wissenschaftlern, und gerade die Tatsache, daß darüber diskutiert wird, bewirkt, daß Bitterkeit bei mir nicht aufkommt.

Übrigens wäre es einer Überlegung wert, inwiefern Literatur mit utopischen Zügen in einer Gesellschaft, die eine reale Perspektive hat (anders als in der bürgerlichen), an Verbindlichkeit und vielleicht auch an Schärfe gewinnt. Was nichts anderes bedeutete, als daß diese unsere Gesellschaft schon in dem Lage wäre, ihre eigenen Widersprüche produktiv zu machen (und die Konflikte, die Autoren gestalten, als Mittel zu begreifen und zu benutzen). Auch das ist natürlich ein Prozeß.

Hans Kaufmann: „Selbstversuch" wird auch in dem in Kürze erscheinenden Band enthalten sein, der, wie es im Untertitel heißt, „drei unwahrscheinliche Geschichten" vereinigt. Die erste Geschichte („Unter den Linden"; so heißt auch der Band) erzählt einen fiktiven Traum, die zweite gibt gar Aufzeichnungen eines Katers wieder, von der dritten sprachen wir schon. Außer dieser „Unwahrscheinlichkeit" der Handlungsvoraussetzungen haben die Erzählungen auch gemeinsam, daß das Irreale Vehikel der Analyse heutiger Probleme ist. Zugleich unterscheiden sie sich stark nicht nur im Sujet, sondern auch im Pathos: „Unter den Linden" kann als Ausdruck eines inneren Widerstreits zwischen bedrükkender Erfahrung und neu gewonnenem Lebensmut aufgefaßt werden, die „Neuen Lebensansichten eines Katers" sind derbe Satire, die teilweise mit grotesken, karikaturistischen Mitteln arbeitet. Alle drei Geschichten stellen Probleme unseres Lebens zur Diskussion und drängen auf Veränderung; sie haben etwas Herausforderndes sowohl in ihrer Thematik als in der überraschenden Art der Behandlung. Ob sich hier – wir Literaturwissenschaftler systematisieren doch so gern – eine neue Phase deiner Arbeit ankündigt?

Christa Wolf: Diese drei Geschichten sind aus den Jahren 1969 bis 1972 und bezeichnen genau diese Phase in meiner Arbeit (in der ich auch anderes schrieb und schon an dem größeren Buch arbeitete). Nicht zufällig haben zwei von ihnen stark satirische Elemente, auch gewisse provozierende Thesen werden aufgestellt, und ich hoffe, die „Unwahrscheinlichkeit" dieser Geschichten, ihre Verlegung in Traum, Utopie, Groteske kann einen Verfremdungseffekt in bezug auf Vorgänge, Zustände und

Denkweisen erzeugen, an die wir uns schon zu sehr gewöhnt haben, als daß sie uns noch auffallen und stören würden. Sie sollten uns aber stören – wiederum in der Zuversicht gesagt, daß wir ändern können, was uns stört.

Eine „neue Phase“ – nein, das glaube ich nicht. Kleine Proben auf anderen Instrumenten, das vielleicht, Ausprobieren von Mitteln, die mich sehr reizten. Ob daran später anzuknüpfen sein wird, weiß ich noch nicht.

Hans Kaufmann: Auf die unvermeidliche Reporterfrage, woran du zur Zeit arbeitest, hast du andeutungsweise die Antwort vorweggenommen. Die ebenfalls unvermeidliche Reporterfrage nach künftigen Plänen möchte ich gern etwas problematisierend, wenn man will, provozierend zuspitzen. Seit dem „Geteilten Himmel“ gründet sich das Bild von der Schriftstellerin Christa Wolf zu einem beträchtlichen Teil auf die Ernsthaftigkeit, mit der du moralische Entscheidungsfragen zur Diskussion stellst. Das setzt sich über „Christa T.“ bis zu den „Unwahrscheinlichen Geschichten“ fort. Fortschritt des Sozialismus verlangt, daß humanistische Prinzipien des Verhaltens im Innern der Menschen festen Fuß fassen und zu subjektiven Triebkräften ihres Handelns werden. Aus einer solchen Haltung lassen sich Geschichten vortragen, die sozialistisch-humanistische Impulse vermitteln. Das steht für mich außer Zweifel – auch wenn man hinzufügen muß, daß das Problem des Humanismus damit einseitig gestellt wird, nämlich nur theoretisch, als Sache des Denkens und Fühlens. Die künstlerische Gestaltung kann eine solche Einseitigkeit „aufheben“, indem sie sie als solche bewußt macht. Satire beispielsweise impliziert Einseitigkeit; ein Werk als Satire lesen, heißt: das, was einseitig ins Bild gesetzt ist, im Kopf „vervollständigen“. Ähnliches gilt, wenn sich Darstellungen auf irreale, phantastische Voraussetzungen gründen wie in deinen „Unwahrscheinlichen Geschichten“. So weit, so gut. Indessen kommt man nicht um die Fragestellung herum, daß Verwirklichung des Humanismus nicht nur eine Sache des Denkens und Fühlens, sondern auch, nein, in erster Linie, eine Sache der praktischen, materiellen, gesellschaftlichen Tätigkeit ist. Wenn man die „Menschwerdung des Menschen“ nur als Aneignung moralischer Werte und nicht auch (oder sogar primär) als Vergegenständlichung seiner Fähigkeiten, Kräfte, Anlagen usw. faßt, schränkt das – um nur von dieser Seite der Sache zu sprechen – die Möglichkeiten des künstlerischen Zugriffs auf die Dauer nicht ein? Besteht nicht die Gefahr, das Verhältnis von Denken und Tun eines Menschen nur als Gegensatz zu sehen statt in der lebendigen Widersprüchlichkeit, deren Einheit und Bewegung den „ganzen Menschen“ ausmacht? – Um auf den Ausgangspunkt, die Frage nach künftigen Plänen, zurückzukommen: Spielen solche oder ähnliche Erwägungen für dich eine Rolle, können sie die Wahl künftiger Themen und die Art ihrer Behandlung beeinflussen?

Christa Wolf: Jetzt muß ich fürchten, dich nicht richtig zu verstehen, weil ich die Kluft zwischen der „Aneignung moralischer Werte“ und der Menschwerdung des Menschen durch aktive Teilnahme am Prozeß historischer Veränderung nicht sehe ...

Hans Kaufmann: Meine Frage (wohlgemerkt: Frage, nicht Forderung) geht dahin, ob jene Veränderungen der menschlichen Psyche, die praktischer Tätigkeit entspringen, künftig für dich als Autor von Interesse sein können.

Christa Wolf: Du meinst, ob mich die materielle Produktion als Thema interessiert.

Hans Kaufmann: Zum Beispiel.

Christa Wolf: Vielleicht liegt „Der geteilte Himmel“ dir als Beweisstück zu weit zurück. Aber auch da war es ja natürlich nicht die materielle Produktion, die mich interessierte, das heißt: der Arbeitsvorgang als solcher, der Handgriff an der Maschine, die andauernd sich wiederholende Bewegung am Fließband, die Fesselung an das Armaturenbrett des Automaten. „Praxis“ ist literarisch ergiebig nur als gesellschaftliche Praxis, interessant sind die Verhältnisse, welche die Produzenten im Prozeß ihrer Produktion miteinander und mit anderen Institutionen und Schichten der Gesellschaft eingehen, das heißt – ich muß darauf zurückkommen –, inwieweit und in welcher Weise ihre praktische Tätigkeit sie in die Lage versetzt, am Prozeß der historischen Veränderung teilzunehmen. Das ist natürlich ein großes Thema, und es ist nicht ausgeschlossen, daß es mich noch einmal direkt beschäftigt.

Andererseits glaube ich nicht, daß ich irgendwo in meinen Arbeiten von einer abstrakten Moral ausgehe, einer über den Wassern der Klassenkämpfe schwebenden Instanz, auf die sich der sozialistische Autor berufen kann.

Hans Kaufmann: Das habe ich auch nicht unterstellt.

Christa Wolf: Vom Standpunkt seiner Moral lehne ich ja gerade eine solche Voyeurhaltung des Autors ab (dies ist doch ein wichtiger Grund für meine Versuche in einer bestimmten Schreibweise) und strebe es an, daß der Autor sich selbst in die Widersprüche hineinbegibt ...

Allerdings teile ich auch nicht die Verachtung einiger Marxisten für das Wörtchen „Moral“ – und zwar aus Gründen, die ich früher schon in anderem Zusammenhang genannt habe: Ich kann und will mich nicht einlassen auf einen blanken historischen Determinismus, der in Individuen, Schichten, Klassen, Völkern nur die Objekte einer sich unumstößlich durchsetzenden historischen Gesetzmäßigkeit sähe und dem eine vollkommen fatalistische Geschichtsphilosophie entspräche; ebensowenig aber auf einen öden Pragmatismus, der in der Moral von Klassen und Individuen nichts sieht als ein Mittel zum Zweck, beliebig manipulierbar, beliebig ignorierbar, mal nützliches, mal unnützes Vehikel. (Wer nicht wenigstens den Schmerz empfinden und die Tragik fühlen kann, die in Brechts Zeilen liegt: „Die wir den Boden bereiten wollten für Freundlichkeit, konnten selber nicht freundlich sein.“)

„Wie muß die Welt für ein moralisches Wesen beschaffen sein?" Bobrowskis Frage ist und bleibt stimulierend, weil sie hilft, die Welt einer menschenwürdigen Moral und nicht die Moral der Menschen einer noch wenig menschenwürdigen Welt anzupassen: Das wäre auch der physische Tod der Menschheit ...

Das hat doch nichts mit den christlichen Antinomien von Gut und Böse, mit der starren Gegenüberstellung von Denken und Tun zu tun, nichts mit abstrakten, unfruchtbaren und letztlich lähmenden Integritätsforderungen. Ja: Auch unsere Irrtümer können „moralisch" sein, wenn sie uns immer wieder und immer neu auf die produktive Seite unserer Widersprüche bringen. Unmoralisch dagegen ist alles, was uns, was die Massen hindert, vom Objekt zum Subjekt der Geschichte zu werden. Und, davon ausgehend – warum sollte sich nicht auch der sozialistische Autor als „Moralist" begreifen?

Ich glaube, die Problematik, die in diesem Themenkreis steckt, auch der persönliche Konfliktstoff, reicht für die Literatur einer ganzen Epoche, nicht nur für die Sachen, die ich gerne noch machen möchte. Es gibt dafür eine Nah- und eine Fernplanung, aber davon zu reden, wäre viel zu früh.

1973

Erfahrungsmuster

Diskussion zu „Kindheitsmuster"

Frage: Mich würde interessieren, welches der Anlaß für ein solches Buch ist. Haben Sie dafür einen Auftrag erhalten oder von sich aus geschrieben?

Christa Wolf: Es müßte aus der Lesung eigentlich hervorgegangen sein, daß so ein Buch nicht durch einen äußeren Auftrag entstehen kann. Ich habe sehr lange – seit ich schreibe – immer den Plan gehabt, so etwas zu schreiben. Nicht *das* natürlich, aber etwas, das die Zeit meines Lebens umfaßt oder doch versucht, ihr näherzukommen, die ich auch heute – auch, nachdem ich es geschrieben habe – immer noch als sehr schwer aufklärbar empfinde. Trotzdem könnte ich zum Anlaß vielleicht noch etwas Genaueres sagen. Er ist in diesem Kapitel ausgedrückt in den Worten eines polnischen Autors, die mir entsprechen. Ich habe, wie er, den Eindruck, daß wir über die Zeit, über die wir schon so ungeheuer viel gelesen, gehört und zum Teil auch geschrieben haben, im Grunde immer noch sehr wenig wissen – ich meine die Zeit des Faschismus in Deutschland – und daß die Frage „Wie war es möglich, und wie war es wirklich?" im Grunde nicht beantwortet ist. Ich weiß natürlich, daß das auch in einem solchen Buch nicht geschehen kann. Ich bin keineswegs so vermessen, das zu denken.

Nur glaube ich, daß diejenigen, die es miterlebt haben und die wissen, wie stark und inwieweit und in welchem Sinn sie von dieser Zeit geprägt worden sind, eine gewisse Pflicht haben, sich darüber zu äußern. Soweit es ihnen möglich ist. Das ist der Anlaß.

Ein wenig stört mich, daß viele unserer Bücher über diese Zeit enden mit Helden, sie sich schnell wandeln, mit Helden, die eigentlich schon während des Faschismus zu ziemlich bedeutenden und richtigen Einsichten kommen, politisch, menschlich. Ich will keinem Autor sein Erlebnis bestreiten. Aber mein Erlebnis war anders. Ich habe erlebt, daß es sehr lange gedauert hat, bis winzige Einsichten zuerst, später tiefergehende Veränderungen möglich wurden.

Mir scheint, man sollte das sagen. Ob es für die jüngeren Leute, die das nicht mehr erlebt haben, noch interessant ist, weiß ich nicht. Das unterliegt auch nicht meiner Beurteilung. Aber der Anlaß ist eben dieses Gefühl einer Lücke; daß etwas fehlt, daß auch, glaube ich, Leser außerhalb unserer Grenzen vielleicht etwas mehr darüber wissen sollten, daß sie erfahren wollen, was eigentlich in den Leuten damals vorgegangen ist.

Frage: Warum haben Sie gerade dieses Thema gewählt? Wäre es nicht wichtiger, über die Gegenwart zu schreiben?

Christa Wolf: Glauben Sie, daß ich hier nicht über die Gegenwart schreibe? Sehen Sie, solange Menschen leben, die diese Kindheit hatten, die diese Jahre als Kinder oder junge Menschen erlebt haben, ist das alles in ihnen. Unsere Zeitgenossen leben damit. Und ich glaube – ich bin sogar ganz fest davon überzeugt –, daß, was diese Zeit betrifft, von uns allen vieles uns selber und anderen bisher nicht gesagt ist; ich hatte seit Jahren das deutliche Gefühl, daß ich diesen Beitrag, den ich selber leisten muß, um danach anderes schreiben zu können, noch nicht geleistet habe. Es gibt da auch gewisse Gesetze der Berufsmoral. Wenn man eine bestimmte Sache noch nicht gesagt hat, darf man nicht zu anderem übergehen.

Ich habe schon öfter gesagt, ich sage es hier noch mal: Das ist eine Erfahrung von mir, daß die Menschen meines Alters – ich sehe, daß die meisten, die hier sind, jünger sind, viel jünger sind –, aber daß Menschen meines Alters, also solche, die die Eltern von vielen der hier Anwesenden sind, sehr wenig über diese Zeit miteinander und mit ihren Kindern reden, und auf eine nicht sehr offene Weise. Das ist zum Beispiel ein Grund für dieses Buch, und ich glaube, daß das „Gegenwart" ist. Denn Gegenwart ist ja nicht nur, was heute passiert. Das wäre ein sehr enger Begriff der Gegenwart. Gegenwart ist alles, was uns treibt, zum Beispiel heute so zu handeln oder nicht zu handeln, wie wir es tun oder lassen.

Frage: Sie sagten, daß die faschistische Vergangenheit noch nicht bewältigt ist, moralisch und geistig, und ich stimme Ihnen da vollkommen zu. Das ist viel zuwenig nachgeprüft, wie gerade der jüngeren Generation, die das nicht miterlebt hat, ein reales Bild von dieser Zeit gegeben werden kann. Ich kann Ihnen auch nur zustimmen und finde es wirklich sehr gut, daß Sie einen Schritt gewagt haben in diese Richtung. Trotzdem bewegt mich eine Frage. Ich fürchte, daß durch die essayistische Form und die ziemlich komplizierte Art der Darstellung dieser Zeit vielleicht doch in erster Linie die Leserschichten erreicht werden, die sich sowieso stärker geistig mit diesen Dingen befassen. Ich will hier nicht etwa für irgendwelche primitiven Romane plädieren. Aber mich würde interessieren: Wieso sind Sie abgegangen – sagen wir, gegenüber Ihrem ersten Roman – von der traditionellen Art des Romans mit Fabel, mit Handlung, womit man, glaube ich, breitere Leserschichten erreichen kann?

Christa Wolf: Die Frage verstehe ich natürlich. Sie wird mir häufig gestellt. Was soll ich nun darauf antworten?

Zuruf: Ich möchte sagen, es gibt immer Menschen, die denken, sie seien ganz besonders klug und die anderen seien sehr dumm. Und wenn sie es verstehen, können die anderen es leider gar nicht verstehen. Und die „einfachen Menschen" – in Anführungsstrichen –, die können das eben nicht verstehen. Also muß ein Künstler sich danach richten, was die „einfachen Menschen" verstehen. Ich glaube, das ist ein großer Mißgriff. Und wenn hier in diesem Auditorium die Menschen es ver-

standen haben, das reicht ja. Man muß nicht immer glauben, daß die anderen dümmer sind als man selber.
Christa Wolf: Danke schön. Ich weiß, daß Sie es nicht so gemeint haben. Nur, wissen Sie, es ist tatsächlich so, bei jeder Sache, die ich schreibe, ist die erste Reaktion: Das ist aber schwierig! Und zwar, Sie wissen es nicht, aber ich weiß es noch, beim „Geteilten Himmel“ war es sehr stark der Fall: So schwierig! Und wenn Sie es heute lesen – Sie können nur lachen.
Zuruf: Sie haben es vielleicht oft genug gelesen?
Christa Wolf: Ich habe es nicht noch mal gelesen. Aber es hat keinen Sinn, das Problem hier wegzuschieben, denn ich bin überhaupt nicht darauf aus, irgendeine Sache künstlich zu komplizieren, ungeachtet dessen, wieviel Leute übrigbleiben, die meinen Assoziationen dann folgen können. Das ist nicht mein Standpunkt zum Schreiben, in keiner Weise. Sondern ich bin der Meinung, man soll es so einfach wie möglich machen. Nur, die Frage stellt sich dann doch bei bestimmten Themen: Wie einfach geht es?

Ich mache sehr viele Anfänge. Ich habe zu diesem Manuskript länger als ein Jahr gebraucht, um überhaupt einen Anfang zu haben. Ich habe sehr viele Seiten liegen, die andere Erzählweisen ausprobieren und die mich alle nicht befriedigten. Man weiß ja nicht so genau, was man will. Man hat nur einen Erzählton im Ohr und eine Atmosphäre, so etwas ... Und einen Erzählraum, den man gern ausfüllen möchte. Und wenn man anfängt, dann schreibt man, zum Beispiel, linear. Das war sehr dünn nach meiner Meinung – „dünn“ in dem Sinne: der Raum wurde nicht ausgefüllt. Es war eine Linie, aber kein Raum. Und erst nach und nach – sehr lange habe ich gebraucht – habe ich herausgefunden, daß ich zum Beispiel mit hineinnehmen mußte, wie das Manuskript entstand, was ich ungern getan habe. Oder Überlegungen über das Gedächtnis: Wie erinnert man sich eigentlich, woran erinnert man sich, warum an manches ja, an manches nicht. Es wurde dann eine der Aufgaben, die ich mir stellte, das Erinnern mitzudiskutieren. Und so kam es nach und nach – drei, vier solcher „Ebenen": auch diese Fahrt nach Polen, die nun beschrieben wird durch die Kapitel durch, weil es mir wichtig war, zu zeigen, wie es ist, wenn man heute in eine Stadt kommt, die jetzt polnisch ist, die aber die Heimatstadt ist. Das ist ein Erlebnis, das sehr viele Menschen bei uns haben und das noch kaum artikuliert wurde und auch seine Zeit brauchte, diese Jahrzehnte, glaube ich, um artikuliert zu werden. Heimweh spielt eine Rolle. Dadurch erst, durch diese verschiedenen Ebenen, die sich zusammentaten, merkte ich, es kann ein Gegenwartsbuch werden.

Das ist der Grund für die Struktur des Buches. Diese Grundlage konnte ich dann nicht mehr einfacher machen.

Frage: Frau Wolf, ich freue mich, daß Sie versuchen, die Vergangenheit so darzustellen, daß man sich damit identifizieren kann und daß Sie eine Beziehung zu unserer Gegenwart schaffen. Sie schaffen es dadurch, ein Verständnis gerade für die Jüngeren zu erreichen, so als ob die Probleme gegenwärtig wären. Genauso schaffen Sie es, eine Distanz zu unserer Generation zu erreichen, so daß man sein eigenes Erleben noch einmal mitmacht, aber nicht mehr hineinverwickelt ist. Ich freue mich, daß ich das mal gehört habe.

Christa Wolf: Danke schön. Wissen Sie, wenn man darüber nachdenkt, was Literatur heute leisten kann, dann kann man darauf verschiedenartige Antworten geben, von denen die meisten „richtig" sein werden: Von Autor zu Autor werden sie verschieden sein, und das ist meiner Ansicht nach gut und richtig. Mein Zugang zur Literatur, der Zwang zum Schreiben, ergibt sich daraus, daß ich sehr stark, sehr persönlich betroffen war und bin von der Geschichte, von der Geschichte unseres Volkes, unseres Staates und von allen Ereignissen, die ich seit meiner Kindheit bewußt erlebt habe. Es scheint mir, daß es nötig ist, daß es nützlich sein könnte – abgesehen davon, daß es für mich nützlich ist –, wenn man versucht, die Schichten, die Ablagerungen, die die Ereignisse in uns allen hinterlassen haben, wieder in Bewegung zu bringen. Darüber kann man – ich weiß das – verschiedener Meinung sein, nicht wahr? Man wird natürlich auch hören: Laß ruhen, wozu das, es stört uns, wir brauchen das jetzt nicht. Das ist ein alter Streit. Ich werde das wahrscheinlich bei jeder neuen Sache wieder zu hören bekommen.

Meine Meinung ist jedoch, daß Literatur versuchen sollte, diese Schichten zu zeigen, die in uns liegen – nicht so säuberlich geordnet, nicht katalogisiert und schön „bewältigt", wie wir es gern möchten. Ich glaube nicht, daß wir die Zeit des Faschismus in diesem Sinne „bewältigt" haben, auch wenn es in unserem Staat in unvergleichbar anderer und gründlicherer Weise geschehen ist als zum Beispiel in der Bundesrepublik. Ich spreche jetzt von einer anderen Art der Bewältigung: die Auseinandersetzung des einzelnen mit seiner ganz persönlichen Vergangenheit, mit dem, was er persönlich getan und gedacht hat und was er ja nicht auf einen anderen delegieren kann, wofür er sich auch nicht mit Massen von Menschen, die dasselbe oder Schlimmeres getan haben, entschuldigen kann. Hier versagt die Soziologie, die Statistik. Hier geht es um persönliche und gesellschaftliche Moral und die Bedingungen, die beide außer Kraft setzen.

In diesem Sinne ist es nicht bewältigt. Das sehe ich an den Fragen junger Leute, und das sehe ich an dem Schweigen meiner Altersgenossen und der Älteren. Und sich dieser Fragen, dieses Schweigens anzunehmen – das kann nur Literatur. Das ist kein Vorwurf gegen andere Medien, gegen Berichte und Chroniken etwa, die das nicht tun, denn das ist nicht ihre Aufgabe. Aber es ist, glaube ich, wirklich Aufgabe von Literatur, etwas Bewegung hineinzubringen in die inneren Schichten, mit deren Unbeweglichkeit man sich gern beruhigt, indem man Erstarrung mit wirklicher Ruhe verwechselt, die nur aus einer inneren Freiheit kommen kann. Da allerdings – das haben Sie vollkommen richtig gesehen und gesagt –, da ist die Gegenwart der Motor, der dauernde Antrieb. Auch ich habe natürlich nicht gewußt, als ich das Manuskript vor drei oder vier Jahren anfing zu schreiben, daß im Jahr dreiundsiebzig die chilenischen Ereignisse uns alle derartig aufwühlen würden. Das kann man nicht voraussehen.

Frage: Hatten Sie während der Arbeit an einem solchen Stoff, der ja eine möglichst souveräne Haltung zu Gegenwart und Vergangenheit verlangt, den Eindruck, am richtigen Ort zu sein, um darüber schreiben zu können?

Christa Wolf: Ich muß Ihnen sagen, während des Schreibens – so stark natürlich alle möglichen Emotionen, auch „negative", sagen wir: depressiver Art, damit verbunden waren – hatte ich den Eindruck, an diesem Ort zu sein. Weil eben in dem Versuch, sich Klarheit zu verschaffen darüber, was mit einem geschehen ist, nicht nur das meditative Element steckt. Ich hatte damit nicht auf eine abgeschnittene Insel gehen wollen. Hier, wo alles mich betrifft, ist der richtige Ort, mich zu erinnern. „Handeln" ist ein großes Wort. Ich weiß, worauf Sie hinauswollen. Sie wollen sagen: Wir haben alle nicht verhindern können, was jetzt in Spanien passiert ist zum Beispiel; wir können dieses und jenes auf der Welt, auch bei uns, noch nicht verhindern. Trotzdem habe ich das Gefühl, daß die Bewußtheit zunimmt, auch in dem Sinne, wie ich es meine, nicht nur die rein politische, ideologische Bewußtheit, von der wir als Grundlage ausgehen wollen, sondern auch eine Zunahme von Bewußtheit der eigenen Rolle in diesem Prozeß, daraus folgt eine Zunahme von Aktivität, Aktivität, die sich auch darin äußert, daß das Bedürfnis wächst, sich mit anderen darüber zu verständigen und darin zu verbinden. So wie wir es heute abend tun: Diese Atmosphäre ist neu. Doch, den Eindruck habe ich. Ich habe den Eindruck, der Ort, das zu tun, ist hier günstig – aus vielerlei Gründen, auch, aber nicht nur, geographischer Natur. Ich habe den Eindruck, daß dieser Ort, sich klarzuwerden, was in der Welt passiert ist und um welchen Angelpunkt die Welt sich bewegt, günstig ist.

Frage: Wie wollen Sie den Roman ausklingen lassen? In welchem Stadium wollen Sie die Arbeit abbrechen?

Christa Wolf: Das kann ich beantworten. Ich sagte, es sind achtzehn Kapitel. Es war nicht meine Absicht und würde dieser Schreibweise auch nicht entsprechen, einen Wandlungsroman zu schreiben, so daß ich diese hier Nelly genannte Person weit in die Nachkriegszeit hineinführen würde. Ich führe sie allerdings in das allererste Nachkriegsjahr, in die Wirren. Diese ihre Heimatstadt wird ja geräumt, es kommt die „Flucht", die meiner Ansicht nach auch noch nicht beschrieben ist, weil nämlich die jungen Männer damals im Krieg waren, und vielleicht, weil nicht so viele Frauen schreiben. Es haben vielleicht nicht so viele Schreibende erlebt, wie das war, diese Flucht, dieses Unterwegssein auf den Straßen. Und dann die ersten Berührungen mit Menschen aus einer anderen Welt, mit einem jüdischen Offizier der amerikanischen Besatzungsmacht oder mit einem KZ-Häftling, mit Leuten dieser Art nach dem Mai fünfundvierzig. Und das geht noch hinein bis in die erste Zeit des Jahres sechsundvierzig. Es wird noch angedeutet, was da passiert, übrigens viel Turbulentes, was mich auch von daher zu schreiben reizte, weil die Nachkriegsjahre, so wie wir sie jetzt oft beschrieben finden, meinem Erleben nicht entsprechen. Ich habe das ganz anders erlebt, und auch das hat mich gereizt, einen Versuch zu machen, darüber zu schreiben. Vielleicht ist es heute, nach dreißig Jahren, schon möglich, vielleicht auch nicht, aber ich habe es jedenfalls versucht. Dieser Handlungsstrang, der die Nelly chronologisch weiterführt, der tief in das Jahr sechsundvierzig hineingeht, wird natürlich immer weiter mit den Gegenwartsfragen konfrontiert.

Frage: Da es sich hier um das Problem der Jugend oder der Kindheit im Nazismus handelt: Sind Sie jemals auf

die Idee gekommen, dieses Buch vielleicht im Ich-Stil zu schreiben, eben von dieser Nelly aus? Dieses Mädchen als Ich-Person zu nehmen, in sie hineinzugehen, zum Beispiel die Szene mit dem Sportfest, die Sie ja etwas vom Standpunkt der Erwachsenen her geschildert haben: Menschenmassen, Anstrengung, Schweiß und Hakenkreuzfahnen. Ich weiß nicht, ob sie mit dabei war. Aber daß Sie das direkt von dem kleinen Mädchen, von diesem Kind her schildern würden, was es für Emotionen dabei gehabt hat?
Christa Wolf: Ja, natürlich habe ich das überlegt. Ich habe vorhin gesagt, daß ich mehrere Anfänge habe, und davon sind die meisten in der Ich-Form. Und gerade das hat sich aus Gründen, die mir damals nicht einleuchten wollten, die ich auch gar nicht richtig verstand, immer wieder als Hindernis erwiesen, wirklich an die Sache heranzugehen. Natürlich, jetzt verstehe ich ganz gut, warum. Und es ist mir dann anderes eingefallen – ich meine, ich kaschiere an keiner Stelle, daß es sich sozusagen um Autobiographisches handelt; das wird nicht verschwiegen. Wobei dieses „sozusagen" wichtig ist, es ist nämlich keine Identität da. Aber es gibt doch – das ist eine der Eigentümlichkeiten meiner Biographie, aber vielleicht geht es anderen in meinem Alter auch so – ein Fremdheitsgefühl gegenüber dieser Zeit. Seit einem nicht auf den Tag genau, aber doch auf eine Zeitspanne genau anzugebenden Moment ist man nicht mehr diese Person, habe ich nicht mehr das Gefühl, daß ich das war, die das gedacht, gesagt oder getan hat. Und das wollte ich mit der dritten Person ausdrücken, das heißt, ich mußte es, weil sich anders das Material mir nicht öffnete, wie ich durch Versuche erfuhr.

Jemand fragte, wie das Buch zu Ende geht. Es geht zu Ende, indem diese dritte Person, Nelly, und die „Du"-Person, die darin ist, zusammenlaufen und eine Person sind, die „ich" ist, von der dann auf andere Weise berichtet werden müßte: anderes und auf andere Weise.

Aber es war wirklich nicht nur ein Ausweichbedürfnis

vor dem „ich“, das ich nicht bestreite, in die dritte Person, sondern vor allem ein Gefühl der unheimlichen Fremdheit. Als ob ich mich und den Leser täuschen würde, wenn ich zu diesem Wesen „ich“ sagte ... Und gerade das wollte ich mit der dritten Person ausdrücken, weil das auch ein Ergebnis dieser mehrmals gebrochenen Biographie ist, daß mehrere Personen in uns herumgeistern, zu denen ein Verhältnis zu finden gar nicht so einfach ist. Das ist eigentlich der Grund für die Brechung der Person in ein „Du“ und ein „Sie“ gewesen.

Frage: Ich glaube nicht, daß das Buch nur ältere Leute interessiert. Mich hat gewundert diese Vermischung von – sagen wir: Essay und Dichtung und vor allem die Stärke, die Zuwendung zum wissenschaftlichen Bereich, zur Psychologie. Ich glaube, das ist etwas Neues, was auch viele junge Menschen ansprechen wird. Meine Frage ist: Haben Sie darin Vorbilder, oder wie sind Sie dazu gekommen, diese Frage so stark zu betonen? Ich sehe das bis jetzt eigentlich nur bei Granin etwa, und sonst habe ich es noch nicht gesehen. Wie ist diese Entwicklung bei Ihnen?

Christa Wolf: Ich bin ein bißchen in Verlegenheit. Wenn man sagt: Ich habe darin keine Vorbilder, ist es natürlich dumm, denn man hat das natürlich nicht erfunden. Wenn ich jetzt aber sage, daß Musil zum Beispiel es so etwa gemacht hat, dann hört es sich an, als ob ich Musil zum Vorbild hätte. Das stimmt aber nicht, obwohl Musil für mich schon ein Autor von großem Interesse ist, einer von vielen. Aber ich habe den Eindruck, diese Schreibart ist aus einer gewissen Notwendigkeit entstanden, ich habe lange nach ihr gesucht. Ich glaube nicht, daß ich es immer so machen werde. Ich sehe vor mir ein paar Geschichten, die werden das reflektierende Element wenig oder vielleicht gar nicht haben, weil sie es nicht brauchen, meiner Ansicht nach.

Frage: Mich interessieren die verschiedenen Versuche, diese Geschichte zu erzählen. Sind diese Versuche angestellt worden unter dem Aspekt des Autors, wie man diese Geschichte am besten in den Griff bekommt, oder sind sie angestellt worden unter dem Aspekt der Zielgruppe: „Wie sage ich es meinem Kinde heute?"

Ich habe das Gefühl, daß eine ganze Menge jüngerer Leute – vor allem der Jahrgänge 1935 bis 1945, die noch in dieser Zeit geboren sind, aber fast keine Erinnerung mehr an sie haben – wirklich nichts mehr von dieser Zeit wissen wollen, die den Kopf in den Sand stecken. Ich weiß es aus meiner eigenen Familie. Ich weiß nicht, inwieweit das repräsentativ ist und wieweit es da Untersuchungen gibt. Ich könnte mir aber vorstellen, daß solche Leute doch mehr angesprochen werden durch die verschiedenen Ebenen, durch die Bezugnahme auf Chile etwa, weil es eben ein Buch ist, das sowohl in der Gegenwart spielt als auch sich mit diesen vergangenen Dingen beschäftigt. Könnte man das so sagen?

Christa Wolf: Zur ersten Frage: Hier fragt ein Biologe nach dem Sinn von Versuchen. Natürlich nicht auf die Zielgruppe hin: Das ist sowieso eine falsche Vorstellung, daß man schreibt im Hinblick auf den Leser. Ich gehöre allerdings nicht zu denen, die behaupten können – und ich glaube es auch anderen nicht, die es behaupten –: Ich denke überhaupt nicht daran, daß das mal veröffentlicht wird. Das stimmt nicht. Man denkt nicht daran, aber man weiß es; es ist da: Man möchte es veröffentlichen, man schreibt es zur Veröffentlichung. Insofern schreibt man es anders, als wenn man sich in seinem Tagebuch Notizen machen würde über die Kindheit oder über irgend etwas. Das ist die eine Sache.

Die Versuche sind nicht gemacht worden im Hinblick darauf, wer es lesen soll, sondern im Hinblick auf den Stoff, auf das Material. Eine Art Selbstversuch; nämlich man muß sich zu dem Material in eine Beziehung bringen, und darum ging es. Ich sah vor mir, was da war und was da ablaufen mußte, aber ich hatte die Beziehung dazu noch nicht. Die herzustellen, das war der Sinn der Versuche. Man merkt es ganz genau, wenn man den Ton hat und wenn man anfängt zu reden, daß man sich selber zuhören und glauben könnte. Später hört das wieder auf, da hat man es wieder verloren, muß neu danach suchen. Das ist die eigentliche Anstrengung des Schreibens, wenn es nicht zu einem routinehaften Vorgang entarten soll.

Die zweite Sache: mit den jüngeren Leuten. Ja, das ist wirklich schwer zu sagen. Ich weiß es auch nicht, ob gerade die Leute, die Sie meinen, besonders wenig von dieser Zeit wissen oder wissen wollen. Es wäre möglich, daß die Schule ihnen die echte Fragehaltung gegenüber dieser Zeit abgewöhnt hat. Das könnte sein. Ich habe mir Geschichtsbücher von uns angeguckt, speziell über diese Zeit, und habe gefunden, daß da Gott sei Dank – das ist ja wirklich unser großer Fortschritt – nichts Falsches steht. Es steht dort, wie es war. Andererseits weiß ich von jungen Leuten, daß sie das wie jeden anderen Stoff zur Kenntnis nehmen und nicht angehalten sind durch Lehrer, die übrigens gerade in meinem Alter sein mögen, diesen Stoff emotional aufzunehmen, mit einer tieferen Anteilnahme als etwas anderes. Zum Beispiel die Karte im Geschichtsbuch der neunten Klasse, auf der alle Konzentrationslager verzeichnet sind. Ich habe erlebt, daß junge Leute von dreizehn, vierzehn Jahren in Buchenwald über den ehemaligen Appellplatz gehen und dabei essen und ihre Kofferradios anstellen. Da ist doch etwas in ihnen nicht geweckt worden; ich spreche nicht von Schuldgefühl, sondern von Mitgefühl. Das frage ich mich natürlich. Diese Karte über die KZ ist in den Büchern, und es wird alles richtig berichtet. Und doch habe ich beobachtet, daß diese Karte keine andere Emotion ausgelöst hat als irgendwelche anderen Geschichtskarten im selben Buch.

Ja: Tatsächlich möchte ich das Vergessen schwieriger machen. Das kann man natürlich verurteilen, und ich weiß, daß es viele verurteilen werden, nach dem Motto: Wenn über eine alte Geschichte endlich Gras gewachsen ist, kommt bestimmt ein junges Kamel, das es wieder runterfrißt. Aber das ist genau meine Funktion. Ich bin hier das Kamel, das das Gras von dieser alten Geschichte runterfrißt – mit voller Absicht. Das möchte ich, das will ich. Ob das nun andere wollen oder nicht wollen, das konnte ich beim Schreiben allerdings nicht fragen.

Frage: Sie bringen zum Ausdruck, daß versagtes Mitgefühl unserer Generation in der Kindheit umschlägt in Angst später; daß man nur auf seine materielle Existenz aus ist, daß man sich heute nicht mehr solidarisieren kann mit den Menschen ... Ist das Ihre Frage, der Abbau der Angst, die man sich damals eingehandelt hat? Diese Angst, deren Folge das Vergessen ist? Das verdrängt die Angst, mit seinen Kindern und mit jungen Leuten so darüber reden zu können, daß sie auch emotional ergriffen werden und das merken, daß uns das überhaupt nicht lächerlich war, wenn Adolf Hitler damals zu uns gesprochen hat, sondern daß da etwas los war bei uns, das uns ergriffen hat. Ist der Weg des Schreibens für Sie eine Möglichkeit, diese Angst zu überwinden, und was schlagen Sie den Menschen vor, die nicht die Möglichkeit des Schreibens haben, diese Angst abzubauen?

Christa Wolf: Sie haben unheimlich genau gefühlt, worum es auch geht. Das ist so, ja. Für mich ist das ein Weg, Angst zu überwinden. Oder falls sie nicht zu überwinden ist, sie mir bewußt zu machen und mit ihr leben zu können, ohne durch sie eingeschränkt zu werden.

Ich will etwas genauer sein, weil es ein Kernproblem dieses Buches ist, wie Angst entsteht. Ganz am Ende gibt es ein Kapitel, das wird beginnen: Ein Kapitel Angst – und wird noch einmal aufrühren und zusammenfassen, was alles für Ängste auf schauerlichste Art in uns aufgebaut wurden. Zum Beispiel die Angst gegenüber anderen Völkern. „Der Russe“ als Angstfigur: Wie war das überhaupt möglich, wie hat man das geschafft, und auch: auf welche Weise werden solche realen Ängste abgebaut. Man verliert die Angst vor Menschen – Völkern, Gruppen, die man kennenlernt. Das ist ein verhältnismäßig – ich sage verhältnismäßig – einfacher psychologischer Vorgang. Da kann man ein falsches Bild, ein Angstbild, durch Korrigieren verlernen. Es ist ein für die heutige von verzerrten Angstbildern geprägte Menschheit bedeutsamer, vielleicht lebensrettender Vorgang.

Anders wiederum ist es mit der Angst, die keinen Grund zu haben scheint und von der sehr viele, glaube ich, von Zeit zu Zeit befallen sind. Und da ist es viel schwieriger, zu finden, wo das mal angefangen hat und warum sich das so lange hält. Und warum Angst bei ganz bestimmten Signalen immer wieder da ist. Warum zum Beispiel viele Leute unserer Generation so eine schreckliche Angst vor Autoritäten haben. Wann hat man ihnen das nur eingeimpft? Warum können bei uns so viele Leute sich nur unter Angst gegen Autoritäten aufrichten, „Männermut vor Königsthronen" so schwer zeigen? Das hat doch Gründe. Darum finde ich auch, daß dies ein Gegenwartsbuch ist, weil es versucht, mitzubeschreiben, was vorher war, ehe die Leute sich so verhielten, wie sie sich heute verhalten.

Ja, ich sehe auch, daß ein Schreibender oder Malender oder sonst in der Kunst Tätiger im Vorteil ist. Denn er hat eine Möglichkeit, sich mit Konflikten auseinanderzusetzen, die wirksam ist. Aber ich glaube eigentlich, daß jeder das kann, der wirklich will und es braucht, indem er es mit sich selber und in Gesprächen mit anderen tut. Nur, warum sprechen wir so wenig miteinander? Warum eigentlich? Aus Angst natürlich. Aber wovor denn, um Gottes willen? Doch meist nicht vor irgend jemandem, der uns irgendwas tun könnte. Angst vor uns selber, daß wir irgend etwas herauslassen könnten, was der andere nicht vergißt, womit wir uns ihm in die Hand geben würden. Er sollte es möglichst vergessen, aber er vergißt es nie, und dann sagen wir es lieber erst gar nicht und sitzen zusammen und reden über das Wetter und über Klatschgeschichten und reden niemals – ich übertreibe, viele haben hoffentlich Leute, mit denen sie reden –, aber viele Leute reden niemals, glaube ich, über das, was sie wirklich beunruhigt. Und das finde ich schlimm.

Frage: Ich setze große Erwartungen in Ihren Roman! Es geht um die Erfahrungen meiner Eltern, vor allem um eine Wertung ihrer Erfahrungen in der faschistischen Vergangenheit. Ich hoffe, verschiedene Dinge besser begreifen zu können, auch solche, die meine eigene Kindheit und Jugend betreffen.

Christa Wolf: Ich verstehe schon, was Sie meinen. Nur das ist schon eine Erwartungshaltung, die mich fast ein wenig bedrückt. Erstens: Ein Buch kann nicht alles leisten, und auch ich kann das alles natürlich nicht. Ganz bestimmt werde ich nicht alle Erwartungen erfüllen. Und wissen Sie, gerade die Kindheit ist so ein – ich habe das jetzt gemerkt, als ich das schrieb, ich habe das vorher nicht gewußt, ich weiß gar nicht, ob ich das dann gemacht hätte –, aber die Kindheit ist ein unheimlich intimes Erlebnis, und in ihr gibt es so vieles, dessen man sich schämt, alles mögliche, worüber man nicht spricht; ich glaube, daß das zum Teil auch generationsspezifisch ist, so daß die Kindheitsmuster Ihrer Generation sicher mal von Leuten Ihrer Generation beschrieben werden müssen. Was davon in diesem Buch sein wird – ich hoffe, es wird einiges darin sein –, das ist natürlich der Reflex, den ich davon habe. Aber ich stecke nicht in euch drin. Ich habe in mir dringesteckt, obwohl ich es fast nicht mehr glauben kann. Aber ich stecke nicht in denen drin, die heute zwanzig sind. Ich versuche das sehr genau zu sehen und sehr interessiert und engagiert, aber doch weiß ich genau: Ich bin nicht drin.

Also ich hoffe sehr, daß einer von Ihnen, wenn er fünfundzwanzig, dreißig oder älter wird, das dann schreiben wird für seine Generation. Das sind wirklich Dinge, die man als Stoff nicht delegieren kann. Aber Sie haben vollkommen recht: Ich wünsche mir, daß Ihre Generation in dem Buch etwas für sich findet – vielleicht in dem Sinne, wie Sie es eben gemeint haben. Das weiß ich nicht, ich hoffe es nur.

Frage: Ich glaube, die Befürchtungen, die Sie jetzt aussprechen, sind etwas zu stark. Ich glaube, indem wir uns ganz ehrlich und intensiv mit diesen Problemen, die eben *nicht* ganz bewältigt sind, indem wir uns mit diesen Problemen ganz intensiv auseinandersetzen, verkürzen wir unter Umständen doch den „biologischen Prozeß" für die Jugend heute. Denn Sie haben zu Beginn gesagt – auf die Frage, warum Sie sich nicht einem heutigen Stoff zuwenden konnten –, für Sie sei das ein heutiger Stoff. Ich glaube, der Stoff ist heute auch so aktuell, weil er von Ihnen aus der heutigen Zeit reflektiert wird, und insofern, glaube ich, ist es wichtig, daß Sie sich selbst gegenüber ehrlich bleiben. Auch auf die Gefahr, daß eventuell die Zahl Ihrer Leser etwas schrumpft, dafür aber die, die es lesen, etwas intensiver, und mit mehr nach Hause gehen zum Schluß. Das halte ich für sehr wertvoll, und ich finde, daß es insgesamt darum geht, sich ehrlich zu äußern, sich nicht nur in bestimmten Richtungen zu äußern.
Christa Wolf: Ja, das ist schon wahr, das stimmt, das sollte man versuchen. Und ich sage auch nicht – ich würde überbescheiden tun, und es wäre nicht ehrlich, wenn ich sagen würde: Ich glaube nicht, daß junge Leute hier etwas finden. Denn ich hoffe es sehr, daß sie was finden werden. Nur, was ich vorhin meinte, das stimmt einfach: Die Wahrheit ist konkret. Und die konkrete Wahrheit Ihrer Jugend ist eine andere als die konkrete Wahrheit meiner Jugend. Es gibt auch Erfahrungsmuster, die für Jugenden allgemein gelten oder in einem bestimmten Jahrhundert gelten, in einer bestimmten Nation oder in einer bestimmten Gesellschaft. In diesem Sinne hoffe ich schon, daß man etwas Verallgemeinertes findet.

Und dann noch etwas zum Thema Ehrlichkeit. Da habe ich vielleicht auch zu große Hoffnungen geweckt. Gerade gestern habe ich in dem Kapitel, an dem ich jetzt arbeite, geschrieben, daß es eine Illusion sei, daß man ganz aufrichtig sein könne. Diese Illusion möchte ich nicht erwecken. Ich habe das sehr wohl bemerkt, schon früher, aber diesmal ganz besonders, daß es einem nicht gelingt, ganz aufrichtig zu sein. Aus vielen Gründen, die zum großen Teil bei einem selber liegen. Ich habe nicht die Tendenz, das nach außen zu schieben, am allerwenigsten auf irgendeine gesellschaftliche Instanz, die das etwa verhindern würde. Das, glaube ich, sollte man gelernt haben, daß das nicht maßgebend ist; maßgebend ist, was man selber schaffen kann, sich selbst gegenüber. Und das schafft man immer nur annäherungsweise. Und so ist es auch in diesem Buch, das weiß ich jetzt schon, das muß ich in Kauf nehmen.

Frage: Ich glaube, daß in unserer Generation ein ganzes Stück Vergangenheit durch dieses Buch angeregt wird, denn diese Generation ist jetzt verantwortlich in Wirtschaft, Politik, in der Kunst und der Pädagogik. Meistens wird man nur noch autoritärer, als man schon ist, weil keine Zeit für Auseinandersetzungen dazusein scheint. Es wäre ein großer Erfolg, wenn unsere Generation zu Reflexionen dieser Art durch die Lektüre Ihres Buches gezwungen würde.

Christa Wolf: Wissen Sie, die Leute, die Sie eben jetzt im Sinn hatten, lesen das Buch wahrscheinlich nicht. Nicht aus bösem Willen, sie haben dazu nicht die Zeit, ihr Leben verläuft jenseits der Literatur. Aber Sie haben vollkommen recht: Es ist mir öfter passiert, in Gesellschaft zu geraten von Menschen etwa meines Alters, etwas älter auch, die nur ein paar Schnäpse brauchen, ein paar Gläschen Wein, um eine ganz andere Schicht ihrer Person aus sich hervorzukehren und ganz andere Lieder zu singen, als sie eben noch gesungen haben. Ich muß sagen, ich werfe ihnen das – doch, ich werfe es ihnen schon vor, aber ich verstehe es auch. Denn das sind die Folgen, wenn man nie über sich selber nachgedacht hat, nie reflektiert, nie sich einer Schuldfrage wirklich gestellt hat. Man kann das delegieren: Wir haben die „bessere Geschichte“ auf unserer Seite, und die anderen haben Pech, sie haben die alten Nazis. Aber ich meine, wir können uns zwar auf die bessere Tradition berufen –

was übrigens wirklich ein ungeheures Glück ist und sehr produktiv machen kann; aber nur dann, wenn man alles andere nicht vergißt, auch nicht im eigenen Leben; das nützt nichts. Aber viele ziehen Verdrängen vor.

Und daher kommt es dann, daß Dreißigjährige – übrigens, so eine Szene kommt hier vor – am Lagerfeuer im sozialistischen Ausland haarsträubende Lieder singen. Das ist einer der Gründe dafür, daß ich das Buch schreibe. Nur, wissen Sie, zuviel kann man sich nicht zutrauen oder glauben, erreichen zu können; die Literatur – ich glaube, sie wirkt stark, aber sie wirkt auf solche unterirdische Weise, daß man es sehr schwer messen kann.

Ich habe mir überlegt: Ich war 1945 gerade sechzehn Jahre alt, als der Krieg zu Ende war, und habe noch danach, ein, zwei Jahre danach, alles an alten Büchern, was mir zufällig in die Hände fiel, verschlungen. Mit Gier und Genuß. Ich meine jetzt nicht die Nazibücher im engeren Sinne, sondern dieses ganze verschwommene, schwülstige Binding-Zeug und Carossa und Jelusich. Daran zeigte sich, daß mein ganzer Wahrnehmungsapparat offensichtlich beschädigt war. Ich sah nicht klar. Ich sah nicht in der Literatur klar, aber das zeigte nur, daß ich auch in der Realität absolut nicht klarsah. Da war etwas ernsthaft beschädigt.

Und nun die Frage: Was heißt „sich verändern"? Um noch etwas dazu zu sagen, was vorhin gefragt wurde: Die Antwort läuft bei mir im Grunde darauf hinaus, daß man die schwerbeschädigten Apparate zur Wahrnehmung und richtigen Reaktion auf die Realität wieder in Ordnung bringt; daß man es schafft, in der Realität zu leben, mit der Realität und realitätsgerecht – das heißt, selbst so zu handeln, daß die Realität davon beeinflußt wird. Das alles war ja nicht einmal als Möglichkeit vorhanden. Da war eine ganze Generation, und nicht nur eine, in den Grundlagen psychischen Daseins auf dieser Erde tief beschädigt. Und das ist nicht so leicht zu reparieren. Das ist nicht vorbei, wenn man zwei Jahre später sagt: Donnerwetter, der Marx hat aber recht.

Frage: Haben Sie in Ihrer Kindheit Menschen getroffen, die kritisch über Adolf Hitler und über den Nazismus und über den Endsieg geredet haben oder die politische Witze erzählt haben?
Christa Wolf: Nicht einen, nicht einen! Das ist es ja. Nicht einen! Und deshalb war ich auch immer ein wenig unbefriedigt – bei allen sehr großen Verdiensten, die ich jenen Büchern über diese Zeit zuspreche, die bei uns erschienen sind. Ich fand nicht in einem Buch meine Erfahrung wieder; sondern es war doch meist so: Irgendwann kam dann doch einer zu dem jungen Helden und sagte: Hör mal zu, Junge, jetzt gehst du aber wirklich ganz falsch. Und ich dachte: Ich muß ja wirklich ein ausgesprochenes Ausnahmewesen gewesen sein, daß mir nicht eine einzige solche Sache passiert ist – bis dann auf der Flucht, die auch beschrieben wird, ein KZ-Häftling mit uns am Lagerfeuer saß und sagte: Wo habt ihr eigentlich alle gelebt!

Das war eine Frage, die ich überhaupt nicht verstand. Ich habe nur diese Frage behalten, und viel, viel später habe ich sie erst verstanden.
Frage: Was mich so sehr beeindruckt hat an diesem Kapitel, das war, daß diese Schülerin, das BDM-Mädchen, trotz anderer Gesinnung den Lehrer nicht anzeigt. Das unterscheidet diese Literatur auch von der in der Schule behandelten, wo die Rede davon ist, wie kritisch man in der Zeit des Faschismus gewesen wäre. Nichts von innerer Emigration, alle befanden sich irgendwie im Widerstandskampf gegen die Nazis. Unter Lebensgefahr verstecken sie Juden oder Kommunisten. Ich war bei Kriegsende fünf Jahre alt und bin wirklich nicht schuldig geworden. Und trotzdem, ich habe mit Leuten gesprochen, Klassenkameraden, Schulkameraden, die in meinem Alter sind: Es ist so, daß wir eine ganz komische Zwischenstellung haben zwischen den Leuten, die vor uns ganz begeistert waren, und denen, die nach uns begeistert waren, das sind immer die Älteren oder die Jüngeren gewesen. Das ist für mich eine sehr schwierige Er-

fahrung, daß die in meinem Alter überhaupt nicht begeistert waren. Das kann auch was Gutes bedeuten, ja? Das führt auch dazu, daß man sich ganz furchtbar schämt, daß man Deutscher ist. Ich kriege es nicht raus aus mir, besonders im Ausland. Es ist so, daß man im Ausland irgendwo ist, in der Straßenbahn, da spricht einen plötzlich jemand auf deutsch an und sagt, er war Dolmetscher im Krieg. Es kommt dahin, daß er sagen will: Ich trage euch nichts nach. Es ist so furchtbar, daß man genau weiß, daß auf ihn mein Vater geschossen hat. Ich will eigentlich nur sagen, daß diese Literatur im Grunde genommen ein bißchen erleichtert, weil sie diese Erfahrung ausspricht.

Christa Wolf: Das, was Sie zuletzt sagten, das Problem „Deutscher sein", das kenne ich sehr gut. Und jetzt sage ich etwas, was Sie vielleicht überraschen wird: Ich habe dieses Gefühl vollkommen verloren. Ich habe dieses Gefühl nicht mehr, dieses Schamgefühl, Deutscher zu sein. Es fällt mir eben ein, während das gesagt wird, und zwar weiß ich in demselben Moment auch, wodurch: durch sowjetische Leute, mit denen ich befreundet bin, die alle im Krieg waren, die Offiziere waren oder Frontzeitungen herausgegeben haben; oder ein sowjetischer Geschichtsprofessor, der leider gestorben ist – das kommt übrigens in dem Buch vor –, mit dem ich viel sowohl über Hitler als auch über Stalin gesprochen habe. Es waren sowjetische Leute, die ersten, die nicht Deutsche waren, die ersten, denen ich überhaupt erzählt habe von dieser Zeit und wie ich sie erlebt habe, und auch von der allerersten Nachkriegszeit, und wie ich die sowjetischen Truppen erlebt habe. Das waren die allerersten, die es hören wollten, die allerersten, die gesagt haben: Schreib das! Ich glaube, aus der engen Beziehung mit diesen Menschen habe ich allmählich dieses Gefühl der Scham, Deutscher zu sein, verloren. Ich habe es nicht mehr. Aber ich verstehe es sehr gut, ich kenne es von den ersten Reisen zum Beispiel in die Sowjetunion, daß es schreckliche psychische Anstrengungen waren.

Um noch ganz kurz zum ersten Teil dieser Frage zu kommen. Also dieses Mädchen zeigt ihn nicht an, den Musiklehrer. Es ist eine „wirkliche" Szene. Dieser Musiklehrer, der seinen Sohn verloren hatte, beschimpfte uns und war damit ungeheuer gefährdet – heute sehe ich, *wie* gefährdet er dadurch war –, indem er sagte: Judenmädchen haben die christlichen Lieder gesungen, und du willst dich weigern, ein jüdisches Weihnachtslied zu singen? – Und dieses Mädchen, meine Freundin, war eine überzeugte BDM-Führerin und hat ihn nicht angezeigt, wäre nicht darauf gekommen, ihn anzuzeigen, weil sie ihn gleichzeitig als Musiklehrer schätzte und eine seiner besten Schülerinnen war. Das ging ja alles nicht so einfach zu. Und das ist es, was ich so gern versuchen möchte, diese Klischees etwas aufzuweichen.

Frage: Wenn ich Sie recht verstanden habe, geht es Ihnen darum, zu fragen: Was ist eigentlich mit uns geschehen? Das heißt: Wie konnte es dazu kommen? Ihr Buch ist natürlich sehr viel länger als das, was Sie vorgelesen haben. Dennoch die Frage: Was ist mit uns geschehen? Wie konnte es dazu kommen? war mir noch nirgends beantwortet. Und darüber hinaus die Frage, welche mich mehr noch bewegt als die erste: Kann das nicht wieder passieren?

Christa Wolf: Zum ersten Teil Ihrer Frage kann ich jetzt nicht viel sagen. Ich sagte am Anfang, daß ich mir nicht vorstelle, daß ich hier die Frage: Wie konnte das geschehen? beantworte. Das eigentlich nicht. Eher vielleicht die Frage: Wie sind wir so geworden, wie wir sind? Das ist eigentlich eine Frage, der ich etwas näherzukommen suche. Ich denke, daß etwas davon im Laufe des Buches aufdämmern wird. Denn ich glaube, daß so manches, was unsere Generation heute tut oder nicht tut, noch mit der Kindheit zusammenhängt. Wenn die Kindheit wirklich eine wichtige Zeit im Leben eines Menschen ist, dann sollten wir nicht so tun, als ob wir, als wir sechzehn waren, als der Faschismus zu Ende war, nun „neue

Menschen" werden konnten. Und daß eine so verbrachte Kindheit ohne Folgen bleiben kann.

Aber nun zur zweiten Frage: Ja, ich denke, das kann hier nicht wieder passieren. Doch wie man sieht, ist die Welt als Ganzes ungeheuer gefährdet in bezug auf faschistische und faschistoide Einflüsse. Und die Gründe, warum es hier nicht wieder passieren kann, sind in erster Linie historischer Art, glaube ich. Ich will mich hier nicht zum Propheten aufschwingen, aber es sind hier die Bedingungen dafür nicht da. Während es an vielen Stellen der Welt, wie wir gesehen haben, Bedingungen gibt, die einen Ausbruch von nackter Gewalt und Brutalität und ihre Etablierung als Staatsform nicht nur erlauben, sondern offenbar für lange Zeit verfestigen können. Das sind wirklich historisch bedingte Vorgänge.

Etwas anderes ist jetzt Ihre Frage nach den subjektiven Momenten. Da gibt es im Manuskript auch verschiedene Hinweise darauf, daß ich mit den Gefährdungen einzelner Leute – manchmal ist es nur Gedankenlosigkeit, manchmal aber auch mehr – durchaus sehr vertraut bin, auch bei uns hier. Da gibt es noch vielerlei: Gedankenlosigkeit, Unwissen, ungelebtes Leben. Da treten plötzlich noch Züge in den Leuten hervor, die einen erschrecken lassen, auch bei uns.

Frage: Brauchen Sie einen authentischen Stoff, und hängt der Vorgang des Schreibens von Ihrer Distanz zu bestimmten Ereignissen ab?

Christa Wolf: Ich habe hier die Distanz von fast dreißig Jahren gebraucht – fünfundzwanzig Jahre, als ich anfing: Die Größe, die Länge der Distanz hängt ab von der Schwere der Betroffenheit in diesem Fall, die Schwere der Verletztheit, der Verwundung, die man ausdrücken muß, erlaubte es – wieder in diesem Fall – nicht, früher daran zu rühren. Daraus erklärt sich die Zeitspanne, die ich gebraucht habe, bis ich damit anfing. In anderen Fällen kann das viel kürzer sein. Das ist so ein Lebensstoff, der diese Zeit gebraucht hat. Er ist unterschiedlich, will ich damit sagen.

Frage: Sie sagten, die Vergangenheit sei noch nicht bewältigt. Ist sie denn überhaupt zu bewältigen? Es ist doch so – wir sind beim Thema Vergangenheit –, da sind die Jugendlichen doch vollgestopft bis obenhin. Die Jugendlichen lesen und interessieren sich dafür, obwohl sie da noch gar nicht gelebt haben. Aber gerade die Älteren, an die es vielleicht adressiert ist, die interessiert es überhaupt nicht. Die meisten sprechen nicht davon.
Christa Wolf: Ich habe auch oft den Eindruck, daß es so ist. Die ältere Generation, die älter ist, als ich bin, die diese ganze Frage der Schuld ja im Grunde auf sich hätte beziehen müssen, ist am weitesten ausgewichen, die ist am schwersten zu bewegen, darüber zu reden oder vielleicht auch zu denken. Was sie denken, wissen wir ja nicht. Unsere Generation, die zu jung war, um im direkten Sinne schuldig zu werden, im Sinne von Handlungen schuldig zu werden, hat die ganze Last dieser Schuld an sich erlebt und erfahren. Das glaube ich wohl sagen zu können. Und die noch Jüngeren, die stehen natürlich jetzt in uns schon ihren Eltern oder Erziehern gegenüber und sagen: Was war denn eigentlich los, wie war denn das, was habt ihr da eigentlich gesehen, getan und gedacht? Es ist schon etwas kompliziert. Und wenn Sie so fragen: Ist es zu bewältigen? Dann kann ich nur glatt sagen: Nein. Sechs Millionen ermordeter Juden sind nicht zu bewältigen. Es ist nicht zu „bewältigen“, daß zwanzig Millionen sowjetischer Menschen umgebracht worden sind. Das alles ist nicht zu bewältigen.
Zuruf: Hat dann das Schreiben darüber einen Sinn?
Christa Wolf: Das müßte ich eigentlich Sie fragen. Für mich hat es einen Sinn. Ich will ja auch noch weiterleben. Ich lebe nicht nur bis heute. Es kann durchaus sein, daß ein Teil der Leser findet, daß der Bedarf durch Bücher, die es darüber schon gibt, gedeckt ist und daß es dann unnötig wäre. Darüber kann ich nicht urteilen. Aber es wäre eine Anmaßung, das schreibend zu „bewältigen“.

Aber eine andere Frage ist – die kann man verschie-

den beantworten, das sagte ich vorhin schon –, ob man in sich selbst dauernd mit den Erfahrungen leben soll, die man im Grunde vergessen möchte, ob das einen Sinn hat, ob das dazu beiträgt, daß man produktiv bleibt. Meine Erfahrung ist, man braucht es, um produktiv sein zu können. Wobei darin Gefahren liegen, die ich auch ganz gut kenne: Wenn man an so einer Sache arbeitet, wird sehr viel aus der Vergangenheit in einem frei. Es kommen viele Träume vor in diesem Buch, in der Zeit, in der man an einem derartigen Stoff arbeitet, da träumt man nicht gut, klar. Es wird Angst frei, von der man gar nicht gewußt hat, daß sie noch da ist, und die sich auch auf die Gegenwart bezieht und die man jetzt erst versteht: Warum man in der Gegenwart vor Dingen Angst hat, die im Grunde nicht gefährlich sind. Aber es hat sich an ganz bestimmte Vorgänge, die zum Beispiel mit Autorität verknüpft sind, Angst gebunden. Und wenn man sich das nie klarmacht und nie lernt, dagegen bewußt anzuleben, wird die Angst bleiben.
Frage: Sie haben zu Anfang gesagt, daß Sie sich im wesentlichen – so habe ich es jedenfalls verstanden – an die Altersgenossen und Altersgenossinnen wenden, die alles so wie Sie erlebt haben, und daß Sie die Frage offenlassen, ob die Jugend, das heißt diejenigen, die das nicht erlebt haben, das auch so versteht. Und aus dem, was Sie uns heute vorgelesen haben, kann man entnehmen, daß Sie im wesentlichen versuchen, bei den Menschen, die das erlebt haben, die Erinnerungen mit Hilfe von Assoziationen einer neuen Wertung zuzuführen. Nun ergibt sich für mich die Frage, ob Sie daran glauben, daß es wirklich eine Information, eine Erfahrungsvermittlung von einer Generation zur anderen gibt; denn man macht immer wieder die Erfahrung, in den verschiedensten Lebensbereichen, daß junge Leute sehr bereitwillig und auch mit dem Bestreben sich der Vergangenheit nähern, Informationen ganz differenziert aufzunehmen, und es dort doch eigentlich nicht begreifen, wo man nur intellektuell aufnimmt. Aber man kann eigentlich nur etwas

richtig verstehen, was man so assoziativ in sich befestigt, als Erinnerung befestigt hat, als Emotion durchlebt. Und in diesem Sinne noch mal die Frage: Glauben Sie, daß diese ganz umfassende differenzierte Erfahrung eigentlich weitergebbar ist?

Christa Wolf: Das ist eine ziemlich schwierige Frage.

Frage: Ehe Sie antworten, noch Solidarität als Stichwort. Es ist Ihnen sicher aufgefallen, daß die Jugendlichen, als der Putsch in Chile war, eigentlich erst ein paar Tage brauchten, um das zu verarbeiten, um zu einer Solidarität zu kommen.

Ich glaube, Sie sprechen mit Ihrem Buch ein Problem an, und zwar: Solidarität – ist das nicht weitestgehend aus unserer Sicht, zum Beispiel gerade auf Chile zugeschnitten, Rationalität? Ist uns das überhaupt emotional zugänglich – vom geographischen Abstand her, von der nationalen Entwicklung, vom Volkskolorit? Und damit stellt sich auch die Frage: Ist für uns heute überhaupt die Frage des Faschismus begreifbar in dem Sinne, wie Sie sie dort aufwerfen? Und insofern halte ich dies für ein Buch, das uns auch sehr viel zu sagen hat, glaube ich; daß es aber nicht nur rational zugänglich ist, dafür scheint mir Ihr Traum auch symptomatisch zu sein, der in diesem Kapitel vorkommt: der Traum mit der Schaukel. Den Traum können Sie haben, den kann ich nicht haben. Und da ich diesen Traum nicht haben kann, kann ich zum Beispiel zu Chile kein weitestgehend emotionales Verhältnis haben, sondern ein hauptsächlich rationales Verhältnis.

Ihr Buch wird anscheinend in den Lesern vieles wieder hervorbringen und aufrühren. Ich frage trotzdem: Ist der Faschismus emotional für uns Jüngere verständlich? Denn darum geht es Ihnen ja. Ich meine, daß es rational klar ist, woher das kommt, ökonomisch, politisch, sozial – das ist geschenkt, das haben wir uns an den Schuhsohlen abgelaufen; das sollte man zwar auch immer wieder mal hören, dagegen bin ich gar nicht. Aber emotional ist das, glaube ich, uns nicht zugänglich.

Frage: Ich möchte noch dazu sprechen: Die Frage der fehlenden Emotionalität, die hier beklagt wird, bei der Solidarität, das ist meiner Meinung nach nicht auf Entfernung und solche Dinge, nicht auf verschiedenes Volkskolorit zurückzuführen, sondern ganz wesentlich auch auf die strenge Kanalisierung dieser Solidaritätsbewegung.

Christa Wolf: Ja, das glaube ich auch. – Das haben Sie richtig herausgefühlt aus diesem Kapitel – das ganze Buch ist so –, daß ich versuche, die rein rationale Vermittlung von Wissen oder Erfahrung zu durchbrechen – und zwar nicht, weil ich etwa antirational wäre; das bin ich sicherlich nicht. Aber weil ich auch diese Erfahrung habe. Ich habe mir in dieser Zeit natürlich sehr viel überlegt: Wann und wodurch hast du denn wirklich etwas nicht nur verstanden, sondern wann ist wirklich etwas Neues in Bewegung gekommen, eine neue Qualität in der Möglichkeit, zu leben und zu handeln. Das waren immer Situationen, in denen eine Emotion in Bewegung gesetzt wurde. Und mir scheint, daß wir in bezug auf die Vergangenheit – eben besonders auf dieses Stück unserer Vergangenheit, aber auch auf andere Abschnitte der Zeit, die wir erlebt haben – Emotionen zu weitgehend herausgefiltert haben. Die stehen neben den Erkenntnissen, man ist mit ihnen allein. Das hängt damit zusammen, daß die Einsicht, sich geirrt zu haben, leichter zu ertragen ist als Scham und daß überhaupt zutreffende Erkenntnisse nicht so schwierig zu erwerben sind wie „richtige" Gefühle. Das eine ohne das andere macht aber merkwürdig gespaltene Menschen, wie wir sie ja um uns sehen.

Ich sprach über unsere Geschichtsbücher: Wie wird dort der Faschismus behandelt. Eines Tages fragte unsere jüngere Tochter uns: Wer war eigentlich dieser Eichmann? Da waren wir entsetzt, daß sie das nicht wissen konnte. In ihrem Geschichtsbuch war dieser Name wirklich nicht genannt. Es ist also kein Versuch unternommen – auch in den Deutschbüchern wohl nicht –, gerade junge Leute auf diesen Typ eines sogenannten „Schreibtischmörders" aufmerksam zu machen. Zu erklären, welche historische Entwicklung so einem Typ zur Macht verhelfen kann. Wie eine solche Erscheinung überhaupt entstehen konnte auf deutschem Boden. Es gibt einen Ausspruch eines Polen, Kazimierz Brandys: Faschismus gibt es überall auf der Welt, aber die Deutschen sind seine Klassiker gewesen.

Ich muß sagen, daß das einer der Sätze war, die mir einen entscheidenden Stoß für dieses Buch versetzt haben. Ich habe sofort verstanden, daß er recht hat. Es ist wahr. Einen Hitler-Typ, einen Diktator, den kann man sich fast überall – natürlich national gebunden – vorstellen. Aber Himmler und Eichmann, das sind schon spezielle Erfindungen, die hier auf einem ganz bestimmten Boden, unter ganz bestimmten Bedingungen sich entwickeln und zur Macht kommen konnten. Das muß man wirklich, glaube ich, wieder durchdenken und versuchen zu durchleben.

Es ist eine Frage, die ich auch nicht schlüssig beantworten kann: Wieweit kann eine Generation der nächsten ihre Erfahrungen vermitteln? Aber vorher ist doch die Frage: Wieweit versucht sie es überhaupt? Sie kann es bestimmt weitergehend, als sie es bis jetzt tut, als wir es tun oder als es die Generation vor uns es mit uns getan hat.

Ich persönlich hatte Glück. Ich habe, als ich noch ziemlich jung, aber doch schon erwachsen war, Menschen getroffen, die keine Nazis gewesen waren und die mir mehr über diese Zeit erzählt haben, als in der Zeitung stand, stehen konnte, oder in den Geschichtsbüchern, oder als sie selbst in ihren Büchern schrieben, denn es waren zum Teil Schriftsteller. Und das war für mich sehr wichtig. Aber es hat – das ist mir jetzt erst klargeworden beim Schreiben –, es hat dazu geführt, daß zwischen den Lebensepochen der Kindheit – sagen wir: bis sechzehn Jahre – und einer neuen Etappe, wo sich, oberflächlich ausgedrückt, ein „neues Weltbild" formiert hatte, eine Art Niemandsland liegt, und daß diese beiden Epochen, die jede für sich ziemlich deutlich und klar sind, getrennt sind durch einen Streifen von merkwürdiger Farblosigkeit. Das sind alles Probleme, die hängen mit der Emotionalität zusammen. Und damit, was man wirklich erlebt und erfährt durch Emotionen. Bei uns ist es üblich, ich meine auch im Elternhaus, die Erziehung möglichst nicht über starke Gefühle laufen zu lassen. Bloß nicht zuviel Gefühl! Bloß nicht exaltiert werden! Bloß nicht in Tränen ausbrechen, wenn da Leute umgebracht werden auf dem Bildschirm, und bloß nicht das Abendbrot dabei unterbrechen!

Das ist ein Zug der Zeit, und das ist genau der Zug, der die Jüngeren hindert, Assoziationen zu empfangen, und die Älteren, sie weiterzugeben. Wieweit es zu durchbrechen ist, weiß ich nicht.

Frage: Ich denke, Ihr Buch betrifft auch mich. Ich war damals zwölf Jahre. Ich freue mich darauf, wenn es kommt, um mich selber mit mir auseinandersetzen zu können. Bei der Frage, ob die jüngere Generation etwas sagen kann zur Bewältigung der Vergangenheit . . . Ich glaube es nicht, denn sie haben ja noch nichts zu bewältigen.

Christa Wolf: Alles kann ich heute nicht beantworten, und das Buch müßte auch erst ganz vorliegen. Mir geht es nicht darum, daß junge Leute, die auf diesem Gebiet glücklicherweise nichts zu bewältigen haben, künstlich in einen Zwang hineingestellt werden, sich in diesem Sinne damit auseinanderzusetzen. Das wäre, glaube ich, unsinnig. Im Gegenteil, sie sollen froh sein, daß sie eben *nicht* das alles miterlebt haben. Etwas anderes wäre mir wichtig. Ich glaube, daß sehr vieles, was auf der Welt passiert, deshalb passieren kann, weil wir keine Phantasie haben, weil wir keine Vorstellungskraft haben, uns hineinzudenken in Leute, denen das gerade geschieht. Aber je kleiner die Welt durch die Technik wird, desto wichtiger ist es, die Tugend der Einfühlung in Fremdes zu entwickeln. Und das kann man eigentlich an jedem einigermaßen guten Buch üben, denn Literatur soll unter anderem gerade das tun: Vorstellungskraft üben, die eigene Phantasie entwickeln. Und das heißt, bezogen auf diesen Gegenstand: die Geschichte des eigenen Volkes, der eigenen Klasse auf sich beziehen lernen, damit die Zeitgeschichte einen fähig findet, richtig zu empfinden und nach eigenem Urteil zu handeln.

Frage: Haben Sie zur Gegenwart ein literarisches Verhältnis, oder sind in Ihnen mehrere Personen, die unterschiedlich reagieren auf die Gegenwart?

Christa Wolf: Am liebsten und schnellsten könnte ich jetzt antworten: Ich habe zur Gegenwart kein literarisches Verhältnis. Es würde auch zu einem großen Teil stimmen, weil diejenigen Ereignisse und Vorgänge oder Handlungen, in die ich hineingezogen werde, die mich besonders stark berühren, absolut „unliterarisch" von mir erlebt werden. Das heißt, ohne diese Beobachterposition, ohne dieses Gefühl: Ah, schreibst vielleicht mal drüber; oder: Das wäre mal eine Figur! Das ist absolut weg. Was man „berechnend" erlebt – mit dem Blick auf literarische Verwertbarkeit –, ist nach meiner Erfahrung verdorben, unbrauchbares „Material".

Allerdings stimmt es schon: Man ist nicht ungestraft Literat, das muß ich zugeben. Es gibt Augenblicke und es gibt Zeitspannen, in denen es ruhiger wird, in denen man nachdenkt über die Erfahrung dieser Zeit. Da spürt man, daß man die Dinge auch schon, während sie sich ereignet haben, anders gesehen hat, als wenn man nicht schreiben würde. Das ist eine merkwürdige Sache. Ich habe in letzter Zeit öfter darüber nachgedacht, weil jemand, der mal ein Buch geschrieben hat und nie wieder eins schreiben wird, sich als Schriftsteller bezeichnete und diesen Beruf für sich in Anspruch nahm. Dagegen ist ja überhaupt nichts zu sagen. Es geht auch nicht etwa darum, den Schriftstellerberuf hier zu veredeln: Die Motive zum Schreiben sind nicht „edel" – darum geht es gar nicht. Es geht um eine sachliche Erfahrung – nämlich die, daß man anders lebt, wenn man – und sei es nur alle zehn Jahre – ein Buch schreibt, aber die ganze

Zeit über sich selbst als Schriftsteller sieht. Oder ob man lebt – normal wie jeder andere, wie ja übrigens auch ein Schriftsteller – und eben mal, irgendwann mal, über eine bestimmte Sache ein Buch schreibt und dann nie wieder eins schreiben wird, und das dann auch überhaupt keine Rolle weiter in seinem Leben spielt.

Ich weiß nicht, ob ich mich jetzt klar ausdrücke. Es entwickelt sich ein anderes Verhältnis zur Realität und zu sich selbst, vor allem, glaube ich, zu sich selbst, das man mit der Zeit erwirbt, fast sogar etwas widerwillig erwirbt, man kommt aber nicht umhin; das ist einfach so, das kann ich nicht bestreiten. Es ist eine gesteigerte Aufmerksamkeit, ein andauernder Verantwortungsdruck, ein Dauerengagement, die unheimlich stark sind und darauf hingehen, daß man, ob man will oder nicht, dazu da ist, zu beschreiben, was man erfährt. Von einem bestimmten Punkt an nützt es einem nichts, daß man nüchtern genug ist, seinen eigenen Beitrag zur Literatur realistisch zu sehen, ihn also nicht zu überschätzen. Es nützt nichts, ob man sehr gut ist oder weniger gut: Einfach, daß man weiß, man ist dazu da, es zu beschreiben, verändert vieles.

Frage: Ihre Bücher, Frau Wolf, beeindrucken mich immer sehr stark. Und nun frage ich mich manchmal: Wie wirken Sie auf andere, wie spüren Sie die Wirkung Ihrer Bücher? Können Sie von vornherein abwägen, was Sie mit ihnen erreichen?

Christa Wolf: Sie wirken unterschiedlich. Es gibt Leser, die ähnlich reagieren wie Sie, und es gibt andere, die sagen: Die Frau muß in die Irrenanstalt! So ist es mir wörtlich gesagt worden. Das sind zwei Extreme, ziemlich scharfe Reaktionen. Dazwischen liegt eine ganze Menge freundliche Zustimmung, Interessiertheit, auch eine fortdauernde Beschäftigung, die manchmal dazu führt, daß der Betreffende ein Buch wieder vornimmt, das ihm vorher gar nicht so gefallen hatte oder ihm zu schwierig erschien. Aber das ist, glaube ich, ungefähr bei fast jedem Autor so.

Ich weiß aus vielen Briefen, daß es Leser gibt, gerade Frauen, die sich mit bestimmten Figuren identifizieren, die manchmal ein stärkeres Engagement empfinden, als ich es selbst heute empfinden würde oder kann. Das sind vorher unberechenbare Reaktionen. Man weiß nicht, warum gerade dieses Buch, diese Gestalt in diesem Moment auf eine größere Anzahl von Menschen trifft, die sich besonders durch sie betroffen fühlen. Das hängt zusammen mit einer bestimmten gesellschaftlichen Atmosphäre und einem bestimmten Entwicklungsstand, in dem gerade viele Leute sind, in dem der Autor auch war, als er das Buch schrieb. Das merkt man hinterher.

Viele Leser schreiben mir. Oder ich erfahre auch aus solchen Gesprächen wie heute ungefähr von der Wirkung ganz bestimmter meiner Bücher auf Menschen verschiedener Altersgruppen, verschiedenen Geschlechts. Nur muß ich Ihnen sagen, ich versuche, das wieder zu vergessen, mich unbefangen zu halten, soweit ich nur irgend kann. Weil es während des Schreibens tödlich wäre, sich vorzustellen, wie die Wirkung auf bestimmte Leserschichten sein wird. Das geht nicht. Davon muß man sich wirklich frei machen, als ob man – das ist jetzt ein „als ob" in Anführungsstrichen –, als ob man noch nichts geschrieben hätte, als ob man noch keinen Leser dazu gehört hätte, weder positiv noch negativ; man muß versuchen, sich wieder jeden Tag neu eine Freiheit zu erwerben, daß man nicht unter dem Druck einer schon vorhandenen Leserschaft steht – die man andererseits nicht missen möchte.

Frage (Wieland Herzfelde): Die meisten Schriftsteller, die zurückkamen aus der Emigration, haben sich nicht recht ausgekannt in der Frage: Wer ist denn da überhaupt alles schuld? Wie soll man denn die Menschen behandeln, die da mehr hineingeschlittert sind; und ganz und gar die Jugend, die Kinder und auch die Halberwachsenen. Und ich glaube, daß es eine Art Unterlassung war, zu begreifen, daß diese durch den vollkommenen Bühnenwechsel auf der Welt – er schien so vollkommen damals, wie er sich inzwischen als gar nicht so vollkommen herausgestellt hat –, nicht mehr wußten, wie sie da reagieren sollen. Es ist mir passiert, als ich noch Vorlesungen hielt, daß eine Hörerin zu mir kam und sagte: Hören Sie mal, alles, was Sie mir erzählen vom Kampf gegen die Nazis, und überhaupt, das leuchtet mir schon ein. Aber wissen Sie, es gibt doch noch etwas anderes, man konnte sich doch nicht ausradieren ... Da kommt schon dieses Problem, das hier behandelt wird. – Sehen Sie, sagte sie, mir geht es so: Ich bin als Kind in Nazideutschland doch auch sehr oft glücklich gewesen. An was man auch immer denkt, ob es ein Ausflug war, ob es das Sportfest war, ob das ein Familienfest war, es spielte sich alles vor einem Hintergrund ab, und immer gerade die schönsten Erlebnisse waren merkwürdigerweise mit einer Hakenkreuzfahne verbunden. Nun weiß ich, was heute jedermann weiß, wofür die Fahne stand, aber es nützt mir nichts: Ob ich mich erinnere an meine Freundin, wie wir zum erstenmal später nach Hause kamen und dann Krach bekamen ... Ja, wir waren unterwegs, ich habe mich damals gut unterhalten, wir waren lustig bei Wandern und Sport, aber es war immer eine Hakenkreuzfahne dabei. Und die Hörerin wußte nicht recht, wie sie das machen sollte, ihre Erinnerungen an eine schreckliche Zeit schrecklich zu gestalten. Denn sie hatte auch eine Menge schöner Erinnerungen oder zumindest Erinnerungen, die nicht in das Konzept derer paßten, die von Anfang an Antifaschisten waren.

Und hier, glaube ich, haben wir nun, wir Alten, einen gewissen Fehler gemacht, daß wir meinten: Wenn wir die besten Bücher der besten Antifaschisten dieser Jugend in die Hand geben, daß wir ihnen damit Waffen gegeben haben gegen ihre eigenen Erinnerungen. Das geht nicht. Und deswegen, glaube ich, erfüllt das Buch – das ich im Detail noch gar nicht kenne, ich weiß auch nicht, wie es zu Ende gedacht ist – eine sehr notwendige Aufgabe, nämlich die eines besseren Verständnisses der Älteren mit den Jüngeren, die nicht schuld hatten am Hitlerfaschismus, die aber die Schuld, die im Hitlerkrieg aufgewühlt wurde, die vielen Untaten irgendwie mitzutragen hatten, weil natürlich all die Menschen, mit denen sie verkehrten, mehr oder minder Nazis waren, oder sie haben nicht genügend gegen die Nazis gemacht. Ich glaube, das Buch ist ein sehr ehrliches Buch, und ich vermute, es wird ein nützliches Buch.

Frage: Das war eigentlich ein sehr schönes Schlußwort. Ich möchte dennoch eine weitere Frage stellen. Und zwar möchte ich aus dem sicherlich vielen bekannten Artikel von Fritz Cremer zitieren: „Ich meine, als Kommunist hat man die Pflicht, offen über die schwierigsten Probleme zu diskutieren. Bei uns machen einige Künstler Zugeständnisse an die offizielle Politik. Andere versuchen, eigene Wege zu gehen, und kommen dadurch in Widerspruch zu den offiziellen Meinungen. Ich meine, das sind die ernsten Gründe." Dazu möchte ich Sie fragen: Kennen Sie auch diese Schwierigkeiten? Sind Sie selbst schon in Schwierigkeiten zur offiziellen Politik gekommen? Rechnen Sie bei Ihrem neuen Buch mit einer Kritik? Wie würden Sie der Kritik begegnen?

Christa Wolf: Sehr viele Fragen auf einmal. Das ist ein abendfüllendes Thema, was Sie hier vorlegen.

Zuruf: Wir haben Zeit!

Christa Wolf: Ja, Sie haben Zeit? Wissen Sie, wenn Sie mich das vor – sagen wir, vier, fünf Jahren gefragt hätten, dann hätte ich sicher heftig und temperamentvoll darauf reagiert. Inzwischen reagiere ich etwas besonnener, und zwar nicht, glaube ich, weil ich nun auch „eingefangen" bin durch das, was Sie da die „offizielle Politik" nennen oder was Fritz Cremer vielleicht meint – ich glaube, vor vier Jahren, oder wann hat er dieses Interview gegeben? Der Zeitpunkt ist wichtig. Es ist wichtig, ob es heute oder vor vier Jahren gesagt wurde. Denn inzwischen würde auch Fritz Cremer das so nicht mehr sagen, „offizielle Politik" und das, was man in der Kunst ausdrücken will, in einen absoluten Gegensatz stellen, weil gerade in den letzten vier Jahren, wie Sie vielleicht wissen oder nicht wissen, sich doch ein größerer Spielraum eröffnete – das ist in dem Zusammenhang vielleicht kein gutes Wort: mehr Möglichkeiten gegeben sind, Probleme aufzugreifen, Konflikte zu gestalten, die wir vorher nicht ausdrücken konnten oder nicht *so* ausdrücken konnten. Aber: Es hindert doch keiner einen, zu schreiben. Insofern kann man das Verhältnis zwischen Kunst und Politik nicht unhistorisch, statisch sehen – man muß es konkret historisch untersuchen.

Aber das schafft die Grundfrage nicht aus der Welt. Die Grundfrage ist nicht die, ob eine „offizielle Politik" dies oder jenes verbietet. Das ist vorgekommen und wird immer vorkommen, aber das ist eine, finde ich, oberflächliche und langweilige Fragestellung. Heute konnten Sie lesen im Zusammenhang mit der Inszenierung des „Tasso", daß Goethe den Tasso in den achtziger Jahren geschrieben hat und erst 1807 an seinem Weimarer Hof aufführen konnte. Er hat sich auch nicht siebzehn Jahre lang ergrimmt, ist böse umhergegangen und hat gesagt: Ich kann den „Tasso" nicht aufführen! Das ist keine Haltung. Eine produktive Haltung ist viel schwieriger zu erwerben und zu entwickeln. Man kann leicht sagen: Jetzt werde ich die aber strafen, jetzt mache ich nichts mehr. Viel schwieriger ist etwas anderes: produktiv bleiben und gerecht. Ob ich Kritik erwarte? Natürlich erwarte ich Kritik. Und zwar erwarte ich alle möglichen Sorten von Kritik, darunter hoffentlich auch produktive, die die echten Punkte findet, die kritisierbar sind. Aber auch, wenn die nicht ist, dann wird Kritik sein, und es wird alles mögliche gesagt werden, was ich Ihnen heute zum Teil schon sagen könnte, weil es sich nämlich immer wiederholt. Aber das alles ist nicht so wichtig. Wichtig ist, daß man sich selbst im Zusammenhang mit Leuten, zum Beispiel, wie sie heute abend hier sitzen, aber auch mit viel kleineren Kreisen, mit denen man oft zusammen ist, mit einzelnen Lesern, eine schöpferische Haltung erwirbt und bewahren kann. Das heißt auch, daß man nicht entmutigt ist oder jedenfalls nicht auf die Dauer entmutigt ist von meist vorübergehenden Dummheiten, die auftreten und die auch zeitweise sehr mächtig sein können, auch bösartig. Mir brauchen Sie es nicht zu erzählen, es ist so, ich weiß es.

Andererseits: Man selbst lebt nicht so furchtbar lange. Und wenn man vier oder fünf Jahre seines Lebens damit verbringt, sich über Hemmnisse zu ärgern, dann sind diese fünf Jahre weg, und das muß man irgendwann verstehen. Irgendwann muß man begreifen, daß man dazu da ist, ganz bestimmte Sachen zu sagen – deren Wert ich übrigens nicht überschätze, was mich betrifft; aber daß man die eben sagen muß, ganz egal, was gerade der oder jener Politiker oder die oder jene Zeitung davon denkt oder hält. Egal auch, was die Mehrheit der Leser darüber denkt. Und es sind wirklich nicht die schlechtesten und nicht die unberühmtesten unserer Kollegen, die in der Vergangenheit oftmals Jahre und Jahrzehnte haben warten müssen mit Sachen, die für sie sehr wichtig waren und die sie in der Zeit geschrieben haben, die dafür keine Verwendung hatte.

Also ich finde, das ist wirklich, nachdem wir keine kleinen Kinder mehr sind, unsere eigene Angelegenheit: eine gewisse Souveränität zu zeigen und den Raum, den wir hier bei uns ja haben und den ich vor allem als ein fruchtbares Spannungsverhältnis von Autor und Lesern sehe, ganz auszuschreiten. Und darüber können wir uns nicht beklagen, daß wir die Möglichkeit nicht hätten, in ein produktives Verhältnis zu denjenigen zu treten, die das, was wir machen, interessiert. Die natürlich nicht immer nur zustimmen, aber die das eben wissen wollen, die sich daran reiben wollen, die dazu etwas zu sagen haben oder die dann auch sagen wollen: Nein, das ist es nicht, was ich darüber denke. Das ist ja ihr gutes Recht. Und da hat man das Gefühl, daß etwas eingreift, daß da nicht zwei glatte Flächen aneinander vorbeirutschen, sondern daß irgendein Zahnrad eingreift, daß da etwas sich mitbewegt – indirekt, wie eben Literatur überhaupt nur wirken kann.

Und es ist meine Meinung, daß man sich zu dieser Öffentlichkeit achtungsvoll verhalten sollte. Ich spreche jetzt mal nicht von „offizieller Politik“, ich spreche von „Öffentlichkeit“. Und Öffentlichkeit ist bei uns ziemlich gut entwickelt – die sich allerdings nicht in der Zeitung so artikuliert, wie man es sich wünschen würde und wie sie wirklich vorhanden ist, aber an vielen anderen Stellen, darunter auch in Leserpost. Ich habe mich nie isoliert gefühlt, auch in Zeiten nicht, in denen mein Name nicht in der Zeitung erschien. Und deshalb auch nie das Bedürfnis, diesen Lesern untreu zu werden. Das ist die eine Seite. Die andere Seite ist – das will ich nicht herabmindern –, daß eine Zeit, in der sehr massiv dumme, kunstfremde und feindliche Meinungen herrschen und immer und überall vertreten werden, natürlich hemmend wirkt auf die Produktion – auch dann, wenn man versucht, sich dagegen zu wappnen. Da verbraucht man einfach zuviel Kraft, um sich dagegen zu wenden, anstatt die Kraft zu einem produktiven Weitergehen nutzen zu können. Da wird man auch leicht unkritisch gegen sich selbst; denn wenn man sich andauernd gegen dumme Vorwürfe wehren muß, dann kommen die Kritiken, die richtig, die berechtigt sind, die man verarbeiten müßte, schließlich auch nicht mehr an. Man wird unkritisch zu seinen Kollegen, denn wenn der immerzu kritisiert wird aus Gründen, die man nicht teilen kann, sagt man ihm auch nicht mehr die Kritik, die man an seiner Sache hätte, die man vielleicht sagen sollte. Und es geht ihm mit mir natürlich auch so.

Damit will ich nur sagen, daß eine solche Zeit, wie wir sie ja gekannt haben, kunsthemmend und entmutigend gewesen ist. Nur finde ich, man soll dazu kein larmoyantes Verhältnis haben und sich vorstellen, daß der Kampf um den Realismus in der Kunst irgendwann aufhören oder leicht sein wird.

Frage: Wann soll Ihr Buch erscheinen?

Christa Wolf: Das hängt nur von mir ab, wann ich es abliefere. Aber es ist vorgesehen, daß es Ende 1976 dasein könnte. Es dauert ziemlich lange, der Druck. Wenn es zum Beispiel im Januar oder Februar im Verlag ist, kann er es erst, glaube ich, im November bringen.

Frage: Sie sagten, daß Sie auch einen Beitrag zur Vergangenheitsbewältigung unserer Geschichte leisten wollen. Warum nehmen Sie dann die Beispiele aus der aktuellen Zeitgeschichte aus dem Bereich der Länder Chile, USA und Vietnam; warum nicht auch sozialistische Länder?

Christa Wolf: Ich sagte schon, daß in anderen Kapiteln auch Beispiele dafür kommen. Das ist nicht so einseitig. Allerdings kam in der Zeit, in der ich das Buch schrieb, die Haupterschütterung in bezug auf faschistische und faschistoide Entwicklungen, für die ich besonders offen war, die mich besonders betrafen, aus diesen Ländern. Das habe ich aufgenommen. Und was mich auch sehr beschäftigt hat und noch beschäftigt: ein Besuch in den USA und was ich dort glaubte, sehen zu müssen; das sind Dinge, die auch mit der eigenen Biographie gerade in dieser Zeit zusammenhängen. Aber ich verstehe, was Sie meinen, und Sie haben vollkommen recht damit, daß das, was in unseren Ländern uns beschäftigt und worüber wir innerlich in Spannung sind und womit wir uns auseinandersetzen – daß das natürlich gestaltet werden muß. Es ist nur eben die Frage, wann, wie und wo. Von mir, glaube ich, kann ich sagen, daß ich dem nicht ausweichen will.

Frage: Enthält Ihr Roman auch Auseinandersetzungen mit unserer Politik? Eventuell in anderen Passagen, die jetzt nicht vorkamen?

Christa Wolf: Ja, das sagte ich schon. Das hätte keinen Sinn, wenn ich das jetzt herausreißen und erzählen würde. Es gibt einige Passagen, denn es ist natürlich klar, daß Erinnerung sich nicht kanalisieren läßt auf einen Strang. Hier ist bewußt ein Schwerpunkt gesetzt, aber ich denke, daß man in späteren Büchern die danachfolgende Zeit behandeln müßte. Ich meine nicht unbedingt in solchen Büchern, wie dies eins wird; aber daß vieles aus der Zeit nach fünfundvierzig noch genauso „unbewältigt“ ist und daß wir darüber noch zu schreiben haben, ist mir sehr bewußt. Aber man muß sich auch persönlich bestimmte Grundlagen schaffen, von denen aus man weitergehen kann.

1975

Kiefern und Sand von Brandenburg

Gespräch mit Adam Krzemiński

Adam Krzemiński: Jahrhundertlang war die deutsche Literatur eine männliche Literatur, die durch Männer für Männer geschaffen wurde. Wenn in ihr Frauengestalten erschienen – bei Lessing, Goethe, Schlegel oder Theodor Fontane –, so waren sie nur Widerspiegelung der Konflikte in der Männergesellschaft.
Christa Wolf: Das stimmt. Man sollte aber unsere Annette von Droste-Hülshoff aus der ersten Hälfte des vorigen Jahrhunderts oder die Rolle des Salons der Rahel Varnhagen in der nachnapoleonischen Zeit nicht vergessen.
Adam Krzemiński: Jedenfalls würde ich sagen, Gipfel dieser „männlichen Linie" sind die Aphorismen Nietzsches und seine Misogynie. Im zwanzigsten Jahrhundert, vor allem nach dem zweiten Weltkrieg, kommt oft in der deutschsprachigen Literatur das, was wesentlich ist, aus der Feder von Frauen. In Österreich von Ingeborg Bachmann, in der Bundesrepublik von Angelika Mechtel, Gabriele Wohmann und letztens Karin Struck, in der DDR – Brigitte Reimann, Sarah Kirsch, Irmtraud Morgner und vor allem von Ihnen.
Christa Wolf: Vor allem von Anna Seghers!
Adam Krzemiński: Auf Anna Seghers kommen wir noch zurück. Zuerst möchte ich aber fragen, ob alle diese Frauen irgendeine neue Qualität gemeinsam in die Literatur einbringen?
Christa Wolf: Ihre These, daß die deutsche Literatur eine „männliche" Literatur war, hat mich überrascht. Aber ich

bin bereit, ihr zuzustimmen. Wie auch dem, daß alle diese Autorinnen, unter verschiedenen Bedingungen arbeitend, eins verbindet – die von ihnen bewußt in die Literatur eingeführte Emotionalität, ihre Reibung an der noch immer männlichen Gesellschaft.

Adam Krzemiński: Trotz aller Emanzipation?

Christa Wolf: Das ist so ein verbrauchtes Wort. Es ist zum Beispiel charakteristisch, daß sich Ingeborg Bachmann stark gegen eine falsche Emanzipationsform wehrt. In einem ihrer letzten Interviews hat sie gesagt, alle Männer seien krank, sie wüßten es nur noch nicht.

Adam Krzemiński: Sind Sie auch dieser Meinung?

Christa Wolf: Eigentlich nicht, ich würde es etwas anders ausdrücken. Bis heute herrschen gesellschaftliche Bedingungen, die die Männer besonders deformieren. Sie waren in der Vergangenheit, und sie sind es noch heute, unter dem Druck von Leistung und Karriere, und ihnen fällt es besonders schwer, sich vom frustrierenden Zwang zur Anhäufung von Dingen und Positionen zu befreien. Die Frauen dagegen, die hinsichtlich ihrer gesellschaftlichen Rolle unterdrückt waren und außerhalb dieser Mechanismen standen, haben bis heute eine größere Empfindsamkeit behalten und – schämen wir uns dessen nicht – größere Spontaneität und eine andere, menschlichere Wertskala.

Adam Krzemiński: Werte, die durch ein wachsendes Selbstbewußtsein verstärkt werden.

Christa Wolf: Durch die Überzeugung, daß diese moralischen Werte unser Leben retten können, unser – d. h. auch das Leben der Männer.

Adam Krzemiński: Und wie verhalten sich diese moralischen Werte zu den gesellschaftlich-politischen Werten?

Christa Wolf: Das merkt man wunderbar in Diskussionen mit den Lesern, auch mit jungen Männern. Sie erkennen, daß man ihnen neue Formen des Zusammenlebens anbietet, ganz andere Qualitäten als den Kampf um Dominanz, um das Überholen des Partners. Wir berufen

uns auf ein Zusammenleben, welches nicht ohne Zärtlichkeit, Empfindsamkeit, Brüderlichkeit, oder – wenn es Ihnen lieber ist – „Schwesterlichkeit“ existiert. Diese moralischen Werte sind außergewöhnlich aktuell für die gegenwärtige Gesellschaft.
Adam Krzemiński: Das sind Werte des inneren Lebens, des inneren Empfindens.
Christa Wolf: Nicht nur.
Adam Krzemiński: Auch des Vertrauens zu sich selbst.
Christa Wolf: Der Selbstverwirklichung vor allem. Sehen Sie sich nur die von Frauen geschriebenen Gedichte an. Es gibt in ihnen viel Traurigkeit, die durch ein Unausgefülltsein hervorgerufen wird, aber auch große Erwartungen. Es scheint mir, daß die Männer viel schneller gegenüber ihren Erwartungen resignieren, daß sie sich schneller anpassen, „verstehen“, was man darf und was man nicht darf. Frauen – vielleicht aus historischen Gründen, vielleicht auch aus anderen – geben ihre Träume nicht so schnell auf ... Vielleicht sind sie noch zu kurz in der Mühle der Produktion und der Hierarchie, um so abgestumpft zu sein wie viele Männer.
Adam Krzemiński: Dies ist sehr wichtig auch für die Konflikte, die in der DDR-Literatur zum Vorschein kommen. Ein sehr populäres Thema vieler Romane ist das Verlassen des Mannes durch die Frau, die durch seinen Konformismus und Opportunismus enttäuscht ist ...
Christa Wolf: Es ist auch im Leben so, daß sich vor allem junge Frauen in der Ehe sehr schnell schlecht fühlen – der hohe Prozentsatz von Scheidungen bezeugt doch etwas.
Adam Krzemiński: Haben die Männer ihre Identität verloren, wurden schwächer und in ihrer Rolle weniger überzeugend aus historischen, zivilisatorischen und psychologischen Gründen?
Christa Wolf: Männer haben Selbstbewußtsein verloren, ihre Überzeugung von der Unantastbarkeit ihrer Welt und von ihrer gesellschaftlichen Rolle. Es besteht heute

ein Konflikt mit bestimmten traditionellen Werten: Sei stark, paß dich an, mach Karriere. Diese Werte werden noch von der Gesellschaft hoch angesehen, weniger von den Frauen. Ich glaube, daß dies zusätzlich die Streßsituation der Männer vergrößert. Das ist nicht beneidenswert. Deshalb bin ich weit entfernt von einer Verurteilung der Männer. Im Gegenteil. Ich glaube, die Frauen müssen mit der Zeit lernen, zu verstehen, daß sie den Männern helfen sollten, anstatt vor ihnen zu fliehen. Helfen, nicht bei der Karriere, sondern beim Wiederfinden einer neuen Partnerschaft – menschlicher Freundschaft.

Adam Krzemiński: Das ist eine sehr interessante Erscheinung, ein bißchen anders als das, was wir in Polen kennen. Unsere Literatur wurde stärker als die deutsche von Frauen gestaltet. In unserer Gesellschaft besaß die Frau vielleicht auch eine viel höhere Position. Das hing einerseits mit dem katholischen Marienkult und andererseits mit der gesellschaftlichen und politischen Situation Polens im 19. Jahrhundert zusammen. Der Mann war damals erstens nicht imstande, sein Land, seine Frau vor den Eroberern zu schützen; also er war in seiner männlichen Rolle nicht überzeugend. Zweitens waren die Frauen nicht nur ein Hort für die Familien, die durch die Aufstände und die Deportationen ruiniert wurden, sondern sie waren auch ein Hort der Kultur. Am Ende des 19. Jahrhunderts lag die polnische Literatur sehr stark in den Händen von Frauen: Orzeszkowa, Nałkowska, Dąbrowska. Nicht viele Männer konnten sich mit ihnen an Scharfsinn und Charakter messen . . .

Christa Wolf: Bei uns kam die Entwertung der männlichen Rollen erst nach dem zweiten Weltkrieg. Deshalb überwiegt für einige Zeit bei einer Reihe von deutschsprachigen Schriftstellerinnen, wie auch bei Irmtraud Morgner, die Abneigung gegen die Männer und der Wille, das Eigene durchzusetzen.

Adam Krzemiński: Um zu zeigen, daß sie bessere Männer sind.

Christa Wolf: Ja, zuerst: daß wir Traktoristinnen, Matrosen usw. sein können. Erst jetzt wird uns bewußt, daß die gesellschaftlichen und ökonomischen Grundlagen der Emanzipation – obwohl außerordentlich wichtig – doch nicht alles sind: daß wir nicht den Spuren der Männer folgen sollten, weil dies zur Vernichtung „weiblicher" Eigenschaften geführt hat.
Adam Krzemiński: Zum Beispiel der Mutterschaft. Es ist überraschend für mich, wie das Problem der Erziehung der eigenen Kinder in Film und Literatur der DDR an den Rand gestellt wird. Wir haben in unserem Fernsehen die Filmserie „Die sieben Affären der Donna Juanita" gesehen – sieben Liebesabenteuer einer alleinstehenden Frau, für die ihr eigenes Kind eigentlich mehr Ballast als Quelle irgendwelcher tieferen Erlebnisse war.
Christa Wolf: Ich habe das auch beobachtet. Obwohl der Film gute Beobachtungen brachte, ging er an den Hauptproblemen der Frau vorbei; wer weiß, vielleicht deshalb, weil ihn Männer ausgedacht haben. Unzählige Gespräche mit Frauen haben mich in der Überzeugung bestärkt, daß viele berufstätige Frauen sich ihren Kindern gegenüber schuldig fühlen. Das alles ist überhaupt noch nicht gelöst.
Adam Krzemiński: Aber zurück zur Literatur. Bewußt habe ich am Anfang Anna Seghers übergangen, weil auf mich diese bekannte Autorin den Eindruck des „letzten Mannes" unter den Frauen macht. Der Charakter ihrer Romane ist durchaus „männlich" – kategorische Feststellungen, endgültige Wahrheiten, die sich schon in den Titeln offenbaren: „Die Entscheidung", „Das Vertrauen"; der Ton dieser Romane hebt sich deutlich vom Ton Ihrer Romane ab – Überlegungen, Nachdenken, Vermutungen . . .
Christa Wolf: Das stimmt.
Adam Krzemiński: Heute kann es scheinen, als ob sich die Unterschiede zwischen Anna Seghers und Willi Bredel oder Hans Marchwitza verwischen.

Christa Wolf: Aber sie sind doch sehr deutlich. Es gibt allerdings die Gemeinsamkeit der Generation. Anna Seghers stammt aus einer bürgerlichen Familie und bekannte sich sehr früh zur Arbeiterbewegung und zur Kommunistischen Partei. Ich glaube, daß diese Entscheidung ihre Konsequenzen hatte. Außer in wenigen kurzen autobiographischen Werken hält Anna Seghers sich selbst aus ihrer Literatur völlig heraus. Sie ist objektiv bis zur Zurückhaltung. Ihr Asketismus ist bewußt; sie schrieb, was ihr in den damaligen Zeiten als notwendig erschien.

Adam Krzemiński: Dennoch steht Anna Seghers Ihnen besonders nahe. Ist es die gegenseitige Anziehung verschiedener Pole?

Christa Wolf: Nicht gegenseitige. Ich hänge sehr an manchen ihrer Bücher wie „Transit" oder „Der Ausflug der toten Mädchen". Als ich sie kennenlernte, war ich eine junge Journalistin, eingenommen für die große Schriftstellerin. Später haben sich unsere Kontakte vertieft. Anna Seghers hat sich sehr für die Erfahrungen meiner Generation interessiert. Wir haben uns einfach über uns erzählt. Ich verdanke ihr viel.

Adam Krzemiński: Und was denkt Anna Seghers über Ihre literarische Haltung?

Christa Wolf: Sie ist loyal, aber nicht unkritisch. „Nachdenken über Christa T." hat ihr zwar vielleicht gefallen, und sie hat das Buch immer verteidigt – womöglich als Bild vom Leben einer anderen Generation –, aber ich glaube, daß sie meine Haltung skeptisch betrachtet. Sie mag keine Entblößung, sie hat klassische Zurückhaltung lieber. Sie hätte auch so etwas Ähnliches nie gemacht; ich denke hier an die rücksichtslose Befragung von Phänomenen, die für sie nicht zur Diskussion stehen. Übrigens verstehe und respektiere ich diese Einstellung. Aus der Perspektive der Entwicklung von Anna Seghers ist sie klar und notwendig.

Adam Krzemiński: Und wie beurteilen Sie die Einstellung von Anna Seghers in den dreißiger Jahren, all die theoretischen Kämpfe, die sie ähnlich wie Brecht und Bloch mit Lukács geführt hat?

Christa Wolf: Als ich Anfang der fünfziger Jahre Germanistik studiert habe, war für uns Lukács ein Heiligtum, und auf diese Weise interpretierten wir den Streit zwischen Anna Seghers und Lukács: mit Respekt vor der Schriftstellerin, aber mit Ehrerbietung für Lukács, der die Zukunft des sozialistischen Romans in der Wiederholung des großen bürgerlichen Romans, der deutschen Klassik, in der Totalität der Widerspiegelung der Wirklichkeit sah. Erst später entstand meine Sympathie für Anna Seghers, weil sie undogmatisch die Generation jener Schriftsteller verteidigte, denen sich die widerspruchsvolle Wirklichkeit nicht zum olympischen Bild zusammensetzte; Schriftsteller wie Lenz oder Kleist ...

Adam Krzemiński: Schon in den dreißiger Jahren rehabilitierte sie die „Gescheiterten", Wahnsinn, Krankheit, Fieber. Dies beeinflußte aber nur in einem geringen Maß ihr eigenes Schaffen.

Christa Wolf: In nicht so geringem. Denken Sie nur an den „Aufstand der Fischer von St. Barbara" oder an ihre Erzählungen. Aber im Prinzip haben Sie recht. Sie wollte sich der Gefährdung nicht hingeben, aber sie verstand, was es bedeutet, wenn die Konflikte der Epoche durch einen Schriftsteller hindurchgehen – Hölderlin, Dostojewski. Zu Goethe verhält sie sich bis heute respektvoll, aber auch mit Distanz. Für Lukács und viele seiner Schüler war dies unverständlich. Erst jetzt bekommen wir ein differenzierteres Verhältnis zu Goethe ...

Adam Krzemiński: Linksradikale Dogmatiker haben Ihnen einmal während eines Treffens in Westberlin vorgeworfen, daß Sie sich dem bürgerlichen Individualismus unterwerfen. Mich interessiert Ihre damalige Antwort, weil auch bei uns manchmal so etwas junge Kritiker jungen Dichtern vorwerfen.

Christa Wolf: Nun ja – die Literatur durchlief auch in der

Bundesrepublik verschiedene Etappen. Damals, als ich in Westberlin war, entdeckten die jungen Intellektuellen, die sich als linksradikal verstanden, erst gesellschaftliche Themen für die Literatur, was tatsächlich wichtig und notwendig war. Nur, wir haben diese Phase schon in den fünfziger Jahren erlebt, für uns ist gesellschaftliches Engagement etwas Selbstverständliches. Jetzt geht es um seine literarische Form, um seine Vertiefung. Ich habe damals auf die Vorwürfe geantwortet, daß wir momentan die Probleme der inneren Entwicklung des Menschen und der menschlichen Psyche diskutieren müssen – meiner Meinung nach ist dies die Hauptaufgabe der Literatur und sogar eine politische, die überhaupt nicht zur „Verinnerlichung" führen muß. Die jungen Leute wollten dies nicht einsehen, weil sie nicht über unsere eigene Argumentation der fünfziger Jahre hinausgingen. Es war wie ein Karussell. Wir sind mit großer Mühe zu Fragestellungen, die das Individuum nicht mehr ignorieren, gekommen und haben uns von Dogmatismus befreit, und plötzlich treffen uns aus einer unerwarteten Richtung genauso dogmatische und vereinfachte Vorwürfe, gespeist durch Argumente, deren wir uns selbst vor Jahren bedienten. Zu meinem Bedauern konnte ich mich mit dieser Jugend nicht identifizieren, ich erinnerte mich an unsere alten Diskussionen: daß eine dem Individuum gewidmete Literatur schädlich sei, daß das Vorweisen von Trauer entwaffne und zu einer passiven Haltung führe. Inzwischen stellte sich heraus, daß dies nicht stimmt; daß das Wiederfinden des Weges zu sich selbst, die Autorreflexion und das Nachdenken für die Verständigung in einer Gesellschaft notwendig sind.

Adam Krzemiński: Die Umwelt spielt in Ihren Romanen eine große Rolle. Sie sind an eine bestimmte Landschaft gebunden. Man spürt in ihnen Sand und Kiefern von Brandenburg ...

Christa Wolf: ... Sie denken an „Nachdenken über Christa T.", das nach einem konkreten Vorfall geschrieben wurde. Dies spielt übrigens auch in der Landschaft von Mecklenburg.

Adam Krzemiński: Aber auch „Unter den Linden".

Christa Wolf: Es stimmt, daß meine Bücher in einer bestimmten Landschaft der Mark Brandenburg und von Berlin spielen. Sand und Kiefernwälder verbinden sich hier wohl mit Kindheitserinnerungen. Ich bin in Landsberg an der Warthe, d. h. im heutigen Gorzów geboren. Dann wohnte ich zwar in Sachsen, Thüringen und Mecklenburg, aber zu Hause fühle ich mich eben unter Sand und Kiefernwald.

Adam Krzemiński: Und in einer bestimmten literarischen Tradition. Es ist sicher kein Zufall, daß Sie an Fontane, Storm und E. T. A. Hoffmann anknüpfen. – Sie haben sogar eine neue Fassung von „Lebensansichten des Katers Murr" geschrieben. Diese Autoren bestimmten ein gewisses geistiges Gebiet, aber schon nicht ein politisches ...

Christa Wolf: ... Sie meinen ...

Adam Krzemiński: Preußen meine ich, Preußen als eine bestimmte intellektuelle Tradition und nicht als Paradeschritt und Uniform. Ist von Preußen vielleicht etwas schwer Faßbares, aber Lebendiges, irgendwelche Tradition, Mentalität, Stimmung geblieben?

Christa Wolf: Sicher, es ist etwas geblieben, sonst würde sich unser Volk nicht von dem polnischen unterscheiden. Man sagt, daß preußische Eigenschaften Leistungsfähigkeit, Gehorsam, Nüchternheit seien. Aber nicht nur die. Im alten, preußischen Berlin entdecken Sie heute leicht romantische Sehnsüchte, weil auch die Romantik eine zwar unterdrückte, aber doch in Preußen verbreitete Strömung war, die „nichtpreußische" Eigenschaften pflegte: Schönheitsgefühl und sogar, was lächerlich erscheinen mag, Charme.

Adam Krzemiński: Die romantische Sehnsucht, welche Formen nimmt sie an?

Christa Wolf: Die einer bestimmten Verhaltensweise, vielleicht sogar auch in Warszawa abgeguckt ... Jedenfalls: berlinische Nüchternheit, verbunden mit der Sehnsucht, das Leben reicher zu machen; das Gefühl von Überfluß und zugleich von Unersättlichkeit. Das wird vor allem in der Neugier auf Kultur, Kunst, Literatur offenbar; in den bohrenden Fragen nach dem Wert des eigenen Lebens. Ein konkretes Beispiel: In einem vor kurzem inmitten des brandenburgischen Sandes entstandenem Städtchen, voller Neubaublocks, mit einem Kaufhaus im Zentrum, bildete sich spontan ein Kreis von Leuten, die intellektuell aktiv waren und die das kulturelle Leben völlig beherrschten. Sie begannen, anfangs privat, Schriftsteller und interessante Leute einzuladen. Außerhalb der gewöhnlichen Art und Weise von Kulturverbreitung organisierten sie Vorträge und Ausstellungen von Künstlern, die oft noch keine Preise haben, nicht im Fernsehen aufgetreten sind. Heute trägt dieser Kreis auch offiziell das Kulturleben dieser Stadt, hat Verträge mit zwei Theatern, hat eine Patenschaft für eine Schule. Dabei haben sie ihren Stil nicht aufgegeben. Sie boten ihrer Umwelt eine neue, frische und direkte Weise des Zusammenlebens an. Diese Gruppe besteht aus ganz unterschiedlichen Menschen: Arbeitern, Lehrern, Technikern, Ärzten. Wie Münchhausen haben sie sich an ihrem eigenen Zopf aus dem Sumpf des Alltäglichen herausgezogen.

Ein zweites Problem ist die langsame Entdeckung eines neuen Nationalgefühls – übrigens nicht immer von der besten Qualität; da müssen wir Versäumnisse nachholen, Unterdrücktes wieder zulassen, wir müssen das erschütterte Verhältnis zur nationalen Tradition überwinden.

Adam Krzemiński: Das übrigens findet schon statt, in den Gesprächen fühlt man heute genau das Interesse der jungen Deutschen aus der DDR für ihre Herkunft, Landschaft, Vergangenheit. Das Interesse für sich selbst, worüber wir sprachen, erweckt auch Interesse für die Umgebung. Hier sucht man Identität auch durch die Geschichte ...

Christa Wolf: Was nicht leicht ist wegen der doppelten Beziehung zur Geschichte von Preußen und Deutschland; einerseits die Negierung des militaristischen Preußentums, mit dem wir nichts zu tun haben wollen, andererseits gibt es viele historische Fäden, die man nicht verleugnen kann. Man kann dies deutlich wie auf einer Handfläche sehen in einer Stadt wie Potsdam – eigentlich hat man sie bis vor kurzem nicht vollständig wiederaufgebaut, man plante auch, historische Bauten zu sprengen. Heute werden sie durch polnische Spezialisten restauriert, die in einer Stadt wie Gdańsk gezeigt haben, wie man es macht. Das erschütterte Verhältnis zur Geschichte können Sie auch merken, wenn Sie Sanssouci besichtigen, die Sommer-Residenz von Friedrich II. Seinen Namen spricht der Fremdenführer nur halblaut aus, aber er wird Ihnen viel über Voltaire erzählen. Ein harmonischeres Verhältnis zur Vergangenheit gibt es dagegen im alten Sachsen – in Dresden oder in Leipzig.
Adam Krzemiński: Das Interesse für Geschichte sieht man auch in Ihrem Schaffen, ich meine Ihre Filmnovelle „Till Eulenspiegel“, die Sie zusammen mit Ihrem Mann geschrieben haben.
Christa Wolf: Und die verfilmt ist. Wir wollten eigentlich einen jungen Menschen zeigen, der in einem völlig naiven Zustand ins Leben geworfen ist, der plötzlich in die Mitte eines großen historischen Prozesses gestellt wurde.
Adam Krzemiński: Bei uns sagt man: in den Zug.
Christa Wolf: Ein Mensch, der nicht imstande ist, die Forderungen der Zeit zu erfüllen, dem die intellektuellen und materiellen Mittel fehlen, aber mit der Zeit wird er doch nüchtern, verliert Illusionen. Er wird jedoch kein Lump oder Zyniker, er bricht nicht zusammen, sondern er beginnt allmählich, Einsicht zu gewinnen. In einer Welt der kalten Dogmatiker und der feurigen religiösen Fanatiker beginnt er sich frei zu bewegen. Er weiß alles, er versteht alles.

Adam Krzemiński: Aber seinen gesunden Verstand muß er noch für sich behalten. „Till Eulenspiegel“ ist eine Reise in der Zeit, eine Reise zurück. Und in die Zukunft wandern Sie in Ihren beiden futurologischen Erzählungen „Selbstversuch“ und „Neue Lebensansichten eines Katers“. Wie verhalten sich diese Wanderungen in der Zeit zur Gegenwart?
Christa Wolf: „Till Eulenspiegel“ ist in unserer Fassung der Prototyp eines Intellektuellen, der in seiner Epoche nur die Rolle eines Hofnarren spielen konnte, der durch alle kämpfenden Parteien eingeschränkt wurde. Es ist keine direkte Anspielung, aber ein bestimmter Gedankenzusammenhang mit der Gegenwart. In den beiden futurologischen Erzählungen hingegen interessierte mich die Verantwortung der Wissenschaft für den Menschen. Den Philister in der Gestalt des Katers Murr in die Zukunft zu übertragen ermöglichte es mir, aktuelle Probleme zu verschärfen. Diese Wanderungen in der Zeit erlauben es, den heutigen Tag besser zu verstehen. Denn ich bin davon überzeugt, daß meine Hauptarbeit der Gegenwart gewidmet sein wird, dem Thema, wie sich das Individuum in extremen historischen Situationen bewährt.
Adam Krzemiński: Sie nähern sich dem in Ihrem neuesten Buch, das uns erst in Fragmenten bekannt ist, in „Kindheitsmuster“.
Christa Wolf: Es ist dies eine Reflektion über die Gegenwart durch die Geschichte. Selbstverständlich haben wir eine reiche Literatur, die sich mit dem Thema des deutschen Faschismus beschäftigt, darunter auch Bücher von Autoren meiner Generation. Ich dagegen wollte darüber nachdenken, wollte beschreiben, was in solchen Zeiten in einem Kind vor sich geht, was sich in sein Gedächtnis tief einprägt und was es unterdrückt und warum. Das Buch ist der Vergangenheit gewidmet, aber es spielt auch im heutigen Gorzów, ich beschreibe eine Reise in diese Stadt. Vor zehn Jahren hätte ich das noch nicht schreiben können.

Adam Krzemiński: So wie Christa T. nicht imstande war, ihre Erzählung, ihre Reiseerinnerung im Jahre 1940 in das eroberte Polen, in die Stadt, wo ihr Vater ein Okkupationsangestellter wurde, zu Ende zu schreiben. Schreiben Sie gewissermaßen für Christa T. weiter?
Christa Wolf: Ich nehme vielmehr ihren Faden auf. Ich habe oft geschrieben, daß über diese Erfahrung der Generation nochmals nachgedacht werden muß. Viele Jahre lang hat sie mich beschäftigt, und immer wieder habe ich darin etwas Neues entdeckt. Ich sage Ihnen übrigens, daß ich in den „Kindheitsmustern" öfter Kazimierz Brandys zitiere, weil er manches genauso gesagt hat, wie ich es sagen würde, sagen wollte. Zum Beispiel schreibt Brandys, daß es Faschismus überall gegeben habe, aber die Deutschen seien seine Klassiker gewesen. Und das Nachdenken darüber ist der eigentliche Sinn meines Buches. So ein Hitler könnte vielleicht auch in anderen Ländern vorkommen; Eichmann und Himmler sind typisch deutsche Ausprägungen des faschistischen Bürokraten. Und wenn ich nach den Quellen dieser irrsinnigen Perversität frage, so frage ich auch nach unseren heutigen Empfindungen. In diesem Sinne meine ich, ein Gegenwartsbuch geschrieben zu haben.

1976

Arbeitsbedingungen

Interview mit Richard A. Zipser

Richard A. Zipser: Worin liegt nach Ihrer Meinung die Funktion der Literatur und Kunst im sozialistischen Staat?

Christa Wolf: Solange es Arbeitsteilung gibt, sind Schriftsteller Spezialisten zur Herstellung eines Selbst-Bewußtseins, eines Selbst-Gefühls ihrer Zeit, ihrer Gesellschaft, ob sie sich so sehen mögen oder nicht, ob sie so verstanden werden oder nicht. Die deutsche Literaturgeschichte ist voller Beispiele dafür, daß die Zeitgenossen die Angebote ihrer wichtigsten Schriftsteller zurückwiesen: Jacob Michael Reinhold Lenz, Friedrich Hölderlin, Heinrich von Kleist, Georg Büchner: Ihre Schicksale – Untergang in Armut, Wahnsinn, Selbstmord – deuten auf die von Marx so genannte „deutsche Misere" hin, auf eine historische Entwicklung, die seit der Niederschlagung der Bauernkriege im 16. Jahrhundert keine revolutionäre Bewegung zur Entfaltung kommen ließ und schließlich eine Bourgeoisie hervorbrachte, die nicht imstande war, einen Nationalstaat zu schaffen. Diese Geschichte erzeugte besonders scharfe Formen der Entfremdung von Schriftstellern und ihrem potentiellen Publikum.

Sozialistische Literatur auf deutschem Boden hat, glaube ich, zur Auflösung dieser Entfremdung beizutragen, ohne daß sie sich der deutschen Geschichte und ihren Folgen entziehen kann. 1945, als der deutsche Faschismus durch alliierte Truppen – nicht durch den Widerstand der Deutschen selbst – besiegt war, begann auf dem Boden der heutigen DDR eine radikal andere Etappe, aber eine Stunde Null hat es nicht gegeben. Auch wir Autoren in der DDR stehen in einem historisch und sozial bedingten Spannungsfeld, sind gebunden an die Bedingungen von Geschichte, Ort und Zeit. Auch hier hat Literatur zu leisten, was sie seit mehr als zweitausend Jahren im „Abendland“ tut: Sie drückt die Spannungen zwischen den Ansprüchen, Bedürfnissen, Hoffnungen, Sehnsüchten des einzelnen und seiner Gesellschaft aus. Vollkommen zufriedene Menschen bedürfen nicht der Kunst. Es ist wahr – sozialistische Autoren gehen von Zielvorstellungen aus, die übrigens in gewissen Zeiten gern mit der Wirklichkeit verwechselt wurden. In den sozialistischen Ländern haben sich Eigentumsverhältnisse grundlegend geändert, damit auch menschliche Beziehungen, Wertvorstellungen; aber auch wir stehen einer ökonomisch orientierten, hart und in alter Produktionsweise produzierenden, hierarchisch gegliederten Gesellschaft gegenüber; ich halte es für unsere Aufgabe, die Wirklichkeit dieser Gesellschaft an ihren Zielen zu messen und die Sehnsucht wachzuhalten nach jener realistischen Utopie von einem Zusammenleben, das man „menschlich“ – das heißt produktiv – nennen könnte.

Richard A. Zipser: Mit welchen gegenwärtigen sozialen Problemen beschäftigen Sie sich als Schriftsteller am meisten?

Christa Wolf: Mich beschäftigen die Beziehungen der neuen sozialen Schichten zueinander, die unter unseren Bedingungen entstanden sind. Ich frage mich nach den Ursachen für bestimmte Deformierungen, die ich besonders im Verhalten von Intellektuellen, auch von in Wirtschaft und Politik leitenden Angehörigen meiner Generation beobachte: In ihrem Verhältnis zu ihren Frauen – oder Männern –, zu ihren Kindern, Mitarbeitern, Schülern, Lehrlingen, Freunden, Kollegen. Ich frage mich nach den Voraussetzungen für ein überangepaßtes Verhalten, für Konformismus, Mißtrauen, Erfolgszwang und eine Unfähigkeit, zu lieben und zu trauern; ich beobachte diese Erscheinungen nicht wie ein Soziologe, ungerührt und unangefochten; ich muß mich schreibend selbst in Frage stellen. Mein Ansatz ist subjektiv, aber gesellschaftsbezogen; daher kann ich die Frage, mit welchen „sozialen Erscheinungen" ich mich beschäftige, genau genommen nicht beantworten.

Richard A. Zipser: Berücksichtigt Ihr Werk das Thema Frau in der Gesellschaft?

Christa Wolf: „Die Frau in der Gesellschaft" ist für mich kein „Thema" unter anderen; ich schreibe fast immer über Frauen, doch nicht in jenem begrenzten Sinn von „Emanzipationsliteratur". Nicht die sogenannte Gleichberechtigung der Frau interessiert mich – daß sie dem Mann ökonomisch und rechtlich gleichgestellt ist, ist ihr durch unsere Gesetze garantiert –, sondern ihre Selbstverwirklichung in einer ganz bestimmten historischen Situation: da nämlich ihr Selbstbewußtsein, ihr Lebensanspruch die Möglichkeiten, welche die Gesellschaft ihr anbieten kann, übersteigt. Frauen, die weniger durch den generationenlangen Leistungs- und Konkurrenzdruck in der Industriegesellschaft deformiert wurden als viele Männer, drängen stärker auf neue Lebensformen (nicht nur auf höhere Produktionsziffern), auf Freundlichkeit, auf ein ganzes, erfülltes Leben. Daraus entsteht eine Fülle von Konfliktstoff, der vor allem durch die Literatur bearbeitet wird, weil andere Medien ihn zu selten, zu oberflächlich behandeln, zu schnell von Wandlungen sprechen, wenn nur erst Voraussetzungen zu Wandlungen geschaffen sind, aber die Sitten und Gebräuche noch unangetastet blieben. Mich faszinieren die Frauen, die ihren historischen Augenblick erkennen und wahrnehmen, so schwer es für sie sein mag. Ein neues Zeit- und Lebensgefühl formulieren sie eher als die meisten Männer: Nicht, was sie haben, interessiert sie, sondern wer sie sind; sie können tun, was die Männer tun; nun fragen sie sich, ob sie es überhaupt wollen; sie befragen die Zwänge der Leistungsgesellschaft, sie, gereift

in Auseinandersetzungen mit realen und belangvollen Erfahrungen, signalisieren einen radikalen Anspruch: von allen ihren Sinnen und Fähigkeiten Gebrauch machen zu können. Und der nüchterne Blick, den sie sich durch Mit-Verantwortung erworben haben, ist nicht so schnell durch politisches Wahndenken zu vernebeln wie der realitätsfernere Blick so vieler Männer in dieser Männerwelt: Nicht so leicht, *noch* nicht so leicht, verfallen sie jener „Ratio", die sich selbst betrügt. Als wären die Lebensprobleme der Menschheit in diesem Jahrhundert technische Fragen, als könnte die weltweite Vertauschung von Zweck und Mittel, jener Zauber, der das Gute zu wollen vorgibt und das Böse schafft, plötzlich doch noch aus einer waffenstarrenden Welt eine friedenswillige machen: Ich habe erfahren, daß Frauen in diesen „großen Fragen", über die Männer entscheiden, vernünftiger sind als diese: Deshalb, weil sie menschlichere Menschen sein können, schreibe ich über sie.
Richard A. Zipser: Welchen Einfluß haben die Erfahrungen Ihrer Jugend auf Ihr Werk gehabt?
Christa Wolf: Als ich sechzehn Jahre alt war, wurde der Faschismus auf deutschem Boden besiegt; dies war eine der grundlegenden Erschütterungen in meinem Leben und führte zu einer andauernden Auseinandersetzung mit meiner Kindheit, die aber erst spät, in den siebziger Jahren, das Hauptthema eines meiner Bücher wurde: „Kindheitsmuster", das 1976 erschien. Die Prägung, die ich in meiner Kindheit und frühen Jugend empfing, vor allem die kritische Auseinandersetzung mit dem Faschismus, dem ich als Kind unkritisch ausgeliefert war, bestimmte entscheidend mein späteres politisches Engagement, sensibilisierte mich für alle Schattierungen von Terror, Gewalt, Irrationalismus, Massenhysterie, Demagogie; mich beschäftigen die Mechanismen der Verführbarkeit großer Menschenmengen zu barbarischen Exzessen gegenüber Minderheiten, und die Rolle der Technik bei der Hervorbringung neuer Formen von Barbarei.

Richard A. Zipser: Wie haben Sie Erfahrungen mit Arbeitern gewonnen? Welche Beziehungen haben Sie heute zu ihnen?

Christa Wolf: Ich hatte jahrelang direkte Beziehungen zu einem Betrieb, zu Brigaden, Zirkeln schreibender Arbeiter. Heute lebe ich die Hälfte des Jahres auf dem Land, wo die Nachbarschaft von Genossenschaftsbauern und Arbeitern, anders als in der Stadt, tiefergehende Beziehungen zu ihnen erlaubt. Allerdings sehe ich diese Beziehungen nicht als meinen „Stoff": In einem meiner früheren Bücher gibt es Arbeitergestalten; heute glaube ich, daß bestimmte Milieus, bestimmte Denk- und Fühlweisen in ihrer Kompliziertheit nur von Menschen beschrieben werden können, die in diesen Milieus zu Hause sind, die z. B. selbst Arbeiter waren oder sind. Ich brauche die Kenntnis ihres Lebens und ihrer Probleme für *jede* literarische Arbeit – ob sie nun von ihnen „handelt" oder nicht, und ich hoffe, daß ein jedes Buch, das sich wichtigen Zeitfragen stellt, auch sie betrifft.

Richard A. Zipser: Welche Besonderheiten hat nach Ihrer Meinung die Literatur der DDR innerhalb des deutschen Sprachraumes?

Christa Wolf: Die DDR-Literatur kann, sofern sie realistisch ist, Erfahrungen ausdrücken, die Autoren in der Bundesrepublik, Österreich oder der Schweiz nicht haben: Erfahrungen in einer Gesellschaft, die nicht auf der Grundlage persönlichen Eigentums an Produktionsmitteln, nicht auf der Basis persönlichen Profitstrebens und Konkurrenzverhaltens produziert. Die Identifikation der Autoren mit den Grundlagen dieser Gesellschaft mildert nicht, sondern verschärft die Konflikte, die sich aus gewissen Fehl-Entwicklungen ergeben und liefern Anlaß für grundsätzlichere Auseinandersetzungen in unserer Literatur. Der Impetus der DDR-Literatur ist es, in gesellschaftliche Prozesse einzugreifen, sie nicht nur zu registrieren, auch das unterscheidet sie wohl von der Literatur der anderen deutschsprachigen Länder. – Andererseits sehe ich für die Literatur in aller Welt mehr Gemeinsamkeiten als Besonderheiten, weil die großen ungelösten Zeitprobleme in diesem Jahrhundert nicht mehr lokal abzugrenzen sind. Uns alle, wo wir auch schreiben, bedrängt die Gefahr der Selbstzerstörung der Menschheit.

Richard A. Zipser: Welchen Unterschied sehen Sie zwischen der DDR-Literatur der siebziger und der der vorangehenden Jahre?

Christa Wolf: In den siebziger Jahren hat die Literatur der DDR sich weiter differenziert – ein Prozeß, der schon weit früher begonnen hatte und der gleichzeitig mit einem Differenzierungsprozeß in der Gesellschaft verläuft. Plakative, schematische Literatur ist immer seltener geworden, dafür setzt sich die Unmittelbarkeit der Erfahrung bei vielen Autoren durch; deutlich heben sich die Generationen in ihren Grunderlebnissen, die sie jetzt viel direkter und ehrlicher ausdrücken als früher, voneinander ab. Oberflächlicher Optimismus ist bei ernst zu nehmenden Autoren verschwunden, neue Formelemente – Satire, utopische und phantastische Mittel – deuten auf umfassendere Kenntnisse der Autoren von ihrer Gesellschaft hin und zugleich auf einen beharrlichen Mut zur Subjektivität. Die Grundhaltung der Literatur ist kritischer geworden, Apologetik hat sich als unproduktiv erwiesen. Eine junge Generation, nicht mehr belastet durch unsere Vergangenheit, kündigt sich an, in ihr Talente von einer erfreulichen Unbedingtheit. Die Autoren der mittleren Generation, zu denen ich gehöre, stellen sich teilweise und nicht ohne große Schwierigkeiten einer ersten Lebensbilanz, und die Leserschaft hat sehr deutliche Forderungen an uns, denen wir uns nicht entziehen können: Die Forderung, die Widersprüche des Lebens in der Literatur zu finden, sich auch mit Hilfe der Literatur zu erkennen und sich ihrer bewußt zu werden.

Richard A. Zipser: Welche gegenwärtigen USA-Autoren werden von Ihnen gelesen? Wie werden sie geschätzt?

Christa Wolf: Ich hatte, wie viele, meine Hemingway-Phase, las Salinger, Faulkner weniger intensiv, erfuhr starke Impulse durch Thomas Wolfe. Von den neueren Amerikanern las ich Vonnegut, Arthur Miller, mit starkem Interesse Baldwin, außerdem Bellow, Capote. Besonders berührt bin ich durch Carson McCullers, Sylvia Plath. Die Liste ist natürlich nicht vollständig.
Richard A. Zipser: Welchen Einfluß hat nach Ihrer Meinung steigender Wohlstand in der Gesellschaft auf literarisches Schaffen?
Christa Wolf: Wer nach Gefahren des wachsenden Wohlstands für die geistigen Interessen fragt, erwartet meist eine Denunzierung des Konsumterrors. Ich glaube dagegen, daß die tägliche Sorge um Nahrung, Kleidung, Unterkunft keineswegs geistige Interessen stimuliert und daß die Garantie, diese Grundbedürfnisse gesichert zu haben, viel zur Freiheit von Menschen für geistige Anliegen beiträgt. Die Frage ist anders zu stellen: Soll man die Überschwemmung mit Konsumgütern und die Fixierung ganzer Bevölkerungsschichten in den hochentwikkelten Industrieländern auf den Konsum „Wohlstand" nennen? Oder handelt es sich nicht vielmehr um eines jener Phänomene, von denen ich schon sprach: daß der Menschheit die Mittel, die sie sich ursprünglich für wohlverstandene Bedürfnisse schuf, zum Selbstzweck werden und ihre Beherrschung ihr aus der Hand gleiten? Für diesen Fall allerdings wird das Lesebedürfnis in einer Gesellschaft nachlassen, und die Autoren werden in eine Außenseiterrolle gedrängt werden.
Richard A. Zipser: Wie werden die gegenwärtigen Lesegewohnheiten in der DDR durch Fernsehen beeinflußt?
Christa Wolf: Diese Frage gehört eigentlich zur vorigen: Der Konsum von Fernsehprogrammen kann ähnliche Folgen zeitigen – wie er auch ähnliche Ursachen hat – wie der Konsum materieller Güter. In der DDR sind die Auflagen interessanter, problemreicher Bücher immer noch sehr hoch (übrigens auch die Auflagen von Kriminal- und Unterhaltungsliteratur), es wird mehr gelesen

als in westlichen Ländern, aber es gibt ganze Familien, die nur fernsehen. Inwieweit dort noch ein potentielles Lesepublikum zu gewinnen wäre, weiß ich nicht.

Richard A. Zipser: Welche Rolle sollte nach Ihrer Meinung die Literatur (im Vergleich zu den anderen Medien) in der heutigen Gesellschaft spielen?

Christa Wolf: Literatur soll tun, was andere Medien nicht können: also nicht Soziologie betreiben, oder Informationen geben, oder Ideologie verbreiten, sondern ein Welt- und Lebensgefühl artikulieren, das den Leser in seiner Subjektwerdung, in seiner Selbstfindung unterstützt, ihn in seiner produktiven Sehnsucht bestärkt und das mit ausbilden hilft, was wir mit einem guten altmodischen Wort „Persönlichkeit" nennen. Literatur soll sich nicht zu einer unter anderen Institutionen verfestigen, sondern, wenn auch zweifelnd, eine lebbare Zukunft in die gefährdete Gegenwart vorschieben, unsern Kontakt mit unseren Wurzeln erhalten, Vernunft, Erwachsenwerden fördern und den in vielfache Lebenszwänge eingeschlossenen Individuen einen Spiel-Raum offenhalten; Literatur sollte ein Experimentierfeld sein für Versuche, die im realen Leben allzu selten stattfinden können, und sie sollte ihren Lesern gegen alle Arten und Abarten von Manipulation ein zuverlässiger Verbündeter sein.

Richard A. Zipser: Worin sehen Sie das Ziel Ihrer literarischen Arbeit? Halten Sie es für erreichbar?

Christa Wolf: Meine Arbeit hat kein „Ziel", ich kann niemals ankommen. Ich wünsche mir, daß ich imstande wäre, mich in dem, was ich schreibe, ganz auszudrücken, so daß am Ende der Überhang von Ungesagtem – soweit es im Bereich des mir Sagbaren ist – gleich Null wäre. Das ist natürlich unerreichbar.

April 1978

Ich bin schon für eine gewisse Maßlosigkeit

Gespräch mit Wilfried F. Schoeller

Wilfried F. Schoeller: Durch Ihr Werk zieht sich die Frage, wie man sich als einzelner beteiligen kann an dem, was man Realität respektive Gegenwart nennt. Sie haben dafür immer wieder neue Antworten gefunden. In Ihrer Erzählung „Der geteilte Himmel" (1963) haben Sie versucht, den Alltag literarisch zu überhöhen. Inzwischen, scheint mir, hat der Abstand dazu erheblich zugenommen.

Christa Wolf: Abstand? Ich weiß nicht genau, ob es Abstand ist. Bestimmt hat der kritische Abstand zugenommen. Aber auch eine stärkere Sicherheit meiner selbst innerhalb dieser Realität. Das kann auch bedeuten: stärkerer Abstand, stärkeres Fremdwerden, Verfremden. Schreiben ist immer Überhöhen, das soll nicht verschwiegen werden. Es handelt sich um eine Kondensierung dessen, was wir erleben. In diesem Sinne hat der Abstand nicht zugenommen. Ich erfahre die Realität noch genauso scharf – vielleicht in mancher Hinsicht noch schärfer als früher.

Wilfried F. Schoeller: 1968 galt Ihr „Nachdenken über Christa T." einem Versuch der Selbstfindung, die in der Wirklichkeit scheitert. Da scheint der Konflikt im Umgang mit der äußeren Wirklichkeit verschärft.

Christa Wolf: Ja, ganz sicher verschärft. Aber ich scheue solche Worte wie Scheitern ...

Wilfried F. Schoeller: Scheitern aus einem Ungenügen an der Realität, wie Christa T. es empfand.

Christa Wolf: Das ist für mich ein ganz zentrales Problem:

Was ist Scheitern überhaupt, und woran mißt man Erfolg? Ich möchte das Wort „Scheitern" für Christa T. gar nicht benutzen. Es ist gegen dieses Buch oft als Vorwurf gebraucht worden. Aber ich weise es nicht aus diesem Grund zurück. Ich messe vielmehr Scheitern und Erfolg an vollständig anderen Maßstäben als zum Beispiel Wirtschaft und Politik es tun. Das gerade kann die Literatur in unseren Gesellschaften vielleicht leisten – ohne größere Wirkung selbstverständlich: eine der wenigen Möglichkeiten wahrzunehmen, einmal andere Maßstäbe einzuführen, menschliche, die nicht aus Wirtschaft, Politik und ähnlich großen Institutionen genommen sind. Insofern scheitert Christa T. nicht, wenn sie mit ihrer Selbstverwirklichung (nehmen wir das abgegriffene Wort) nicht zu Rande kommt, wenn sie nicht erreicht, was sie will, oder bis zum Ende nicht ganz genau weiß, was sie will. Aber sie hat in der Zeit, die ihr gegeben war, wirklich gelebt, wie sie es konnte und wollte. Ich weiß nicht, was man sonst als Selbstverwirklichung bezeichnen soll.

Die andere Frage: das Ungenügen an der Realität. Sicher ist es schärfer geworden mit der stärkeren eigenen Bewußtheit, einem Mehr an schärferen Erfahrungen vielleicht. Aber es bedeutet nicht – und man wird aus meinen Büchern nicht lesen können: ein Zurückweichen vor der Realität. Bis jetzt glaube ich, mich dieser Realität zu stellen, so daß zwar eine Dauerspannung besteht, aber keine resignative Erschlaffung.

Wilfried F. Schoeller: Mir geht es vor allem um den Abstand zwischen dem, was gemeinhin mit öffentlichen Worten als Realität deklariert wird und seine Anforderungen stellt, und den Figuren in Ihrem Werk. Haben Sie als ihre Erfinderin Ihre Figuren in ihrem Abstand zu den pragmatischen öffentlichen Worten inzwischen eingeholt?

Christa Wolf: Ob ich den gleichen Abstand habe? Weiß ich nicht genau. Auf jeden Fall gebe ich Ihnen recht, daß ich diesen Abstand sehr stark empfinde, daß, so glaube ich, bestimmte öffentliche Bekundungen die Realität nicht zutreffend beschreiben oder jedenfalls nicht so zutreffend beschreiben, daß die Literatur nicht etwas ganz anderes versuchen müßte.

Wilfried F. Schoeller: Früher, im „Geteilten Himmel“, war diese Wirklichkeit etwas Vorläufiges. Sie war gleichsam in der Aura des Utopischen ...

Christa Wolf: ... ja, das stimmt.

Wilfried F. Schoeller: ... und mir scheint, daß diese Aura bis zu dem Buch „Kindheitsmuster“ ganz verschwunden ist.

Christa Wolf: Ich weiß nicht, ob man die beiden Bücher in diesem Punkt vergleichen kann. Darum fällt es mir schwer, diese Frage zu beantworten.

Wilfried F. Schoeller: Mir geht es um die Frage, ob sich eine Bewegung weg von der Utopie feststellen läßt.

Christa Wolf: Darf ich die Frage etwas von meinem letzten Buch wegrücken. Da fällt es mir wirklich schwer zu antworten. Grundsätzlich: mein Verhältnis zur Utopie – nicht das meiner Figuren – wird eher stärker und bewußter, weil die Realität sich verfestigt, etabliert hat.

Das ist wahr: bestimmte Strukturen sind ganz fest geworden, und ihre Veränderbarkeit kann man nicht voraussehen, soweit es überhaupt wünschenswert ist – das lasse ich offen. Jedenfalls sehe ich mich einer verfestigten Wirklichkeit gegenübergestellt, und ich sehe gerade im Schreiben eine Möglichkeit, Utopie überhaupt noch einzuführen, Elemente von Hoffnung, um dieses altmodische Wort ruhig zu gebrauchen. Daran halte ich sehr fest. Ganz im Gegensatz zum Pragmatismus, auch zu pragmatischen Anforderungen an die Literatur, bin ich sehr daran interessiert, auch in späteren Arbeiten dieses Element von Utopie weiter einzuführen.

Wilfried F. Schoeller: Christa T. versuchte, dem Wunsch nachzuleben, auf eine andere Art in der Welt zu sein – so lautet ein Zitat aus Ihrem Buch. Nun besteht wohl in Ihrer Gesellschaft wie bei uns eine Tendenz – da gibt es allmählich eine fatale Koinzidenz –, eine Literatur, wie sie von Ihnen gerade skizziert wird, auszugliedern, also intellektuelle Prozesse, die in jedem Fall das Bestehende in Frage stellen, so daß die Schriftsteller immer mehr zu dem werden, was Sie in Ihren Büchern beschreiben: Außenseiter.

Christa Wolf: Ich leugne nicht, daß ich diese Außenseitererfahrung kenne, daß Ausgliederung ein schwer zu verarbeitender Prozeß ist. Nur laufen diesen Erfahrungen auch immer gegenteilige zu. Ich kann diese Situation nicht mit der eines Autors bei Ihnen vergleichen, weil ich einfach darüber zu wenig weiß.

Aber ich erfahre hier, bei uns, sehr stark die Anforderungen von Lesern. Ich will nicht behaupten, daß es Hunderttausende sind, aber das kann Literatur auch nicht erwarten. Aber daß dieses Element in der Gesellschaft überhaupt da ist, gibt mir wieder das Gefühl nicht nur des Gebrauchtwerdens, sondern auch des Nicht-Außenseiters. Oder ich würde in einer so großen Gruppe von Außenseitern leben, daß man dieses Wort schon nicht mehr sinnvoll gebrauchen kann. Eine Ausgliederung gibt es deshalb nicht.

Es findet eine Polarisierung statt. Es sind jetzt Meinungsverschiedenheiten da, die offen ausgetragen werden, zu denen sich auch Leser bekennen – so oder so. Das ist eigentlich ein positiver Vorgang.

Wilfried F. Schoeller: Bemühen wir uns einen Augenblick um eine politische Sicht im pragmatischen Sinn: Wir haben, wozu es keine Alternative gibt, den Status quo und mit ihm in beiden deutschen Staaten eine wohl ähnliche Entwicklung: Diejenigen, die in ihrem Staat versuchen, über das Bestehende, das sich unabänderlich, gewissermaßen geschichtslos setzen will, hinauszudenken, werden ausgegliedert, dem anderen Lager zugeschlagen. So kann das Utopische als etwas Schrilles zunehmen, aber auch die Außenseiterposition muß sich verschärfen.

Christa Wolf: Ich weiß es nicht. Ich fühle mich überfordert, in diesem Punkt Prognosen zu stellen. Da gab es schon öfter Überraschungen. Ich selbst sehe mich nicht als Außenseiterin und möchte es nicht werden. Es kann sein, daß ich dazu gezwungen werde, aber dann gegen meinen Willen und gegen alles, wofür ich lebe und schreibe. Das liegt mir nicht.

Andererseits hat gerade die deutsche Literatur in ihrer Geschichte, besonders seit Beginn der bürgerlichen Phase, immer wieder diese Erfahrungen gemacht, daß sie ausgegliedert, ausgestoßen wurde. Und die nächste Phase der Entwicklung des Landes, der Gesellschaft, hat dann genau diese Autoren gebraucht und das, was sie bewahrt haben. Ich bin mir nicht sicher, daß es so sein wird. Vielleicht braucht uns die nächste und die übernächste Generation überhaupt nicht. Vielleicht will sie keine Geschichte mehr haben, dann gibt es auch keine Geschichten mehr. Nur glaube ich das nicht.

Ich habe mich entschlossen, so zu schreiben, als ob meine Arbeit noch und immer wieder gebraucht würde. Das heißt: ganz radikal – nicht schrill. Radikal und so umfassend wie möglich mit dem Verständnis auch für die anderen. Denn ich verstehe es, warum Menschen, die ein völlig anderes Leben führen als meine Kollegen und ich, so oft Anstoß nehmen an uns. Ich hoffe, daß ich es schaffe, die Brücke zwischen der Alltagsnormalität, die ich achte, und dem Leben, das ich führen muß, nicht abbrechen zu lassen.

Wilfried F. Schoeller: „Die Bücher von heute sind die Taten von morgen", hat Heinrich Mann in einer schwierigen Situation der Weimarer Republik gesagt – ein in Ihrem Land viel zitierter Satz. Ist das Bewußtsein, daß Sie mit Ihrer Literatur wirken, gewachsen?

Christa Wolf: Ich glaube nicht, daß Bücher direkt etwas im politischen Feld bewirken. Es ist wohl ein Mißverständnis zu glauben, daß sie das überhaupt sollten. Selbstverständlich gibt es Zeiten, in denen Autoren, die auf bestimmte Weise ganz bestimmte Themen behandeln, etwas bewirken können. Aber eine solche Situation ist jetzt nicht – schon seit langem nicht, und sie wird wohl auch auf längere Zeit nicht sein.

Eine Merkwürdigkeit: Ich bin manchmal versucht zu behaupten, Literatur bewirke gar nichts, widersetze mich aber dann selbst dieser irreführenden Fragestellung, denn die Literatur als Ganzes bewirkt scheinbar nichts, aber wenn sie nicht wäre, möchte ich zum Beispiel überhaupt nicht leben. Insofern muß sie doch etwas bewirken. Das heißt: Sie gibt mir – und ich weiß, daß ich da kein Ausnahmemensch bin – eine Tiefe, eine zusätzliche Dimension im Leben, die es mir überhaupt möglich macht, mich auf den nächsten Tag zu freuen. Dieses scheint mir denn doch eine Art von Wirkung, die gar nicht überschätzt werden kann – nur eben auch nicht gemessen. Ich wüßte nicht, mit welchen Maßstäben und Instrumenten.

Wilfried F. Schoeller: Kommen wir noch einmal auf das Verhältnis von Utopie und Literatur zurück. Wenn Sie nach wie vor darauf bestehen, daß Literatur eine der wenigen Möglichkeiten ist, Utopisches zu setzen: ist dann die Literatur nicht von einem öffentlichen Austragungsort zu einer Art Asyl geworden?

Christa Wolf: Nein, so sehe ich das nicht. Vorübergehend kann die Öffentlichkeit darauf verzichten, von der Literatur Gebrauch zu machen. Dann ist die Literatur vielleicht eine Art von Tresor, in dem man etwas aufhebt, wovon man sich später wieder bedienen kann, wenn man will. Aber Literatur ist immer öffentlich, immer aktiv und in meinem Verständnis nie ein Rückzugsgebiet.

Wilfried F. Schoeller: Sie wollen sich den Widersprüchen der Realität, dem Ungenügen an ihr, durch Produktivität stellen. Woher kommt eigentlich das Zutrauen, daß man die Kraft dazu hat?

Christa Wolf: Das Zutrauen ist keineswegs gleichbleibend stark, im Gegenteil. Ich kenne Phasen, in denen ich das Zutrauen zu mir verliere, aber auch ein gewisses Zutrauen dazu, daß mein Beitrag überhaupt verwendbar ist für die Art von Realität, wie sie jetzt heranwächst. Aber ich weiß nicht, ob dies das letzte ist, was ich dazu sagen möchte; ich glaube nicht. Man kann ad hoc so schwer formulieren, man nimmt die Formulierung, die obenauf liegt. Obenauf liegt nun bei mir die Antwort: Ich habe noch eine Reserve von Zutrauen, von Produktivitätsantrieb aus der starken Identifikation mit dieser Gesellschaft und aus der starken Betroffenheit von allem, was diese Gesellschaft betrifft. Ich kann mich nicht herausziehen. Und dieses Auf-alle-Fälle-Mitbetroffen-Sein gibt neben vielem, was manchmal bis zur Verzweiflung reichen kann, auch diesen Produktivitätsschub. Es gibt noch so vieles, was ich schon weiß und noch nicht gesagt habe. Das ist eine große Herausforderung.

Wilfried F. Schoeller: Der einzelne in der Gesellschaft, das Ich – ein Grundthema Ihrer Arbeiten. Ist dieses Ich gegenüber dem herrschenden kollektiven Selbstverständnis nicht schon die Abweichung, die Spannung?

Christa Wolf: Die Spannung gewiß. Das ist mir schon seit „Christa T." bewußt, zumindest seit den Reaktionen darauf. Ich muß einfach akzeptieren, daß ich einen solchen Anlaß zu Spannungen darstelle. Aber ich habe nie gesehen, daß ich ein der Gesellschaft absolut gegenübergestelltes, von ihr abweichendes, um keinen Preis mit ihr in Übereinstimmung zu bringendes Wesen sei. Ich sehe eher, daß man in einer Gesellschaft, die im Grunde Produktivität erfordert (wie auch immer sie diese in bestimmten Phasen abweisen mag), dieses Spannungsverhältnis fruchtbar machen kann. Dies ist mein Versuch mit meinen Figuren in Büchern wie „Christa T." oder „Kein Ort. Nirgends": Im Grunde sind sie, die Abweichler, am tiefsten mit ihrer Zeit verbunden und weichen ab, weil sie sich nicht anpassen *können*, das heißt, nicht glatt und reibungslos werden können und dadurch für ihre Zeit in einem tieferen Sinn nutzlos.

Wilfried F. Schoeller: Es gibt in dem Staat, in dem Sie leben, einen außerordentlichen Stolz auf das Erreichte, um nicht zu sagen: eine Saturiertheit, die utopische Ansprüche abweist. Wenn nun Literatur, wie Sie sagen, ein Tresor für Utopisches ist: wird sie dann heute nicht stärker an den Rand gedrängt als zu Zeiten des „Geteilten Himmels" (1963) oder der „Christa T." (1968)?

Christa Wolf: Sie treffen bei uns mehrere Arten von Stolz an, darunter einen sehr berechtigten, der nicht Übermut und Hochmut ist; sicher auch einen primitiven, vordergründigen Stolz, der sich nach außen hin wahrscheinlich unangenehm ansieht. Aber auch so etwas wie „In-sich-Gehn". Die Generation, zu der ich gehöre, die um die Fünfzig ist, hat in den letzten Jahren angefangen zurückzublicken und zu fragen: Was haben wir eigentlich gemacht? Es handelt sich ja um die Generation, die in den letzten zehn, fünfzehn Jahren das meiste in diesem Staat unternommen hat. Sie hat die Stellen eingenommen. Nun differenziert sie sich und bietet damit ein Abbild der Differenzierung dieser Gesellschaft überhaupt. Sie treffen also in unserer Generation alles an: alle Ämter, alle Funktionen, alle Lebenshaltungen. Da alles vertreten ist und wirkliche Widersprüche vorhanden sind, keine Einhelligkeit, sondern sehr starke Konflikte, glaube ich: da liegt genau die Hoffnung für Literatur. Darin liegt begründet, daß so viele von uns diese Hoffnung aufrechterhalten und sich nicht in eine Randstellung drängen lassen, indem sie festhalten an ihren Vorstellungen über die Gesellschaft, indem sie unbeirrt weiter daran arbeiten. Diese Ausgangsbasis finde ich ganz produktiv.

Ich wüßte zum Beispiel nicht, was man der bürgerlichen Gesellschaft noch abgewinnen sollte: an Hoffnung, an Stoff auch. Es ist eigentlich alles schon gesagt und kann nur variiert werden. Ich stelle mir vor, daß man, wenn man in Westdeutschland lebt, untersuchen müßte, woher der Terrorismus kommt und die barbarische Reaktion darauf, woher der Ausbruch von Barbarei in dieser saturierten Gesellschaft plötzlich. Das Thema könnte sicher noch reizen.

Aber auch bei uns gibt es Widersprüche, die manchmal zerreißend sind und ausweglos erscheinen können. Dennoch ist wohl die Möglichkeit gegeben, sich dem zu stellen. Ich habe fast nie das Gefühl einer unproduktiven Situation.

Wilfried F. Schoeller: Aus den Erfahrungen der letzten Jahre gesehen: Erscheinen die Intellektuellen bei Ihnen nicht doch als eine Avantgarde ohne Hinterland?

Christa Wolf: Das sind sie ja in der deutschen Geschichte oft gewesen. Vielleicht ist jetzt in der Bundesrepublik eine solche Situation. Aus dem, was ich selbst erlebe und von meinen Freunden weiß, sage ich für hier: Es ist nicht ganz so. Da wir gemeinsame Ziele haben, sie auch gemeinsam formulieren und keine esotherischen Ideale verfechten, identifiziert sich doch eine Menge Leute mit diesen Vorstellungen; wie wir ja selbst diese Ziele nicht geschaffen haben, sondern sie aus der Gesellschaft, aus ihren Ansprüchen an sich selbst nehmen.

Wilfried F. Schoeller: Schreiben und Leben stehen bei Ihnen in einem sehr innigen Zusammenhang. Sie haben ihn immer wieder auch formuliert. Nirgends habe ich etwas über die Grenzen, den Unterschied, die Distanz zwischen beidem erfahren.

Christa Wolf: Wahrscheinlich deshalb, weil es mir so selbstverständlich ist, daß sie nicht deckungsgleich sind. So kommt mir überhaupt nicht die Idee, ich müßte dies formulieren. Aber wenn Sie darauf hinweisen, wird es mir bewußt. Ich kann mir nicht vorstellen, daß Schreiben und Leben im Grundsätzlichen auseinanderklaffen. Ich könnte mir nicht denken, daß man als Autor eine bestimmte Moral vertritt, ja moralisiert (was ich, zugegeben, tue) und als Mensch dieser Moral absolut entgegenlebt. Ich sehe den Versuch einer dauernden Annäherung, eine Übereinstimmung wird es aber nie geben.

Ansonsten ist mein Leben etwas ganz anderes als mein Schreiben. Doch die Stunden, in denen ich schreibe, sind mein konzentriertestes und wichtigstes Leben, abgesehen von der Zeit, die man mit nahen Menschen verbringt.

Wilfried F. Schoeller: Sie haben das Schreiben besonders intensiv als eine Möglichkeit verstanden, über die Figuren gewissermaßen mit sich selbst in Berührung zu kommen. Es gibt wenig Identitäten der Erzählerin mit ihren Gestalten, aber ich habe das Gefühl, daß die Identifikation zunimmt. Wie übrigens auch eine Strenge im Umgang mit sich selbst.

Christa Wolf: Die Strenge nimmt zu, das weiß ich. Auch wachsen die Anforderungen an mich selbst, die Selbstkritik nimmt zu. Alle diese Schwierigkeiten wachsen, wenn man etwas länger schreibt und nicht dazu neigt, sich selbst apologetisch gegenüberzustehen. Tatsächlich hat die Identifikation mit den Figuren bis zu „Kindheitsmuster" zugenommen. Aber es muß nicht unbedingt so weitergehen. Ich weiß zwar noch nicht ganz genau, aber die nächsten Arbeiten werden wohl zeigen, daß eine Identifikation dann über mir fremdere Figuren läuft, daß sie komplizierter wird.

Wilfried F. Schoeller: Bisher sind die Hauptfiguren in Ihrem Werk fast ausschließlich Frauen.

Christa Wolf: Das ist sicher kein Zufall. Am leichtesten identifiziere ich mich mit Frauen. In zunehmendem Maße hat mich, was sich auch in der Erzählung und in meinem Essay über die Günderrode niederschlägt, interessiert, wo die Wurzeln der Konflikte liegen, die Frauen heute haben – des Ungenügens am Leben. Das kann man in der Zeit der frühen Romantik, um 1800, gut beobachten: wo die Gesellschaft, auf Arbeitsteilung hingetrimmt, einen bestimmten Typ von Mensch, der die Ganzheit suchte, einen universalen Glücksanspruch hatte, nicht gebrauchen konnte. Dort sind die Wurzeln.

Dabei wird es aber nicht bleiben. Ich habe vor, in nächster Zeit über Männer zu schreiben. Darauf freue ich mich schon.

Wilfried F. Schoeller: Frauen waren von der Literatur, vom Schreiben ja über Jahrhunderte so gut wie ausgeschlossen. In Ihrer Gesellschaft ist diese Situation fraglos besser geworden. Welche Konflikte bestehen jedoch noch immer?

Christa Wolf: Zum ersten ist es klar und wird in den kommenden Jahren immer deutlicher werden, daß schon zahlenmäßig der Anteil der Autorinnen an unserer Literatur zugenommen hat und weiter zunehmen wird. Als ich anfing zu schreiben, war ich noch eine der wenigen Frauen, saß in den Gremien immer als eine der wenigen Frauen. Das hatte seine Vor- und Nachteile. Heute gibt es viele Frauen, die das Schreiben als Instrument der Selbstverwirklichung betrachten und dabei zum Teil auch kompromißloser sind als Männer. Neulich sagte mir auch eine Professorin in Polen: „Wir Frauen sind mehr zur Ehrlichkeit veranlagt." Das hat historische Gründe.

Die Bedingungen für Frauen sind günstiger geworden hier in der DDR. Auch auf diesem Gebiet, das ein absolutes Engagement verlangt, das man Frauen immer abgesprochen hat. Daß sie sich dieses Gebiet erobern und daß sie sich darin bewegen können, ist klar.

Der nächste Teil der Frage wird wahrscheinlich in fünf und zehn Jahren genauer zu beantworten sein als heute. Welche neuen Konflikte mögen kommen? Die Reibeflächen werden sehr stark. In dem Moment, in dem diese Frauen, ausgehend von den neuen Möglichkeiten, die sie haben und die sie ganz selbstverständlich nutzen, anfangen, diese Möglichkeiten selbst wieder zu befragen nach ihrem Charakter und ihrem Wert, also ein Wertsystem einbringen, das nicht unbedingt übereinstimmt mit dem, das ihnen ihre Entwicklung ermöglicht hat.

Verstehen Sie: das ist ein sehr diffiziler Widerspruch, der sich wohl in vielen Arbeiten niederschlagen wird, die jetzt von Frauen geschrieben werden, von denen ich einiges kenne. Ich glaube, das wird sehr interessant und unterscheidet sich von dem, was Frauen zum Beispiel in der Bundesrepublik schreiben.

Wilfried F. Schoeller: Meinen Sie, daß Frauen es im Zusammenhang von Leben und Schreiben leichter haben, „ich" zu sagen?

Christa Wolf: Um mir zu erklären, warum in unserer Gesellschaft Frauen natürlicher miteinander umgehen, vertrauter, enger und schon eher bestimmte Werte verwirklichen im Umgang miteinander als Männer, nehme ich eine historische Begründung: Männer wurden durch die Arbeitsteilung und gleichzeitig durch die patriarchalische Struktur der bürgerlichen Gesellschaft mehr als anderthalb Jahrhunderte in die Anpassung, in die Selbstunterdrückung getrieben. So haben sie die Werte, die ihnen die Industriegesellschaft aufgedrückt hat, voll verinnerlicht. Was Frauen nicht so stark mußten, die einerseits stärker unterdrückt, in den häuslichen Bereich hineingetrieben wurden, andererseits nicht gezwungen waren, diese Art von Werten voll zu akzeptieren.

Und mir scheint (das hat wohl überhaupt keine biologischen Ursachen, sondern historische), daß Frauen jetzt eher in der Lage sind, an Werte anzuknüpfen, die sie als „natürlich" empfinden, die ihnen menschengemäßer vorkommen – daß sie es da einfach leichter haben. Und daß auch dieses Ich-Sagen, obwohl für den einzelnen ungeheuer schwer, für sie als Gesamtheit leichter wird. Bestimmt wird bei uns nicht der Trend eintreten, daß Frauen gegen Männer eine Front bilden. Es kann eine Periode kommen, in der Frauen den Männern in diesem mit Zahlen nicht zu messenden Bereich, wo es nicht um Produktionsziffern geht – nämlich bei der Frage, wie man miteinander lebt – helfen können.

Wilfried F. Schoeller: Die Figuren – von der Rita im „Geteilten Himmel" über „Christa T." – haben allesamt große Ansprüche formuliert, die von ihrer Umgebung als maßlos diskreditiert worden sind. In der Günderrode haben Sie auch einen solchen „maßlosen" Anspruch aufgespürt. Ist dieses Thema von der Geschichte überholt worden?

Christa Wolf: Nein, keineswegs. Nur hat sich der Inhalt der Ansprüche geändert – und das mit jeder Generation. Was schon erledigt ist, z. B. die Gleichberechtigung im ökonomischen Bereich, wird man als Anspruch nicht wieder neu formulieren. Aber die Maßlosigkeit der Ansprüche bleibt und bezieht sich auf neue, wichtigere – die eigentlich wichtigen – Gebiete, die man allerdings erst formulieren kann, wenn das andere geschehen ist. Aber ich bin schon für eine gewisse Maßlosigkeit und ermutige mich und andere Frauen, in der Maßlosigkeit ihrer Ansprüche nicht zurückzugehen, sondern ihre Umgebung auf die Probe zu stellen – wenn sie es aushalten.

1979

Projektionsraum Romantik

Gespräch mit Frauke Meyer-Gosau

Christa Wolf: „Kein Ort. Nirgends" hab ich 1977 geschrieben. Das war in einer Zeit, da ich mich selbst veranlaßt sah, die Voraussetzungen von Scheitern zu untersuchen, den Zusammenhang von gesellschaftlicher Verzweiflung und Scheitern in der Literatur. Ich hab damals stark mit dem Gefühl gelebt, mit dem Rücken an der Wand zu stehn und keinen richtigen Schritt tun zu können. Ich mußte über eine gewisse Zeit hinwegkommen, in der es absolut keine Wirkungsmöglichkeit mehr zu geben schien.

1976 war ein Einschnitt in der kulturpolitischen Entwicklung bei uns, äußerlich markiert durch die Ausbürgerung von Biermann. Das hat zu einer Polarisierung der kulturell arbeitenden Menschen auf verschiedenen Gebieten, besonders in der Literatur, geführt: Eine Gruppe von Autoren wurde sich darüber klar, daß ihre direkte Mitarbeit in dem Sinne, wie sie sie selbst verantworten konnte und für richtig hielt, nicht mehr gebraucht wurde. Wir waren ja Sozialisten, wir lebten als Sozialisten in der DDR, weil wir dort uns einmischen, dort mitarbeiten wollten. Das reine Zurückgeworfensein auf die Literatur brachte den einzelnen in eine Krise; eine Krise, die existenziell war. Daraus ist bei mir unter anderem die Beschäftigung mit dem Material solcher Lebensläufe wie denen von Günderrode und Kleist entstanden. Das Problem am Gegenwartsmaterial zu bearbeiten, wäre mir gar nicht möglich gewesen, das wäre naturalistisch und banal geworden, platt.

Ich habe diese beiden Figuren genommen, um ihre Problematik für mich durchzuspielen. Ich hab es historisch sehr genau gemacht, weil es so gut nicht zu erfinden gewesen wäre, wie es wirklich war, und weil ich die beiden historischen Figuren nicht beschädigen wollte. Die Briefe von Kleist und die Aufzeichnungen der Günderrode geben so viel Material genau über diesen Punkt: Individuum und Gesellschaft, daß ich keine Figuren „erfinden" mußte. Obwohl sie dennoch erfunden sind; die Günderrode z. B. ist im Essay wieder eine etwas andere Person als in der Erzählung, und heute würde ich sie schon wieder anders sehen.

Das war also der zwingende Impuls: Es war eine Selbstverständigung, es war auch eine Art von Selbstrettung, als mir der Boden unter den Füßen weggezogen war; das genau war die Situation. Wenn man Literat ist, dann hat man die Möglichkeit, sich damit in der Literatur auseinanderzusetzen – diejenigen, die das nicht können, die haben es, finde ich, schwerer; und da ging es mir also nicht um bloß rationale Klarheit – die kann man sich auch mit der Zeit durch reines Denken über bestimmte Dinge verschaffen –, sondern es ging um die ganze Befindlichkeit in einer Zeit und in einer Umwelt, im weitesten Sinne und in jedem Sinne. Und, das muß dazu gesagt sein: in einem konkreten historischen Augenblick. Der ist jetzt vorüber. Wenn man weiterlebt, sich bemüht, produktiv zu bleiben, eröffnen sich neue Erfahrungen, damit neue Möglichkeiten, die man vorher, da der Blick nur ein bestimmtes Raster kannte, gar nicht sah. Dazu kommt: die gesteigerte Bedrohung Europas hat uns verändert, neue Akzente gesetzt.

Frauke Meyer-Gosau: Damals aber, vor fünf Jahren, lag Ihnen für diesen Rückgriff die Zeit der Frühromantik am nächsten. Was interessierte Sie, über die Biographien von Kleist und Günderrode hinaus, an dieser Zeit, in der die beiden lebten?

Christa Wolf: Mein Hauptinteresse war, zu untersuchen: wo hat sie eigentlich angefangen, diese entsetzliche Gespaltenheit der Menschen und der Gesellschaft? Wo hat die Arbeitsteilung so in die Menschen eingegriffen, daß die Literatur immer mehr herausgedrückt wurde aus dem Bereich, den die Gesellschaft in ihrem Selbstverständnis für wichtig, wesentlich, ja! überhaupt für vorhanden erklärte? Gleichzeitig damit wird auch das weibliche Element aus der Gesellschaft herausgedrängt; das ist ein Prozeß, der aber schon viel früher angefangen hat. Das „weibliche Element" ist in den Industriegesellschaften sowenig vorhanden wie das „geistige Element": auf die lebenswichtigen Prozesse haben weder Frauen noch Intellektuelle Einfluß. Dieses ins Extrem getriebene Zum-Außenseiter-gemacht-Werden, das, was ich an mir existenziell erfuhr: das wollte ich befragen, natürlich auch, um mich davon distanzieren zu können. Wo hat es angefangen? Wann? – In den Texten, in den Lebensverhältnissen der Romantiker findet man eine Fülle von Dokumenten darüber; die haben sensibel registriert, daß sie Außenseiter wurden, daß sie nicht gebraucht wurden in einer Gesellschaft, die sich daranmachte, Industriegesellschaft zu werden, die Arbeitsteilung weiterzutreiben, die Menschen in Anhängsel der Maschinen zu verwandeln; den Begriff „Fortschritt" neu zu definieren, aufklärungsfern – die gleichen Leute, die die Bücher der Schreibenden nicht mehr lesen würden. Ja: mehr Leute lernten lesen, es gab mehr Schulen, aber die Texte, die sie lasen, lesen durften, überhaupt noch lesen konnten, das waren natürlich nicht die Texte dieser Autoren. Obwohl die Phänomene scheinbar noch gar nicht so brisant sind, registrieren die Romantiker sie ungeheuer scharf; und weil wir da wirklich Ähnlichkeiten spüren zu unserer eigenen Reaktion auf ungleich schwerwiegendere Prozesse und Erscheinungen, deshalb dieser sogenannte Rückgriff.

Frauke Meyer-Gosau: Romantik als Literatur-Epoche stand demnach gar nicht im Vordergrund Ihres Interesses?

Christa Wolf: Der Begriff „Romantik" spielte bei mir überhaupt keine Rolle. Ich habe keinen Moment daran gedacht, daß ich mich jetzt mit der Romantik befaßte. Weder die Günderrode noch Kleist sind ja im engeren Sinne Romantiker. Was mich interessiert hat, war etwas anderes, die Frage: Wie kommt es, daß nach der Generation der Klassiker eine solche Menge von jungen Autoren auftaucht, die mit ihrer Zeit, mit ihrem Talent, mit der Literatur, mit ihrem persönlichen Leben offensichtlich nicht „fertigwerden". Die, nach bürgerlichem Verständnis und auch nach dem Urteil einer bestimmten Richtung marxistischer Literaturtheorie, „scheitern". Übrigens, das will ich noch erwähnen, gab es ja die Diskussion zwischen Anna Seghers und Georg Lukács 1938/39, in den Briefen, die sie, beide in der Emigration, zwischen Paris und Moskau wechseln, nach der großen Expressionismusdebatte. Lukács war damals völlig auf der Linie der klassischen Ästhetik und suchte dieselbe Perfektion in der modernen Kunst. Eigentlich war für ihn der große klassische bürgerliche Roman das Maß für Kunst. Die Seghers hat ihm widersprochen und, als Beweis, daß die Zeit selbst sich den Künsten entgegenstellt, eben diese Reihe von Namen angeführt, die in der deutschen Literaturgeschichte nach den Klassikern und zum Teil gleichzeitig mit ihnen gelebt und diese klassische Vollendung, die Verzicht und Entsagung einschließt, nicht erreicht hatten. Da waren dann: Lenz, Kleist, Günderrode, Grabbe, Büchner, Hölderlin. Von all diesen kannte ich die Günderrode nicht. Da fing ich an zu sammeln, was ich von ihr bekommen konnte. Las dann mal in einer Literaturgeschichte, daß Kleist und Günderrode sich getroffen haben sollten, „am Rhein", zu Beginn des neuen Jahrhunderts. Aus beider Leben habe ich herausgefunden, wann das hätte sein können: 1804. Ich stellte mir vor, sie hätten sich in Winkel treffen können. Das ist alles überhaupt nicht bezeugt, braucht auch nicht bezeugt zu sein. Ich jedenfalls bin sicher, daß die Begegnung nicht stattgefunden hat. Aber das war ja nur das äußere, nicht mein inneres Motiv.

Darüber habe ich am Anfang gesprochen: das war, wie immer, ein autobiographischer Impuls.

Was mich dann in zunehmendem Maße interessiert hat, als ich mich damit beschäftigte, war ihr, der Romantiker, Versuch eines Lebensexperiments. Es ging nicht mehr um Literatur allein, nicht mal mehr in erster Linie, sondern darum, was diese damals jungen Leute versucht haben: in Gruppen lebend, da es in der Gesellschaft nicht ging, am Rande der Gesellschaft, aber, literarisch gesehen, in ihrem Zentrum. Das ist merkwürdig; sie konnten als Literaten zentral wirksam sein, während sie doch zugleich am Rande der bürgerlichen Gesellschaft lebten mit ihren verschiedenen Experimenten. Wie sie das gemacht haben, wie sie das durchgestanden haben, wie die Frauen gerade in diesen Gruppen das initiiert haben, da sie es mit am meisten brauchten – wie sie das durchgehalten haben auch über die ungeheuren gesellschaftlichen und persönlichen Konflikte hin und alle möglichen Arten von materiellen Schwierigkeiten –, das hat mich brennend interessiert. Das eigentlich ist für mich dann unter dem Begriff „Romantik" zusammengeflossen. Der Begriff hat sich für mich ganz verändert. All das, was er hatte, als ich noch Germanistik studierte, und was heute vielleicht noch manche darin sehen: Mondscheinromantik, Liebesschmerz, Herzensweh, romantisiertes Mittelalter, Klerikalismus – das alles ist er jetzt nicht mehr für mich. Sondern die frühe Romantik ist der Versuch eines gesellschaftlichen Experiments einer kleinen progressiven Gruppe, die dann, nachdem die Gesellschaft sich ihr gegenüber totalitär und ablehnend verhalten hat, restriktiv in jeder Hinsicht, unter diesem Druck auseinanderbricht und in verschiedene Richtungen hin sich zurückzieht. Da entsteht dann alles mögliche, da entsteht Klerikalismus, da entsteht dieses Zurück-zum-Mittelalter, alles, was man will. Aber es gab eine Zeit, da war das progressiv, und das hat mich interessiert.

Frauke Meyer-Gosau: Innerhalb dieser Gruppe wiederum

waren Ihnen die schreibenden Frauen besonders wichtig ...

Christa Wolf: Ja, ich hab das später gemerkt, daß es auch ein unbewußtes Genießen, im Sinne von „Mich-Regenerieren" war, einem Produktionsprozeß wie dem der Günderrode zuzusehen: so einem vollständig reinen, auf ein Gegenüber nicht rechnenden, von Erwartungshaltungen freien Produzieren – was, das ist die Kehrseite, sie auch getötet hat, da sie gar kein Gegenüber fand. Aber letzten Endes war es doch ein, von heute aus gesehen, wohltuend unverfälschter Prozeß des Sich-Ausdrückens: Nur an sich denkend, im besten Sinne, bzw. an den Gegenstand, an das Thema, an das denkend, was man da bearbeitet, aber nicht sich selbst als Objekt erfahrend dabei. Immer als Subjekt. Das gehört zu meinen persönlichen Antrieben beim Umgang mit diesen Figuren: der Versuch, an die verschütteten Quellen von Produktivität heranzukommen.

Als ich mich mit der Günderrode und der Bettine beschäftigte, das war etwas sehr Erfrischendes. Trotz allem, was sich bei der Günderrode an Schwerem, Niederziehendem auch auf mich übertrug: vor allem war's ein erstauntes Zusehen, wie da eine junge Frau sich so ganz unbeeinflußt, außer durch ihre Anforderungen an sich selbst, ausdrückte. Und die Bettine als Gegenfigur, der ich große Sympathie und Respekt entgegenbrachte, wegen ihrer burschikosen, direkten und auch tapferen Art, wie sie sich später auch politisch verhielt in diesem Berlin damals. Wenn sie unverblümt sagte, was sie dachte, sich bis zur Lächerlichkeit, bis zur Trivialität, zur Sentimentalität ergoß in ihren Briefen an die verschiedenen Alterslieben. Das hat mich sehr berührt, und ich hab's auch bewundert.

Hier geht es um den Punkt, der, über alles Aktuelle hinaus, auf dem Grund der Antriebe und Erfahrungen lag, die zu „Kein Ort. Nirgends" und zu den beiden Essays geführt haben. Meine Erfahrung ist, daß die Alternativen, in denen wir leben, eine nach der anderen zusammenbrechen und daß immer weniger wirkliche Lebensalternativen übrigbleiben. Das wäre die philosophische Entsprechung zu dem Titel „Kein Ort. Nirgends". Um Mißverständnisse auszuschließen: Es ist meine grundlegende Lebensform, in Widersprüchen zu leben – das wäre nichts, was ich negativ finde oder je gefunden habe. Unbequem kann es zwar sein, auch sehr irritierend; es kann einen selbst in Frage stellen; nur ist es nicht zerbrechend oder tödlich, wenn es sich um Widersprüche handelt, die sich gegenseitig zu Lösungen treiben. Jetzt scheint mir, daß es immer weniger produktive Widersprüche gibt und daß die Zahl der unproduktiven Widersprüche und der unlebbaren Alternativen zunimmt. Genau daher kommt auch die Beklommenheit so vieler Menschen: daß sie das Gefühl haben, in eine Klemme zu geraten.

Frauke Meyer-Gosau: Die persönlichen Beweggründe beim und zum Schreiben sind eines; bei der Veröffentlichung kommen dann weitere, programmatische Intentionen dazu. So schreiben Sie im Günderrode-Essay, es sei an der Zeit, die Urteile über die Romantik anzufechten.

Christa Wolf: Die DDR-Germanistik hat zur gleichen Zeit oder schon vorher angefangen, diese Korrektur vorzunehmen; da gibt es diese Tabus gegenüber der Romantik kaum noch. Und das oft zitierte Wort, das leider von Goethe stammt: „Das Klassische nenne ich das Gesunde, das Romantische das Kranke", das wird nun endlich nicht mehr als letzte Aussage über die Romantik genommen. Andererseits kann dabei nicht verdeckt und vergessen werden, welche Entwicklungen als negative Möglichkeiten in der Bewegung der Romantik lagen und sich auch ausgewirkt haben. Das ist klar. Ich habe gerade in einem Brief von der Rahel Varnhagen von 1819 gelesen, was sie, schon zur Zeit der Karlsbader Beschlüsse, zu den Angriffen schreibt, die damals in vielen Städten plötzlich gegen jüdische Mitbürger losbrachen, die nicht zu direkter Verfolgung im Sinne von Pogromen, aber zu rüden Anpöbeleien und gesellschaftlicher Diskriminierung geführt haben. Sie nennt, als geistige Urheber, unter anderen die Namen Achim von Arnim und Clemens Brentano und beschreibt, wie aus „geistigen" antisemitischen Tendenzen nach und nach eine Atmosphäre entsteht, die den Pöbel, wie man damals sagte, zu pöbelhaften Exzessen treibt. Das alles war da, kann nicht vergessen und verschwiegen werden.

Frauke Meyer-Gosau: Zunächst aber verstanden sich die Autoren, von denen Sie sprechen, als eine gesellschaftlich progressive Bewegung und haben sich doch auch so betätigt.

Christa Wolf: Betätigt? Nicht alle, eben dazu kamen sie kaum. Daß auch praktische Folgerungen in ihren Idealen lagen, das ist vor allem an der Bettine abzulesen, die sich bis in ihr Alter hinein, als sie wieder frei von ihren häuslichen Pflichten ist, um direkte politische Handlungsmöglichkeiten bemüht. Sie ist beinahe eine Ausnahme. Die Grunderfahrung dieser Generation war ja, daß sie niemals dazu gekommen ist, die hochgespannte Erwartung, die die Französische Revolution ausgelöst hatte, politisch umsetzen zu können; ja, nicht einmal darauf hoffen durfte, daß sie es könnte. Jedenfalls – das muß man dazusagen – in Deutschland nicht. Viele haben nach dem Rückschlag, dem Ausbleiben der Reformen nach den Befreiungskriegen von 1813/15 resigniert. Die Diskrepanz zwischen einem starken praktischen, aktuellen, tagespolitischen Anspruch und den Möglichkeiten, die die Gesellschaft anbietet: daß an ihr Leute zerreißen oder zerbrechen oder auch kuschen lernen, sich anpassen – was ihnen alles dann zum Vorwurf gemacht wird –, so wahnsinnig merkwürdig ist es eigentlich nicht. Es wäre merkwürdig, wenn's anders wäre. Und was würde uns fehlen, wenn diese Gruppe von Leuten fehlen würde, die es wenigstens mal versucht hat, bis an ihre Grenzen zu gehen.

Frauke Meyer-Gosau: Für die Frauen waren dabei wiederum mehr Schranken zu überwinden als für die Männer.

Christa Wolf: Ja. In der frühen Romantik, in Jena und Heidelberg, haben sich ja Männer und Frauen in ihrem Erscheinungsbild etwas angenähert. Ein neuer Kulturbegriff entstand. Innerhalb dieser Gruppen haben Frauen – jedenfalls was ihre geistig-seelische Haltung betrifft – zwangloser ihre Rolle finden können.

Daß sie es, äußerlich gesehen, immer noch sehr schwer hatten, ist belegt – da braucht man nur an das Schicksal der Caroline Schlegel-Schelling zu denken. Übrigens auch an die Günderrode: ohne die Aussicht, sich ihr eigenes Leben zu schaffen, mußte sie im Stift leben, materiell abhängig, ohne die Möglichkeit, wenn sie nicht verheiratet war, öffentlich aufzutreten, öffentlich irgend etwas zu sein, sich selbst Geld zu verdienen, wenn nicht ein Mann da war, der es für sie verdiente.

Frauke Meyer-Gosau: Immerhin, die Programmatik für die Veränderung des eignen Lebens war radikal genug; die schreibenden Frauen aber waren so radikal wieder nicht, daß sie es gewagt hätten, unter ihrem Namen zu veröffentlichen.

Christa Wolf: Das kann man wohl nur aus der Zeitatmosphäre heraus verstehen. Ich glaube, daß auch bestimmte Unterlassungen, die wir heute begehen, und deren wir uns zum Teil sogar bewußt sind, später gar nicht verstanden werden. Selbst dann nicht, wenn wir sie direkt beschreiben würden. Weil eigentlich viele Tabus nicht aus festgelegten Verboten, sondern aus der ganzen Zeitumgebung und Zeitstimmung und aus den Begrenzungen in einem selbst – aus einem Gemisch von dem allen – zu verstehen sind. Und so, denke ich mir, muß das gewesen sein bei den Frauen, die ungeheure äußere Beschränkungen zu ertragen hatten, die immer zu arm waren, immer zu wenig Geld hatten. So, wie diese Bettine, die die ganze Zeit ihrer Ehe hindurch fast jedes Jahr ein Kind bekommt, dagegen offenbar nichts machen kann oder machen will. In der Zeit ist sie völlig eingesponnen in die Sorgen der großen Kinderstube und des Haushalts, der sich daraus ergibt, und sie beklagt sich darüber sehr, wie der andere Teil in ihr vollkommen unterdrückt und zur Ruhe gelegt wird, zu einer bösen Ruhe. Sie bricht dann nochmals aus und schafft es, ziemlich radikal zu werden. So könnte man das Verhalten jeder dieser Frauen aus den Umständen, aber auch aus ihrem Temperament und ihrem Charakter begründen. Alle zusammen ergäben dann das Bild der Zeit: wie die Zeit auf jede einzelne gedrückt hat, so unterschiedlich sie waren. Die Günderrode. Warum hat sie unter männlichem Pseudonym veröffentlicht? Sie war ein schüchterner Mensch, und das mußte sie sein als älteste Tochter einer armen adligen Familie, sie war kein fordernder und radikaler Typ, überhaupt nicht. Radikal war sie mehr im Schreiben als im Leben. Bei manchen ist es wieder umgekehrt. Die Dorothea Schlegel ist mehr im Leben radikal als im Schreiben. – Veröffentlichen unter eigenem Namen, das geht bei Frauen vereinzelt im vorigen, selbstverständlich erst in diesem Jahrhundert. Wobei sich auch heute noch, wie ich immer wieder höre, Frauen stärker mit diesem Problem auseinandersetzen müssen als Männer. Da sie sich sehr oft als Person eröffnen, wenn sie schreiben, und dann in diesem Sinne „erkennbar“ geworden sind. Das merkt man dann auch an den Reaktionen auf Kritiken, daß sie anscheinend verletzbarer sind. Das ist wohl historisch bedingt . . .

Frauke Meyer-Gosau: Beide aber, die Günderrode und die Bettine, im Leben und im Schreiben sehr verschiedene Menschen, haben veröffentlicht.

Christa Wolf: Bei der Günderrode scheint es so zu sein, daß sie ein dem Gesetz zugetaner Mensch war – daß sie sich stärker z. B. dem ästhetischen Kunstkanon unterwarf, ein ganz wichtiger Punkt beim Schreiben: sich eben dieser Ästhetik voll zu unterwerfen, sie anzuerkennen als oberstes Gesetz, nach dem man beurteilt und auch abgeurteilt werden kann.

Und Kunst ist in jener Zeit das, was die Klassik zur Kunst erklärt hat. – Günderrode war zudem in einer außerordentlichen Weise verletzbar durch die Unmöglichkeit, diesem Mann, den sie, fast sage ich: zufällig geliebt hat, anzugehören. Nur dies wäre für sie „Gelingen" gewesen und hätte in ihr das Gefühl erweckt, daß sie über die Banalität und die Begrenztheit der Zeit hinausgelangt war – wonach sich jeder sehnt, der schreibt. Das ist klar, darum schreibt man.

Bei Bettine war das anders. Das war für mich übrigens eine erheiternde und ermunternde Entdeckung, als ich über Bettine arbeitete: diese beinahe monströse, ausufernde, unbekümmerte und sich um kein Kunst-Urteil scherende Briefliteratur. Und dazu die ausgedehnte soziale Tätigkeit, bis hin zu direkten Sozialstudien bei den Armen im Berliner „Vogtland". Da bleibt kein Rest. Sie hat ihre Grenzen voll ausgeschritten und nicht die „böse Zeit" als Vorwand für Faulheit oder Feigheit genommen.

Frauke Meyer-Gosau: Bleibt aber doch zu fragen, was an diesen Romantikern und dem Bild, das Sie von ihnen zeichnen, heutige Leser so anspricht.

Christa Wolf: Ja. Das war wohl eine der ersten Generationen, die es als einen Riß in sich empfunden haben, daß sie ihre Möglichkeiten, die sie doch in sich spürten, ganz lebendig, ganz wach, die sie in Gesprächen und literarischen Unternehmungen ausprobierten, nicht als Handlung realisieren konnten. Und das ist heute wieder, so scheint es mir, eine Erfahrung vor allem jüngerer Leute, die allerdings oft, anders als jene damals, nicht in schweren materiellen Sorgen sind; die nun aber das, was sie als das eigentlich Menschliche empfinden, gerne leben wollen: nicht ichbezogen, sondern offen, mit anderen zusammen. Das ist bei uns und bei Ihnen ähnlich. Da kann man miterleben, wie Freundeskreise sich entwickeln und wie in ihnen ausprobiert wird – mit allen Konflikten, die dort entstehen –, wie das eigentlich ist, wenn man miteinander lebt, wenn man versucht, zueinander ehrlich zu sein; wenn man versucht, eine Produktivität zu entfalten, die nicht unbedingt materielle Güter hervorbringt, aber auch hervorbringen kann: Töpferwaren,

Kleider oder ich weiß nicht was; oder miteinander die Kinder großzuziehen. Wobei das natürlich in Industriegesellschaften, die auf Effizienz und Massenproduktion eingestellt sind, eine Randerscheinung bleibt. Darüber sollte man sich keine Illusionen machen. Aber immerhin: Kultur ist, was gelebt wird. Und das ist, was heute die jungen Leute, so glaube ich, anzieht.

Frauke Meyer-Gosau: Die Lebensexperimente der Romantiker sind ja gescheitert. Könnte nicht gerade dies Nichtgelingen so weitgesteckter Pläne dem Endzeit-Gefühl vieler heutiger Leser entgegenkommen?

Christa Wolf: Ich höre manchmal bei Lesungen, nicht so sehr übrigens aus Briefen, die Frage: Warum überhaupt so ein zurückliegendes Thema? Dann auch die Frage: Warum so traurig; warum solche Leute, die sich später umbringen? um es ganz banal zu sagen. Eine Frage, die ich berechtigt finde.

Es gibt eine Reaktion – das habe ich bei all meinen Büchern gehabt –, daß Leser denken, wenn da ein Mensch stirbt (bei „Christa T." oder bei diesen beiden, Kleist und Günderrode), das bedeute, selbst als Autor diesem Ende verfallen zu sein; es gibt natürlich solche Kurzschlüsse, die auch zum Teil unserer Literaturkritik geschuldet sind, wahrscheinlich der Literaturkritik in beiden Staaten, daß nämlich die Intentionen des Autors sich mit den Schicksalen der Figuren decken müssen. Viele Leser bemerken aber auch, daß ich, indem ich mich mit meinen Fragen immer tiefer in die Wunden der Zeit hineinbohre, die auch meine Wunden sind, nicht vorhabe, aufzugeben.

Frauke Meyer-Gosau: Fordert ein Titel wie „Kein Ort. Nirgends" nicht auch Leser heraus, sich negativ zu identifizieren?

Christa Wolf: Als mir der Titel einfiel ... Ich kann mich noch erinnern, daß ich im Moment zurückgezuckt bin vor der Radikalität der Aussage. Dann fand ich ihn aber angemessen, meiner Erfahrung angemessen. Später habe ich dann gemerkt, daß darin offenbar eine allgemeine

Erfahrung ausgedrückt war. Das wußte ich nicht, und es hätte die Wahl des Titels auch nicht beeinflußt.

Es gibt Leser, das weiß ich seit „Nachdenken über Christa T.“, die diese bestimmte Art von Literatur, wie sie sie glauben, verstehen zu können, „zelebrieren“. Die sie nicht als Herausforderung oder Anstoß sehen, sondern als Bestätigung für ein augenblickliches Befinden, in dem sie sich gerne festmachen möchten, und die sich selbst nicht in derselben Strömung befinden wie etwa der Autor, der alles, was er schreibt, als einen vorübergehenden Haltepunkt in einem Prozeß betrachtet. Ich würde doch kein Buch später wieder genauso schreiben können. So hat es auch manchmal etwas Gespenstisches, wenn dann starke Reaktionen auf mich zurückkommen nach Jahren, nachdem ich mich kaum mehr erinnern kann an die eigene Befindlichkeit in der Zeit des Schreibens. Aber ich kenne Leser, die Bücher als Arbeitsangebote nehmen; die nicht konsumieren; die ich wirklich als eine Art Mitarbeiter empfinde. Die Briefe, die ich von ihnen bekomme, sind für mich wesentlich, nicht nur, weil sie ein Echo auf meine Arbeit darstellen, sondern weil sie von sich etwas dazugeben. In der Hinsicht habe ich ein starkes Echo empfangen.

Frauke Meyer-Gosau: Eine Rolle für die Rezeption spielt, glaube ich, auch, daß Sie sich in „Kein Ort. Nirgends“ dem Sprach-Ton der Romantik so weit anverwandelt haben. Demgegenüber stört ein Buch wie z. B. „Kindheitsmuster“ schon durch seine Bauweise die Selbstaufgabe des Lesers . . .

Christa Wolf: In „Kein Ort. Nirgends“ gibt es viel inneres Zitat, das stimmt. Aber es ist meine Stimme, die spricht, eine Anverwandlung findet statt, die ich für legitim halte.

Anders war die Methode bei „Kindheitsmuster“, anders ist da auch die Wirkung. Ältere Leser erinnerten sich ihrer eigenen Kindheit oder ihrer Erlebnisse aus der Zeit des Faschismus wieder und sprachen oft zum erstenmal davon, oft in emotionaler Erschütterung. Bei

Jüngeren wurde ein Informationsbedürfnis mit gestillt, das ihnen zum Teil gar nicht so bewußt war. Da sind sachliche Bedürfnisse befriedigt worden. Das habe ich mit beabsichtigt, wie übrigens auch bei den Essays über Günderrode und Bettine.

Frauke Meyer-Gosau: Und in „Kein Ort. Nirgends" gibt es diesen musikalischen, ziehenden Ton.

Christa Wolf: Neulich hat jemand zu mir gesagt, er würde es sinnlich empfinden, in Bildern. Ich habe viele Anfänge versucht, bevor ich den „inneren Ton" hatte. Da war ein Ton in mir, der getroffen werden wollte, durch diese bestimmte Art des Sprechens. Eigentlich ist es mehr ein Sprechen als ein Schreiben, wenigstens am Anfang. Eine gewisse Suggestivkraft der Sprache wollte ich schon auch, einen gewissen Rhythmus. Das ist anders als in den meisten Stücken von „Kindheitsmuster". Dort ist mehr Analyse, viel Dokumentarisches. Das hatte für mich auch eine andere Funktion.

Frauke Meyer-Gosau: Ich denke mir, daß es auf „Kein Ort. Nirgends" in der BRD und der DDR unterschiedliche Reaktionen geben müßte – der jeweilige gesellschaftliche Kontext des Lesers ist ja ein ganz andrer.

Christa Wolf: Manchmal mache ich das Experiment – ich lese Leserbriefe, guck nicht auf den Umschlag, woher sie kommen; und dann kann ich nicht immer, beinahe öfters nicht, möchte ich sagen, unterscheiden, ob der Brief aus der DDR kommt oder aus der Bundesrepublik. Da liegt offenbar ein ähnliches Bedürfnis vor, auf das die Texte eingehen. Es sind übrigens oft ähnliche Menschen – ich lerne sie kennen bei Lesungen. Das ist schon ein ähnlicher Menschentyp, und der ist nicht ost- oder westdeutsch, DDR- oder bundesdeutsch. Sondern das ist ein Typ eines meist jungen Menschen, der ganz bestimmte Erwartungen entwickelt, die nicht „geteilt" sind.

Frauke Meyer-Gosau: Eine gleiche Mangelerfahrung also in zwei so unterschiedlichen Gesellschaftssystemen?

Christa Wolf: Was in beiden da ist und erlebt wird, ist ein harter Zug des unbedingten Realismus, in dem Sinne, daß als „real" offiziell nur noch gewertet wird, was in dieser oder jener Form institutionalisiert ist. Institutionalisiert sind die beiden Staaten, institutionalisiert haben sich ganz handgreifliche und durch Institutionen zu befriedigende Ansprüche. Das ist in beiden Staaten ganz gut gelaufen. Da ist vieles, was für das materielle und alltägliche Leben nötig ist, auch für das Leben innerhalb der Gesellschaft, soweit bestimmte Kommunikationsbedürfnisse einfach erstmal befriedigt werden müssen. Diese Strukturen haben sich gebildet, sie sind vorhanden, sie funktionieren. Im Grunde ist alles abgedeckt, was Institutionen sich ausdenken können. Nun ist es allerdings so, daß sich Institutionen das Wesentliche nicht ausdenken können, das rutscht zwischen den perfekten Strukturen durch, und das merken jetzt die Generationen, meistens die, die jünger sind, als ich es bin. „Das kann doch nicht alles gewesen sein", hat es Volker Braun einmal formuliert. Das „Eigentliche" – wie sie sagen würden – wird nicht befriedigt durch alles das, was an Wohlfahrt in beiden deutschen Staaten da ist – das Bedürfnis nach ... Poesie im Leben. Nach allem, was nicht unbedingt zählbar, meßbar, in Statistiken erfaßbar ist. Und da wird Literatur als ein Mittel der Selbstbehauptung benutzt. Das habe ich sehr oft beobachtet, und das kommt mir sehr entgegen. Literatur als Mittel der Selbstbehauptung, Selbstbestätigung und ebenso als Sehnsuchtsorgan. Und da kommt man wieder auf direktem Wege zur Romantik ...

Frauke Meyer-Gosau: Demnach ist meine Erwartung falsch, DDR-Leser müßten Ihre Texte anders lesen als BRD-Leser?

Christa Wolf: Ich kann diese territoriale Einteilung der Literatur, die Sie jetzt meinen, als eine von Gesellschaftsordnungen, von verschiedenen gesellschaftlichen Hintergründen, Staaten, ökonomischen Systemen bestimmte, aus der Erfahrung, der Beobachtung des Leseverhaltens nicht mehr bestätigen.

Es scheint doch so zu sein, daß in Literatur etwas ausgedrückt wird, das sich nicht auf ein Territorium oder eine Gesellschaft eingrenzen läßt. Viele Erfahrungen vieler Menschen ähneln sich. Wenn man achteinhalb Stunden an der Maschine steht, dann verhält man sich auf eine ganz bestimmte Weise. Das ist ein Grundmuster, das Menschen eingeprägt wird. Wir leben in modernen Industriegesellschaften, in patriarchalischen Gesellschaften, hierarchisch angeordnet. Es gibt also ähnliche Züge. Auf dieser Grundlage muß Literatur auch ähnliche Konflikte mit ausdrücken, bei Unterschieden, die ich keineswegs leugne, sondern gerade interessant finde.

Zunächst mal muß man sich aber nicht so sehr wundern, wenn die Literatur von dem einen Teil im anderen verstanden wird, wenn auch Identifikationsmöglichkeiten vorhanden sind.

Frauke Meyer-Gosau: Meine andere Hypothese möchte ich aber doch aufrechterhalten – daß nämlich Frauen anders als Männer auf „Kein Ort. Nirgends" reagieren.

Christa Wolf: Ich bekomme insgesamt mehr Briefe von Frauen als von Männern. Neulich bei einer Lesung in Hamburg hat am Ende einer Diskussion – das war in einem sehr großen Kreis von 450 Leuten – ein männlicher Diskussionsteilnehmer gesagt: „Sagen Sie mal, ist das bei Ihnen immer so, daß da nur Frauen reden?" Das wurde mir dann selbst erst bewußt, daß wirklich sehr viele Frauen an diesem Abend geredet hatten. Meistens reden in Versammlungen und Diskussionen ja immer noch mehr Männer. Irgend etwas scheint hier dann doch die Frauen zum Sprechen zu bringen. Frauen fühlen sich wohl direkt getroffen. Männer müssen vielleicht eine gewisse Reserve und Abwehr in sich aufbauen gegen bestimmte Emotionen.

Frauke Meyer-Gosau: Und wie äußert sich diese Abwehr?

Christa Wolf: Ich hab schon solche Bemerkungen gehört: „Die ist verrückt, im klinischen Sinn verrückt, daß sie so was schreibt", von Männern gesprochen, als starke Abwehr. Das höre ich öfter, aber man sagt oder schreibt es mir seltener direkt; ich merke es an manchen Kritiken. Ich merke es in ideologischen Auseinandersetzungen.

Frauke Meyer-Gosau: Wohin wird da gezielt?

Christa Wolf: Das richtet sich gegen die ganze Weltsicht, die dem, was ich schreibe, zugrunde liegt. Ich meine „Weltsicht" auch im Sinne von „Gesellschaftssicht". Ich gehe davon aus, daß wir in einer Männergesellschaft leben, daß wir seit Jahrtausenden in einer Männerkultur leben und daß das ungeheure Folgen gehabt hat: letzten Endes die Folge, daß wir alle, die Frauen und Männer, am Rand der Vernichtung stehen. Solche Feststellungen werden leicht als zu weitgehend, eben als „weiblich" (also überspannt), verstanden und abgewertet. Dagegen richtet sich diese Abwehr: daß ich übertrieben, verstiegen sei, daß ich zu emotional, dann wieder zu traurig, dann wieder zu kompliziert sei. Wobei ich natürlich nicht bestreite, daß meine Arbeiten kritikwürdig sind ... Nur, wenn die Kritik sich massiv immer auf die gleichen Punkte richtet, ich aber diese Punkte nicht aufgeben will und kann, dann handelt es sich eben um echte Meinungsverschiedenheiten, die oft nicht als solche ausgedrückt, sondern als literarische Kritik verschleiert werden. Aber das ist ein so allgemeiner Vorgang, den kennt fast jeder Autor, darüber braucht man nicht weiter zu reden.

Frauke Meyer-Gosau: Die Abwehr von Männern richtet sich nicht etwa gegen die androgynen Züge von Kleist beispielsweise in „Kein Ort. Nirgends"?

Christa Wolf: Die richtet sich manchmal ausgesprochen gegen die „weibischen" Züge bei Kleist! Neulich hat mir jemand gesagt, Kleist sei der Autor des Kohlhaas, ein entschlossener, mutiger, zupackender Autor, und ich würde ihn mit „weibischen" Zügen ausstatten und daher verzeichnen.

Frauke Meyer-Gosau: Das wäre dann die Angst des männlichen Lesers, als Frau ertappt zu werden?

Christa Wolf: Ich weiß nicht, ob „als Frau ertappt". Das ist wohl zu weitgehend formuliert. Ich glaube, es ist ein diffuseres Unbehagen gegen alles Zwitterhafte, gegen die fließenden Übergänge, dagegen, daß es nun einmal nicht nur so oder nur so ist, Freund-Feind, männlich-weiblich; eine Angst, miteinander, nicht gegeneinander leben zu lernen. Nicht in starren Antinomien, sondern in fließenden Übergängen; in produktiven Alternativen, die nicht tödlich sein müßten. Dies hat man nicht gelernt; dazu ist man nicht erzogen worden; das in Erwägung ziehen zu sollen, macht Angst.

Winter 1982

Aus einer Diskussion an der Ohio State University

Gespräch mit Christa und Gerhard Wolf

Henry Schmidt: Wir möchten fragen, wie ihr euch gegenseitig beeinflußt, wie ihr euch ergänzt. Wann habt ihr angefangen, zusammen zu arbeiten?
Christa Wolf: Wir haben uns schon 1949 als Studenten kennengelernt. Damals haben wir beide erst Pädagogik studiert, und dann sind wir beide zur Germanistik übergewechselt. Eigentlich ist Gerhards literarischer Einfluß auf mich über Gedichte gegangen. Am Anfang mit Rilke ...
Gerhard Wolf: Da waren auch Kassandra-Gedichte dabei.
Christa Wolf: Die du selber geschrieben hast?
Gerhard Wolf: Ja.
Christa Wolf: Ich glaube überhaupt, daß Gerhards Einfluß auf meine Arbeit größer ist als mein Einfluß auf seine. Wenn ich etwas schreibe, reden wir vorher viel darüber. Erstens verstehe ich im Reden allmählich besser selbst, was ich will. Ich werde durch seine Reaktionen immer mehr hineingetrieben in das, was ich will, weil er sehr gut weiß, was ich will. Wenn eine Sache fertig ist, ist er natürlich der erste, der es liest. Es gibt einen Familiensketch von meiner jüngeren Tochter, die Regisseurin wird. Einmal hat sie aufgeführt: Vater liest Mutters Manuskript, und umgekehrt: Mutter liest Vaters Manuskript, wie unterscheidet sich das? Sie stellt dar, wie er, vollkommen hineingewühlt in die Sache, Mutters Manuskript kritisch beurteilt, als ob es sein eigenes wäre, wie er es mir sozusagen ganz kritisch um die Ohren haut

und zerfetzt. Wenn ich am Ende sage, „Was soll ich nun machen, es ist alles ja ganz furchtbar!", dann sagt er, „Wieso, es ist doch sehr gut ... es sind nur noch diese paar Kleinigkeiten auf jeder Seite." Und umgekehrt, ich lese sein Manuskript: ich sitze im Sessel und lese ganz still, ich sage überhaupt nichts. Er umrundet mich wie ein Tiger oder geht in sein Zimmer, kommt nach ganz wenigen Minuten und guckt mir über die Schulter. Dann geht das ganz anders von mir aus, ganz ruhig und vorsichtig. Aber er sagt mir mehr zu meinen Sachen als ich ihm zu seinen. Ich habe mehr davon. Das ist sozusagen ein inneres Psychogramm.

Henry Schmidt: Können wir das einmal von Gerhards Seite hören?

Gerhard Wolf: Ich bin ja ein alter Lektor. Da ich Literatur so bewundere, ist bei mir die Schreibhemmung, fiktiv zu schreiben, so groß, daß diese Schwelle fast nicht überbrückbar ist.

Christa Wolf: Man muß schon ein bißchen crazy sein, um wirklich zu schreiben.

Gerhard Wolf: Ich kann mich, glaube ich, sehr in andere Texte hineinversetzen.

Christa Wolf: Er macht es auch bei anderen, nicht nur bei mir. Dann hat er oft ermöglicht, daß ich schreiben konnte, indem er sehr viel gemacht hat, was sonst traditionell eine Frau in einer Ehe mit zwei Kindern machen müßte.

Helen Fehervary: Ich glaube, ihr wart damals beide als Kritiker tätig?

Christa Wolf: Ja, ich habe Kritiken geschrieben – im falschen Sinne. Ein Kritiker, der Bücher nach einem bestimmten Maßstab beurteilt. Das habe ich dann mit Entsetzen sein gelassen.

Helen Fehervary: Aber du hattest schon damals das Gefühl, du müßtest dich anders ausdrücken?

Christa Wolf: Ja, irgendwie anders ausdrücken, aber die Germanistik, die wir beide studiert haben, hat mich, glaube ich, um Jahre zurückgeworfen.

Gerhard Wolf: Wir haben diese Lukácsschen Theorien sehr verinnerlicht.

Christa Wolf: Die Germanistik und die marxistische Philosophie – das letztere möchte ich nicht missen – haben damals in ihrer ziemlich dogmatischen Weise meinen Schreibanfang um Jahre verzögert. Weil sie mir meine Unmittelbarkeit des Erlebens genommen haben. Das ist eigentlich erst mit „Christa T." wieder aufgebrochen. Im „Geteilten Himmel" fängt es an, aber der wirkliche Aufbruch, wo die Dämme brechen, war bei „Christa T."

Gerhard Wolf: Für mich war die Verbindung von Werk und Autor immer sehr interessant. Das habe ich aber lange verdrängt. Ich habe die üblichen Kritiken geschrieben, bis mich eigentlich das wirklich Schöpferische eines Werkes so interessiert hat, daß ich mich gelöst habe von den konventionellen Arten, Kritiken zu schreiben.

Christa Wolf: Zuerst habe ich im Schriftstellerverband in der Abteilung für junge Literatur gearbeitet, dann war ich in der Zeitschrift Neue Deutsche Literatur als Redakteurin. Danach war ich ein Jahr lang Lektor im Verlag Neues Leben. Die ganze Zeit hatten wir beide, jeder auf seine Weise, Kontakt mit jungen Autoren, deren Manuskripte wir beurteilen mußten. Sie waren dauernd um uns herum. Da mußte man sich immer in einem politischen Umfeld behaupten, auch in einer manchmal sehr scharfen politischen Kritik. Das führte zu enger Verbundenheit – nicht zu verstehen als Bündnis gegen die Umwelt.

Helen Fehervary: Für uns ist das wirklich ein beneidenswerter Prozeß. Wir im Westen sind gezwungen, uns individuell zu behaupten. Bei uns arbeitet man entweder ganz allein oder im „Team". Dieses Sich-Ergänzen von zwei Menschen, das ich bei euch sehe, ist vielleicht ein dritter Weg.

Christa Wolf: Naja, es ist ein glücklicher Zufall, daß es so gekommen ist.

Gerhard Wolf: Das ist normal.

Christa Wolf: Es sollte normal sein, wir empfinden es

eigentlich als normal. Aber ich könnte mir eine Arbeit ohne sein Dabeisein sehr schwer vorstellen, weil ich mich dann viel unsicherer fühlen würde. Wenn ich ein Manuskript fertig habe, dann gibt mir sein Urteil darüber eine Sicherheit. Es geht nicht hinaus, bevor er sagt, „ja, das kann ein anderer sehen".

Henry Schmidt: Inwiefern ist Literaturkritik nützlich, inwiefern kann sie nützlich sein? Schon vor zwanzig Jahren hast du, Christa Wolf, über Literaturkritik geschrieben, daß sie gewöhnlich an höhere Instanzen gerichtet wird und daß der Kritiker sich immer als Kritiker beweisen muß. Gibt es Kritiker, von denen du viel gelernt hast, oder gibt es einen Stil, wo du meinst: das ist ein Diskurs, damit kann ich ein Gespräch führen?

Gerhard Wolf: Ich glaube, wenn die Kritik wirklich übergeht in das, was man im besten Sinne Essay nennt, wo der Autor seine Problematik mit einbezieht. Ein Beispiel wäre Hans Mayers „Außenseiter", wo er zum ersten Mal seine verborgene Lebenshaltung an exemplarischen Figuren darzulegen versucht. Er will nicht wie in einer anderen Arbeit, zum Beispiel über Thomas Mann sprechen, sondern das ist ein Buch, das über seine literaturkritische Funktion, die er sonst bewußt eingenommen hat, hinausgeht.

Christa Wolf: Ich glaube, daß die reine Werkkritik oft eine Fehlentwicklung ist: die Kritiker nehmen ein Buch her wie ein Objekt – so wie die Naturwissenschaftler irgendein zu untersuchendes Objekt. Aber gerade *dieser* Wissenschaftsbegriff ist auf Literatur ganz sicher nicht anzuwenden. Wenn also die Kritiker sich nicht entschließen können, die Subjektivität, die in dem Buch sich ausdrückt, mit in ihre Betrachtungen einzubeziehen, und sich selbst dazu in irgendein Verhältnis setzen, und zwar offen, dann wird das immer eine verklemmte Sache sein. Ich habe das gerade ganz deutlich bei den „Kassandra"-Kritiken gemerkt, wie da manche Kritiker sich vollständig verstecken hinter einer Pseudoobjektivität und wie ihre eigene persönliche Verklemmtheit als

Mensch und Mann und Literaturkritiker so aus jeder Zeile leuchtet, daß man nur lachen kann.
Gerhard Wolf: Die Germanisten spitzen ja nicht zu.
Christa Wolf: Sie versuchen gerecht zu sein.
Gerhard Wolf: Es kommen nicht sehr viel eigene Ideen, sondern es entsteht ein Geflecht ...
Christa Wolf: ... von Zitaten ...
Gerhard Wolf: Die eigenen Standortbestimmungen des Schreibens werden nicht deutlich.
Christa Wolf: Was aber nicht bedeutet, daß ich nicht von Germanisten lernen könnte. Es gibt jetzt in der DDR Germanisten, mit denen ich in Kontakt bin, die sich auf einen Autor einlassen, ohne daß sie sich etwa in Lob überschlagen würden.
Gerhard Wolf: Die Kritiker bei uns sind ja in der Zwangslage, dauernd einen ideologischen Offenbarungseid ablegen zu müssen, ob bewußt oder unbewußt.
Henry Schmidt: Hängt das nicht davon ab, daß die Literaturkritik unter einem Institutionszwang leidet? Sie will sich immer beweisen, als Journalismus oder Germanistik. Man schielt immer mit einem Auge auf die Institution.
Christa Wolf: Ja, selbstverständlich, es ist genau der Prozeß.
Gerhard Wolf: Oder man hat's verinnerlicht. Ich will nicht sagen, daß das unredlich ist. Man ist selbst davon völlig überzeugt.
Christa Wolf: Das ist keine Heuchelei. Aber das sind gerade die schlimmeren Fälle. Wer so davon überzeugt ist, daß es richtig ist, dieses Buch als Mittel zum Zweck zu benutzen, um sich selbst oder irgendeinen Ideologiebegriff oder literarischen Begriff zu beweisen, den kann man nicht unsicher machen in dieser Überzeugung. Da kann der Autor nichts weiter tun als sich davon fernhalten.
Susanne Pongratz: Wenn ein Autor eine persönliche Note einbringt, ist es viel schwieriger, ihn zu beurteilen.

Christa Wolf: Natürlich, dann werden die Urteile schwanken.
Helen Fehervary: Mich interessiert nicht in erster Linie, daß ich deine Erzählungen „einwandfrei" interpretiere, sondern daß ich mich an diesem Prozeß beteilige, den du durchmachst. Ich finde mich im Prozeß wieder, ich arbeite mit, ich versuche mitzudenken. An sich ist das ein Gespräch. Ich will dieses Netzwerk ...
Christa Wolf: ... um einen weiteren Knoten und eine weitere Masche erweitern. Das ist wirklich eine Art Zusammenarbeit, und das finde ich viel anregender als dieses Beurteiltwerden.
Gerhard Wolf: Wiederum befinden sich jetzt die klugen Kritiker, die sich dieses Zwiespalts bewußt sind, in einer heiklen Situation. Sie wollen den Autor nicht diskreditieren. Das heißt, es ist nicht gut zu sagen, was ein Autor in einer bestimmten Situation im Grunde angreift.
Christa Wolf: ... oder meidet.
Gerhard Wolf: ... oder auf welche Quellen er sich bezieht, weil sie vielleicht Tabus sind.
Helen Fehervary: Wo liegt denn bei euch die Grenze zwischen Kritik und Literatur? Können wir die Essays in den „Frankfurter Vorlesungen" Kritik nennen?
Christa Wolf: Kritik ist es eigentlich nicht. Wenn ich ein Nachwort zu Ingeborg Bachmann schreibe, reicht es näher an Kritik heran. Bei den „Frankfurter Vorlesungen" hatte man erwartet, daß es näher an Poetik heranrückt, was natürlich auch nicht passieren konnte. Ich schreibe keine Kritik mehr. Ich sage damit nicht, daß Kritik keine Funktion hätte, ganz im Gegenteil. Ich würde mir eine Kritik vorstellen, die eine ehrliche Vermittlung zwischen Autor und Leser versucht, ohne Diffamierung des Autors – was natürlich eine Kritik im engeren Sinne einschließt.
Gerhard Wolf: Wie zum Beispiel Benjamins Kommentare zu Gedichten von Brecht, wo der Kommentator drei oder vier Dimensionen herausarbeitet – das sind ganz große Interpretationen.

Christa Wolf: Ein Gegenbeispiel wäre die Kleistinterpretation von Lukács, der aus einem ganz bestimmten historischen Kontext heraus Kleist zum Vorläufer des Irrationalismus, also des Faschismus macht.
Helen Fehervary: Er objektiviert ihn. Bei Benjamin spürt man eher, das ist auch Benjamins Problematik. Er arbeitet mit an dieser Problematik.
Henry Schmidt: Lukács geht an die Sache *a priori* heran. Er weiß schon genau, was er beweisen möchte. In der Kritik, von der wir reden, wird der Prozeß des Ausarbeitens im Schreiben selbst klar.
Gerhard Wolf: Lukács hat feste ästhetische Regeln im Kopf, und er beurteilt das jeweilige Beispiel, wieweit es dieser Ästhetik entspricht und wieweit nicht.
Helen Fehervary: Und auch als Subjekt ist Lukács intakt.
Christa Wolf: Ja, er behält eigentlich immer diese Pose des Lehrers.
Helen Fehervary: Ihr meint also, wir Kritiker sollen die Autoren nicht von oben herab behandeln – und auch nicht von unten.
Christa Wolf: Ja, gleichberechtigt. Das ideale Verhältnis zwischen einem Kritiker und einem Autor wäre eine Art von Kongenialität, die aber wahrscheinlich sehr selten anzutreffen sein wird. Ich finde es ehrlich, wenn ein Kritiker sagt, dieses Buch oder Stück hat mich sehr beeindruckt oder kalt gelassen. Nicht, daß man sagt, ein Gedicht wie dieses muß jeden so und so beeindrucken. Das ist unehrlich. Um die Problematik zu verdeutlichen: Ich hatte ein Nachwort zu Kleists „Penthesilea" zu schreiben, und das konnte auf einmal mit meinen Vorgeschichtsrecherchen zu „Kassandra" zusammenhängen. Ich kam plötzlich auf Motive, die Kleist dazu geführt haben, gerade in einer Frau seine Probleme auszudrücken, ganz anders als etwa im „Prinzen von Homburg". Mich interessiert immer das Subjekt, das hinter dem Geschriebenen steht.
Helen Fehervary: Ich würde aber nicht versuchen, anhand eines Buches die persönlichen Motivationen eines le-

benden Autors herauszuziehen. Das finde ich barbarisch, das ist voyeuristisch, da schlachtet man einen Menschen aus.

Christa Wolf: Ja, diese Art der Diskretion finde ich gut, und ich würde sie auch auf vergangene Autoren anwenden. Im „Penthesilea"-Aufsatz stelle ich direkt die Frage: Soll man Kleists Geschichte als Mann jetzt hemmungslos ausgraben und darüber *expressis verbis* sprechen, was er so sorgfältig versteckt hat in „Penthesilea"? Das betrifft auch meine Arbeit an der Figur der Kassandra. In der Beschäftigung mit den frühen Kulturen ist ein Schock auf mich gekommen, daß Frauen seit dreitausend Jahren in unserer Kultur keine Stimme haben. Jetzt habe ich an die erste Stimme angeknüpft, die uns überliefert ist und habe versucht, die ganze männliche Überlieferung, die auf diese Stimme gelegt wurde, abzukratzen. Nämlich: Seherin, und man glaubt ihr nicht, weil der Gott Apoll ihr die Glaubwürdigkeit genommen hat. Ich fragte mich, wie kann es wirklich gewesen sein unter den sozialen Bedingungen, unter denen eine solche Frau gelebt haben kann und sicherlich gelebt hat. Das war mein Prozeß der Entmythologisierung: die Entfremdungssyndrome aufzulösen, die das Patriarchat auf jede weibliche Stimme dieser Kultur gelegt hat. So konstituiere ich selbst wieder eine Figur aus meiner Erfahrung, daß in der heutigen Zivilisation jede Frau, wenn sie versucht, in den gegebenen Institutionen tätig zu werden, zum Objekt gemacht wird. Ob es dafür eine Hilfe gibt und daraus einen Ausweg: das sind meine Hauptfragen in meinem jetzigen Lebensalter. Ich bin jetzt endlich soweit, daß ich mir diese Fragen stelle und nicht mehr in ihnen ertrinke, weil sie mir nicht bewußt sind. Das ist also die innere Fabel hinter der Kassandra, wobei es mir natürlich sehr wichtig war, sie möglichst „wirklich" in ihre Zeit hineinzustellen – soweit ich sie mir vorstellen konnte. Ich wollte ihr keine Gewalt antun, wie auch nicht Kleist und Günderrode.

Gerhard Wolf: In der DDR findet man heute viel mehr

Traditionsbewußtsein als in der BRD. Unsere Lyriker beziehen sich ganz bewußt und direkt auf Klopstock, auf Hölderlin. In unserem „Märkischen Dichtergarten", zum Beispiel in den Ausgaben von Ewald von Kleist, Anna Louisa Karschin und F. W. A. Schmidt, versuchen Günter de Bruyn und ich, eine Literaturtradition wieder aufleben zu lassen, die verschüttet und in manchen Fällen fast vergessen ist.

Helen Fehervary: Welche Tradition ist das?

Gerhard Wolf: Ausgangspunkte waren die im preußischen Bereich existierenden Literaturströmungen und -ansätze, die nicht zu Gipfelleistungen führten. Bei uns ist die Klassik eigentlich eine Pyramide – man kennt nur die Spitze, Goethe und Schiller. Darunter liegt eine unheimliche Breite von Strömungen, die bis in die gegenwärtige Literatur der DDR hineinreichen.

Henry Schmidt: Das scheint eine Erweiterung des Brechtschen Erbebegriffs zu sein – eine Volkstümlichkeit, die Brecht selbst nicht kannte oder sogar ablehnte, nicht wahr?

Christa Wolf: Diese Bemühungen stehen gar nicht mehr in einem Zusammenhang mit Brecht, auch nicht in einem Widerspruchszusammenhang. Es ist neu, daß sich nicht mehr alles, was in der DDR an Literatur oder an Aufarbeitung von Literatur entsteht, auf Brecht oder Seghers oder Becher oder Lukács bezieht, sondern es sind schon eigene Traditionen innerhalb der DDR-Literatur entstanden.

Helen Fehervary: Dazu wird aber in der westlichen Germanistik immer wieder gesagt: die siebziger Jahre stehen in der DDR unter dem Zeichen einer „neuen Subjektivität", was oft ahistorisch und apolitisch verstanden wird.

Gerhard Wolf: Nein, da müßte man genau beschreiben, was diese Subjektivität für den einzelnen bedeutet, wenn er jetzt wieder „ich" sagt. Wie zum Beispiel Volker Braun, der plötzlich ganz bewußt „ich" sagt, gegen sein kollektives „Wir" vorher.

Christa Wolf: Auch Heiner Müller hat gesagt: „Man kann jetzt nicht mehr schreiben, ohne sich selbst als Autor einzubringen." Daß es gerade in dieser Zeit geschieht, hat historische Gründe. Die Autoren tun das nicht im Gegensatz zur Geschichte, sondern es ist wieder eine neue Art, sich der Geschichte zu nähern und sich mit ihr auseinanderzusetzen.

Gerhard Wolf: Wenn von Subjektivismus die Rede ist, kann der DDR-Autor es nicht als Ich-Bezogensein verstehen, denn der gesellschaftliche Kontext ist übermächtig. Es wurde höchste Zeit, daß man einmal definierte, was das Ich im Verhältnis zur Gesellschaft bedeutete. Da versucht man sich auch nach rückwärts zu versichern. Zum Beispiel der berühmte Satz bei Bobrowski: „Wie muß eine Welt für ein moralisches Wesen beschaffen sein?" Man wußte nicht, wo dieser Satz herkommt, nämlich aus Hölderlins Systemprogramm, das er zusammen mit Schelling und Hegel geschrieben hat.

Christa Wolf: Das nahm Bobrowski auf, und andere haben dann an Bobrowski angeknüpft. Über ihn sind wir dann schon am Anfang des neunzehnten Jahrhunderts. Diese Bezüge sind sofort immer so stark da, daß man ein ganzes Geflecht andauernd in der Hand hat, wenn man einen Text nimmt.

Helen Fehervary: Im Westen gibt es jetzt eine Anti-Aufklärungsrichtung. Neuere Tendenzen in der DDR-Literatur werden immer wieder herangezogen, um diese Richtung zu legitimieren. Aber um beispielsweise die politische Entwicklung der Frauen zu verstehen und zu beschreiben, sind die Ideen der Aufklärung immer noch sehr wichtig. Man sagt heute: „Christa Wolf geht zurück zur Romantik." Das wird häufig als Anti-Aufklärung verstanden.

Christa Wolf: Das ist eine sehr undialektische Sicht, sowohl auf die Literaturgeschichte wie auf die Rezeption von Geschichte bei einem Autor. Erstens sind weder Sturm und Drang noch Romantik, jedenfalls die Frühromantik, antiaufklärerisch: man kann sie auch als Zweige der Aufklärung verstehen. Die jungen Romantiker sind die nachrevolutionäre Generation. Nachdem die Ideen der Französischen Revolution nicht gesiegt haben und in Deutschland importiert worden sind, muß sich die neue Generation damit auseinandersetzen – nicht wie die Klassiker, die noch in der Utopie leben konnten. Zweitens ist es bei mir keine Polemik gegen die Aufklärung. Wenn ich polemisiere, dann polemisiere ich gegen die ausschließliche Herrschaft der Ratio und des Wissenschaftsbegriffs, wie er sich im neunzehnten Jahrhundert entwickelt hat. Der Positivismus und der reine Rationalismus sind die Grundlage für bestimmte Fehlentwicklungen, die heute bis zu der ungeheuren Kriegsgefahr führen, in der wir uns befinden. Meine Hauptarbeit der letzten Jahre ist, mich damit auseinanderzusetzen: was hat unsere Zivilisation an den Rand der Selbstzerstörung gebracht? Einer der Gründe ist die absolute Ausschaltung alles Nicht-Rationalen aus dem Fortschrittsbegriff – ich sage nicht Irrationalen, denn das ist im Deutschen mit so viel Negativem belastet. Solange der technische Fortschrittsbegriff als der höchste Wert der Zivilisation gilt, was ich besonders hier in Amerika sehr eindrücklich empfinde, sehe ich keine Möglichkeit, das zu ändern.

Henry Schmidt: Wir müßten unterscheiden zwischen Aufklärung im geschichtlichen Sinne und Aufklärung als Wirkung auf gegenwärtige Leser.

Christa Wolf: Ja, die Aufklärungspose – nicht im negativen Sinne – hat wahrscheinlich zuletzt Brecht gehabt. Aber in der Zeit, als wir Studenten waren, wurde Brecht von den marxistischen Germanisten kritisiert.

Helen Fehervary: Von Lukács' Standpunkt aus?

Gerhard Wolf: Ja, und von denen, die die Gesellschaftsgeschichte der Klassik gerade neu erforscht hatten. Sie machten aus Goethe einen großen Gesellschaftskritiker.

Helen Fehervary: Das war aber eine konservative Tendenz.

Christa Wolf: Ja, aber diese Seminare hatten auch für uns sehr viel Progressives, zum Beispiel die Bekanntschaft mit dem Sturm und Drang. Nicht die Romantik, sondern der Sturm und Drang war damals lange Zeit für mich *das* Literaturmodell. Die Romantik war für mich genauso konservativ, wie man sie uns dargestellt hat, weil ich sie nicht kannte. Der junge Goethe war lange Zeit der, zu dem ich aufblickte – seine Gedichte und der „Werther". Zu Brecht hatte ich danach eigentlich eine positive Haltung, und erst viel später habe ich begriffen, daß Brecht auf mich als Autorin überhaupt keinen Einfluß gehabt hat, daß ich mich nie mit ihm auseinandergesetzt habe, weder positiv noch negativ, was ja auch ein Urteil ist.

Henry Schmidt: Du schreibst ausschließlich Prosa. Warum keine Lyrik oder kein Drama?

Christa Wolf: Ich habe Prosa für mich als die intimste Form empfunden; Lyrik zu schreiben, steht mir nicht frei. Ich habe kein lyrisches Talent.

Henry Schmidt: Warum schreiben Frauen überhaupt selten Dramen?

Christa Wolf: Man hat das Problem, die Figuren aus sich herauszustellen, ganz zu objektivieren und in eine Konstruktion zu bringen.

Helen Fehervary: Drama hat ja auch unmittelbar mit der Staatsform zu tun.

Christa Wolf: Es ist stark institutionalisiert. Man müßte das durchbrechen können.

Gerhard Wolf: Als modernes Medium hat man den Film, bloß müßte man selbst Regisseur sein, der eigentliche Schöpfer der Figuren.

Christa Wolf: Ja, Film würde mich interessieren.

Henry Schmidt: Da du jetzt so eine breite Wirkung hast, glaubst du, daß du als ein Vorbild schreiben mußt, besonders für andere Schriftstellerinnen? Fühlst du dich manchmal gehemmt von dieser Verantwortung, da du jetzt schon sozusagen zu einer Klassikerin geworden bist?

Christa Wolf: Nein, daß ich zu einer Klassikerin geworden bin, halte ich für ganz abwegig. Ich habe den Eindruck, daß ich am Anfang bin. Das ist keine Koketterie; ich denke wirklich, daß ich meine Hauptsache erst formulieren muß. Immer, wenn ich etwas formuliert habe, habe ich den Eindruck, jetzt habe ich einen bestimmten Abschnitt meiner Entwicklung formuliert. Dann weiß ich ganz genau, daß ich das in ganz kurzer Zeit als eine fremde Haut empfinden werde, die von außen und von innen abgerissen werden wird. Ich wollte damit nur sagen: Alles Geschriebene ist vorläufig. Insofern sehe ich mich überhaupt nicht als Vorbild für andere. Ich erlebe in den letzten Jahren, daß ich mich mit jüngeren Schreiberinnen in einer Diskussion befinde und daß ich von ihnen bestimmt genausoviel lerne oder aufnehme wie sie von mir. Eine große Gefahr besteht darin, weniger bei schreibenden Frauen als bei Frauen überhaupt, daß sie einen Mythos oder eine Mutterfigur suchen und daß sie nun dazu neigen, mich dafür zu greifen. Das ist sehr unangenehm und ziemlich schädlich für beide Seiten. Dem versuche ich mich zu entziehen. Die literarische Wirkung ist eine Aura, die ich versuche, einfach nicht wahrzunehmen.

Helen Fehervary: Aber ganz konkret, was Frauen als Leser betrifft: Frauen haben nicht dasselbe Verhältnis zum Erbe wie Männer. Das heißt, es gibt überhaupt einen Bedarf an Literatur für Frauen. Das Gefühl, daß hier jemand das Leben von Frauen vermittelt, ist ein Ausdruck eines realen Interesses.

Christa Wolf: Das ist die positive Seite der Sache, aber die mehr hemmende ist, daß man jemanden auch festzulegen versucht, und in dem, was ich schreibe oder wie ich bin, Perfektion zu finden hofft. Dieses Bedürfnis kann man sich geschichtlich erklären, nur ist es bestimmt nicht produktiv.

Helen Fehervary: Warum ist es gerade Christa Wolf, eine Schriftstellerin aus der DDR, die eine „gesamtdeutsche" Funktion erfüllt?

Henry Schmidt: Kann das einfach Zufall sein?
Christa Wolf: Das Merkwürdige bei uns Deutschen nach dem Krieg ist, daß jeder von uns zweimal existiert: in dem Land, in dem er geboren wurde, und in dem Land, in das er oft durch Zufall hineingeraten ist. Denn wir gehören zu den sechs bis zwölf Millionen Umsiedlern aus den ehemals deutschen, heute polnischen Gebieten. Wohin diese Leute geraten sind, war zunächst einmal zufällig; der Trend war, nach Westen zu gehen, aber sehr viele sind einfach hängengeblieben in dem Gebiet östlich der Elbe. Meine Familie und ich sind dort geblieben, und ich wollte dann auch nicht mehr weg, nachdem ich anfing, mich politisch zu interessieren. Trotzdem gibt es für jeden von uns eine mögliche andere Biographie. Gerhard, der zu Kriegsende auf dem jetzigen Gebiet der Bundesrepublik war, hätte dort hängenbleiben können, obwohl er Thüringer ist, und er hätte eine andere Biographie gehabt. Ich hätte über die Elbe gehen können und hätte eine völlig andere Biographie gehabt. Man muß wissen, was es bedeutet, im Faschismus aufgewachsen zu sein und später zu schreiben; was einem alles in der Kindheit zerstört worden ist und was man mühsam wieder in sich wachsen lassen muß. Was unsere Generation nicht mehr hatte oder haben konnte: eine souveräne Haltung zur Geschichte und zu ihren Katastrophen. Ich weiß, daß ein Teil meines Zwanges zu schreiben aus der Reibung mit dem Problem der DDR kommt. Diese Reibung ist stark; sie hat sehr starke Konflikte und dadurch auch offenbar starke Kreativität freigesetzt.
Gerhard Wolf: Diese Reibung ist den Autoren viel bewußter, weil sie viel direkter ist.
Christa Wolf: Wie es in der Bundesrepublik gewesen wäre, welche Art Reibung mich dort zum Schreiben gebracht hätte, weiß ich nicht. Inwiefern mich mein Leben in der DDR dazu prädestiniert, etwas auszudrücken, was auch in der Bundesrepublik verstanden wird, weiß ich auch nicht. Andere Autoren wie zum Beispiel Sarah

Kirsch, die aus der DDR weggegangen ist, sind auch in beiden Teilen Deutschlands verständlich. Wir aus der DDR hatten eine Vision, eine Utopie ...

Gerhard Wolf: ... und aus diesem Zusammenstoß von Utopie und Wirklichkeit ...

Christa Wolf: ... da sprühen ganz schön Funken. Wenn man nicht zerstört wird, dann gibt es kreative Funken.

Susanne Pongratz: Kann man sagen, daß die Erfahrung insbesondere der Frauen im Westen und im Osten ähnlich ist, weil sich die beiden Systeme von dieser Perspektive aus eher gleichen?

Christa Wolf: Nein, gerade die Erfahrung der Frauen ist sehr unterschiedlich in der DDR und der Bundesrepublik. Die Systeme gleichen sich insofern, als es sich in beiden Fällen um patriarchalische Gesellschaften handelt. Aber bei uns ist die Generation von Frauen, zu der ich gehöre, von Anfang an gleichberechtigt in den damaligen Aufbauprozeß einbezogen worden. Es war eine Vereinnahmung dabei, indem wir das Gleiche tun konnten wie ein Mann. Obwohl wir wahnsinnig arbeiten mußten, erschien uns das als erstrebenswert, und erst seit zirka zehn Jahren fangen wir uns an zu fragen: Wollen wir das überhaupt? Das bedeutet aber, daß eine gewisse ökonomische Entwicklung nötig ist, um diese Frage hervorzubringen. Daß die ökonomische und juristische Gleichberechtigung einfach im Gesetz verankert war, das machte die Entwicklung und das Selbstbewußtsein von Frauen in der DDR und in der Bundesrepublik sehr verschieden. Seit 68 kam dann ein Prozeß, wo die Frauenbewegung in der Bundesrepublik mit ihren Fragestellungen sehr auf intellektuelle Frauen in der DDR wieder zurückgewirkt hat und Fragen aufgeworfen hat, die wir uns noch nicht gestellt haben. Mir scheint, daß in den USA, sowenig ich das beurteilen kann, ein Teil der inneren Unsicherheit von Frauen, selbst solchen, die sehr erfolgreich sind, auf dieser mangelnden ökonomischen Gleichberechtigung beruht. Das ist eine unverzichtbare Voraussetzung dafür, daß Frauen ihre eigenen Fragen formulieren können.

Henry Schmidt: Wenn aber die ökonomische Basis da ist, dann hört es bei manchen Frauen erst einmal auf, daß sie sich für diese Fragen interessieren, weil Anpassung dann das Wichtigste ist.

Christa Wolf: Ja, der Anpassungsdruck ist sehr stark. In den fünfziger und sechziger Jahren war das auch bei uns so. Heute wollen viele Frauen wirklich anders sein als Männer, und sie stellen dieser Männergesellschaft Fragen, die sehr unangenehm sind und die sie sehr abwehrt. Die Männer ziehen das ganze Register auf, womit sie immer versucht haben, Frauen unmöglich zu machen: von der Diffamierung und der Lächerlichmachung bis zur direkten Unterdrückung ihrer Äußerungen. Damit müssen wir einfach rechnen.

Susanne Pongratz: Zum Einfluß der westlichen Frauenbewegung auf die DDR: in welcher Form wird das diskutiert?

Christa Wolf: Diskutiert wird es eigentlich wenig; es wird diskutiert in Kreisen von Frauen, die sich treffen. Aber ich merke es an Leserbriefen, daß es nicht so wenige sind. Frauen, von denen man es wegen ihres Alters oder ihres Lebensmilieus nicht erwarten würde, zeigen plötzlich eine Sensibilität für Sachen, die sie in meinen Büchern finden.

Helen Fehervary: Man weiß hier sehr wenig von der Wirkung deiner Bücher in der DDR.

Christa Wolf: Die letzten Bücher seit „Christa T." sind in der DDR in den Medien wenig diskutiert worden, wohl aber in Lesungen und in halboffiziellen Veranstaltungen und privaten Kreisen. Die Wirkung lief oft unter der Oberfläche. Sie ist sehr intensiv; ich habe über mangelndes Echo nie zu klagen gehabt. Ich habe mich auch deshalb in den Zeiten, in denen mein Name nicht öffentlich genannt wurde, nie isoliert gefühlt.

Mai 1983

Ursprünge des Erzählens

Gespräch mit Jacqueline Grenz

Jacqueline Grenz: Mit der Erzählung „Kassandra" und den vier Frankfurter Vorlesungen („Voraussetzungen einer Erzählung") legen Sie zu dem Thema „Kassandra" einen Komplex vor, der sowohl prosaistische als auch essayistische Äußerungen enthält. Eine solche Parallelität gab es bereits bei „Nachdenken über Christa T." und dem Essay „Lesen und Schreiben" und wieder bei „Kein Ort. Nirgends" und dem Text zu Karoline von Günderrode, während die essayistischen Äußerungen als Nachdenken über die Schwierigkeiten „die Arbeit des Gedächtnisses zu beschreiben" in die „Kindheitsmuster" gewissermaßen integriert worden waren. Wie kam es in dem Fall des Kassandra-Stoffs wieder zu dieser Parallelität? In welchem Verhältnis sehen Sie Vorlesungen und Erzählungen zueinander?

Christa Wolf: Der direkte Anlaß zum Schreiben der „Voraussetzungen einer Erzählung" war eine Aufforderung, an der Universität Frankfurt am Main Poetik-Vorlesungen zu halten. Vor mir haben dort in den sechziger Jahren Autoren wie zum Beispiel Heinrich Böll oder Ingeborg Bachmann gesprochen und nach einer Pause Anfang der siebziger Jahre Schriftsteller wie Adolf Muschg, Peter Bichsel, Günter Kunert, Wolfgang Koeppen. Dieses Unternehmen heißt „Poetik-Vorlesungen", aber mir ging es nicht darum, eine Poetik zu liefern. Da ich gerade an dem Kassandra-Stoff arbeitete, bot es sich an – und war mir selber auch interessant –, mir die Entstehung dieser Erzählung bewußt zu halten, etwas genauer, als ich es sonst getan hätte, auf den Prozeß dieser Entstehung zu achten, auf die verschiedenen Stadien der Entwicklung des Stoffes, auf das Material, auch auf meine eigenen Überlegungen. Vieles davon verschwindet sonst wieder im Ungewußten. Und trotzdem: Die vier Vorlesungen, die jetzt vorliegen, sind nur die Spitze des Eisbergs, das, was sich herauskristallisiert hat, Bruchstücke dessen, was dieser Stoff in mir bewegt hat. Vielleicht aber deshalb wichtig, weil das zu bewältigende Material noch umfangreicher war, als bei „Kindheitsmuster".

Jacqueline Grenz: In der dritten Vorlesung, die die Form eines Arbeitstagebuchs hat, gibt es eine Eintragung, die folgendermaßen lautet: „Meteln, 21. Juli 1981: Erzähltechniken, die ja in ihrer jeweiligen Geschlossenheit oder Offenheit auch Denk-Muster transportieren. Empfinde die geschlossene Form der Kassandra-Erzählung als Widerspruch zu der fragmentarischen Struktur, aus der sie sich für mich eigentlich zusammensetzt. Der Widerspruch kann nicht gelöst, nur benannt werden." – Zu diesen Sätzen hätte ich gleich ein ganzes Bündel von Fragen: Welche Erzähltechniken meinen Sie hier? Welche Denk-Muster transportieren sie? Was ist gemeint mit der „geschlossenen Form" der Kassandra-Erzählung?

Christa Wolf: Was sich unter „Erzählen" in der abendländischen Literatur herausgebildet hat, ist – glaube ich – nur *eine* von einer Reihe von Möglichkeiten, ein Ereignis oder eine Kette von Erfahrungen zu transportieren. Wir haben uns nur daran *gewöhnt*, daß so erzählt wird, wie es Homer angefangen hat: mit einem Anfang, mit einem Höhepunkt, mit einem Schluß, mit den entsprechenden Peripetien, den Schicksalsentwicklungen und neuerdings auch mit der entsprechenden Psychologie. Diese Erzählung aber habe ich eigentlich nicht im Sinne von Homer konzipiert: Ich sah sie nicht als eine geschlossene Geschichte, sondern als ein Muster, als ein Gewebe, und mir war bewußt, daß ich in diesem Fall das lineare Erzählen aufgeben mußte. Dies wiederum ist sehr schwierig, weil das Erzählen in der Zeit geschieht und weil die Zeit eben diese lineare Struktur hat. Anders gesagt: Die Form des Gewebes, des gleichzeitigen Zeigens von vielen Fäden, die zusammen ein Muster ergeben, ist erzählend nicht zu bewältigen, erzählt wird immer hintereinander, nacheinander. Nun, das ist nichts Neues.

Das ist der eine Punkt. Der andere ist die Geschlossenheit dessen, was sich ereignet – oder ob man überhaupt von dem ausgeht, was sich ereignet. Ob man nicht eher von dem ausgeht, was ein bestimmter Mensch erlebt oder was eine Gruppe von Menschen aneinander und miteinander erfährt. Dazu kann ein Ereignis – hier z. B. der troianische Krieg – hilfreich sein, unbedingt erforderlich ist es aber nicht. Es ist nicht die Hauptsache. Aber, wenn man es schon hat, zeigt es die Tendenz, den Stoff zu organisieren, auf eine gewisse Geschlossenheit hin. Andererseits: Die Struktur der Vorlesungen, in denen ich Unterschiedliches ausprobiere, die nicht mit der Erzählung korrespondieren, hilft, die Geschlossenheit aufzubrechen. Die Sprache und der Rhythmus der Erzählung haben sich beim Schreiben ergeben, in einem Prozeß, der immer zwingender wurde. Sie steht scheinbar als eine andere Art von Erzählkörper mehr für sich. Aber für den, der erkennt, daß die Vorlesungen und die Erzählung zusammen ein ästhetisches Gebilde darstellen, kann sich, glaube ich, nicht der Eindruck von „Geschlossenheit“ ergeben.

Jacqueline Grenz: Eines empfinde ich als merkwürdig: In dem Moment, in dem es einem „die Sprache verschlägt“ oder „verschlagen soll“, wie es in Ihrer Rede zum Büchner-Preis heißt, entsteht ein Gebilde mit sprachlicher Vollkommenheit, das bei mir eben diesen Eindruck der „Geschlossenheit“ hervorruft, der um so deutlicher wird, wenn ich an „Kein Ort. Nirgends“ denke, wo man überall das Verhaltene, die Schwierigkeit der Kommunikation spürt, oder auch an die „Kindheitsmuster“, in denen, wie ich meine, die Schwierigkeit des Sagens thematisiert wird. Diese Schwierigkeit zu sprechen gibt es bei „Kassandra" offensichtlich nicht. Ist das ein Teil des Widerspruchs?

Christa Wolf: Vielleicht auch. Ich habe nie gesehen, daß die Kassandra Schwierigkeiten haben müßte, ihre Erfahrung auszudrücken. Darin kann ihre Schwierigkeit nicht liegen. Sie kann nur nicht *handeln.* Aber ausdrücken, warum sie nicht handeln kann, das kann sie ohne Zweifel. Am Ende ihres Lebens kann sie ihre Erfahrung wie eine reife Frucht abpflücken (deshalb übrigens sehe ich sie auch nicht als gescheitert). Ihr Bewußtsein bis zum Schluß bewahren, das ist ihr Vorsatz, und das bedeutet auch, daß sie formulieren kann, denn ohne Formulierung gibt es kein Bewußtsein. Darin habe ich nie ein Problem gesehen. Ich kenne Leute, die Ähnliches oder Schlimmeres erfahren und die es nach einer gewissen Zeit auszudrücken vermochten. Es handelt sich da, glaube ich, um keine prinzipielle Schwierigkeit. Zweifellos kann jemand verstummen, sprachlos werden. Stumm ist Kassandra allerdings auch. Sie spricht ja nicht . . .

Jacqueline Grenz: Sie spricht nicht zu jemandem . . .

Christa Wolf: Sie spricht nicht laut, sie *denkt,* und ich würde sie auch nicht *sprechen* lassen, das wäre unglaubwürdig, unmöglich. Aber ich kann sie wohl denken lassen, nachdenken über ihre Erfahrungen. Besser gesagt: Es denkt in ihr, sie kann es nicht abschalten, auch wenn sie es wollte. Ich sehe da einen sehr großen Unterschied.

Jacqueline Grenz: Ihr innerer Monolog ist aber sehr organisiert.

Christa Wolf: Es ist kein naturalistischer Monolog. Ich habe ihn organisiert, wie man jeden Stoff organisieren muß, weil er sonst eben nur Stoff bleibt. Den Unterschied zwischen einem organisierten und einem unorganisierten Stoff kann man in gewisser Weise spüren, wenn man Vorlesungen und Erzählung miteinander vergleicht. In den Vorlesungen habe ich manchmal die Geschichte nackt aufgeschrieben, als Fakt. In der Erzählung ist sie dann „organisiert". Wissen Sie, ich kann dazu nicht allzu viel sagen: Es unterliegt nicht mehr meinem Willen – und ändern kann ich es auch nicht mehr. Ich kann nur sagen: Es hat sich so entwickelt. Nachträglich kann man nur noch darüber reflektieren. Vielleicht ist es so, daß man mehr Form, mehr Organisation braucht, wenn der Stoff sehr zerreißend ist. „Kein Ort. Nirgends" empfinde ich übrigens auch als ungeheuer organisiert. Anders hätte ich es überhaupt nicht machen können – vielleicht ist das eine Erklärung. Form ist immer auch gleichzeitig Schutz gegen das Unorganisierte, Wilde, Zerstörerische der Konflikte, die mit dem Stoff aufkommen und ausgedrückt werden müssen. Und etwas, was der Leser verlangen kann: Aussondern des rein Zufälligen.

Jacqueline Grenz: In den „Kindheitsmustern", eigenartigerweise genau an der Stelle, an der sich Charlotte in eine „Kassandra hinterm Ladentisch" verwandelt, findet man die Bemerkung: „Form als Möglichkeit, Abstand zu gewinnen. Die niemals zufälligen, niemals beliebigen Formen des Abstand-Gewinnens." Könnte man sagen, daß die Form in der Kassandra-Erzählung zu einer Art geschlossener Perfektion kommt, weil gerade bei diesem Stoff die Notwendigkeit bestand, Abstand zu gewinnen?

Christa Wolf: Ich glaube, daß es damit zusammenhängt. Aber ich bin auch nicht der Auffassung, daß die Form in der Kassandra-Erzählung so „perfekt" ist, wie Sie sie empfinden. Ich würde bei jeder Lektüre wissen, wo die Brüche sind, wo nicht ausgeführt wurde, wo etwas offengelassen oder schweigend übergangen wurde. Als Beispiel solch unausgeführter Stellen könnte ich das Verhältnis der Kassandra zu Aineias nennen oder, mehr noch, die Strukturen, die sich zwischen den Frauen in den Bergen ergeben. Wo utopische Elemente einsetzen, ist nichts geschlossen, nichts zu Ende geführt. Hinter den Sätzen schimmert eine andere Möglichkeit des Daseins.

Jacqueline Grenz: Ist Panthoos eine der Figuren, die nicht voll ausgeführt wurden?

Christa Wolf: Panthoos bleibt Kassandra ein Rätsel. Sie kann ihn nicht vollständig durchschauen. Er ist für sie das Rätsel des Widerspruchs zwischen Überlegenheit, Überheblichkeit – und seiner Hilflosigkeit. Die Beziehung zwischen Kassandra und Panthoos ist eine ambivalente, nichts wird hier restlos aufgeklärt. Dies ist Absicht, in sich ausgeführt. Was Aineias angeht, so ist er mehr ein Umriß, ein Entwurf. Er tritt nicht oft auf, hat wenig Möglichkeiten, sich als Figur zu bewegen und rund zu werden. Er bleibt skizzenhaft, während andere Figuren viel genauer in ihren Motivationen ausgeführt werden – Polyxena z. B. – und es viel deutlicher wird, warum sie auf eine bestimmte Weise reagieren und handeln. Bei Aineias habe ich viel mehr vorausgesetzt, daher offengelassen. Es gibt eine Scheu des Erzählers gegenüber bestimmten Figuren und Beziehungen. Wie in jeder Erzählung haben die Figuren ihre Hierarchie, von den genau ausgeführten bis zu denen, die, zum Rand hin, immer mehr im Halbdunkel verschwinden, ja möglicherweise nur einmal auftreten. Es ist dies eine notwendige Ökonomie des Erzählens. Wenn man so erzählen könnte, wie ein Maler malt, daß man mit *einem* Blick ein Tableau erfaßt, dann hätte man alle Figuren gleichzeitig. Allerdings hätte man dann nicht ihre Bewegung, ihre Entwicklung. Die Entscheidung zwischen beiden Möglichkeiten muß beim Erzählen getroffen werden. Es ist dies auch ein Problem, das sich mir immer schärfer stellt. Ich kann mich nicht dazu entschließen, die Gleichzeitigkeit künstlich herzustellen durch bestimmte Formen, wie z. B. die Collage von Dokumenten. Für diesen Stoff wäre diese Form ohnehin undenkbar gewesen. Elemente davon finden sich allerdings in den Vorlesungen, und ich nehme an, daß die Erzählung anders aussähe, wenn es neben ihr nicht die Vorlesungen gegeben hätte. Dies ist sicher für Leser und Kritiker schwer zu bemerken.

Jacqueline Grenz: In der dritten Vorlesung sagen Sie: „Ich werde für die Erzählung, in der ich immer mehr eine Schlüsselerzählung sehe, viel mehr Zeit brauchen, als ich für das Lehrstück veranschlagt hatte, das mir am Anfang vorgeschwebt haben muß." Will man ein Lehrstück schreiben, so heißt es, daß man nicht nur Fragen aufwerfen will, sondern daß man auf die aufgeworfenen Fragen bereits von Anfang an Antworten parat hat, Lösungen, die nun durch das Lehrstück auf mehr oder weniger eindeutige Weise dem Leser oder Zuschauer mitgeteilt werden, auf daß sie ihn überzeugen. Das entstandene Werk scheint mir aber eher das Gegenteil dieser Haltung zu belegen.
Christa Wolf: Es ist das Gegenteil geworden. Am Anfang habe ich tatsächlich nichts anderes gewußt als die simple Tatsache, die jeder kennt, wenn der Name Kassandra genannt wird: Das war doch diese Troerin, die den Bewohnern von Troia vorausgesagt hat, daß die Stadt untergehen würde, und der keiner geglaubt hat. Daraus ergibt sich das einfache Fazit: Man glaubt den Menschen nicht, die „wissen" und die den anderen ihr Schicksal voraussagen. Das hätte ein Tendenz- oder Lehrstück – in Prosa natürlich und nicht für die Bühne – werden können. Ich bin aber durch die Bekanntschaft mit der Frühgeschichte und der Umgebung, in der Kassandra gelebt haben könnte, auf gänzlich anderes gekommen. Als ich Mykene sah, und Kreta, konnte ich mir die Landschaften vorstellen, in denen sie gelebt hat. Es war nicht Kleinasien, aber es war die Luft, es war der Himmel, es waren die Steine, die auch ihre Landschaft bildeten. Diese tiefe sinnliche Erfahrung drängte das Lehrstück zurück; der Fakt, daß sie voraussagte, ohne daß man ihr glaubte, wurde immer unwichtiger, und er kommt in der Erzählung tatsächlich kaum noch vor. Das, was ich dann schrieb, ist kein Gleichnis. Am ehesten ist es vielleicht der Versuch eines Modells. Die Erzählung hat nicht die Tendenz, etwas, was auch immer – und sei es auch etwas Kompliziertes –, zu beweisen. Dafür hat mich die

Figur der Kassandra zu sehr interessiert, ihre Widersprüchlichkeit zu sehr fasziniert.

Jacqueline Grenz: Wenn man aber an den virulenten Artikel von Wilhelm Girnus in Sinn und Form 2/1983 denkt, so sieht man, daß die Gefahr einer direkten Aktualisierung doch gegeben ist. Meinen Sie nicht?

Christa Wolf: Wilhelm Girnus hat nicht „aktualisiert". Es *ist* tatsächlich ein sehr aktueller Stoff. Jedenfalls hoffe ich, daß die Einheit Vorlesungen-Erzählung sehr aktuell ist. Aufs Korn genommen hat er die vierte Vorlesung, die in Sinn und Form veröffentlicht worden ist. Das, was er – abgesehen von seiner Kritik an vermeintlichen Irrtümern in der Geschichtsauffassung oder an sprachlichen Ableitungen – als Haupteinwand vorbringt, ist die Behauptung, ich würde die Klassenwidersprüche zurückdrängen, bzw. ignorieren – wenn nicht gar leugnen! –, um dafür den Widerspruch zwischen Mann und Frau als *den* Hauptwiderspruch darzustellen. Insofern denunziert er. Gegenüber der wirklichen Emanzipation der Frauen, die gerade erst begonnen hat und die auch in der DDR noch aussteht, gibt es viele Angst- und Abwehrreaktionen von Männern und Frauen; hier hat sich eine schriftlich fixiert, glaube ich. Oft handelt es sich um ein bewußtes, böswilliges Mißverstehen, manchmal allerdings auch um eine unbewußte Abwehr, um ein Erschrecken vor Möglichkeiten der Kritik, vor einem Anspruch von dem man nichts Gutes für sich selbst erwarten kann. Wer verzichtet schon gerne und kampflos auf Privilegien! Viel eher wird man Ausreden gebrauchen und zum Gegenangriff übergehen.

Jacqueline Grenz: Der Beitrag von Girnus ist in einem ungewöhnlich scharfen Ton gehalten. Mir scheint, daß diese Heftigkeit darauf schließen lassen kann, daß der Autor nicht nur auf die Frauenproblematik reagiert, sondern auf die – viel empfindlichere! – Verletzung eines Tabus. Ich glaube, Sie haben mit diesem Buch an dem Gebot des Optimismus um jeden Preis gerüttelt, was meines Erachtens die beinahe ausfallende Reaktion erklärt. In gewissem Sinne erinnert mich das an die Reaktion auf „Christa T.", ein Buch, dessen Thema – der Tod – auch tabu war und, glaube ich, noch weitgehend tabu ist.

Christa Wolf: Vielleicht war das Thema damals tabu. In den letzten zehn oder fünfzehn Jahren aber hat eine Entwicklung in der Literatur stattgefunden, und die Literatur ist schon ein Seismograph für das, was in einer Gesellschaft geschieht. Natürlich hat es einen tiefen Grund, wenn eine Gesellschaft den Gedanken an den Tod verdrängt. Jetzt spricht und schreibt man bei uns darüber, das Thema ist nicht mehr vollkommen tabu.

Jacqueline Grenz: Aber es war es damals. Und ich meine, mit „Kindheitsmuster" haben Sie ein weiteres Tabu verletzt, das der vollständig bewältigten Vergangenheit, so daß sich wiederum sehr heftige Reaktionen einstellten.

Christa Wolf: Es hat einige gestört, daß die Menschen, die in der Nazizeit in Nazideutschland gelebt haben, in diesem Buch nicht als Schwarz-Weiß-Typen dargestellt wurden. In diesem Fall geht es, glaube ich, nicht eigentlich um die Frage der Bewältigung. „Bewältigt" ist diese Zeit bei uns nur insofern die gesellschaftlichen Ursachen des Faschismus aufgedeckt sind; alle haben verstanden, wie es zum Faschismus kam; ich sehe keine Gefahr eines Auferstehens des Faschismus in unserem Land als gesellschaftlich-ökonomisches Phänomen. Andererseits leben wir täglich mit Leuten, die damals gelebt haben und die ein schweres Trauma aus dieser Zeit behalten haben: als Verfolgte oder als Mitläufer. Immer ist das Trauma der Verfolgten das stärkere. Ich frage: Warum? Ja, es ist wahr, mein Buch berührte nationale Traumata, und es mußte zwangsläufig Wunden wieder aufreißen.

Bei meinen ersten Büchern verstand ich nicht, warum es Leute gab, die diese meine Bücher falsch ausdeuteten – und dann dementsprechend sehr heftig auf sie reagierten. Nun wiederholte sich das Phänomen mehrmals, und ich begriff allmählich, daß diese Bücher offenbar bestimmten Leuten – die jeweils wechseln können – Verletzungen zufügen; eine Reaktion darauf ist die Leugnung des Sachverhalts; eine andere „absichtliches“ Mißverstehen; eine dritte die Verleumdung des Autors. In diesem Jahrhundert hat sich in deutschen Familien und Institutionen zu vieles angehäuft, worüber man nicht sprechen, ja, nicht nachdenken möchte. Aber zumindest in den beiden deutschen Staaten – ich nehme allerdings an: auch woanders – kann man in diesem Jahrhundert keine Literatur machen, ohne Tabus zu verletzen. Natürlich setze ich mich nicht an die Maschine, wenn ich einen neuen Stoff in Angriff nehme, in der Absicht, irgend jemanden zu kränken. Nein: *Ich* möchte *eigene* Kränkungen, Verletzungen, innere Tabus, Konflikte *mir* selbst bewußt machen. Ehe die heftige Reaktion von außen erfolgt, hatte ich meine eigenen heftigen Reaktionen auszuhalten. Denn ich bin ja gespalten – wie mein Publikum.

Die Abwehrreaktionen scheinen in dem Fall von „Kassandra“ dem Versuch zu gelten, schonungslos auszudrücken, wie ich unsere Lage, die Lage Europas sehe. Andererseits kenne ich kaum Menschen bei uns, die einen ungebrochenen Zukunftsoptimismus haben, die nicht in tiefster Nachdenklichkeit und Sorge über den Zustand sind, in dem sich die Welt und speziell Europa – und damit unser Land – befinden. Der nächste Schritt, nach dem Grund für den Zustand unserer Zivilisation zu fragen, fällt sehr schwer. Daß das Buch in der DDR erscheint – es kommt im Herbst heraus – zeigt, daß es möglich ist, diese Angst und Sorge auszudrücken.

Jacqueline Grenz: In „Kindheitsmuster“ hieß es: „Wieso sollst du die Frage unterdrücken, ob das Abklingen der Katastrophenerwartung, das du auch an dir selbst in den letzten Jahren beobachtet hast und das, deutlicher als alle Verlautbarungen, bestätigte: Die Nachkriegszeit ging zu Ende – ob also diese allgemein neue Stimmungslage deine Stoffwahl beeinflußt, sie vielleicht erst möglich gemacht hat.“ Ist „Kassandra“ hingegen ein

Buch, das in einer „Vorkriegszeitstimmung“ geschrieben wurde?

Christa Wolf: Ich empfinde persönlich, daß wir nur eine ganz kurze Zeit innerer Entlastung gehabt haben; eine sehr kurze Zeit, in der man sich von den Bedrohungen nicht ganz so gedrückt und bedrückt fühlte. In den letzten sechs Jahren – und, schneller noch, in den letzten zwei Jahren – sind diese Androhungen gewachsen. Nicht nur ich empfinde das so, sondern auch sehr viele andre Menschen, und nicht nur Intellektuelle. In den Vorlesungen sage ich, Hitler habe uns eingeholt. Ich meine damit: Was er nicht ganz geschafft hat, Europa zu vernichten – es könnte sein, daß wir es schaffen. Es könnte sein, daß eine Art von Denken in der Welt geblieben ist, das zwar nicht im Dritten Reich angefangen hat, damals aber seine bisher destruktivste Ausprägung hatte – es könnte sein, daß das scheinbar so saubere instrumentale Denken, das Zweck und Mittel vollkommen vertauscht, diese Arbeit der Zerstörung vollendet. So daß dieses ganze Jahrhundert unter einem bestimmten düsteren Zeichen stehen könnte, unter einem Zeichen, das wir noch nicht sehen, nur weil es uns zu nahe ist, unter einem Zeichen, gegen das wir uns zappelnd wehren, wenn wir es auf uns zukommen spüren.

Die Literatur kann dies mit Sicherheit nicht abwehren. Wahrscheinlich ist es so, daß sie nichts wird ändern können. Aber sie hat mindestens zu artikulieren, was so viele Leute empfinden, hat sie zu unterstützen, wenigstens in ihrer Angst, wenigstens in ihren Depressionen – und natürlich auch in ihrem Sich-Wehren, weil sie sich sonst sehr alleine fühlten. Ich halte es für wichtig, Widerstandspositionen zu artikulieren. Heute hat sich zwar mit dem Aufkommen der Friedensbewegung in der Bundesrepublik z. B. etwas in dieser Hinsicht geändert, aber es sah doch tatsächlich eine ganze Weile so aus, als ob die Leute, die da mitmachen, eigentlich „verrückt“ sind. Es kommt ja sehr oft vor, daß die vom Wahndenken Besessenen alle für verrückt erklären, die dem

Wahndenken nicht folgen. Zu dem jetzigen, sehr gefährlichen Punkt – „Punkt“ meint nicht ein Jahr, aber doch eine verhältnismäßig kurze Zeit – hat ein großer Komplex von geschichtlichen Verflechtungen geführt ...
Jacqueline Grenz: Angesichts derer viele ein Gefühl der Ohnmacht erfüllt. Viele fragen sich, ob die atomare Katastrophe überhaupt abwendbar sei ...
Christa Wolf: Ich sehe sie nicht als unabwendbar. Ich sehe eine Hoffnung im Sinne eines Gedichtes von Brecht in den „Buckower Elegien“:

Wir sind verloren, wenn nicht ...

In dem Gedicht heißt es:

Freunde, ich wünschte, ihr wüßtet die Wahrheit
  und sagtet sie!
Nicht wie fliehende müde Cäsaren: Morgen kommt
  Mehl!
So wie Lenin: Morgen abend
Sind wir verloren, wenn nicht ...
So wie es im Liedlein heißt:
  „Brüder, mit dieser Frage
  Will ich gleich beginnen:
  Hier aus unsrer schweren Lage
  Gibt es kein Entrinnen.“
Freunde, ein kräftiges Eingeständnis
Und ein kräftiges WENN NICHT!“

Wenn wir irgendwann an diesem Punkt gestanden haben, so mit Sicherheit heute: Die Lage ist hoffnungslos: Wenn nicht große Teile der Gesellschaften andere Werthierarchien einsetzen – nicht mehr: Höher, schneller, besser! –, wenn nicht ganz andere Werte an die erste Stelle rücken, wenn nicht verstanden wird, daß es keine Stärke ist, gegen Waffensysteme Waffensysteme zu setzen, wenn nicht verstanden wird, daß ein anderer Weg gesucht werden muß zwischen den falschen Alternativen. Dies natürlich ist schwierig für unsere Seite, wenn auf der anderen Seite eine Reagan-Regierung ist, und doch ist es unerläßlich. Man muß bei sich selbst anfangen. Mir scheint, daß diese Konsequenz, zu der sich die abendländische Zivilisation selbst gebracht hat in ihrem hierarchischen, patriarchalischen, klassenstrukturierten Dasein eine grausame Logik hat, der man nur entkommen kann, wenn man sie durchschneidet. In der jungen Generation sehe ich, daß es Menschen gibt – ich weiß nicht, ob genug –, die dazu bereit sind, sogar unter Konsumverzicht, unter Verzicht auf Wohlstand und Übertechnik. Aber ich weiß nicht, ob die Zeit noch dazu reicht, daß sie den Ablauf der Ereignisse mitbestimmen können.

Jacqueline Grenz: Geben Sie dem Wort „patriarchalisch" in dem Ausdruck „hierarchisch, patriarchalisch, klassenstrukturiert" ein besonderes Gewicht?

Christa Wolf: Das Patriarchat ist zusammen mit der Klassengesellschaft entstanden, zusammen mit dem Eigentum an Produktionsmitteln. Und es kann nicht ohne Folgen bleiben, wenn die Hälfte der Bewohner des Abendlandes – nämlich die Frauen – über Jahrhunderte, um nicht zu sagen über Jahrtausende in die offiziellen Strukturen so gut wie nichts einbringen kann, über nichts bestimmen kann, auch nicht über sich, sondern im Gegenteil zunehmend selbst in eine Richtung umgeformt wird, die eher zum Funktionieren als zum Denken und Fühlen neigt. Ich bin davon überzeugt, daß dieser Umstand eine große Rolle gespielt hat und heute noch spielt. Mit dem Übergang zum Patriarchat ist etwas geschehen, was die Strukturen der Gesellschaft sehr wesentlich mitgeprägt hat.

Jacqueline Grenz: Wenn man von den spezifischen weiblichen Eigenschaften spricht, die der „Männerwelt" – Sie verwenden den Ausdruck in den Vorlesungen selbst – fehlen, so stellt sich die Frage, ob diese Eigenschaften denn angeboren seien . . .

Christa Wolf: Es sind natürlich historisch gewachsene Eigenschaften. Vom Biologismus bin ich weit entfernt. Ich habe mich bemüht, innerhalb der Frühgeschichte über die man recht wenig gesichertes Wissen hat, *historisch* vorzugehen; ich bin sehr weit von einer Idealisierung „der Frauen“ oder „des Weiblichen“ entfernt ... Aber abgesehen davon, daß ich selber eine Frau bin, stelle ich mich als Marxistin schlicht auf die Seite der Unterdrückten, und ich lasse mir auch nicht einreden, daß Unterdrückung gut ist oder nützlich sein kann – auch nicht die Unterdrückung der Frauen durch die Männer.

Jacqueline Grenz: In „Kassandra“ gibt es die Figur der Penthesilea, die gegen die „Männerwelt“ rebelliert. Wie sehen Sie sie?

Christa Wolf: Bei Penthesilea – einer interessanten Erscheinung, und nicht nur bei Kleist – habe ich versucht, eine Entwicklung zu zeigen: Ich wollte zeigen, wohin Weiblichkeitswahn sich verirren kann. Sie verkörpert eine sektiererische Tendenz, die mir widerstrebt, wie alles, was auf reine Abgrenzung und Feindseligkeit einem Andersgearteten gegenüber hinausläuft – so sehr ich auch die Penthesilea-Position begreife. Mehr als Penthesilea haben mich diejenigen Frauen interessiert, die sich der Auseinandersetzung stellen, die sich nicht einfach in einen absoluten Kampf gegen die Männer und die Männerwelt stürzen, sondern auch sich selbst in Frage stellen können: Ihre Position ist produktiver, da sie die Zusammenhänge mit der Gesamt-Gesellschaft nicht zerreißen.

Jacqueline Grenz: Aus Ihrer Beschäftigung mit den Voraussetzungen der Geschichte ergibt sich für Sie, schreiben Sie, ein neues Seh-Raster. In dem Vorwort steht ein Satz, der, glaube ich, mit diesem neuen Seh-Raster zusammenhängt, mir aber verschlossen bleibt (wahrscheinlich weil es der Auffassung der Kunst als Möglichkeit der Humanisierung scheinbar diametral entgegensteht). Es heißt da: „Es gibt keine Poetik, und es kann keine geben, die verhindert, daß die lebendige Erfahrung ungezählter Subjekte in Kunst-Objekten ertötet und begraben wird. Sind also diese Kunst-Objekte (‚Werke') auch Produkte der Entfremdung innerhalb dieser Kultur, deren andere perfekte Produkte zum Zweck der Selbstvernichtung produziert werden?" Wie sind diese Sätze zu verstehen?

Christa Wolf: Die Sätze sagen nichts Neues. Ein Kunstobjekt, für das man natürlich eine große Bewunderung haben kann, ist immer aus einem großen Angebot von Möglichkeiten selektiert worden und hat dadurch andere Objekte verdrängt. In den industriellen Gesellschaften, in denen die von mir an dieser Stelle gemeinten Kunstobjekte entstanden sind und weiterhin entstehen, findet diese unbarmherzige Selektion ständig statt: allein dadurch, daß Kunstausübung ein Privileg ist. Anders verhält es sich z. B. in Gesellschaften, in denen es noch ein Ritual gibt, eine gemeinsame, wenn auch nicht so differenzierte Kunstausübung einer Dorfgemeinde, eines Stammes. In der europäischen Kunstentwicklung aber – und wenn ich das sage, will ich ihr doch keineswegs Größe bestreiten – spielt diese Selektion eine unleugbare Rolle. Der eine spricht, während der andere schweigt. Da der eine schweigt, kann, muß, darf der andere sprechen. Vertieft er damit das Schweigen des einen? Das Problem ist kein moralisches, es wäre unsinnig, eine „Schuldfrage" aufkommen zu lassen –, und dennoch ist es gegeben, und ich kann als Schreibende nicht umhin, mich ihm zu stellen. Ich weiß nicht, ob sich diese Situation ändern kann. In dieser Art von Produktionsweise mit Sicherheit nicht. Gerade bei der Beschäftigung mit Homer und den antiken Autoren, die sehr vieles unter ihrer großen, monumentalen Dichtung begraben haben – ganze Völker, ganze Regionen, ganze Gesellschaftsstrukturen und deren Mythen –, ist mir dieser Tatbestand immer dringlicher vor Augen getreten. Indem diese Autoren auf so vollendete Weise formulierten, was ihre Sache war – und es wäre absurd, ihnen das „vorwerfen" zu wollen! –, verdrängten sie alles andere, ließen sie anderes in Vergessenheit geraten.

Vor Augen stand mir da die griechische Antike. Und Aischylos z. B. muß in der „Orestie" das moralische Gebot abtöten: Mutterrecht geht vor Vaterrecht. Er muß das Vaterrecht installieren. Im Grunde aber tötet jede Literatur ab, in dem Sinne, daß sie ihre eigene Moral verkündet und jede andere Moral, die es davor gegeben hat oder daneben gibt, für minderwertig erklärt.

An dem Zeitpunkt der Geschichte, an dem wir uns jetzt befinden, wäre es, glaube ich, eminent wichtig, möglichst viele Erfahrungen gleichzeitig Lebender in unser Denken und Schreiben aufzunehmen, anstatt sie abzuwehren, sie für minderwertig, gar teuflisch zu erklären oder sie durch Schweigen zu unterdrücken. Wir müssen sie zumindest der Auseinandersetzung für wert erachten und sie nicht der Verleugnung, der Herabwürdigung anheimgeben. In der Regel bemerkt man selber nicht, daß man diese überhebliche, z. B. eurozentrische Haltung einnimmt; erst wenn – oder besser: spätestens wenn – man in andere Kulturen kommt, wacht man auf und lebt von da an unsicherer, weil dort andere Werte herrschen, die einem die eigenen als relativ erscheinen lassen. Es kann, denke ich, nicht falsch sein, wenn Literatur eine kleine Irritation an der Moral der eigenen Kultur oder Zivilisation immer auch mitführt; übrigens ist es friedensfördernd . . .

Jacqueline Grenz: Ist diese Irritation durch die Konfrontation mit der minoischen Kultur verstärkt worden, der Sie bei der Arbeit an „Kassandra" begegneten?

Christa Wolf: Bei dieser griechischen Reise war die Konfrontation mit der minoischen Kultur ein schockartiges Erlebnis. Aber diese Verfremdung – mehr oder weniger stark – kann man auch erfahren, wenn man, wie ich z. B. in diesem Frühjahr, in die USA fährt oder in die andere Richtung: in die Sowjetunion oder in ein asiatisches Land. Ein gewisses Flattern der Werte läßt sich bekanntlich schon spüren, wenn man in Länder reist, die sehr nah sind und nur auf einem anderen Breitengrad liegen.

Jacqueline Grenz: Ich möchte ein anderes, letztes Thema anschneiden. Mir scheint, daß ein übergreifendes Motto, unter das man Ihre Bücher seit „Nachdenken über Christa T." stellen könnte, das Sich-Erinnern ist. Es wurde in „Kindheitsmuster" unmittelbar thematisiert, aber es scheint mir auch bei Ihren anderen Büchern eine große Rolle zu spielen.

Christa Wolf: Erinnern, Sich-Erinnern und Erzählen sind eng miteinander verknüpft. Ein Motiv für das Entstehen des Erzählens ist, wenn wir es historisch betrachten, daß die Mitglieder einer Gesellschaft – ich denke z. B. hier wieder an die Homeriden – es brauchten, sich erinnert zu fühlen oder erinnert zu werden an ihre lange vergangene Geschichte. An Geschichte und an Geschichten erinnern, damit der Dorf-, der Stammes-, der Volksgemeinschaft ihre eigene Herkunft und Entwicklung vor Augen zu führen, ist schon immer eine Funktion des Erzählens gewesen. Trotz aller Medien, die heute dem Erzählen diese Funktion des Erinnerns und des Chronikschreibens abgenommen haben, bleibt etwas von dieser ursprünglichen Bestimmung in unserer modernen Erzählung, der freilich andere Aufgaben zugefallen sind ...

In meinen Büchern ist das Sich-Erinnern manchmal strukturbildendes Element: in „Nachdenken über Christa T." und in „Kindheitsmuster". Das deutet an, daß ich Erinnerungsverlust – den einer Person und den eines Volkes – für gefährlich, für dekompensierend halte. In den späteren Büchern – „Kein Ort. Nirgends" und „Kassandra" – erinnere ich (mich) an etwas: an die Ursprünge der Entfremdungserscheinungen in unserer Zivilisation. Dies war meine Fragestellung der letzten sieben Jahre. Und der letzte, weiteste Schritt zurück in die Frühgeschichte ermöglicht mir, merkwürdig oder nicht, zugleich ein Vortasten in die Zukunft, um die es ja, wenn ich über Vergangenes erzähle, eigentlich geht.

Herbst 1983

Zum Erscheinen des Buches „Kassandra"

Gespräch mit Brigitte Zimmermann und Ursula Frölich

Frage: Auf der Berliner Begegnung von Schriftstellern haben Sie dem Sinne nach geäußert, daß Ihre Arbeit nur auf eine friedliche Welt gerichtet sein kann. Welche Wirkung hat das augenblickliche Klima der Konfrontation und der Hochrüstung, wie es in der Stationierung amerikanischer Mittelstreckenraketen und Marschflugkörper in Westeuropa zum Ausdruck kommt, auf die Ausübung Ihres Berufes?

Christa Wolf: Ich empfinde die gegenwärtige Lage als hoch gefährlich, persönlich als starke Bedrückung, über die ich nicht ohne weiteres zur Tagesordnung übergehen kann. Auch die Tatsache, daß auf unserem Boden Raketen stehen werden, beschäftigt mich stark. Wir wissen ja, daß im Umfeld von Raketen im Falle einer militärischen Konfrontation niemand und nichts übrigbleiben würde. Die Frage ist mir immer gegenwärtig, ob unser Land, ob die beiden deutschen Länder, ob Mitteleuropa überhaupt überleben können oder nicht. Dies beeinflußt mein Schreiben und mein Leben, meinen Blick auf Alltagsvorgänge, die mir wieder kostbarer werden, meinen Umgang mit anderen Menschen, mit Kindern, Enkelkindern.

Trotzdem schreibe ich. Ich glaube nicht, daß Literatur auf zentrale politische Entscheidungen einen wesentlichen Einfluß hat. Aber es gibt ja den merkwürdigen psychologischen Mechanismus der Verdrängung und Milderung von Einsichten, die sehr bedrohlich sind, es gibt die Zähigkeit von Hoffnung. Auf diese Hoffnung hin schreibe ich, versuche ich, den Wurzeln der Widersprüche nachzugehen, in denen unsere Zivilisation jetzt steckt. Dies tat ich mit dem Kassandra-Buch, das ja schon völlig unter dem Eindruck der Zeitumstände entstanden ist. Ich halte übrigens dafür, daß es wichtig ist, ob man seine Zeit produktiv verbringt oder unnütz vertut – unter welchen Umständen auch immer.

Frage: Sie haben eben davon gesprochen, daß die Literatur vielleicht nicht dafür geschaffen ist, in zentralen politischen Vorgängen viel auszurichten. Andererseits erzählten Sie und sagten uns vorher, wie sehr „Kassandra" gebraucht wurde von den Friedenskräften, beispielsweise in der BRD, die sich daraus Losungen entnahmen usw. Ist das nicht ein ganz wichtiger Punkt, die ungeheure Breite, die die Friedensbewegung genommen hat?

Christa Wolf: Das sehe ich schon, und ich weiß auch, daß immer dann in der Geschichte, wenn Volksbewegungen sich vorbereiten oder im Gange sind, Literatur eine Chance hat, direkt zu wirken. Zum Beispiel so, daß westdeutsche junge Leser mir schrieben, nach der Lektüre von „Kassandra" würden sie sich nun auch der Friedensbewegung anschließen. Aber meistens wirkt Literatur auf eine indirekte Art, indem sie das Weltbild des Lesers, seine Weltsicht, langsam differenziert und womöglich verändert. So habe ich es ja auch an mir selbst erlebt: Wie lange brauchten Bücher, viele Bücher, um eine in die Tiefe gehende Veränderung meiner Weltsicht herbeizuführen; diese Veränderung kann dann sehr gründlich sein, und ich sehe ja Literatur durchaus auch als Instrument für Veränderungen: Nur die dauern eben Jahre, und mich bedrängt die Erkenntnis, daß wir nicht mehr sehr viel Zeit haben; daß wir eigentlich schnell eine andere Art zu denken bewirken müßten. Diese Zeit-Schere ist es, die mir zu schaffen macht.

Frage: Spielt denn bei der Bestimmung Ihrer Haltung zur jetzigen Situation auch eine Rolle, daß gute Schriftsteller ja so etwas wie moralische Autoritäten darstellen, deren Reaktion anderen sehr viel bedeuten kann?

Christa Wolf: Das ist mir beim Schreiben sehr viel weniger bewußt als zum Beispiel bei einem solchen Interview. Daß Autoren heute zu einer moralischen Instanz werden können, kann ich, allein, wenn ich meine Post daraufhin ansehe, nicht leugnen. Es liegt auch am Ausfall und der veränderten Rolle anderer moralischer Instanzen. Das Bewußtsein, Autorität zu sein, verschwindet aber vollkommen vor jedem neuen Stoff; da gibt es jedesmal den gleichen Zweifel, ob ich ihm gerecht werden kann, als hätte ich noch nie geschrieben. Mit der Rolle der „moralischen Autorität" muß jeder fertig werden, so gut und so ehrlich er kann; da werden übrigens auch andere Eigenschaften aufgerufen als die des reinen Autors.

Frage: Frau Wolf, Sie sind im Frühjahr des vergangenen Jahres gemeinsam mit Ihrem Mann zu Vorlesungen in den USA gewesen. Nun wird ja dabei sicherlich nicht nur über Literatur gesprochen. Haben Sie Eindrücke darüber gewinnen können, wie die derzeitige amerikanische Politik im Lande selbst beurteilt wird?

Christa Wolf: Eindrücke – ja. Differenzierte Eindrücke, glaube ich. Aber nach sieben Wochen Aufenthalt erhebe ich natürlich nicht den Anspruch auf einen umfassenden Überblick.

Wir haben eine ganze Reihe junger und nicht mehr ganz junger Leute kennengelernt, hauptsächlich aus dem Universitätsmilieu, die unter der Reagan-Politik leiden. Nicht alle von denen waren auch imstande, die Wurzeln dieser Politik und ihrer Leiden zu analysieren. Die das konnten, die sich zu Friedensgruppen formierten – New-Yorker Frauen zum Beispiel –, die den Sommer für Aktionen an US-Raketenbasen nutzten – diese Menschen haben wir rückhaltlos bewundert. Ihr Mut ist eindrucksvoll. Dies ist der gleiche Menschentyp, den ich in der westdeutschen Friedensbewegung und unter den jüngeren Leuten in unserem Land angetroffen habe: offen, kritisch, ohne Scheuklappen, unbestechlich durch Karriere und Geld, angstfrei, mit Freude am Genuß. Es ist dieser Typ als mögliche Zukunftsvision, den dort die Regierenden fürchten. Unter ihnen fühlten wir uns sofort heimisch.

Aber wir lernten auch Menschen innerhalb des Establishments kennen – zum Beispiel einen demokratischen Gouverneur und seine Frau –, die sich ernste Sorgen machen um die Auswirkungen der Reagan-Politik; die wirklich etwas wissen wollten über die Motive und die Ausbreitung der Friedensbewegung in Europa; die im Gespräch nach möglichen anderen Antworten suchten als den Reaganschen auf die die USA bedrängenden inneren Probleme.

Europa ist für die USA – auch für ihre Presse und öffentliche Meinung – ein sehr ferner, sehr unbekannter Kontinent. An die Stelle von Kenntnissen können leicht Mythen gesetzt werden – besonders dann, wenn ein so großer Teil der Bevölkerung eines Landes, wie das in den USA der Fall ist, aus Einwanderern der ersten, zweiten oder dritten Generation besteht: darunter aus Menschen, die in ihren Herkunftsländern, zum Beispiel Mexiko, Puerto Rico, einer vernichtenden Armut entwichen und für eine lange Zeit nichts anderes wünschen und tun können, als sich den neuen Verhältnissen vollkommen anzupassen. Aus diesen großen Massen ist kein kritisches Bewußtsein zu erwarten; aus der angstvollen Mittelklasse auch nicht; auf sie, glaube ich, sind auch Mythen wie die Verteufelung des Kommunismus zugeschnitten. Dagegen kann Literatur übrigens etwas bewirken. Aber wer liest sie schon?

Frage: Sie sind Jahrgang 1929, gehören also einer Generation an, die man als „mehrzeitig“ bezeichnen darf. Sie haben die faschistische Katastrophe noch bewußt miterlebt. Ihre Studienjahre bzw. ersten Arbeitsjahre fielen zusammen mit den ersten Gehversuchen der DDR, die in der deutschen Geschichte einen Neubeginn markierte. Die Bücher, die Sie in den letzten beiden Jahrzehnten regelmäßig vorgelegt haben, sind Wegbegleiter dessen, was sich bei uns vollzogen hat und vollzieht und im Zusammenhang steht mit größeren Vorgängen auf diesem Kontinent. Kann man sagen, daß es die spezielle, einmalige historische Erfahrungswelt Ihrer Generation war, die Sie zur Schriftstellerin werden ließ, und hat sich diese Motivation verändert?

Christa Wolf: Sie fragen nach dem besonderen Konfliktfeld, in das meine Generation sich hier gestellt sah, nach den Reibungsflächen, aus denen heraus Kunst entsteht. Ja, die scheinen mir in meiner Generation mit ihren mehrfachen Erfahrungen gesellschaftlicher Umbrüche besonders heftig zu sein, und ich habe die Energie, die zum Schreiben nötig ist, von Anfang an aus diesem Spannungsfeld gezogen. Vielleicht wird es nicht noch einmal eine Generation geben, die so „in die Mangel genommen" wird, wie es mit der unseren geschah: Von der beinah vernichtenden Erfahrung, Objekt der Geschichte zu sein, zu dem oft angestrengten und überanstrengenden Versuch, auch des literarischen, der Subjektwerdung. Da hat meine Schreibmotivation sich über die Jahrzehnte hin nicht grundsätzlich verändert, aber der Akzent hat sich verlagert. Immer mehr wurde ich mir darüber klar, daß mein Hauptantrieb für Schreiben Selbsterforschung ist: Immer dann, wenn ich über mein Verhältnis zu meiner Zeit, zu ihren Strömungen, Institutionen, zu Zeitgenossen, zu mir selbst schreibend etwas herausfand, was ich vorher nicht gewußt hatte oder jedenfalls nicht hatte aussprechen können – immer dann stellte sich jener besondere Zustand der Erregung, jenes Gefühl von Authentizität ein, um dessentwillen ich eigentlich schreibe. Jenes Erschrecken über die Wirklichkeit, die ja nicht ein Gebilde außerhalb von uns ist, sondern ein Prozeß, dem wir unterliegen und den wir zugleich selbst mit hervorbringen. Dies ist es, was mir produktiv erscheint.

Wenn ich anderswo gelebt hätte, leben würde, zu einer anderen Zeit, würde ich wohl auch diesen Schreibzwang kennen, da er zu meiner Person gehört. Ob er so intensiv wäre wie in der Auseinandersetzung mit den

Problemen und Konflikten, die mir das Leben in der DDR aufdrängt, weiß ich nicht. Ob auch woanders dieses beinahe Verrücktsein nach diesen Erfahrungen, Problemen, Konflikten entstanden wäre; dieses imaginäre Dauergespräch, oft Streitgespräch, oft Auseinandersetzung mit den Leuten, mit denen man zusammen lebt – das weiß ich nicht.

Frage: Was Sie zu Ihrer Generation sagen, auch was Sie über sich und Ihre Altersgefährten geschrieben haben – beispielsweise in „Kindheitsmuster" –, da gehen Sie sehr hart ins Gericht mit dieser Generation. Vielleicht hängt das mit Ihrem Beruf zusammen. Aber es ist doch nicht so, daß sich diese Generation pausenlos entschuldigen müßte. Schließlich ist sie es gewesen, die entscheidend mit Hand angelegt hat, damit unser Staat zu dem wurde, was er heute ist.

Christa Wolf: Hart? Finden Sie das? Ich glaube, der Roman dieser Generation ist noch gar nicht geschrieben. Da ginge es nicht um Beschönigung oder Entschuldigung; da ginge es um eine nüchterne Analyse, die weh tun würde, am meisten dem, der es schriebe; und es ginge allerdings um einen anderen Maßstab als den der guten Absichten von hart arbeitenden Leuten; es ginge um die Frage, was unter dieser harten Arbeit aus ihnen als Menschen geworden ist. Mir scheint, diese Frage muß von uns an uns selber gestellt werden, unsere Kinder stellen sie sowieso.

Die Feststellung, „die Gesellschaft" habe in der oder jener Zeit die oder jene Fehler gemacht, ist mir literarisch relativ wenig interessant. Mich interessiert: Was habe ich in der oder jener Zeit gewußt, geahnt, gedacht, getan und unterlassen. Was davon habe ich, haben wir „vergessen". Was hat uns von uns selber, unseren früheren Hoffnungen und Vorstellungen entfernt und was taugt, in ein künftiges Zusammenleben von Menschen mitgenommen zu werden: dies ist die eigentliche Frage. Da schulden wir, besonders wir Literaten, den Jüngeren Aufrichtigkeit.

Frage: Sehen Sie sich in einer bestimmten literarischen Tradition?

Christa Wolf: Ich möchte spontan mit „ja" antworten, doch schon die Antwort auf die nächste Frage: in welcher? fiele mir nicht leicht. Meine Frühentwicklung als Autorin wäre nicht denkbar ohne die Kenntnis, die intensive Aufnahme der Literatur der deutschen Antifaschisten, der ehemaligen Emigranten, die das Selbstverständnis der Schreibenden meiner Generation entscheidend prägten und die wir, in aller Bescheidenheit, als unsere Vorgänger sahen. Ich habe damals im Schriftstellerverband gearbeitet, und es war für mich entscheidend wichtig, so unterschiedliche Menschen wie Fürnberg, Weiskopf, Alex Wedding, auch Kuba, selbst zu kennen, mit Uhse, Bredel, Claudius, Hermlin (etwas später), Kurt und Jeanne Stern über ihr Leben sprechen zu können, manche von ihnen ausfragen zu können über die Emigration, über Spanien, Mexiko, die Sowjetunion; sie in politischen Konfliktsituationen zu beobachten. Mit manchen von ihnen war ich mit der Zeit befreundet oder bin es noch. Da haben sich Klischees nicht lange halten können. Sie erzählten ihre Geschichte, unsere Vorgeschichte anders und plastischer, als sie in den Lehrbüchern stand. Sehr vieles habe ich auch heute noch nicht vergessen, auch die Anlässe weiß ich noch, aus denen manches erzählt wurde.

Um auf Ihre Frage nach literarischer Tradition im engeren Sinn zurückzukommen: Da hat mein Verhältnis zu Anna Seghers und meine lange währende Auseinandersetzung mit ihrem Werk einen besonderen Platz eingenommen. Aus der deutschen Literatur der Vergangenheit besonders Büchner, Kleist als Prosaautoren, Thomas Mann. Dann eine Zeitlang Aragon. Thomas Wolfe. Die Südamerikaner. Sehr wichtig war für mich ein Autor wie Bulgakow: „Der Meister und Margarita". Tolstoi. Dostojewski: „Brüder Karamasow". Ergibt das eine „Traditionslinie"? Man liest und guckt, wie haben das die anderen vor dir gemacht, und wenn man anfängt zu schreiben, ziehen sich alle die Schutzpatrone zurück. Man denkt, sie helfen einem bei keinem einzigen Satz, aber da irrt man wohl.

Für die letzten Jahre ist mir wichtig geworden die Traditionslinie weiblichen Schreibens. Dies auszuführen wäre ein Thema für sich, in den Vorlesungen zu „Kassandra“ steht manches darüber. Ich nenne hier nur einige Namen: Ingeborg Bachmann. Virginia Woolf. Marie-Luise Fleißer.

Frage: Inzwischen sind in der DDR von Ihnen über eine Million Bücher erschienen, allein „Kindheitsmuster“ erlebt im Februar seine 9. Auflage. Ihre Werke wurden darüber hinaus in 20 Sprachen übersetzt. Sie erschienen außerhalb der sozialistischen Länder und des deutschsprachigen Raumes u. a. in den USA, in Japan, Frankreich, Italien und in den skandinavischen Ländern. Sie sind eine wichtige Vertreterin der Literatur der DDR. Wie lebt man damit? Müssen Sie im nichtsozialistischen Ausland nicht häufig erst mal dieses Land „erklären“, bevor über Literatur gesprochen werden kann?

Christa Wolf: Das sind zwei Fragen. Ich habe die Erfahrung gemacht, daß ich mich nicht als „Vertreterin“ von irgend etwas aufspielen kann, sondern am besten als ich selber komme – also auch nicht mich selbst „vertrete“. Da kommt ja dann meine Geschichte, meine Erfahrung, meine Weltsicht mit. Und heute ist es auch nicht mehr so, daß im Ausland ein Autor aus der DDR seinen ganzen Staat zuerst mal „erklären“ muß – das habe ich stark in den sechziger Jahren erlebt. Heute, scheint mir, hört man in den Diskussionen genau auf die Zwischentöne, in denen sich, oft mehr als in Deklarationen, eine Andersartigkeit zeigt ...

Frage: Andersartigkeit von Ihnen?

Christa Wolf: Von meinen Denkstrukturen, meiner Sicht. Stark ist mir das in den USA aufgefallen, und besonders stark bei Frauen, die es in der Mehrzahl nicht leicht haben, den blinden Fleck, den Mythos, den ihre Gesellschaft um sich selber verbreitet, zu durchdringen. Da wird man eindringlich befragt, und die Antworten, die man gibt, bezeugen den anderen gesellschaftlichen Hintergrund, aus dem man kommt.

Andererseits: Wenn ich dann nach Hause komme, habe ich auch einen „neuen Blick". Dann sehe ich unsere eigenen „blinden Flecke" wieder schärfer, die Mechanismen, in die wir schwer eindringen, fallen mir stärker auf. Was sehen wir von uns, und was sehen wir vielleicht nicht mehr? Ich glaube, Literatur ist auch dazu da, die „blinden Flecke" zu verkleinern, sie aufzuhellen. Dies zu tun ist nirgends leicht. Es wird häufig mißverstanden oder – milde ausgedrückt – als Unfreundlichkeit ausgelegt.

Frage: Tatsächlich ist ja nicht alles, was Sie geschrieben haben, von vornherein beifällig aufgenommen worden, und auch das eine oder andere, was Sie getan oder gelassen haben, ist bei uns auf Widerspruch gestoßen. Wie kommen Sie damit zurecht in einem Beruf, der ja auf Öffentlichkeit angewiesen ist?

Christa Wolf: Dieses Problem ist der Nachfrage wert. Selbst wenn ich von jenem Lektor absehe, der mir im Zusammenhang mit „Christa T." schriftlich gab, daß ich nun, nachdem auch dieses Buch mir mißlungen sei, zu schreiben aufhören solle, möchte ich zur Sache sagen: Es hat aus meiner Sicht bei uns jahrelang eine Anmaßung von Kritik und Theorie gegenüber Schreibenden und ihren Arbeiten gegeben. Es ist aber das eine, darum zu wissen, und etwas anderes, mit schwerwiegenden persönlichen Vorwürfen fertigzuwerden. Bei mir hat das dazu geführt, daß ich das eine oder andere Buch weniger geschrieben habe. Und dazu, daß ich mich auf das besann, was ich wirklich will und muß.

Ich verstehe, daß Literatur, wenn sie diesen Namen verdient, das heißt, wenn sie gewohnte Denkgrenzen überschreitet, sehr unbequem sein kann und auf Widerspruch stößt. Aber ich habe immer, wenn ein Buch erschienen war, erlebt, wie das Publikum sich spaltete und wie mit der Zeit die Zahl der Leser größer wurde, die bereit war, sich auf meine Fragestellungen einzulassen. Man braucht also Erfahrungen und Geduld – auf allen Seiten. Jedenfalls sage ich das heute von mir. Meine Lebenszeit ist nicht unbegrenzt, und ich kann mich nicht mehr in unfruchtbarem Gerangel aufreiben. Ich will jetzt einfach schreiben.

Frage: Bei allem Respekt, Sie gehören erwiesenermaßen zu den Autoren, die es den Lesern nicht eben leicht machen. Ihre Gedanken erschließen sich nur denen, die bereit sind, das geistige Abenteuer nachzuvollziehen, das Sie beim Schreiben zu bestehen hatten. Trotzdem – oder gerade deshalb? – erreichen Ihre Bücher hohe Auflagen. Welche Erfahrungen haben Sie mit den Lesern bei uns? Wie reagiert das Publikum auf die Ansprüche, die Sie stellen?

Christa Wolf: Ein Autor, der sich jahrelang mit einem Stoff beschäftigt, kommt an einen Punkt – er *muß* an diesen Punkt kommen –, da er sich ganz frei in diesem Stoff bewegt. Nicht immer kann er das bei den Lesern voraussetzen, besonders dann nicht, wenn (wie bei „Kassandra“ oder „Kein Ort. Nirgends“) auch Bildungsgut mit verarbeitet ist, das nicht mehr präsent ist. Durch die Vorlesungen, die der Kassandra-Erzählung vorausgesetzt sind, gebe ich da, glaube ich, eine Hilfe. Grundsätzlich aber muß ich sagen: Seit dem „Geteilten Himmel“ erhebt sich der Vorwurf: schwierig! Eine ungeübte Leserschaft stieß auf ihr nicht geläufige literarische Mittel. Heute lesen dieses Buch Sechzehnjährige, ohne Schwierigkeiten. Heute haben die Leser die Südamerikaner, Kafka, Proust, Musil gelesen und verlangen nicht mehr platten linearen Naturalismus anstelle einer um des Realismus willen manchmal komplizierten Erzählweise. Wenn man mich also heute kritisch fragt: Für wen schreiben Sie eigentlich? Dann sage ich: für Leser. Das heißt, für Menschen, die Literatur als ein Instrument zur Erweiterung ihrer Erfahrung, ihrer Erkenntnisse brauchen. Nicht-Leser zu Lesern machen – das allerdings wird mir nicht gelingen. Aber manchmal erlebe ich auch, daß jemand ein Buch von mir als zu schwierig bezeichnet, das er zwar verstanden habe, aber die „einfachen Leute“ ... Nun, wenn die einfachen Leute in die Hunderttausende gehen, bin ich ganz zufrieden.

Und zu Ihrer letzten Frage: Ich habe noch nirgends sonst ein so zahlreiches, anspruchsvolles, forderndes und auch dankbares Publikum angetroffen wie in der DDR.

Frage: Was lesen Sie zur Zeit?

Christa Wolf: Ein Buch über Ethnologie. Nochmals „Die Fahrt zum Leuchtturm“ von Virginia Woolf, mit Entzükken. Den „Laden“ von Strittmatter. Alles zu lesen, was in der DDR erscheint, mußte ich irgendwann aufgeben, aber ich lese möglichst viele der von Frauen geschriebenen Bücher: Daraus erfährt man etwas über das Alltagsleben in diesem Land. – Weiter bleibt mein Interesse auf die Bücher der Frühgeschichte und Mythologie gerichtet.

Frage: Sie sind nicht nur eine erfolgreiche, sondern auch eine sehr fleißige Autorin. Es ist ja eine Menge und ziemlich regelmäßig herausgekommen. Sie müssen demnach ein persönliches Umfeld haben, das gut geordnet ist?

Christa Wolf: Zwar arbeite ich ständig, was aber nicht heißt, daß ich jeden Tag schreibe. Übrigens mußte ich mich damit abfinden, daß ein Manuskript bei mir sehr langsam entsteht, viele Anläufe und Anfänge, also meistens Jahre braucht, ehe die erste Seite „steht“. – Sie sagen „fleißig“. Ich lebe unter dem Dauer-Gefühl, nicht genug zu arbeiten. Früher, als meine Kinder klein waren, war eine strenge, auf das Schreiben bezogene Tageseinteilung schwierig. Viel Zeit habe ich in unnützen Sitzungen versessen. Damals, glaube ich, ging mir die Fähigkeit, mich für Stunden zu konzentrieren, verloren, die ich als Studentin noch hatte. Da konnte ich bis in die Nacht hinein arbeiten und tat das auch. Das kann ich heute nicht mehr.

Dafür könnte ich nun, bei „geordnetem“ Umfeld, bei

einer strengen Einteilung der Tage stetig produzieren. Zum Beispiel vier Stunden am Vormittag und drei bis vier Stunden am Nachmittag. Das sind auch wirklich die guten, aber seltenen Tage. Die Regel ist eine Menge von verschiedenartigen Abhaltungen und Ablenkungen, die sich daraus ergeben, daß mit wachsender Bekanntheit eines Autors auch die Zahl der Menschen wächst, die ein Anliegen an ihn haben – beruflich, persönlich, gesellschaftlich. Also sehr viel Post, sehr viel Telefonate. Darüber klage ich nicht, ich habe gelernt, auch diesen Teil meines Berufes zu akzeptieren. Nur wird es eben manchmal zum Kunststück, Zeit für die „eigentliche" Arbeit zu gewinnen. Andererseits möchte ich den intensiven Kontakt mit Lesern durch Briefe, Besuche, Lesungen nicht missen. Gerade dieser Kontakt bringt mir nicht nur eine große Menge von Informationen *nicht* äußerlich-faktischer Art, die ich auf keine andere Weise bekommen könnte; er verstärkt natürlich auch das Gefühl, gebraucht zu werden, das heißt also letzten Endes doch wieder die Schreibmotivation.

November 1983

Nachweise

Die Texte dieser Auswahl beruhen auf den Erstveröffentlichungen, den Manuskripten oder auf den letzten Auflagen der bisher erschienenen Sammlungen „Lesen und Schreiben“, Berlin und Weimar 1973 (2., erweiterte Auflage), „Fortgesetzter Versuch“, Leipzig 1982 (3., erweiterte Auflage) und Christa Wolf, Gerhard Wolf „Ins Ungebundene gehet eine Sehnsucht. Gesprächsraum Romantik“, Berlin und Weimar 1985 (zitiert als „Ins Ungebundene“). Die Fassungen einiger Gespräche wurden von der Autorin leicht überarbeitet.

Die Nachweise nennen den Erstdruck (soweit ermittelt) und die Textvorlage, enthalten knappe Angaben zum Anlaß des Textes und, wenn erforderlich, kurze Anmerkungen zu Personen und Sachverhalten.

Essays und Reden I

Lesen und Schreiben – In: Lesen und Schreiben, Berlin und Weimar 1972. Text nach „Fortgesetzter Versuch“.

Beispiele ohne Nutzanwendung. Stockholmer Rede – In: Moderna Språk (Stockholm), Heft 3/1978. Text nach „Fortgesetzter Versuch“.

Beitrag zum PEN-Kongreß in Stockholm im Mai 1978, der unter dem Thema stand „Literatur in Verkleidung“.

Der Schatten eines Traumes. Karoline von Günderrode – ein Entwurf – Vorwort zu: Karoline von Günderrode, Der Schatten eines Traumes. Gedichte. Prosa. Briefe. Zeugnisse von Zeitgenossen, Hrsg. Christa Wolf, Berlin 1979. Text nach „Ins Ungebundene“.

Nun ja! Das nächste Leben geht aber heute an. Ein Brief über die Bettine – Nachwort zu: Bettina von Arnim, Die Günderode, Leipzig 1981. Text nach „Ins Ungebundene“.

Von Büchner sprechen. Darmstädter Rede – In: Süddeutsche Zeitung (München) und Neue Zürcher Zeitung vom 18./19.10.1980. Text nach „Fortgesetzter Versuch".

Rede anläßlich der Verleihung des Georg-Büchner-Preises der Deutschen Akademie für Sprache und Dichtung am 16.10.1980 in Darmstadt.

Vierte Frankfurter Vorlesung. Ein Brief ... – In: Christa Wolf, Voraussetzungen einer Erzählung: Kassandra. Frankfurter Poetik-Vorlesungen, Darmstadt und Neuwied 1983. Text nach Christa Wolf, Kassandra. Vier Vorlesungen. Eine Erzählung, Berlin und Weimar 1983.

Kleists „Penthesilea" – Nachwort zu: Heinrich von Kleist, Penthesilea, Berlin 1983. Text nach „Ins Ungebundene".

Rede auf Schiller – In: Stuttgarter Zeitung vom 18.11.1983. Text nach Sinn und Form (Berlin), Heft 4/1984.

Rede anläßlich der Verleihung des Friedrich-Schiller-Gedächtnis-Preises des Landes Baden-Württemberg am 13.11.1983 in Stuttgart.

Essays und Reden II

Ein Besuch – In: Sinn und Form (Berlin), Heft 5/1969. Text nach „Lesen und Schreiben".

Krankheit und Liebesentzug. Fragen an die psychosomatische Medizin – In: Neue Deutsche Literatur (Berlin), Heft 10/1986. Text nach Manuskript.

Vortrag für eine Tagung der Arbeitsgruppe „Psychosomatische Gynäkologie" am 1./2.11.1984 in Magdeburg.

Gespräche

Unruhe und Betroffenheit. Gespräch mit Joachim Walther – In: Joachim Walther, Meinetwegen Schmetterlinge. Gespräche mit Schriftstellern, Berlin 1973. Text nach „Fortgesetzter Versuch".

Subjektive Authentizität. Gespräch mit Hans Kaufmann – In: Weimarer Beiträge (Berlin), Heft 6/1974, unter dem Titel „Gespräch mit Christa Wolf". Text nach „Fortgesetzter Versuch", dort unter dem Titel „Die Dimension des Autors".

Erfahrungsmuster. Diskussion zu „Kindheitsmuster" – In: Sinn und Form (Berlin), Heft 4/1976. Text nach „Fortgesetzter Versuch".

Am 8.10. und 3.12.1975 fand in der Akademie der Künste der DDR eine Lesung aus dem Manuskript von „Kindheitsmuster" statt. Der in Sinn und Form abgedruckte Text wurde nach Ausschnitten aus den jeweils folgenden Diskussionen zusammengestellt.

„Wir haben alle nicht verhindern können, was jetzt in Spanien passiert ist...": Am 27.9.1975 wurden fünf spanische Antifaschisten trotz weltweiter Proteste hingerichtet.

„Ich meine, als Kommunist hat man die Pflicht...": Aus einem Interview der dänischen Zeitung Land og Folk mit Fritz Cremer, das Der Spiegel (Hamburg) vom 3. 5. 1971 auszugsweise veröffentlichte. Der letzte Satz muß lauten: „Ich glaube, das sind die ernsteren, wohlgemerkt, wenn sie es im Namen des Sozialismus tun."

Kiefern und Sand von Brandenburg. Gespräch mit Adam Krzemiński – In: Polityka (Warschau), Heft 2/1976. Text nach Manfred Diersch und Hubert Orłowski (Hrsg.), Annäherung und Distanz. DDR-Literatur in der polnischen Literaturkritik, Halle/Leipzig 1983. Übersetzer Stanisława Diersch. Durchgesehene Fassung.

Arbeitsbedingungen. Interview mit Richard A. Zipser – In: Richard A. Zipser, DDR im Tauwetter. Wandel – Wunsch – Wirklichkeit, Band III, New York, Bern, Frankfurt/M. 1985. Text nach Manuskript.

Die schriftlich formulierten Fragen wurden DDR-Autoren für diese Publikation über DDR-Literatur gestellt, die am German Department des Oberlin College, Oberlin (Ohio), erarbeitet wurde.

Sylvia Plath (1932 in Boston – 1963 in London), unterrichtete nach dem Studium von 1957–59 an einem College, 1956 Heirat mit dem britischen Schriftsteller Ted Hughes, lebte ab 1959 in Großbritannien. Sie schrieb Gedichte, Erzählungen und den Roman „Die Glasglocke".

Ich bin schon für eine gewisse Maßlosigkeit. Gespräch mit Wilfried F. Schoeller – In: Süddeutsche Zeitung (München) vom 10./11.3.1979. Durchgesehene Fassung.

Auszüge aus einem Fernsehinterview für ein Porträt von Christa Wolf im WDR (Köln) am 9.3.1979.

Projektionsraum Romantik. Gespräch mit Frauke Meyer-Gosau – In: Alternative (Berlin/West), April/Juni 1982, unter dem Titel „Kultur ist, was gelebt wird". Text nach „Ins Ungebundene". Durchgesehene Fassung.

Aus einer Diskussion an der Ohio State University. Gespräch mit Christa und Gerhard Wolf – In: The German Quarterly (Ohio), Heft 1/1984. Durchgesehene Fassung.

Ursprünge des Erzählens. Gespräch mit Jacqueline Grenz – In: Connaissance de la RDA (Paris), Nummer 17 vom Dezember 1983. Durchgesehene Fassung.

Zum Erscheinen des Buches „Kassandra". Gespräch mit Brigitte Zimmermann und Ursula Frölich – In: Wochenpost (Berlin) vom 10.2.1984 unter dem Titel „Das starke Gefühl, gebraucht zu werden".

Zu dieser Ausgabe

Die vorliegende Auswahl versammelt Aufsätze, Essays, Reden und Gespräche aus rund fünfundzwanzig Jahren, die einen Eindruck vom Entwicklungsweg Christa Wolfs vermitteln können. Vollständigkeit wurde besonders bei den frühen Texten nicht angestrebt: aufgenommen wurde, was wichtige Grundpositionen, Zäsuren oder neue Denkansätze erkennen läßt und in enger Beziehung zu den damals entstandenen Prosatexten steht – auch wenn es sich im einzelnen um heute überwundene Standpunkte handelt. Die Beiträge aus den letzten fünfzehn Jahren dokumentieren das essayistische und publizistische Schaffen Christa Wolfs in diesem Zeitraum nahezu lückenlos. Aus den zahlreichen Gesprächen mit der Autorin wurden nur einige charakteristische ausgewählt.

A. D.

Inhalt